21세기 문화변혁과 개혁신앙

21세기 문화변혁과 개혁신앙

21세기 문화변혁과 개혁신앙

초판 1쇄 찍은 날 · 2007년 5월 7일 | 초판 1쇄 펴낸 날 · 2007년 5월 11일

지은이 · 김영한 | 펴낸이 · 김승태

편집 · 이덕희, 최선혜, 방현주 | 디자인 · 이훈혜, 이은희, 정혜정
영업 · 변미영, 장완철, 김성환 | 물류 · 조용환, 엄인휘

등록번호 · 제2-1349호(1992. 3. 31.) | 펴낸 곳 · 예영커뮤니케이션
주소 · (110-616) 서울 광화문우체국 사서함 1661호 | 홈페이지 www.jeyoung.com
출판사업부 · T. (02)766-8931 F. (02)766-8934 e-mail: jeyoungedit@chol.com
출판유통사업부 · T. (02)766-7912 F. (02)766-8934 e-mail: jeyoung@chol.com
제작 예영 B&P · T. (02)2249-2506~7

copyright©2007, 김영한

ISBN 978-89-8350-424-1 (03230)

값 13,000원

21세기 문화변혁과 개혁신앙

김영한 지음

예영커뮤니케이션

이화여고와 재단에 근 50년 봉직하신 장인어르신 최백순 옹(翁)의

교육자로서 인격과 덕과 신앙을 기리면서

이 저서를 헌정합니다.

머리말
문화적 도전과 개혁신학적 착상의 전개

신학의 갈 길은 아직도 멀고 먼데 이룬 것 없이 벌써 회갑의 해를 맞이하게 되었다. 하나님의 사람 모세의 기도가 마음속에 다가온다. "우리의 모든 날이 주의 분노 중에 지나가며, 우리의 평생이 순식간에 다하였나이다"(시 90:9). 1996년 죽음의 문턱을 경험하게 하시고 죽음에 이르는 병에서 소생하여 오늘날까지 오게 한 것은 하나님의 크신 은혜이다. 덤으로 사는 목숨이다. 그 분이 허락하시면 이제 서서히 21세기에 직면한 한국교회를 위한 『개혁교의학』을 집필하고 싶다. 여태까지의 신학적 작업 그리고 이 책도 그것을 위한 기초작업에 불과하다. 그러나 아직도 그것을 위해서 끝내야 할 해석학적 그리고 개혁신학적 기초작업들이 적지 않게 남아 있다.

저자는 김양선 목사님이 창설한 숭실대학교 한국기독교문화연구소를 물려받아 근 17년간 연구소장으로 재직했다. 『21세기 문화신학』시리즈는 1986년부터 2003년까지의 연구성과 및 학문적 결산이라고 할 수 있다. 이 책은 저자가 각종 세미나와 문화 및 신학 국제학술심포지엄을 개최하면서 주제강연 내지 기조강연을 하고, 한국 개혁신학회 회장(1996-2004년), 한국복음주의신학회 회장(2000-2002년), 한국해석학회(2004-2006년)으로 학회를 이끌면서 기독교 문화와 문화신학과 관련된 발표를 주제별로 모은 논문형식의 저서이다. 따라서 이 저서는 초보자를 위한 문화신학의 교과서라기 보다는 오늘날 21세기에 급변하는 문명의 전환과 문화의 변천 속에서 개혁신앙인이 가져야할 기독교 문화의 해석학이라고 말할 수 있다.

저자는 21세기라는 문화적 도전과 더불어 기회로서 다가오는 시대적 전환기 속에서 특히 개혁신앙을 가진 신자들이 가져야할 문화변혁에 대한 개혁신학적 착상을 4권에 걸쳐서 전개하고자 하였다.

제1권은 21세기 세계관과 개혁신앙, 제2권은 21세기 문화변혁과 개혁신앙, 제3권은 21세기 사이버, 생명문화와 개혁신앙, 제4권은 21세기 한국 기독교 문화와 개혁신앙을 주제로 구성했다.

제1권에서는 21세기에서의 세계관(1장), 21세기 문명전환(2장), 21세기 시대정신(3장), 21세기 세속문화(4장), 포스트모던 문화(5장), 21세기 신학의 새 패러다임(6장), 포스트모던 시대의 목회패러다임(7장), 교회와 사회의 패러다임 변화(8장), 여가와 놀이의 신학(9장), 현대사회의 네 가지 폭력과 샬롬(10장) 등의 주제들을 개혁신앙의 관점에서 다루었다.

제2권에서는 21세기 첨단문명의 이기성, 병리 현상 및 그 치유(1장), 문명 충돌과 문명 공존(2장), 이슬람과 기독교, 교리적 차이(3장), 기독교와 이슬람, 문명의 공존(4장), 기독교 관점에서 본 이라크 전쟁(5장), 기독교 문화와 영성(6장), 보편윤리와 기독교 문화(7장), 예수 문화와 개혁신앙(8장), 교회의 사회봉사의 신학적 근거(9장), 몸, 죽음, 생명과 개혁신앙(10장), 기 사상에 대한 신학적 이해(11장), 인문학의 위기와 기독교(12장), 현대사회와 교회의 정체성(13장) 등의 주제들을 개혁신앙의 관점에서 다루었다.

제3권에서는 21세기와 대중문화(1장), 대중문화의 기독교적 조명(2장), 문화상품과 기독교적 문화읽기(3장), 가상공간의 신학적 진단(4장), 사이버문화와 기독교 문화전략(5장), 환생신드롬(6장), 기와 성령(7장), 복제줄기세포연구의 윤리성(8장), 생명공학의 윤리(9장), 복음과 청년문화(10장), 한국청년문화(11장) 등의 주제들을 개혁신앙의 관점에서 다루었다.

제4권에서는 21세기 한국사회의 문화변혁(1장), 21세기 한국교회와 복음주의신학(2장), 새 한국창조(3장), 한국전통문화(4장), 한국교회의 비판문화(5장), 한국에서의 기독교성공(6장), 한국사회의 반기독교정서(7장), 한국기독교인의 사회적 영향력(8장), 한국기독교문화형성(9장), 한국기독교문화운동(10장), 교회재산의 공익성(11장), 한국정치문화와 기독교(12장) 등의 주제들을 개혁신앙의 관점에서 다루었다.

따라서 본 저서는 저자가 1995년에 출판했던 『한국기독교문화신학』(성광문화사, 2005년 불과 구름)의 변혁적 문화신학의 착상을 보다 21세기의 포스트모던 문화현장과 관련해 적용한 것이며, 21세기에 도래한 한국교회의 구체적인 문화현장과의 대결이요, 문화신학적 반성의 구체화라고 말할 수 있다.

저자는 이 책의 내용을 숭실 개교 100주년 기념으로 1998년에 세워진 숭실대학교 기독교학대학원(석사과정)에서 경건과 학문을 닦는 원우들과, 숭실대학교 학부 및 일반대학원 기독교학과(1999년 학사과정 개설, 2005년 석사과정 개설, 2006년 박사과정 개설) 학생들, 2007년 학부 및 일반대학원 기독교학과 신입생과 기독교학대학원 신입생들 그리고 그리스도를 사랑하고 복음주의적 문화선교에 뜻있는 모든 교파의 신학생들과 목회자들, 그리스도인들과 같이 나누고 싶다. 더욱이 이 방대한 분량의 저서를 기꺼이 출판해 준 예영커뮤니케이션 김승태 사장님과 좋은 책을 만들어주신 편집자 이덕희님에게 깊은 감사를 드리면서 한국의 복음주의 출판문화 및 문화선교의 새로운 장을 열어주기를 기대한다.

2007년 5월
김영한

contents

chapter 9 교회의 사회봉사의 신학적 근거 – 삼위일체론적 사회봉사신학의 착상 · 202

chapter 10 몸, 죽음, 생명과 개혁신앙 · 222

chapter 11　기(氣)와 성령
– 기 사상에 대한 신학적 해석 · 243

chapter 12　인문학의 위기와 기독교 · 263

chapter 1

21세기 첨단문명과 개혁신앙
– 문명의 이기(利器)성, 병리현상 및 그 치유

다가온 21세기 문명은 두 가지 첨단 기술로써 특징화된다. 하나는 사이버 기술이요 다른 하나는 생명공학 기술이다. 사이버 기술은 컴퓨터와 인터넷을 통하여 새로운 세계, 즉 가상 세계를 만들어내고 있으며 생명공학 기술은 유전자 공학을 이용하여 생명체를 조작, 유전자 변형물 내지 복제물을 만들어 내고 있다.

사이버 문명기술의 새 시대에 대하여 미국의 문명비평가 제레미 리프킨(Jeremy Rifkin)은 "접속의 시대"(the age of access)라고 명칭을 붙였다.[1] 컴퓨터와 인터넷은 "접속"(access)을 21세기 문화의 보편화 현상으로 가져왔다. 기존 산업화시대를 인쇄시대라고 이름 붙인다면 정보화 시대는 "접속의 시대"이다. 현대인은 가상공간과 더불어 "접속"(接續)이라는 개념이 특징을 이루는 시대에 살고 있다. "나는 접속한다. 고로 나는 존재한다."(I access, so. I am.)라는 새로운 명제가 성립한다. 데카르트(Descartes)가 강조한 사고하는 존재로서의 인간은 이제 접속하는 존재로서 그 존재 의미를 발견하고 살아가고 있다.

그리고 리프킨이 말하는 바 같이 21세기는 "바이오테크 시대"(the biotech century)이다.[2] 이미 생명조작이 시작되었고 유전자 이식 및 변종, 동물 키메라, 인간 복제, 시험관 아기, 대리모, 장기 제작, 유전자 수술 등이 시행되고 있다. 이 가운데 인간도 동물도 아닌 제3의 생물체가 태어날 가능성이 열려 있다. 생물공학 기술은 인류에게 희망만이 아니라 재앙을 가져다 줄 수도 있다. 일본출신 이론물리학자로서 미국 뉴욕시립대 교수인 미치오 가쿠(Michio Kaku)는 사이버 기술을 주도하는 컴퓨터 혁명과 생명공학 기술을 주도하는 생체분자 혁명(biomolecular revolution)은 서로 분리되지 않고 이미 인간 게놈 프로젝트(Human Genome Project)에서 보여진 바 같이 앞으로 점차 서로 결합하여 이 두 혁명의 모체가 된 양자 혁명(quantum revolution)과 더불어 공동상승 효과를 이룰 것을 예견하고 있다.[3]

이 장(章)에서 저자는 이러한 오늘날 첨단 문명인 사이버 기술과 생명공학 기술이 가져다 주는 문화적 충격과 문화적 병리현상을 진단하며 문화적 치유의 방향을 개혁신앙의 관점에서 논구하기로 한다.

*

1. 첨단 기술문명: 사이버 문화와 생명 문화

(1) 사이버 문화

사이버 시대에서 네트워크는 수직적 위계 기업조직이나 표준화된 공장체제를 대체하고 노동력을 유연하게 통합하며, 지식정보가 생산성과 경쟁력을 결정한다. 특히 인터넷으로 대표되는 정보기술의 혁명적 효과는 산업혁명기에 전기의 역할과 비견할 만하다. 인터넷과 정보통신에 의해 실시간으로 연동(連動)되는 전지구적인 상호소통 체계가 구축되었다. '가능한 한 많이 갖는 것이 행복이었던 자본주의가 변하고 있다. 소유의 요구는 줄어들고 접속이 늘고 있다. 소유를 교환하던 시장도 '일시적 사용을 의미하는 접속권을 사고 파는 네트워크'가 대체해가고 있다. 판매자와 구매자의 재산교환도 '서버와 고객 (client)의 단기접속'으로 바뀌었다. 소유가 비합리적 행위가 된 것은 끊임없는 기술혁신의 결과이다. 잦은 업그레이드로 제품의 수명이 단축되자 소비자들은 제품을 소유하는 대신 일정기간 빌려쓰고 새 것으로 교환하기를 원한다."

접속의 시대에서 접속이란 인터넷 같은 통신수단만을 의미하지 않고 영화, 음악, 맛있는 음식을 즐기는 것도 문화적 체험이다. 리프킨에 의하면 사이버 시대란 더 이상 소유가 지배하는 시대가 아니라 접속이 지배하는 시대이다. 이러한 시대는 접속의 권리를 구입하는 사람들이 즐거움을 누리는 과격자본 주의 사회(hyper-capitalistic society)이다. 이 세계의 주체는 문화상품을 생산하고 분배하고 평가하며 입장권을 판매하는 거대한 네트워크이다. 접속의 시대에는 특히 문화가 상업화의 공급원으로 전락한다. 삶의 일부였던 문화적 체험마저 모두 문지기의 검문을 통과해야 접속이 가능한 상품으로 바뀐다. 그래서 리프킨은 정보화 시대에 세상은 접속권을 가진 자와 그렇지 못한 자로 갈라진다고 말한다.

리프킨은 자본주의가 정보혁명으로 인해 전혀 다른 양태를 보이는 현상을 주목하고 있다. 사유재산은 존재하겠지만 물건을 사고파는 것이 우선이었던 소유중심의 산업 자본주의는 상품화된 문화체험의 접속을 중시하는 과격자본 주의(hyper-capitalism)로 바뀌고 있다. 접속의 시대가 왔다는 것이다. 이로 인해 공급과 소비의 행태가 바뀌고 있다. 요즘 기업들에게는 공장이나 기계, 설비, 부동산 같은 유형의 자산을 거의 갖고 있지 않으면서도 '브랜드'(brand) 장사만으로 성공을 누리고 있는 나이키 같은 회사가 선망의 대상이 되고 있다. 고객들도 차를 사기보다는 새로운 모델이 나올 때마다 갈아치울 수 있도록 임대(lease)를 선호하고 있다.

　로이터 통신 인터넷판은 미국에서 10대 청소년의 2%와 성인의 1%가 교회에 가지 않고 인터넷에서 예배를 드리고 있다고 전한다. 앞으로 10년 이내에 전체 미국인의 10% 이상이 기존 교회 대신에 인터넷상의 사이버 교회에서 예배를 드리게 될 것이라고 로이터 통신 인터넷판이 보도했다. 로이터 통신은 미국 캘리포니아 소재의 종교전문 조사기관인 바나 리서치(Barna Research)가 발표한 2000년 말 1,017명의 성인과 605명의 10대 청소년, 604명의 개신교 목사들을 대상으로 실시한 설문조사 결과를 인용, 미국 성인의 8%와 10대 청소년의 12%가 영적 체험을 얻기 위해 인터넷을 이용하고 있으며 향후 수년 내에 그 이용자 수가 급격하게 늘어나게 될 것이라고 전했다.[4] 실제 조사대상자의 3분의 2 이상이 향후 10년 내에 어떤 형태로든 사이버 공간에서 이루어지고 있는 종교활동에 참여하게 될 것으로 본다고 응답하였다. 이번 조사를 주도한 바나 리서치의 조지 바나(George Barna) 사장은 "만일 이러한 통계치가 사실이라면 2000년대 말쯤이면 전체 미국인의 10% 이상이 모든 종교활동을 전적으로 인터넷에 의존하게 될 것이며 약 1억 명에 달하는 거대시장을 창출하게 될 것"이라고 전망했다. 한편 인터넷을 이용하고 있는 크리스천들은 이미 기도하는 시간보다 훨씬 더 많은 시간을 인터넷에서 보내고 있으며, 자신을 신실한 종교인이라고 밝힌 사람들 역시 매주 종교활동을 위해 쓰는 시간보다 7배나 더 많은 시간을 텔레비전을 보는 데 쓰고 있는 것으로 조사됐다.[5]

　2000년 1월에 개설된 발트하임(Steven Waldman)의 가상 종교 사이트(beliefnet.com)는 매달 170만 명 이상의 방문자가 쇄도하고 있다.[6] 이 종교 사이트는 개신교, 천주교, 이슬람교, 힌두교 영역 사이트가 있어서 각 신자들의 취향에 맞추어 각 종교의 설교를 듣고 기도하고 상담할 수 있다. 특정 종교가 없는 자에게는 20가지의 설문지(신의 본성과 수, 세상의 악에 대한 인간의 역할 등)에 답을 하면 그에게 가장 적합한 종교가 제시된다. 가상 종교야말로 상호소통이 본질인 인터넷 시대에 가장 적절한 종교가 된다. 그리하여 가상 종교에서는 방문객이 스스로 자기의 고유한 거룩한 공간을 창조하며 종교적 권위에 의존하지 않고 계율과 텍스트와 의식(儀式)과 종교의 규칙에 자유롭게 접근한다. 인터넷은 이처럼 종교의 영역에서도 큰 영향력을 행사하고 있다. 가상 세계에서는 전통적인 시간과 공간이 붕괴된다. 가상 공간에서 종교활동은 언제 어디서든지 '24시간, 일주일 내내'를 가능하게 한다. 스스로의 종교 시장에서 자신의 종교를 선택하고, 스스로 거룩한 시간과 거룩한 공간을 선택함으로써 종교 제의를 일상화시킨다. 사이버 종교 소비자들은 기존의 '공급자' 중심의 종교에서 '소비자' 중심의 종교를 추구하고 결국에는 생산-소비자(prosumer)[7]라는 새로운 이름을 얻게 될 것이다.

2007년 현재 한국 내에서 기독교 관련 벤처 기업들이 세운 기독교 종합 포털서비스에서도 제공하는 영역이다. 호산나넷, 갓피플 닷컴 등은 포털사이트를 지향하면서 웹메일, 동호회, 예배 등을 제공한다.

(2) 생명 문화

오늘날 배아줄기세포 연구는 생명공학의 주요 프로젝트가 되고 있다.[8] 한국에서도 1998년 서울대 수의대 교수 황우석이 핵이식 체세포 복제기술로 복제소 영롱이를 탄생시키는 데 성공했고 2000년에는 사람의 귀 피부에서 세포를 떼어내어 줄기세포 직전까지 배양하는 데 성공했다. 마리아 병원 전문의(專門醫) 박세필은 2000년 냉동배아를 녹여 줄기(幹)세포(stem cell=배아가 분열을 거듭해 특정장기로 분화될 운명을 지닌 세포로서 장기의 대량공급을 가능케하는 세포)까지 배양한 뒤 심근 세포만을 골라내는 데 성공하였다. 2005년에는 복제하기 어려운 개(스누피)의 복제에 성공하였다.

오늘날의 생명공학으로는 개체복제도 가능해졌다. 개체복제란 체세포 복제로 만들어진 배아(胚芽)(=수정 14일 이내로 장기 형성이 안된 세포덩어리)를 자궁 속에 착상시켜 완전한 개체로 자라게 한 뒤 태어나게 하는 방식이다. 사람도 살점이나 혈액 등 조직의 일부만 있으면 유전자를 담고 있는 핵(核)을 떼어내 수정된 난자에서 핵을 제거하고 융합한 뒤 실험실에서 배양한 후 다른 여성의 자궁 속에 삽입할 경우 자신과 똑같은 복제인간을 만들어 낼 수 있다. 자식이 없어 인공수정을 원하는 부부에게 인간복제는 더없는 희소식이다. 뜻하지 않은 사고로 몇대 독자를 잃은 부모도 자식을 되찾을 수 있고 위대한 발명가의 체세포를 복제해 인류문명을 발전시킬 수도 있다. 수정후 착상전 배아상태에서 핵을 빼내 고급 유전자 치료기술로 치료한 후 다시 난자(卵子)에 집어 넣으면 태아는 부모로부터 선천성 유전병을 물려 받지 않게 된다. 이러한 난치병, 수명연장은 복제를 원하는 현대인과 과학자의 명분이다.

안락사(安樂死)의 문제도 의학기술의 발달과 더불어 우리 사회에서도 문제화 되고 있다. 현대 의학은 불치병이라도 환자의 생명을 상당기간 연장시킬 수 있는 수준에 와 있다. 그러나 그렇게 연장된 삶이 환자 자신에게 그리고 그 가족에게 견디기 힘든 고통을 줄 수 있다는 것이다. 안락사 문제가 개입되는 것이 바로 이 시점이다. 대한의사협회에서는 소극적 안락사의 허용방침을 밝히고 있다. 회복 불가능한 상태에 있는 환자를 단지 의료기기에 의지해 겨우 숨만 쉬게 하는 것은 환자나 가족 모두에게 의미 없는 일이라는 판단에서 허용방침을 밝히고 있다. 더 이상 볼 수도 들을 수도 없고, 다른 사람과 대화하거나 음식 맛을 느낄 수도 없는 환자에 대한 인위적 생명연장 시술은 인간의 사회성과 삶의 질을 고려할 때 오히려 바람직하지 않다는 것이다. 안락사는 크게 소극적 안락사와 적극적 안락사 두 가지로 나뉜다. 소극적 안락사는 의식을 잃고 인공호흡장치로 목숨을 이어가는 식물인간이나 뇌사로 판명된 사람에게서 생명보조장치를 제거하는 것처럼 회복이 불가능한 환자에게 의료행위를 중단하거나 죽음을 편안히 맞을 수 있도록 최소한의 처치만 해주자는 것이다. 적극적 안락사란 회복될 가망 없이 통증이 시달리는 환자에게 독극물이나 가스 등 공격적인 수단을 통해 죽음을 빨리 맞도록 해주는 것을 말한다.

그러나 2005년 20년이나 식물인간이었던 여성이 깨어나서 자기가 의식을 잃고 있을 때 있었던 일들을 기억하는 사례가 화제가 되었다.[9] 장시간 식물인간의 소생사실은 인간 생명이란 과학적으로만 전적으로 다룰 수 없는 신비스러운 면이 있다는 것을 알려줄 뿐 아니라 조급한 안락사의 유도는 귀중한 생명을 잃게 만든다는 것을 알려주고 있다.

2. 첨단 문화의 병리현상

(1) 사이버 문화의 병리현상

1) 접속의 과도-욕망

리프킨은 그의 새 저서에서 새로운 자본주의가 가져올 수 있는 문명의 병리현상을 예리하게 지적하고 있다. 소유중심의 산업 자본주의는 상품화된 문화체험에서 접속을 중시하는 과격자본주의(hyper-capitalism)로 바뀌고 있다. 접속의 시대가 가져오는 부정적 산물은 심각하다. 인간은 사이버 공간 안에서 살아가는 사람과 밖에서 살아가는 사람으로 나누어진다. 양자 사이에 교류가 불가능해진다. 네트워크를 장악한 소수의 거대한 다국적 기업들이 접속을 관리함으로써 인간 존재의 운명까지 장악하게 된다. 특히 문화자원의 상품화는 과도한 영리추구로 인해 결국은 문화자체를 파괴해 버릴 수도 있다.[10] 무수한 사람들과 조직들이 네트워크의 사용권을 얻거나 자격증을 따기 위해 광적으로 경쟁한다. 경쟁에서 승리한 사람들은 과격자본주의를 즐기지만, 탈락한 사람들은 여전히 매표소 주변에서 피곤한 생존 경쟁에 시달린다. 경쟁에서 살아남은 사람들조차 환각(幻覺)을 유지하기 위해 강력하고 짜릿한 문화상품을 준비해야 한다. 그렇지 않으면 그들의 네트워크는 하루아침에 모래알이 되기 때문이다. 리프킨은 사이버문화의 과격자본주의는 인간의 정신과 문화의 영역까지 완전히 상품화시켜버리면서 인간 스스로 자신의 존재기반을 갈아 없애는 것이라고 비판하고 있다. 인터넷이 시민사회와 시민운동을 살리고 있으나 사회와 문화는 점차 익명성에 의한 스캔들과 사이버 폭력에 의하여 지배되고 있다. 이 가운데서 디지털 속의 개인은 자기 존재의 "궁극적 관심"(ultimate concern)을 상실하고 사이버세계가 가져다주는 가상세계의 환상 속에 살고 있다.

리프킨이 "접속"을 "소유"의 반대개념이라고 주장한 것은 새로운 해석이 필요하다. 접속이란 소유의 포기 개념이 아니라 소유의 새로운 양식이기 때문이다. 그가 말하는 접속 개념은 에리히 프롬(Erich Fromm)이 그의 저서 『소유냐 존재냐』[11]에서 말하는 소유와 다르지 않다. 그에 의하면 소유란 "끊임없이 새 것을 소유하려는 욕망 그 자체"이다. 인터넷의 시대에서 접속이란 소유의 새로운 양식이다. 접속이란 재래적인 장기간 소유행위가 잦은 기술혁신에 의하여 효용가치가 떨어지는 것에 대한 새로운 소유방식이라고 말할 수 있다. 새로운 소유방식은 자신이 지닌 제품, 컴퓨터, 각종 전자 제품, 휴대전화, 자가용의 성능이 개선됨으로써 소비자들이 제품을 장기간 소유하는 대신에 일정기간 빌려 쓰고 새 것으로 바꿔 쓰는 소유방식이다. 여기서 재래적인 소유 개념은 단지 새 모델을 소유하는 방식으로 변모하고 있다. 그리고 리프킨이 제시하는 접속의 개념에는 새 모델을 구입함으로써 느끼는 소유욕이 내재해 있다. 접속은 여기서 자꾸 새 모델을 사고 헌 것을 버리는 낭비적인 소유욕이 절약적인 소유욕으로 바뀌어 지고 있다.[12] 이러한 소유방식은 프롬(E. Fromm)이 말하고 있는 소유를 멀리하고 존재를 추구하는 삶의 방식이 아니다. 그것은 각종 문화제품의 성능이 날로 새롭게 향상되기 때문에 제품사용의 효용성과 소유만족도를 높이기 위하여 임대하는 방식을 취하는 과격자본주의적 소유방식이다.

2) 정보과잉: 인간 사고의 약탈

접속의 시대(age of access)에서 만남은 도구적인 만남이 되어 버리고 있다. 더 이상 인격적인 만남이 아니라 정보교환을 위한 만남이다. 이제는 타인을 이해하기 위하여 만나지 않고 그저 정보만을 주고받기 위하여 만난다. 거기다 이 정보는 모두 인간에게 유용한 것이 아니라 인간을 공격하기 위한 것이 적지 않다. 정보는 더 이상 인간에게 지혜와 통찰을 주는 것이 아니라 혼란을 야기하고 선택을 강요하는 지식의 다발로 변모하고 있다. 디지털이 가져다주는 천편일률적인 영상과 이미지는 디지털 인간에게 고정적인 선입견을 심어주고 개인들을 세뇌함으로써 이들로부터 상상력을 빼앗아 버린다. 디지털 개인(Digital Individual)은 한편으로는 무한한 가상의 세계로 들어가고 다른 한편으로는 익명성과 윤리의 공백지대에 들어서면서 정체성의 위기에 직면, 비인간화되기에 이른다.[13]

데이비드 솅크(David Shenk)는 『*Data Smog*』(데이터 스모그)라는 저서에서 "정보화는 미래의 빛이라기보다는 어둠의 묵시록"이라고 비평하고 있다.[14] 솅크는 접속의 시대에서 정보과잉을 비판하고 있다. "한때 연어처럼 귀하고 소중했던 정보가 이제는 감자처럼 흔하고 당연한 것이 되었다." 그리하여 그 결과는 다음과 같다.

첫째, 정보과잉은 정보중독이 되었다. 그리하여 인간은 정보의 노예가 되었다. 인간은 이제 정보 전달장치가 없이는 살 수 없게 되었고 정보의 속도는 인간의 능력을 추월해 버렸다. 둘째, 정보과잉은 사람들에게 생각할 여유를 박탈하고 맥락과 숨은 뜻을 놓치게 하며 모든 것에 말초적으로 반응케 한다. "역사적으로 무례함과 천박함은 늘 세련됨의 결핍을 의미했다. 그러나 주의력 결핍사회에서 사람들은 야비한 행동이 머리기사, 이윤, 권력을 위한 핵심이 된다는 것을 배웠다." 셋째, 정보과잉은 모든 사람들을 전문가로 만들어 주는 듯 하지만 그러나 실은 엉터리 전문가들로 가득 차게 만들어서 온당한 의사

결정을 방해한다. 정보과잉 사회는 세상을 진보시키는 것이 아니라 오히려 정체시킨다. 넷째, 정보과잉 사회는 사람들로 하여금 세상을 더 많이, 넓게 알게 해주는 것 같지만 실은 세상에 의하여 더욱 깊이 감시당하게 된다. 내가 컴퓨터를 보고 있는 것만큼 나는 컴퓨터에 의하여 감시당하고 있다.

앨빈 토플러는 2006년 출판한 베스트셀러 『부의 미래』(*Revolutionary Wealth*)에서 정보의 홍수 속에서 쏟아져 나오는 '쓸모없는 지식'(obsoledge)을 걸러내는 능력이 미래의 부(富)를 결정짓는 핵심요소가 될 것이라 말했다.[15] 정보과잉에 따른 정보혼란은 결국 정보부재로 이어지기에, 엄선된 정보를 제공해주는 신문의 역할이 더 중요해졌다. 토플러는 2006년 《조선일보》와의 인터뷰에서 신문을 세계가 돌아가는 소식과 새로운 지식이 넘치는 '지식과 정보의 보고(寶庫)' 라고 규정하고, 세계의 신문 6~7종을 샅샅이 읽는 것으로 매일 아침 일과를 시작한다고 했다.[16]

가상 종교에서는 모임이 없으며 만지고 맛보고 냄새를 맡을 수 있는 것이나 개인적인 변화와 헌신이 없다. 가상 공간에서는 사도바울이 다메섹에서 그리스도를 만나 변화를 체험한 극적인 사건이나 어거스틴의 회심이나 루터의 탑 체험 같은 인격적 체험의 사건이 일어나지 않는다. 종교 체험이란 역사적인 시공간이라는 구체적인 장소에서 일어나야 하지 웹공간(webspace)은 그것을 수행하지 못하기 때문이다. 가상 인격이 종교적 체험을 대리할 수는 있으나 그것은 하나의 웹공간에서 일어나는 사이버 사건일 뿐 가상 인격과 동일시하는 실재 인간의 변화를 유발하는 것은 아니다. 그것은 소설을 읽는 독자가 소설의 주인공으로부터 감명을 받을 수는 있으나 독자와 소설의 인물 사이에는 실재와 허구라는 엄청난 간격이 존재하는 것과 같다. 가상 종교는 실재 종교를 대신하지 못하고 실재 종교를 방문객에게 소개함으로써 이들이 실재 종교로 나가도록 인도하는 역할을 할 수 있을 뿐이다. 웹공간에서 방문객은 설교를 들을 수 있으나 세례와 성만찬을 받을 수 없고 성도의 교제와 봉사에 참여할 수 없다.[17] 가상교회는 젊은이 그리고 종교 추구자에게 조건이나 부담 없이 자유스레이 방문하여 알아볼 수 있도록 함으로써 실재 교회를 방문하도록 하는 동기를 유발할 수는 있다. 가상교회는 기존 신자들에게 여러 교회의 설교와 예배 및 정보에 접근하도록 한다. 더욱이 가상교회는 선교사들이 갈 수 없는 지역에까지 각종 선교정보와 복음의 메시지를 전달해 줄 수 있다. 이런 점에서 가상교회는 유용하며 실제 교회를 위한 보조역할로서의 기능을 지니고 있다.

(2) 생명 문화의 병리현상

21세기의 문화를 형성하는 또 하나의 축은 생명공학의 기술이다. 생명공학 기술은 현대인들에게 문명의 이기를 가져다주었다. 그러나 이 기술은 유용성을 지나치게 강조하고 윤리와 책임을 상실함으로써 현대인들에게 심각한 위협을 주고 있다. 이것은 유전자 조작과 개체 복제의 여파, 생태파괴로서 나타나고 있다. 독일 뮌헨대학교 교수인 울리히 벡(Ulrich Beck)은 이것을 "위험사회"라고 표현하고 있다.[18] 이것은 환경위기, 복지국가의 실패, 체르노빌의 원자력 유출, 영국에서 시작된 광우병, 여러 가지 환경재난에서 보는 바 같이 현대인들이 훨씬 더 불확실성의 사회 속에 살게 되는 사회이다.

1) 유전자 조작으로 인한 생태파괴

유전자 변형식품은 생태계에 유전변형을 일으킬 우려를 확산시키고 있다. 2000년 5월 29일 독일 예나대학교 연구진은 "유전자 조작(GM)농작물의 유전자는 이를 섭취한 동물에게 옮겨질 수 있다."는 연구 결과를 내왔다.[19] 유전자가 조작된 유채밭에 있던 벌의 배설물 속에 있는 박테리아를 조사해보니 유채 같은 조작된 유전자를 갖고 있더라는 것이다. 유전자 조작은 이미 낳은 농작물이 그런 것처럼 특정 종(種)으로 획일화해 생물다양성을 해칠 수 있다. 인간 유전자가 조작대상이 되면 앞으로는 부모와 혈연관계가 전혀 없는 사람을 닮은 아기를 낳는 일까지 가능하다. 만약 자료가 충분하다면 나폴레옹의 성격, 기질까지 유전자 지도에 그려 넣을 수 있다.

한국에서도 최근 인간 게놈프로젝트 발표 이후 유전자에 대한 사회적 관심이 높아지면서 암(癌) 등 질병 예측, 친자 확인, 나아가 호기심, 비만 등 개인 성향까지 유전자로 검사해준다는 바이오 벤처(bio-venture) 회사가 급속히 늘고 있다.[20] 유전자 검사의 과학적 신빙성과 그것을 둘러싼 학계의 논란이 계속되는 상황에서 이것이 벌써 상업화 되고 있다. 바이오 벤처들이 제공하는 유전자 검사 사용서비스 품목은 체력, 호기심, 우울증, 지능, 치매성향, 키 등 수십 종에 이르고 있다. 이들 회사는 머리카락을 일곱 가닥 정도 뽑아서 검사를 하고 있다. 유전자 관련 연구는 거의 모두 서양인을 대상으로 한 것이기 때문에 인종적 차이가 전혀 고려되지 않았다. 그러므로 유전자 검사의 효용이 논란되는 것이다. 검사과정에서 얻는 개인의 유전자 정보 유출이나 상업적 전용(轉用)에 대한 보안장치도 마련되어 있지 않다.[21]

생명공학은 유전자 조작을 통하여 미래사회를 인종과 성차별 대신에 유전자 차별을 제도화하는 사회로 만들게 될 위험성에 직면하고 있다. 1997년 제작 상영된 공상과학영화 "가타카"(Gattaca, 감독 엔드루 니콜)는 생명과학이 고도로 발달한 사회에서 유전인자를 잣대로 인간의 가치와 정체성을 결정하는 미래의 이야기를 그리고 있다.[22] 주인공 빈센트는 그 시절 보편적인 인공 수정으로 태어난 '과학의 아이'가 아니라 부모의 사랑과 자연분만으로 태어난 '신의 아이'다. 빈센트는 최고의 우주항공회사 가타카에 취직해 우주비행사가 되는 게 꿈이다. 그러나 그는 열성인자를 갖고 태어나 처음부터 하층계급에 편입된다. 빈센트는 어려서부터 천체물리학 책을 즐겨 읽고 우주 비행을 꿈꾸지만 유전자 계급이 존재하는 미래 사회에서 열등한 인자를 갖고 태어난 사람의 직업이 제한되는 것은 암묵적 진실이 되어버린다.

청소부로 일하면서도 꿈을 접지 못한 빈센트는 유전자 암거래상의 중개로 일류 수영선수의 유전자를 사들여 결국 가타카에 입사한다. 하지만 빈센트는 자신의 꿈을 포기하지 않고 유전자 브로커를 통해 우성 유전자를 지닌 제롬(주드 로 분)의 몸을 빌린다. 신분 확인에 필요한 혈액, 소변, 체모 등 흔적을 제공받고 금전적 보상을 한다. 일명 '사다리 빌려 타기'(다른 계급의 유전자로 위장하는 것)를 통해 빈센트는 제롬의 신분으로 가타카에 입사하여 엘리트 사원으로 인정받는다. 그리고 우여곡절 끝에 토성행 우주비행선에 오른다.

유전자를 맘대로 조작할 수 있고, 그로 인해서 자연임신을 통해 태어난 사람은 천대받는 사회. 피 한 방울, 피부 세포 한 조각이면 그 사람의 성향, 예상 수명, 병력까지 모두 조회할 수 있는 사회. 생각만 해도 소름이 돋는다. 이 영화의 중간에 이런 말이 나온다. "이젠 인종은 상관없다." 이 영화는 지금 사회는 인종차별이 문제이지만, 미래에는 유전자 차별이 문제인 사회가 올 것을 가상적으로 그리고 있다. 빈센트는 탄생과 동시에 신경계 질병 60%, 우울증 32%, 집중력 장애 89%, 심장질환 99%, 예상 수명 30.2년이라는 유전자 정보를 갖게 된다. 이 프로파일 때문에 유치원 입학이 거절되고 보험도 제한된다. 과거 인종, 국적, 성별, 학력에 의해 차별 받던 개인은 유전자 지수라는 족쇄 하나를 더 차게 된 셈이다. '가타카'가 보여주는 21세기는 우수한 유전 인자를 보유한 사람이 사회 주요 부문을 장악하고, 열등한 인자를 보유한 사람은 하층민의 삶을 사는 게 보편화된 사회다.

유전공학은 두 가지 얼굴을 지닌다. 게놈지도 완성으로 유전병 조기 발견과 치료라는 장밋빛 기대가 있는 반면 이때 수반되는 유전자 정보 공개와 프라이버시 침해, 나아가 자본이 개입된 유전자 조작으로 인한 새로운 인간 차별은 사회적 갈등을 심화할 것이라는 우울한 전망이 그것이다.

2) 생명복제

한국 생명윤리법 시안에서는 사람의 개체복제는 금지했으나 동물복제는 생태계의 균형을 위협하거나 종의 다양성을 해치지 않을 경우에는 허용하고 있다. 1998년 미국 생명공학회사 ACT사는 핵을 제거한 소의 난자(卵子)에 사람의 핵을 융합한 배아(胚芽)를 복제하는 데 성공했다. 윤리적 문제로 중단되었으나 이를 자궁 속에 착상시켜 기른다면 반인반수(半人半獸)가 생겨날 수도 있다. 복제인간의 탄생이 현실로 다가오고 있다. 인간 고유의 존엄성을 해치는 반윤리적 행위임에도 불구하고 경쟁하듯 인간복제를 시도하려는 움직임이 세계 곳곳에서 일고 있다. 기획복제 태아, 기계처럼 디자인되어 조립된 복제인간이 어느 날 우리 앞에 불쑥 나타나게 될 것이 우려되고 있다. 생명복제 실험에는 큰 규모의 실험실이 필요 없고 비용도 많이 들지 않는다. 때문에 실험실 문을 걸어 잠그고 몰래 진행하면 저지하는 게 물리적으로는 불가능한 실정이다.

종교집단인 "라엘리안" 이 2000년 10월 미국에서 인간 복제 작업을 시작하겠다고 밝힌 데 이어 최근 이탈리아의 안티노리 등 세계적인 시험관 아기 전공 의사, 교수, 과학자들이 불임부부를 위한 복제 작업에 착수하는 등 인간 복제 실험이 지구 곳곳에서 시도되고 있다. 라엘리안의 지원을 받는 클로네이드사(www.rael.org/press)는 "한때 반발이 심했던 시험관 아기가 지금은 보편화된 것처럼 복제 아기도 곧 그렇게 될 것" 이라며 "첫 복제 아기가 탄생하는 대로 이르면 올해 주식시장에 상장도 할 것" 이라고 밝혔다.[23] 미국 알 고어(Al Gore) 생명연장 재단에는 냉동인간이 33명이나 보존되어 있다. 미국의 심리학자 베드보드 박사가 냉동인간 1호이다. 그는 암에 걸려 사형선고를 받은 1967년(당시 75세) 액체질소를 채운 영하 196℃의 금속용기 안에서 동결돼 아직까지 깊은 잠을 자고 있다.

그러나 이러한 생명조작은 하나님의 창조질서를 무시하고 인간이 가진 개별적 인격성과 존엄성을 파괴하는 것이다. 실험에 사용되는 수정(受精) 배아세포는 신성한 인간생명이 시작되는 존엄한 싹이다. 그런데 이것을 인간이 조작한다는 것은 창조주의 섭리를 거스르는 행위요 개체 생명의 존엄성을 침해하는 반윤리적 행위이다. 체세포 복제기술은 원본(原本)동물의 핵만을 난자에 이식하는데 이때 전기 충격용법을 사용한 핵융합을 시켜야 한다. 이 과정에서 기형이 발생할 가능성이 높다고 과학자들은 말한다. 한 마리의 복제양 돌리가 탄생하기까지 똑같은 실험이 무려 277회나 반복되었으며 다섯 번에 세 번 꼴로 기형(畸形) 내지 불구(不具) 양이 태어났다. 인간을 대상으로 그런 실험을 수십, 수백 회 반복하는 과정에서도 수많은 기형아들이 태어날 것이다.[24] 이에 대한 윤리적 책임이야말로 심각한 것이다.

대한의사협회는 2001년 4월 12일 안락사(mercy killing)를 허용한다고 발표하였다. 그 이유로 "우리나라처럼 의료보험체계가 허술한 나라에서는 환자가 오랜 기간 치료를 받을 경우 가족생계가 크게 위협을 받는다.", "경제적 이유만이 아니더라도 치료가 불가능한 환자에 대한 인위적 생명연장은 신이 예비해놓은 생명의 존엄성을 훼손하는 것일 수도 있다는 점에서 소극적 안락사를 허용하는 것이 바람직하다."고 대한의사협회는 말하고 있다.[25]

미국 연방대법원은 지난 2005년 3월 24일, 15년 동안 식물인간으로 지탱해 온 테리 시아보(41)의 급식 튜브를 다시 연결시켜 달라는 시아보의 부모 쉰들러 부부의 청원을 기각했다. 또 플로리다 연방법원은 시아보를 주정부가 보호하도록 해 달라는 젭 부시 주지사의 청원을 기각했다. 그리하여 미국에서 안락사 문제가 큰 사회적 논쟁을 일으켰다.

안락사를 찬성하는 자들은 인간 삶의 목적을 행복으로 보는 목적론적 윤리(teleological ethcis)에 지배되고, 반대하는 자는 생명의 절대가치를 강조하는 의무론적 윤리(deontological ethics)에 지배되고 있다. 안락사가 허용될 경우 우리 사회에 만연하는 생명경시 풍조가 더욱 증폭하게 될 것이다. 그리고 의사의 도움을 받아 생을 마감하려는 사람들과 이를 악용하려는 병원 측이 상업적 이득을 위해 이를 은근히 부추기는 등 심각한 현상이 나타날 수 있다.[26] 소극적 안락사의 경우 본인의 동의가 가장 중요하나 이것이 정말 자발적인가 하는 것이 중요하다. 우리 사회에서는 환자나 가족 동의의 안락사는 어느 정도 관행화 되어 있다. 낙태와 안락사, 살인과 자살, 사람의 몸과 마음에 대한 유전학적 연구가 예사로 되고 있는 시대적인 인명경시 풍조가 큰 문제이다. 오늘날 현대의료인들은 인간 생명을 신성시 하고, 하나님 앞에서 인간의 생명을 보호하고 책임지는 윤리를 명시한 히포크라테스의 선서(the Oath of Hippocrates)를 다시 한 번 확인해야 할 것이다.[27] 이 선서는 인간 생명의 신성함을 토대로 하고 있으며, 비록 이방신(희랍신)일지라도 유신론적 전제를 가지고 있다. 그래서 히포크라테스의 선서는 오늘날 의료인들이 다시 한 번 음미해야할 윤리적 지침이다.[28]

3. 병든 문화의 치유

(1) 창조 세계의 재발견

정보화는 역전될 수 없는 거대한 추세이다. 우리 기독교인들은 좋든 싫든 이 정보화 흐름을 타고 살 수 밖에 없다. 정보화의 사회를 파기할 것이 아니라 개혁하고 치유해야할 과제가 여기에 있다. 우선 우리 기독교인들 자신이 '정보화중독의 여과장치'가 되어야 한다. 우리 자신이 편집자가 되어야 한다. 그리고 문화비평가가 되어야 한다. 정보를 사용하는 각자가 정보를 통제하고 관리하는 능력을 키워야 한다. 여기서 우리는 사회학적 질문을 넘어서서 신학적 윤리의 질문을 제시하게 된다. 자정(自淨)의 능력을 어떻게 배양할 것인가? 여기에 개혁신앙이 가지는 "하나님 앞"(coram deo)의 삶의 개념은 열쇠를 제시한다. 하나님 앞에 서게 될 때 우리는 어느 시간이나 장소에 구애받지 않고 보고 계시는 하나님 앞에서 양심을 각성함으로써 자정의 능력을 갖게 된다. 이웃과 공공에 대한 책임을 갖게 되는 것이다.[29]

사이버 세계는 인간이 문명의 이기로서 이용하는 가상 세계이지, 이것이 실제 세계가 아니라는 사실을 알아야 한다. 사이버 세계는 인간이 사는 실재세계의 보완으로서만 의미를 지닌다. 이 실재 세계란 하나님이 창조하신 시간과 공간이요 우리가 태어나서 하나님을 만나고 경배하고 의미를 형성하고 기여하고 죽어가는 역사의 장이다. 인간이 이 구체적인 삶의 시공간을 무시하고 사이버공간에 침잠하게 될 때 역사로부터의 도피하게 되는 심각한 정체성의 위기에 빠지게 된다. 사이버 공간에서 우리의 신체는 먹고 마시고 쉬고 잘 수 없고, 실제 우리의 영혼은 불안과 무의미의 정조(情調)에서 벗어날 수 없으며, 우리의 마음은 인생의 의미를 온전히 성찰할 수 없다. 그것은 어디까지나 인위적이고 가상적 세계에 불과하기 때문이다.

리프킨이 피력하는 바 같이 디지털 환경의 신(新)인류의 병리현상을 극복하기 위해서 "교육기회를 충분히 제공하여 모든 사람이 컴맹에서 벗어나고 사이버스페이스를 제약 없이 누비고 다닐 수 있게 해서 해결되는 것이 아니다." 접속의 시대에는 시간 개념이 중시되지만 지역적 공간이야말로 진정한 인간관계와 문화의 원천이다. 때문에 "시장에 나와 있는 문화상품에 누구나 접근할 수 있는 길을 터주는 것 못지않게 지역문화를 소생시키는 데도 똑같은 노력을 기울여 지역 공간에 뿌리를 둔 문화적 다양성을 지키는 것이야말로 21세기의 최대의 정치적 임무이다."라고 리프킨은 결론짓는다.[30] 사이버 시장도 마찬가지로 실재로 존재하는 지역 시장에 의존해서 존재하는 것이다. 건강한 시장경제가 가능하기 위해서는 건전한 사회적 신뢰와 문화적 다양성이 함께 존재해야 한다. 리프킨은 그의 저서 『소유의 종말』에서 시장이 스스로 그 기반을 먹어치우는 거대한 모순의 수레바퀴가 네트워크로 연결된 과격자본주의 세계의 모순을 극복하기 위해서는 시장과 자연, 공동체의 공존을 모색해야 한다고 주장하고 있다.[31]

이 공존을 위해서는 시장윤리와 공존윤리가 필요하다. 이러한 윤리란 내가 나의 존재를 귀하게 여기는 것처럼 상대방을 존중하고 같이 사는 책임윤리이다. 책임윤리는 실재 세계에서 사는 시민뿐만 아니라 사이버 공간에서 활동하는 네티즌들도 가져야할 윤리이다. 실재 인간은 사이버 공간에서는 네티즌이라는 익명인간이 되나 네티즌은 실재인간이 쓰고 있는 하나의 가면이다. 사이버 공간의 교제란 실재인간이 가면(假面)을 쓰고 참여하는 가면무도회와 크게 다를 것이 없다. 가면을 쓰고 춤을 추고 교제를 나누는 주체는 어디까지나 실재인간이다. 실재 자아는 가면 배후에 있으며 숨어 있다. 가면무도회에서는 진정한 인격적 소통이 있을 수 없다. 가면(假面) 자아의 배후에는 실재 자아가 있다. 가면 자아는 연출을 하나 연출가는 실재 자아이다. 여기서 가면 자아와 실재 자아 사이에 균열이 있다. 가면 자아는 도덕적으로 윤리적으로 책임질 필요가 없다. 그것이 익명성으로 행해지기 때문이다. 실재 자아는 자기의 행위에 대하여 책임을 지지 않을 수 없다. 실재 자아는 여기서 분명히 윤리적이고 도덕적 주체가 되어야 한다. 이 도덕적 주체에게 그리스도는 여전히 문화의 창조자요 변혁자로서 다가오신다. 사이버 공간에서도 여전히 그리스도가 문화의 주인이라는 신념을 가질 때 책임윤리를 가지고 사이버 공간의 문화를 변혁시킬 수 있다.

(2) 창조주에 대한 책임의 발견

오늘날의 첨단 의료기술 시술에 있어서 안락사를 명문화 경우 자의적으로 확대 적용할 소지가 크게 될 것이다. 의학적으로 회생가망이 없는 환자에게 가족 등이 계속 진료를 요구할 경우 의사의 판단만으로 치료를 중단하는 것은 위험하다. 회생가능성이 있는 환자에 대하여 명확한 세부지침이 없는 경우 이를 허용하면 사실상의 살인행위도 이 테두리 안에서 행해질 수 있다. 하나님 대신 인간인 의사가 생사(生死)판단을 하고 안락사 판단을 하도록 해서는 안 된다. 최악의 경우 원목(院牧, clinical chaplain)이 입회하는 것이 중요하다. 불치병의 경우 가족의 경제적 고통문제는 미국처럼 암환자 치료비를 국가적 프로그램으로 지원하거나 호스피스 제도의 활성화를 통해서 사회복지 대책으로 풀어나가야 한다.[32]

첨단 의료기술은 창조주에 대한 관계에서 그 의미와 가치와 목적을 정립하여야 한다. 오늘날 첨단 의료기술이 의거하고 있는 인본주의적 공리주의 윤리는 단지 인간적 실용과 공리에 입각해 사고하면서 인간을 향한 창조주의 보다 깊은 섭리와 뜻을 간과하고 있다. 생명의 주인은 인간이 아니라 하나님이시므로 우리는 생명을 주신 창조자 하나님과의 관계에서 생명과 유전자 조작도 새롭게 음미해야 할 것이다. 그 분의 뜻은 바로 생명존엄과 인간성의 보장에 상응한다. 여기에 생명의 신학이 요청된다. 그것은 돌봄의 윤리, 양육의 윤리, 관계의 윤리를 통해 인간의 생명과 지구의 생명을 회복하는 것을 내용으로 한다.[33]

4. 문화치유의 신학: 문화변혁의 신학

(1) 문화치유 능력으로서의 하나님의 말씀

오늘날 사이버 문화와 생명공학 문화는 시대적으로 포스트모던 문화와 연결되어 있다. 그리하여 정보화의 지식 홍수 속에서 현대인은 엄청난 지식과 접속하나 참된 정보를 찾지 못하고 있으며 바른 가치와 윤리를 알지 못하고 있다. 인류는 생명공학을 발전시킴으로써 한편으로는 각종 유전자 결손으로 인한 질병까지 치료하는 등 인류의 삶의 질을 높이고 있으나 다른 편으로는 생명공학 기술을 상업화하여 유전자 조작, 인간 복제 등으로 인간 개체의 존엄성과 권리를 침해하고 있다. 이 가운데 현대인간은 첨단 기술이 지닌 의미를 알지 못하고 이것을 상업화함으로써 인간생명을 도구화하여 진정한 지식과 가치와 윤리의 실천에서 멀어지고 있으며 생명의 의미를 찾지 못하고 방황하고 있다. 물질적 삶은 풍족해졌으나 정신적 삶의 질은 떨어지고 있다. 여기에 개혁신앙이 해야할 중요한 과제가 있다.

구약의 아모스는 주전 8세기의 선지자로서 다가오는 오늘날의 문화적 어려움을 예언적으로 진단하고 있다. "보라 날이 이를지라 내가 기근을 땅에 보내리니 양식이 없어 주림이 아니며 물이 없어 갈함이 아니요 여호와의 말씀을 듣지 못한 기갈이라"(암 8:12). 물질적으로는 풍족한 21세기, 인간이 창조한 사이버공간과 생명공학은 무한한 문화창조의 공간이다. 그리고 인간은 인간게놈 지도까지 만들어내고 이에 따른 유전자의 기능까지 밝히는 작업을 시도하고 있다. 그러나 사이버 포르노, 사이버 스토킹(cyber stalking), 사이버 폭력 등으로 사이버 공간은 인간성을 파괴하고 있다. 그리고 생명공학은 유전자 조작과 생명복제 등으로 생태계의 파괴를 초래하고 있다. 아모스 선지자는 이러한 시대를 향하여 기근의 시대라고 말하면서 "양식이 없어 주림이 아니며 물이 없어 갈함이 아니요 여호와의 말씀을 듣지 못한" 시대라고 말하고 있다.

오늘날의 시대는 이러한 첨단적인 문화를 바르게 향유하기 위하여 바른 지식과 윤리와 가치 정립이 필요하며 이를 위하여 하나님의 말씀을 받아야 한다. 하나님 말씀은 첨단 기술을 무시하거나 반대하지 않고 그것을 절대화 하지도 않으며 그것을 하나님 말씀아래서 사용하라고 명하신다. 하나님의 말씀은 현대문화를 향하여 다가오시며 그것을 항상 진단하시면서 심판하시는 말씀으로 나타난다. "사람이 이 바다에서 저 바다까지 북에서 동까지 비틀거리며 여호와의 말씀을 구하려고 돌아다녀도 얻지 못하리니"(암 8:12) "그 날에 아름다운 처녀와 젊은 남자가 다 갈하여 쓰러지리라"(암 8:13). "이 바다에서 저 바다까지, 북에서 동까지"는 전 지구를 가르치는 것으로 '지구촌 사회'(global society)를 의미하는 것으로 해석할 수 있다. 지구촌의 사람들은 진리를 구하고 지식을 구하려고 교류하나 얻지 못한다. 아모스의 본문은 영적 기근을 강조한 말씀이다. 오늘날의 사이버와 생명문화 시대에 현대인들은 영적 기갈에 사로잡혀 있다. 하나님의 말씀은 심판하시는 말씀으로 나타난다. "무릇 사마리아의 죄된 우상을 가리켜 맹세하여 이르기를 단아 네 신들이 살아있음을 두고 맹세하노라 하거나 브엘세바가 위하는 것이 살아있음을 두고 맹세하노라 하는 사람은 엎드러지고 다시 일어나지 못하리라"(암 8:14). 그 이유는 현대인이 참 하나님이 아니라 거짓 신을 숭배하고 있기 때문이다. 그것은 물신(物神)이다. 여기서 물신이란 사이버 기술과 생명공학 기술을 말한다.

하나님의 말씀은 우리의 문화를 치유하시는 말씀이다. 우리의 첨단 문화는 기술과 발전력은 있으나 윤리와 정신이 없다. 그리하여 이 문화는 물질문명으로 끝나고 현대인들에게 영적 만족과 행복을 주지는 못한다. 현대인들은 사이버 세계의 무한한 정보의 바다 속에서 창조적인 정보를 누리기보다는 섹스와 폭력과 오락과 비방과 해커와 바이러스 유포에 탐닉되는 등 인간 자체가 안고 있는 모순과 부패성에 사로 잡혀 있다. 그리하여 현대인은 하나님이 현대인류에게 주신 이 첨단문명의 이기(利器)를 건설적이고 생산적으로 사용하지 못하고 있다.

현대의 기술문명은 그 정신을 다시 쇄신하기 위하여 하나님 말씀으로 수술을 받아야만 한다. 문화의 수술이란 현대 물질문명의 이데올로기가 가지고 있는 자유주의적이고 인본주의적 전제를 하나님의 말씀으로 파헤치며 그것의 자기 영화성과 교만성을 노출하는 것이다. "하나님의 말씀은 살아 있고 활력이 있어 좌우에 날선 어떤 검보다도 예리하여 혼과 영과 및 관절과 골수를 찔러 쪼개기까지 하며 또 마음의 생각과 뜻을 판단하나니"(히 4:12).

(2) 사이버 세계에 대한 신학적 조명으로서의 사이버 신학

인간은 가상 세계를 창조세계와 혼동해서는 안 된다. 인터넷에서 나타나는 세계는 어디까지나 인간이 고안한 전자의 세계요 그것은 무한한 세계가 아니라 어디까지나 인간 상상력의 한계 안에 머무는 세계일 뿐이다. 인간은 가상 세계를 물신적 존재로 변형시켜서는 안 된다. 오늘날의 청소년들은 가상세계에 들어가서 그것에 탐닉되고 있다. 그리하여 구체적인 세계와 단절되어 가상의 세계 속에서 각종 찰나적인 영상의 놀이에 몰입하여 자아의 정체성을 상실하는 경우가 적지 않다.

가상 세계는 현실세계와의 연관성을 통해서만 의미를 지닌다. 가상 세계가 아무리 정교하게 시뮬레이션(simulation)을 보여준다 하더라도 그것은 어디까지나 가상적인 사건이지 실재의 상황은 아니다. 그것은 앞으로 실재의 현실에 일어날 경우를 예측하여 주는 것이다. 가상 세계는 실재 세계의 모형으로서만 존재의 의의를 가질 뿐이다. 사이버 인물도 마찬가지다. 그것은 인간이 그려 낸 하나의 이상적 존재일 뿐이다. 그는 실재의 인간이 아니다. 사이버 인물(character)과 대화를 하고 인격적 소통을 하더라도 그것에 인격적으로 몰입할 수 없다. 그것은 어디까지나 나의 게임의 대상일 뿐이다. 가상 인간이 아무리 좋은 인물과 신체적 조건과 지성과 미와 덕을 지녔다고 하더라도 지금 갈등 속에 있는 실재 존재하는 나보다 우월할 수 없다. 나는 하나님의 지으신 피조물이요 사이버 인물은 인간이 지은 창조물이기 때문이다.

가상 세계는 현실세계의 음영이요 그림자이다. 사이버 교회도 마찬가지다. 사이버 교회는 그 자체로서는 교회의 구실을 할 수 없다. 성만찬과 교제와 은혜의 체험이 없는 곳이기 때문이다. 사이버 교회는 지역교회를 대체할 수 없다. 대신 사이버 교회는 지역교회가 할 수 없는 먼 거리에 있는 선교사나 병원에 있거나 휴양 중에 있는 교인들에게 말씀을 선포하고 성경공부와 신학강좌를 제공할 수 있다. 사이버 교회는 현실교회의 음영으로서만 존재할 뿐이다. 여기에 사이버 교회의 한계와 제약성이 있다. 그것은 실재 교회에 대한 기획으로서만 존재하지 실재 교회 없이는 존재할 수 없다는 것이다.

인간은 구체적인 신체성을 지닌 인간이요 그리고 하나님을 경배해야 하는 영적 존재이다. 사이버 사회 속에서 개혁신앙의 중요성은 크게 강조되어야 한다. 그것은 창조세계의 새로운 발견이다. 인간은 사이버 세계로 침잠해서는 살 수 없다. 인간은 하나님이 창조하신 세계 속에서 진정한 문화의 향유를 누려야 한다. 개혁신앙은 창조세계를 마야(maya), 즉 환상 내지 가상으로 보지 않고 인간존재가 실현되는 하나님의 창조의 공간으로 보고 있다.[34]

(3) 생명기술 사용의 책임 윤리: 개혁신앙이 주는 정신

생명공학 기술의 시술에 있어서 생명의 원천이요 규범자로서의 창조주에 대한 책임이 요청된다. 생명의 시작과 끝은 신의 영역이다. 인간 생명은 그 자체로 목적이지 수단으로 이용되어서는 안 된다. 그리고 인간생명은 복제되어서는 안 된다. 오늘날 생명벤처 회사들은 유전자 조작과 생명기술을 상업화하고자 시도하고 있다. 그것은 이 천하에 하나밖에 없도록 개성을 주신 개체 인격의 유일성을 인위적으로 파괴하는 행위이다. 바이오 기술(bio-tech)보다 윤리에 무게를 두어야 한다. 기술개발로 얻는 이기(利器)나 이익보다는 생명존엄과 윤리를 우선시해야 한다.

인간의 난자를 동물의 정자로 수정하거나 동물의 난자를 인간의 정자로 수정하는 행위는 종간(種間) 교잡이며, 인간과 동물의 유전자가 섞이는 것은 인간 존엄을 훼손하는 처사이며 창조의 질서에 위배된다. 배아(胚芽)는 개체 생명과는 다르지마는 엄연한 생명체로 보아야 한다. 그런데 그동안 배아복제를 금지해왔던 '국가생명윤리심의위원회'는 2007년 3월 23일 '인간 배아 복제 연구 허용'을 발표하였다. 이러한 태도의 변화는 신자유주의적 흐름에 영향을 받아 그동안의 생명의 존엄성 태도에서 후퇴한 것이다. 2007년 4월 2일 한국 천주교 주교단은 이를 개탄하는 성명서를 발표하였다. 주교단은 생명을 위한다는 미명하에 이루어지는 생명파괴라며 비윤리성을 지적하였다. "배아는 인간 생명체이다. 따라서 배아를 이용하는 어떠한 실험이나 연구도 인간 생명의 존엄성과 신성함을 침해하는 행위이므로 배격한다." 그리고 "불임부부들이 겪는 고통을 함께 아파하면서도 시험관 아기를 통한 인공수정과 출산도 비윤리적임을 분명히 지적한다.", "이미 30여 년간 낙태를 조장하는 악법으로 활용되어 온 모자보건법 14조의 폐지를 거듭 촉구한다."고 밝혔다.[35] 개신교도 이에 상응하는 생명보존을 위한 대안을 마련해야 할 것이다.

현대의 생명공학은 유전자 결정론(gene determinism)이라는 이데올로기에 편승되어 있다. 유전자 결정론을 무시해서는 안되나 이것을 절대화 해서도 안된다. 유전자 결정론은 인간의 유전자가 인간의 행동양식을 결정한다고 주장하여 한 사람의 유전정보를 알면 그 사람의 미래에 대한 모든 것을 예측할 수 있으며 인간을 개조할 수 있다는 것이다. 유전자 결정론은 인간정체성 형성의 복합성과 다양성을 무시하고 인간을 단지 유전자 발현활동으로 해석하는 유전자 환원주의(gene reductionism)에 빠지고 있다. 유전자 결정론은 역사에서 보듯이 인종청소나 열등한 인간의 강제적 도태에 사용된 사악한 반인륜적인 과학이론으로 악용될 소지를 지니고 있다.

그리고 유전자 결정론은 인간유전자의 복합성을 모르는 소박주의(naivism)에 빠져 있다. 최근 인간게놈프로젝트 연구 결과에서 보이듯이 인간의 유전자들은 몇 개의 유전자가 모여서 하나의 기능을, 또는 하나의 유전인자가 모여서 하나의 기능을, 또는 하나의 유전자가 몇 개의 기능을 동시에 보여주는 매우 복잡한 네트워크로 구성되어 있다.[36] 더구나 인간게놈프로젝트(The human genome project)에 의하여 밝혀졌듯이 유전자는 생물학적 불확정성의 원리에 의하여 더욱 모호한 개체가 되어버렸다. 어떤 유전자를 이해하려고 조작하는 순간 그것은 이미 조작하기 전의 개체에서 다른 개체로 변해버린다는 것이다. 지금의 기계론적 해석은 앞으로 비약과 우연히 혼재하는 양자역학(量子力學)적 해석을 필연적으로 요구하게 된다. 유전자 결정론에 바탕을 둔 유전공학은 결국 거대기업의 유전정보(遺傳情報) 장사에 편승하고 이에 편승하는 과학자들의 세속적인 이해관계와 맞아떨어지고 있다.[37] 유전자도 환경과 문화와의 유기적 관계 속에서 그 기능을 하는 것이다. 그러므로 유전자 결정론은 현대인들을 유전적인 숙명론으로 몰고 가게 된다. 이것은 성경적-개혁신앙적 세계관과 너무나 다른 것이다.

화란에서 이미 추진되었고 우리 사회에서도 소극적으로 추진되고 있는 안락사의 법제화는 반대되어야 한다. 화란의 안락사 법제화에 대하여 강력한 반대를 제기하는 독일의 법무장관은 "독일에서는 안락사의 문제는 일종의 금기사항"이라고 말하고 "독일은 안락사를 허용하지 않는 대신 말기 환자의 고통을 덜어 줄 수 있는 다른 방법을 모색할 것"이라는 발언은 주목할 만한 가치가 있다. 인간은 어떠한 경우라도 인간의 생사여부를 결정할 권한이 없으며 이를 어길 경우 창조질서가 훼손되고 심각한 생명경시가 초래될 것이다. 인간의 생명과 존엄성이 단순히 경제적이고 상업적인 이유로서만 판단되어서는 안 된다. 회복불가능 판정을 받은 사람들이 편안하게 죽을 수 있도록 할 수도 있겠으나 생명의 주인은 하나님이므로 마지막 순간까지 최선을 다해 생명을 지키는 것이 인간의 도리이다. 여기서 개혁신앙은 인간이 현대의 첨단 의료기술을 사용할 때 창조주와 이웃 인간에 대하여 책임지는 책임윤리 의식을 각성시킨다.[38]

(4) 해체가 아니라 변혁

미국의 해체주의 신학자 마크 테일러(Mark Taylor)는 현대인을 위한 신, 신학이란 용어를 사용하기를 거부한다. 그는 현대 문명과 종교와의 관계에 대하여 다음같이 피력하고 있다. "나는 더 이상 신, 신학이라는 용어를 사용하기를 거부한다. 그 대신 거룩함, 종교학 혹은 기호학으로 대체하려고 한다. 특히 중요한 것은 거룩함이라는 용어가 지니는 포용성이다. 거룩함은 순결과 부정, 높음과 낮음, 초월과 내재 등 이중적 동기를 공유하는 단어이다. 기존의 서양 신학이 일방적으로 강조하던 차별적 가치를 지양하고 인간 존재의 보편적 가치를 지향하는 거룩함이라는 단어에서 현대인들은 더 큰 구원의 의미를 발견할 수 있다."[39] 테일러는 신학을 비신학화 하며, 종교를 비종교화 하고자 한다. 그리하여 전통적인 신과 거룩함을 세속적인 내재성으로 환원시키고자 한다. 이것이 그의 해체신학의 프로그램이다.[40]

여기서 우리는 테일러를 비롯한 해체주의자들에게 다음같이 질문할 수 있다. 신을 거룩함으로 대체하고 신학을 기호학으로 대체한다면 오늘날 우리들에게 다가오는 이 사이버문화와 생명공학의 풍조 속에서 윤리와 가치정립의 궁극적 준거를 어디서 찾을 것인가? 해체주의자들은 윤리나 가치의 객관적 기준이란 더 이상 존재하지 않는다고 말한다. 이들에게는 우리 인간 자신이 거룩함의 기준이다. 이들에게는 거룩함이란 긍정과 부정, 순결과 부정, 높음과 낮음, 초월과 내재의 이중성을 함께 허용하는 포용성으로 간주한다. 여기서는 더 이상 신성한 가치란 존재하지 않는다. 이러한 해체주의 사고는 사이버 공간과 생명공학기술을 전개하는 데 인간에게 설득력 있는 가치와 윤리의 설정은 하지 못하고 있다. 오히려 진리와 가치와 윤리의 허무주의를 말하고 있다.

2001년 6월 한국학술협의회의 초청으로 내한하여 "구원적 진리, 문화, 문화 및 도덕 철학" 이라는 주제로 강연한 미국의 스탠포드 대학의 리처드 로티(Richard Rorty)는 서구철학의 인식론적 흐름을 비판하고 신실용주의 철학(a neo-pragmatic philosophy)을 제창하였다. 그는 강연에서 "종교와 철학의 시대가 쇠퇴하고 문학과 문화의 시대가 도래했다."고 선언했다.[32] 이제 구원을 갈망하는 젊은 이들은 철학이나 종교가 아닌 소설, 시, 영화, 만화, 희곡 등에서 타인의 상황에 대한 정보를 얻고, 상상력을 동원해 공감대를 형성함으로써 연대성을 강화해 나간다는 것이다. 로티는 "진리도 결국 절대적인 것이 아니라 인간의 삶에 얼마나 절실한가에 달려 있는 것" 을 강조했다. 그는 철학적 진리, 객관적 과학이란 존재하지 않기 때문에 우리 삶에 기초를 제공할 수 있는 절대적이고 보편적인 원리는 존재하지 않는다고 해체주의를 선언하고 있다. 그리하여 그는 인간이 어떻게 살아야 할 것인가에 대한 "구원적 진리" 는 존재하지 않다고 신학과 철학의 가능성을 부인하고 있다. 그는 포스트모던 시대 속에서 "이제 지식인들은 절대 불변의 객관적 진리를 추구하는 데 더 이상 매달리지 말아야 하며 각각의 인생에는 수많은 목적이 존재한다는 사실을 깨달아야 한다"고 주장하고 있다. 로티는 지식인이란 "자율성을 갈망하고 유지할 수 있을 정도로 돈과 여가시간을 누릴 수 있는 행운을 가진 사람" 이라고 정의한다. 로티가 이상(理想)으로 여기는 인간이란 "자율적 자아를 갖고 상상력을 이용해 창조적인 삶을 시작하는 인간" 이다. 로티는 "삶의 완성이란 존재하지 않기 때문에 항상 대안적인 삶의 양식을 추구하면서 인생을 새롭게 만들어가야 할 것" 을 강조하고 있다. 이러한 그의 신실용주의 사상은 포스트모더니즘 문화에 편승하고 있는 일부 한국인과 현대인들에게 어필하고 있다.

이러한 로티의 신실용주의적 사상(a neo-pragmatic thought)은 진리나 가치나 윤리의 궁극적 준거점이란 하나님이 아닌 인간에게 있다는 것을 주장하고 있다. 그리고 로티는 오늘날 자율성의 이데올로기로 기술의 신격화를 추구하는 포스트모던 의료기술이나 사이버 문화의 가치관을 상대주의적 관점에서 제창하고 있다. 그리하여 로티는 철학을 오늘날의 대중적 문화조류에 편승하는 하나의 문화적 담론으로 평가절하하고 있으며 오늘날 문화적 병폐를 진단하고 그 치유를 제시하는 활로를 보여주고 있지 않다. "오늘날 철학과 종교의 시대가 지나간 것"이라는 로티의 주장은 오늘날의 현대인이 사는 삶의 사실에 부합하지 않는다. 철학과 종교가 요구하는 절대적 진리의 시대가 지나갔다는 것일 뿐 여전히 철학과 종교는 오늘날 문학과 문화가 더욱 더 요구하고 있는 것이다. 그리고 하이델베르그의 유대인 철학자 칼 뢰비트(K. Löwith)가 이미 반세기 전에 피력했듯이, 종교와 철학은 이러한 정신적으로 어려운 시대에서 의미와 가치를 질문하는 현대인들에게는 절실히 필요하다.[42]

대중적 문학과 문화가 어필하는 이 시대에 오늘날 대중들은 사이버문화에 중독되어 살고 있으며 의미와 가치의 상대주의의 물결 속에서 떠내려가고 있다. 홍수처럼 쏟아져 나오는 소설과 잡지들 그리고 각종 대중문화의 물결 속에서 오늘날 대중들, 심지어 지식인들까지도 진정한 문학과 잡지와 책과 문화를 찾지 못하고 떠내려가고 있다. 인간에게 실용적이라는 기준은 표면적(表面的)이지 심층적(深層的)이지 않다. 그것은 바로 오늘날 젊은 세대들에게 유행하고 남용되고 있는 성형수술과도 같다. 얼굴과 표피를 수정하여 표피적으로 용모가 세련되고 체중이 감소한다고 하여 나의 깊이, 정신과 정체성이 변하지는 않는다. 그리고 사이버문화를 만끽하고 이것이 생명복제 기술을 시술받는다고 하여 현대인간의 정체성이 달라지는 것은 아니다. 그것은 인간이라는 본성이 입고 있는 시대적 의상일 뿐이다. 여기에 바로 로티가 주장하는 신실용주의 문화의 한계가 있다. 인간의 자아는 자율적 자아(autonomic self)가 아니라 신율적 자아(theonomic self)일 때 비로소 진정한 자아가 된다는 사실을 로티는 알지 못하고 있다.

첨단 사이버 문화와 생명공학 기술이 지배하는 오늘날에도 여전히 현대인은 이러한 첨단 기술을 의미 있게 사용하고 인생의 가치와 의미를 창조하기 위하여 신학과 철학, 특히 개혁신앙을 필요로 한다. 개혁신앙의 본질은 하나님의 절대주권에 대한 신앙이며, 섭리하시는 하나님의 주권적인 의지에 대한 신뢰와 순종이며, 하나님 앞에서의 책임있는 윤리적 삶이다.[43] 이러한 개혁신앙은 인간의 존재의미와 목적에 관하여 말하며 과학기술의 존재와 의의에 관하여 우리들에게 그 방향을 제시해주기 때문이다.

*

현대 사이버 문화 및 생명 문화는 개혁신앙을 필요로 한다. 현대문화는 물신적인 특성 때문에 현대인간을 자기의 노예로 만들고 있다. 인간은 현대의 첨단 기술이 가져다준 문명의 이기를 누리면서도 이에 얽매여 있다. 현대인은 첨단기술을 비판적으로 성찰하고 자기의 정체성을 발견해야 한다. 첨단 기술은 물질적인 풍요는 가져다주지만 정신적 의미와 가치를 주지는 못한다. 여기에 개혁신앙의 역할이 있다. 개혁신앙은 이러한 첨단 기술을 수단으로만 알게 함으로써 그것을 목적자체로 보는 물신(物神)화의 성격을 제거하는 역할을 한다. 개혁신앙은 첨단 기술을 보다 높은 하나님과의 관계에서 이웃과 인류를 위하여 사용하는 의미와 윤리를 제시한다. 개혁신앙이 첨단 기술을 사용하는 현대인을 향하여 제시하는 윤리는 책임윤리이다. 책임이란 인간성의 본질구조이기 때문이다. 인간은 하나님의 형상을 지닌 자로서 하나님과 자연과 이웃인간에 대한 책임을 부여받았다. 사이버 공간에서도 이 책임윤리가 필요하며, 더욱이 생명공학 기술의 영역에서는 이러한 책임윤리가 절실히 요청된다.

chapter 2
문명의 충돌과 문명의 공존

21세기에 들어와 세계는 정치와 경제 이념의 대립시대가 지나가고 종교와 문명이 중심이 된 시대로 접어들었다. 이슬람의 약진과 아시아(중국, 인도, 일본 등)의 용틀임은 유럽과 미국이 축이 된 서구 중심의 세계 질서를 개편하고 있다. 정치경제 이념 전쟁에서 문명과 종교 충돌로 세계질서가 변동을 시도하고 있다. 9·11사태는 이러한 세계질서 변동의 시발사건이라고 할 수 있다.

2001년 9월 11일 화요일은 냉전이 끝난 이후 평화를 염원한 21세기의 지구촌을, 테러와의 전쟁이라는 보이지 않는 적과의 전쟁으로 진입시키는 날이었다. 이날 미국 뉴욕과 워싱턴이 정체불명의 테러집단에 의하여 공격당하는 엄청난 일이 발생하였다. 이 테러에 의하여 5,000명 이상이 목숨을 잃고 수천 명이 부상을 당했다. 폭탄공격(bombing), 항공기 납치(hijacking), 인질납치(hostage seizures)를 총동원한 이 테러공격은 군사작전을 연상케 한다. 60년 전 일본에 의한 진주만 기습공격 이후 본토가 공격을 당한 피의 화요일이었다. 1941년 12월 8일 일본 연합 함대의 진주만 공격이 시작되었다. 2시간의 무차별 폭력의 피해는 전함 6척, 순양함 1척, 유조함 2척, 비행기 188대, 인명피해는 군인 2,280명 민간인 68명 사망이었다. 6년 전 미국 문화의 심장인 뉴욕 세계무역센터에 대한 테러 공격으로 인한 피해는 그보다 몇 배에 달하고 있다.

2005년 7월 10일 영국 런던 지하철에서 다시 알카에다에 의한 테러가 발생하였고, 2005년 10월에는 인도네시아 발리(Bali)섬에서 다시 이슬람 근본주의자 테러조직에 의한 테러가 발생하였다. 9·11테러 이후 오늘날 세계는 미국의 아프칸 침공, 이라크 점령, 이라크 민간 정부 수립, 2006년 12월 사담 후세인 전격 처형, 수니파와 시아파의 시민전쟁, 끊이지 않는 알카에다와 연계된 자살테러 등으로 테러와의 전쟁은 아직도 끝이 나지 않고 있다. 이러한 테러는 이슬람 근본주의가 미국과 영국 등 서방 기독교 국가를 대상으로 하고 있는 점에서 '문명의 충돌'이라는 인상을 주기도 한다.

본 장은 9·11테러사건 이후 논의의 주제로 주목받고 있는 새뮤얼 헌팅턴의 '문명 충돌' 이론과 이를 정면으로 비판한 하럴드 뮐러의 '문명 공존' 이론을 성찰하고자 한다. 문명의 갈등 근저에는 종교이념이 자리 잡고 있다. 그래서 서구 기독교와 이슬람 종교 간의 충돌과 갈등의 근거인 근본주의 사고의 문제점을 논의하고 문명 및 종교의 공존을 위해서는 관용의 사고로 나아가야 할 것을 제시하고자 한다.

*

1. 새뮤얼 헌팅턴의 '문명 충돌' 이론

(1) 종교적 신념에 기반한 경쟁적 세계관의 충돌

미국 하버드의 새뮤얼 헌팅턴(Samuel P. Huntington)이 제시한 문명 충돌론은 2001년 9월 11일 미국 세계무역센터와 국방부 테러사태로 적실(適實)성을 입증하여 21세기 국제정치의 대표적 패러다임으로 떠올랐다. 그는 1996년의 저서 『문명의 충돌』(*The Clash of Civilizations*)에서 탈냉전형 분쟁의 성격을 민족주의가 아닌 문명론으로 접근하였다.[1] 헌팅턴은 냉전이 끝난 뒤 이데올로기의 공백을 매우는 종교적 신념에 기반한 경쟁적 세계관이 결국 충돌로 치달을 수밖에 없음을 말하고 있다.

헌팅턴은 그의 저서에서 세계의 주요 문명을 서구 기독교 문명(유럽, 북미와 호주), 이슬람 문명(중동 및 중부 아프리카와 인도네시아, 중앙아시아에 산재), 유교 문명(중국과 동아시아 및 동남아), 동방 정교 문명(슬라브, 그리스), 인도의 힌두 문명, 일본 문명, 아프리카 문명, 라틴 아메리카 등 8 문명권으로 분류한다.[2] 유교와 이슬람 등 비서구적 문명은 서구 기독교 문명에 대하여 적대적이 될 것으로 본다. 그는 황색(중국)위협과 빈(Wien) 문턱의 터키(오스만 제국)의 위협을 예로 든다. 문명은 현실세계에서 핵심국의 모습으로 나타나며 핵심국의 지휘 아래 서로 충돌한다. 문명 간의 경계는 갈등의 샘이다. 보스니아, 수단, 말레이시아, 인도네시아 등 다문명국가는 내전을 치루고 있다. 특히 이슬람은 '피의 경계'를 내세운다.[3] 그래서 헌팅턴은 문명 간의 분리가 평화를 지켜줄 유일한 해답이라고 제시한다. 문명다원주의는 끝나야 하고 단일 문명국가를 세워야 한다. 또 국경을 넘어선 선교활동은 중지되어야 한다고 주장한다. 그렇지 않으면 그는 서구를 공동의 적으로 삼아 유교 문명권과 이슬람 문명권이 동맹을 맺는 악몽이 현실로 다가온다고 생각한다. 문명 간의 경계를 명확히 그어 다른 문명과 만나 갈등을 일으킬 수 있는 면적을 최소화하는 정치만이 전지구적 문명의 충돌을 막는 길이다. 헌팅턴은 LA타임즈 신티케이트의 '글로벌 뷰 포인트'(Global Viewpoint)와 인터뷰에서 이러한 테러와의 전쟁에서 "이슬람 세계가 빈 라덴을 지원하면 문명 충돌로 갈 것"[4]으로 진단하고 있다.

이러한 헌팅턴의 주장은 냉전종식 이후의 새로운 세계질서에 대한 하나의 제안이라고 볼 수 있다. 사회주의 몰락 이후 국제분쟁의 새로운 요인으로 주목받았던 것은 민족주의였다. 소련의 해체 및 동구권의 분쟁이 주로 민족주의에 비롯된 때문이다. 그러나 1991년 걸프전 발발과 함께 전혀 새로운 모습을 띤 분쟁의 가능성이란 문명의 충돌이다. 현재 지구촌에는 기독교가 최대종교로 총인구의 33%인 19억이 믿고 있으며 이것은 개신교, 가톨릭, 정교회, 유사 기독교를 모두 합친 숫자이다. 반면 이슬람교는 약 22%인 11억 9,000만이 신봉하고 있다. 기독교가 유럽, 북미와 남미 등을 중심으로 하고 있는 데 반해서 이슬람은 중동, 동남아, 북서부 아프리카 등에서 집중적으로 확산되고 있다. 2001년 9월과 10월에 일어난 미국세계무역센터 테러와 이에 대한 미국과 서구국가의 아프카니스탄 및 이라크 공격 및 점령은 미국을 중심으로 한 서구문명권과 이슬람권의 정면대결로, 헌팅턴의 견해를 신빙성 있게 만들고 있는 것이 사실이다.

현재 부시 행정부를 주도하는 외교 정책은 네오콘이다. 네오콘은 미국에서 등장한 신보수주의(neo-conservatism)의 약자이다. 그러나 이것은 경제학에서 말하는 신자유주의나 신보수주의와는 전혀 다른 것으로, 자유, 평등, 인권이라는 보편적 가치관을 전 세계에 확대하자는 국제정치 이론이다. 데이비드 돔커(David Domke)는 이것을 "개인적 및 사회적 자유의 보편적 복음"(universal gospel of freedom and liberty)으로 정의한다. 일본의 한 학자는 기독교의 도덕적 가치관과 자유주의의 결합이 네오콘을 만들게 되었고, 이라크 전쟁은 네오콘들에게는 거룩한 전쟁이 되었다고 해석한다.[5]

이스라엘과 아랍인은 역사적 조상인 아브라함의 후예이다. 이들은 공동의 역사적 뿌리로 거슬러 올라간다. 이삭과 이스마엘은 동일한 아버지, 아브라함의 배다른 자식들이었다. 이스라엘은 적자인 이삭의 후예이며 아랍인들은 서자(庶子)인 이스마엘의 후예이다. 한 아버지에게서 태어난 이복형제가 서로 다른 종교문화를 형성함으로써 오늘날 중동의 갈등이 시작된 것이다. 오늘날에는 팔레스타인 지역에서 이스라엘을 중심한 시오니즘과 팔레스타인을 중심한 아랍 민족주의가 분쟁의 불씨가 되고 있다. 오사마 빈 라덴(Osama bin Laden)은 이스마엘의 후예인 팔레스타인 민족에 평화가 오지 않는 한 미국은 안전할 수 없을 것이라고 위협하고 있다. 뉴욕 쌍둥이 빌딩의 폭격은 미국이 이스라엘의 편을 든 것에 대한 응징이라고 말하고 있다. 빈 라덴은 서구문명, 특히 미국과의 전쟁을 선포하고 이슬람 사회의 동조를 호소하고 있다. 명목상으로는 유대 기독교 세계인 서구의 세속적 다원주의와 이슬람 세계에만 있는 정치적 일신주의 사이에 갈등이 깊어지고 있다.

(2) 단층선 전쟁

헌팅턴은 냉전의 종식, 즉 자유 민주주의의 승리임을 내세운 역사의 종말론을 주장하는 프랜시스 후쿠야마(Fransisco Fukuyama)의 헤겔주의적 입장[6]도 비판한다. 헌팅턴 주장의 핵심은 분쟁은 지속될 것이며 전선은 이념이나 계급이나 민족이 아니라 문명, 특히 종교에서 비롯될 것이라는 것이다. "탈냉전 세계에서 사람과 사람을 가르는 가장 중요한 기준은 이념이나 정치, 경제가 아니라, 바로 문화이다."[7]

주요 문명권(서구, 중국, 이슬람, 일본, 아프리카, 동방정교회, 라틴 아메리카, 힌두교)은 중심문명과 주변문명의 중층적 또는 복합적 구조로 형성되어 있으며 문명권 사이에는 넘어설 수 없는 분명한 경계가 있다. 문명의 접경인 문명의 단층선에서 앞으로 갈등, 대결, 충돌이 일어날 것이다. 헌팅턴은 '단층(斷層)선(線)(fault line) 전쟁'을 언급하고 있다. "단층선 분쟁은 상이한 문명에 속한 국가나 무리 사이의 집단분쟁이다. 단층선 전쟁은 폭력으로 비화한 분쟁이다."[8] 오늘날 이슬람 문명과 비이슬람 문명 사이에 분쟁이 자주 일어나고 있다. "이 전쟁은 나라들끼리, 비정부 집단들끼리 그리고 나라와 비정부 집단 사이에서 일어날 수 있다."[9] 단층선 전쟁은 압도적으로 이슬람 교도와 비이슬람 교도를 가르는 경계선에서 일어났다. "이슬람의 경계선은 피에 젖어 있으며 그 내부

역시 그렇다."[10] 단층선 전쟁은 "정체성을 둘러싼 근본적 갈등이기에 협상과 타협을 통해서 해결하기가 어렵다."[11] 헌팅턴은 조심스레 3차 세계대전 가능성 또한 배제하지 않는다. "주요 문명의 강대국들이 대거 개입하는 세계대전이 일어날 가능성은 희박하지만 그렇다고 전혀 불가능한 것은 아니다 … 그런 전쟁은 단층선 전쟁, 그중에서도 특히 이슬람권과 비이슬람권의 분쟁에서 비화될 가능성이 높다."[12]

헌팅턴은 분쟁을 종식시키고 지역분쟁이 세계규모의 전쟁으로 비화하는 것을 막기 위해 각 문명의 핵심국이 자신의 이해관계를 의식하고 적극적으로 나서야 한다고 주장한다. "단층선 전쟁은 밑에서 끓어오르지만 단층선 평화는 위에서 똑똑 떨어진다."[13] 헌팅턴은 그의 저서의 결론을 다음의 문장으로 맺고 있다. "다가오는 세계에서 문명과 문명의 충돌은 세계평화의 가장 큰 위협이 되며, 문명에 바탕을 둔 국제질서만이 세계대전을 막는 가장 확실한 방어수단이다."[14]

(3) 대서양 문명연대론

헌팅턴은 미국와 중국과의 대규모 전쟁의 가능성을 훨씬 높게 본다. 아예 2010년을 상상해 미군이 통일된 한반도에서 철수하는 것을 계기로 "그 사이에 경제적으로 급신장한" 중국이 아시아 지역의 패권을 추구하면서 미국의 국익과 정면충돌함으로써 미중(美中)전쟁이 발발할 수도 있다고 본다. 이런 우려를 저변에 깔면서 헌팅턴은 미국과 유럽이 이끄는 서구문명이 다음 사항들에 중점을 둬야 한다고 제안한다. 미국과 유럽의 단합, 남미의 서구화지원, 이슬람국가와 중국문명권 국가들의 전력강화 견제, 일본과 중국의 접근 지연, 러시아의 패권을 그 지역에 한정해 인정, 타문명에 대한 기술적 우위 확보, 다름 문명의 내부문제에 대한 개입 자제 등이다. 그는 유럽, 북미와 호주가 연대하는 대서양 문명연대론을 제안하고 있다.

2. 헌팅턴 이론에 대한 비판

(1) 서구중심적인 문명론

문명분류의 기준이 논란된다. 그에게는 무엇보다도 서구 대 비서구가 관심이다. 『오리엔탈리즘』의 저자 에드워드 사이드(Edward Said)가 지적한 바 같이 문명 충돌론의 이면에는 서구 우월주의가 숨어 있다. 그는 지적하기를 헌팅턴은 서구문명이 보편적 문명이 아니라 여러 문명가운데 하나라고 주장하는 것처럼 보이지만 사실 그는 국제정치에서 서구의 헤게모니 고수에 집착하는 철저한 서구중심주의자이라고 비판한다. 헌팅턴은 구교와 개신교에 바탕을 둔 서구문명권에 서서 위협적인 세력으로서 이슬람 세력과 유교적인 중국문명을 들고 있다. 문명에 바탕을 둔 국제질서를 만드는 주체는 누구냐 라는 문제는 여전히 남아 있다. 서구패권주의와 황화(黃禍)론의 입장을 가지고 있다. 헌팅턴의 주장은 특히 반이슬람적이며, 반중국적이며 사회주의 붕괴 이후 서구인의 위기의식을 교묘히 자극하고 동원한다는 점에서 대중영합적이다.

문명은 서로 교류, 삼투, 동화의 과정을 거치며 오늘에 이르렀다. 고립상황에서 문명은 형성될 수 없다. 갈등, 대립 전쟁은 근본적으로 문명의 문제가 아니라 현실적 이해득실이나 작용 반작용의 문제이다. "거시적 차원에서 보면 지배적 대립은 서구 대 비서구의 양상으로 나타나겠지만, 가장 격렬한 대립은 이슬람 사회와 아시아 사회, 이슬람 사회와 서구사회에서 나타날 것이다. 미래의 가장 위험한 충돌은 서구의 오만함, 이슬람의 편협함, 중화(中華)의 자존심이 복합적으로 작용해 발생할 것이다."

프랑스 민간 싱크탱크 국제 관계전략전략연구소(IRIS) 파스칼 보니파스 (Pascal Boniface) 소장은 다음같이 피력한다. "프랑스뿐 아니라 현제 국제 질서에서 장 큰 갈등요인이 서구와 이슬람 세계의 관계다. 그렇다고 새뮤얼 헌팅턴(Samuel Huntington)이 제시한 '문명의 충돌' 이라는 개념으로 설명하는 것도 문제가 많다. '문명의 충돌' 은 문명이 필연적으로 대립할 수밖에 없고, 충돌이 지속될 것처럼 전제하지만 역사적으로 전쟁은 같은 문명권 내에서 훨씬 더 자주 일어났다. 10년 전부터 문명 충돌이 전략적 토론의 주제가 되고 있지만 문명 충돌은 피할 수 있으며, 피해야만 한다." [15]

오늘날 미국인들에 의해 선출된 정치인들의 정책은 문명적 융합을 통한 국제적 표준의 수준이 아닌 미국적 표준의 세계화라는 일방주의 함정에 빠져들고 있다. 그 대표적인 사례가 미국의 교토기후협약의정서 서명거부 및 유엔이 주최한 인종차별 정책에 반대하는 회의에서 대표단 철수 등이다. 미국은 자본으로 세계경제를 마음대로 주무르려는 교만한 태도를 가지고 있다. 지난 세기 말 공산주의가 몰락하자 지구촌의 경제력은 미국의 자본가들에게로 집중되었다. 이들은 동남아 지역에서 금융파동이 일어나자 기업과 은행을 헐값으로 인수했다. 그리하여 미국을 중심으로 하는 세계화에 반대하는 운동이 민간단체를 중심으로 일어나고 있다. 그러나 소외계층의 불만과 원한에 의한 테러사건을 문명의 충돌로 볼 수는 없다. 따라서 테러사건은 '문명간의 충돌' 이기보다는 문명에 대한 야만(野蠻), 문명에 대한 비문명의 공격, 합리주의에 대한 근본주의의 공격이라고 보아야 한다.

(2) '문명의 충돌' 로 볼 수 있는 근거

중앙 아시아 오지에 은신하고 있는 빈 라덴 한 사람이 이러한 엄청난 일을 저지를 수 있는 것은 세계화(globalization)와 정보화(informationalization)의 진전에 있다. 국경없는 경제, 첨단 운송과 인터넷에 의한 세계화와 정보화가 진행되면서 권력은 국가로부터 많은 정보와 네트워크를 구축하고 있는 개인으로 이전되었기 때문이다. 과거 스탈린이 미국을 공격하려면 우선 소련이라는 거대국가의 권력을 장악해야만 했다. 그러나 빈 라덴은 조직원들과의 이메일 (e-mail)과 휴대전화 연락만으로 자본주의 번영을 상징하는 뉴욕의 최고층 쌍둥이 건물, 세계무역센터를 붕괴시키고 국방부를 파괴할 수 있었다.

테러와의 전쟁을 넓은 의미에서 '문명의 충돌' 로 볼 수 있는 근거는 있다.

첫째, 조정·타협하기 어려운 신념의 대결이 있다. 그리고 오사마 빈 라덴이 이 미국에 적개심을 가지고 테러를 감행한 이유는 크게 두 가지 신념이다. 하나, 팔레스타인과 갈등을 벌이고 있는 이스라엘을 미국이 일방적으로 지원한다는 것이다. 둘, 이슬람교의 상징인 사우디아라비아에 미국이 군대를 주둔해 이슬람교를 모독한다는 것이다. 미국의 입장에서는 하나, 이스라엘의 안보는 서구의 유대 기독교 문명을 보호한다는 차원에서 양보할 수 없는 사안이다. 둘, 사우디아라비아의 안보는 석유의 확보라는 차원에서 사활적 이익에 해당된다. 이 두 가지는 미국이 양보할 수 없는 신념이다. 이것은 종교적 배경을 지니고 있다. 라덴과 그의 추종자들은 미국을 "거대한 악마"(Great Evil)로 부르며, 부시 대통령도 9월 12일 담화문에서 테러에 대하여 말하기를 "악"(Evil)이라고 불렀다. 서로 악으로 규정하는 이상, 죽느냐 사느냐의 전쟁은 불가피하다.

미국의 맨하탄은 화란인들이 아메리카의 원주민들로부터 손도끼 등을 주고 구입했다가 영국에 넘긴 후에 콜럼버스 대서양 횡단 후에 이룩된 대서양문명의 번영의 상징이다. 맨하탄은 문명 충돌의 현장이면서 동시에 문명융합의 장소이다. 9·11사태에 폭격되어 무너진 쌍둥이 건물 세계무역센터는 문명융합의 상징이었다. 헌팅턴이 말하는 "문명의 단층선 분쟁" 의 원인이란 이슬람이 기독교를 공격했다고 하기 보다는 미국과 서구가 경제적 군사적 우위를 기화로 하여 이슬람 세계의 문제에 개입하려는 시도, 특히 미국의 친이스라엘 정책이 이슬람 과격그룹의 반발을 자아내게 한 것이다.[16] 9 · 11 공격은 기독교에 대한 것이라기 보다는 오히려 세계화의 대열에서 이슬람을 소외시킨 미국의 오만 때문이라고 보는 견해가 적지 않다. 헌팅턴이 지적하는 바 같이 이질적 문명간에 일어나는 "단층선 분쟁"은 그 분쟁 당사자들을 동질적 집단들이 지원하는 과정에서 문명간의 전면전으로 비화될 가능성이 있다.[17] 만일 그렇게 될 경우 3차 세계대전이 일어나게 될 것이다.

둘째, 서구권과 이슬람권 사이에는 서로에 대해 공포를 느끼는 대중심리가 있다. 미국인 및 서구인들과 이슬람권의 대중들의 심리상태는 이미 화해가 어려운 상황에 처해 있다. 9월 11일 아침 8시 45분 테러의 명분이야 어떻든 미국에서는 뉴욕, 워싱턴, 피츠버그에서 수만 명의 사상자가 발생했다. 비행기 4대를 납치한 테러범들은 자살테러에 어린이와 여자들을 포함한 아무 죄도 없는 승객들을 죽음으로 끌고 갔다. 서구의 지도자들은 이러한 테러를 인류의 문명을 파괴하는 야만행위로 규정한다. 서구의 이슬람 공포(Islamphobia)는 이미 보통수준을 넘은 지 오래다. 이에 반하여 팔레스타인의 거리와 이라크 방송에서는 기쁨에 넘친 행진곡이 흘러나온다. 서구인들에게는 미친 야만들로 정죄된 이들이 이슬람 대중에게는 신의 전사(戰士)가 된다. 2006년 2월 덴마크의 대중만화가가 그린 마호메트를 풍자한 테러 만화를 이슬람교 모독이라고 여긴 이슬람교도들이 덴마크 상품 불매운동을 벌이는 등 서방과 아랍권 사이의 외교적 긴장으로까지 발전하였다.

3. 뮐러의 '문명 공존' 이론

독일 프랑크푸르트의 국제문제 전문가인 하랄트 뮐러(Harald Müller)는 그의 저서 『문명의 공존』(Das Zusammenleben der Kultur)에서 헌팅턴의 문명의 충돌론을 정면으로 반박하였다.[21] 뮐러는 어떤 사회가 위기에 처했을 때 대중을 선동하는 수단으로 문명, 국가, 인종, 계급 등이 있는데 헌팅턴은 미국에 유리하도록 문명만을 강조하고 있다고 본다. 헌팅턴이 문명파악에 '가치체계, 특히 종교를 결정적인 척도'로 삼고 있는 데 반해서, 뮐러는 문명 개념이란 "기술발전과 경제운영방식, 경제방식, 통치체계, 사회구조, 가치체계"를 포괄하는 것으로 본다.[19]

뮐러는 "우리 대(對) 그들", 즉 북미, 유럽, 유럽의 서구 기독교 문명과 비서구 문명(중국 유교와 이슬람 문명)의 대결이라는 단순 도식으로 오늘날의 세계 문제를 해결하려는 것은 단순논리라고 본다.[20] 헌팅턴이 "이슬람의 피 묻은 경계선" 명제, 이슬람 – 유교동맹에 의한 서구 위협 가설, 보스니아 분쟁이 종교의 분쟁으로 진행되었다는 주장은 역사적 진실과는 다르다고 지적한다. 이슬람은 폭력적인 문명이 아니며,[21] 중국과 이슬람의 동맹은 무기 거래량을 본다면 서구와 이슬람 사이 무기 거래의 10분의 1밖에 되지 않으므로 전혀 사실이 아니다.[22] 보스니아 분쟁도 문명의 충돌의 도식에 따라 진행되지 않았다. 분쟁이 진행됨에 따라 서구는 보스니아의 모슬렘을 지지하였고, 이들을 보호하기 위해 서구는 군대까지 파병하였다.[23] 뮐러는 문명의 갈등은 얼마든지 대화를 통해 해결 가능하다고 밝힌다.

뮐러는 다음같이 피력한다. "현재 지구상에서 벌어지고 있는 폭력적 갈등을 살펴보면 국경 분쟁, 영토분쟁, 자원에 대한 권리주장 등을 둘러싼 경쟁, 인종갈등 등 전통적인 갈등이 지배적이다. 순수하게 '문화적인 갈등'은 없다. 다만 종교적 차이가 기존에 이미 존재하는 갈등을 심화시키고 더욱 강력한 폭력을 사용하도록 이끌었다."[24] 뮐러는 현재 지구상의 갈등은 국경, 영토, 자원, 인종과 관련한 전통적인 갈등이지 헌팅턴이 말하는 문명적인 갈등은 아니라고 본다. 단지 종교의 차이가 이러한 전통적인 갈등을 심화시킬 뿐이라는 것이다. 분쟁이나 갈등의 원인은 소통의 단절로 인한 오해와 불신이다.

상호불신 극복의 길은 개방을 통한 상호소통과 이해이다. 문명의 공존은 낯선 상대와의 대화를 통한 앎과 소통에서 출발한다. 대화를 통해서 상대방과의 공통점과 차이점을 확인하면 상대방에 대한 불신과 불안을 해소할 수 있다. 상대의 낯설음은 불안을 조성하는 위협의 대상이기도 하지만 자기의 정체성을 확인해주는 대상이기도 하다. 그러므로 문명의 이질성이 반드시 질서와 평화를 위협하는 것은 아니다.

뮐러는 문명의 공존을 위해서는 근대성의 산물이라고 할 수 있는 "근본주의 사고"는 무너져야 한다고 본다. 그것이 종교적 근본주의든 정치적 근본주의든 무너져야 한다.[25] 9·11테러가 이슬람 근본주의에서 비롯된 것이라면 아프카니스탄 전쟁과 이라크 전쟁은 미국의 아메리코필리아(americophilia)에 기반한 근본주의에서 비롯된 것이다. 21세기의 세계평화를 위해서는 이러한 두 가지 근본주의 사고가 부정되어야 한다. 근본주의는 인간의 자유와 상상력을 고갈시키고, 관용과 상호이해를 폐쇄시키고, 결국 타자를 부정하는 폭력의 악순환으로 귀결한다.[26] 공존의 길은 동맹을 맺고, 경제적인 협력, 비정부부문의 협력 강화, 인권을 신장하고, 상대방에 대한 관용을 실천하는 것이다.[27] 뮐러는 다음같이 피력한다. "문명의 전쟁은 역사의 자연법칙이 아니다. 그것은 우리의 현재를 특징지어주지도 않으며 피할 수 없는 미래의 운명도 아니다 … 동맹을 맺고, 경제적으로 협력하는 것, 비정부 부문을 강화하고, 인권, 특히 여성의 권리를 진흥하는 것, 그리고 물론 관용이야말로 문명의 전쟁을 문명공존으로 막는 훌륭한 방법이다."[28]

그러나 저자는 뮐러의 문명공존론에 동의하면서도 그의 문명 개념이 헌팅턴과는 달리 종교의 중요역할을 간과한다는 점을 지적하고 싶다. 문명의 근저에는 항상 종교가 밑바닥에 깔려 있고 이 종교적 신념에서 하나의 문명이 탄생한다. 그런데 밀러는 문화를 사회적 이념의 가치 체계로만 보고 종교의 역할을 등한시 하고 있는 점은 그의 문명 개념의 한계라고 볼 수 있다. 저자는 따라서 9·11테러 이후 테러와의 전쟁을 야기시키고 오늘날 세계 평화질서에 장애물이 되고 있는 근본주의 사고의 위험성을 논의하고자 한다.

4. 근본주의 사고의 충돌: 문명 충돌의 근저–종교적 이념의 갈등

저자는 서구 기독교와 이슬람이 문명의 충돌을 일으킨다는 헌팅턴의 가설에 수정을 가하고 싶다. 저자의 수정이란 근본주의적 기독교와 근본주의 이슬람이 이념적 충돌을 일으킨다는 것이다. 문명의 근저에는 종교적 이념이 있다. 그래서 문명 충돌의 근저에는 종교적 이념의 갈등이 있다. 오늘날 세계의 질서를 위협하는 것은 타자의 존재를 인정하지 않는 근본주의 사고이다. 여기에 대표적 예가 이슬람, 유대 및 기독교 근본주의이다. 오늘날 세계질서의 위험은 이러한 근본주의 사고들의 충돌에서 비롯되고 있다.

(1) 이슬람 근본주의

과격 이슬람 근본주의자들은 "한 손에는 칼, 한 손에는 코란을 들고" 라는 구호처럼 무력으로 이슬람 신정을 구현하고자 한다. 이들 과격 이슬람들은 신의 뜻이라며 청년들을 불러 모으고 무장투쟁을 벌리고 종교적 명분을 정치적 목적에 이용하고 있다. 그러나 과격한 이슬람 근본주의자들은 이슬람 문화권 내에서도 폭 넓은 지지를 받지 못하는 소수파이다. 이들은 급진 이슬람 조직으로서 반 미국과 반 이스라엘 무장투쟁을 벌이고 있다. 1990년대 들어와 이슬람 과격단체들은 이스라엘과 미국을 상대로 폭탄테러 활동을 증가시키고 있다.

와하비즘(wahhabism)과 알카에다가 그 구체적인 예다. 와하비즘은 코란에 대한 근본주의적 해석과 신앙생활을 강조하고, 미국과 서방이 이슬람전통을 훼손했다고 주장하는 이슬람 근본주의 종파요, 알카에다(Al Qaeda)는 이슬람 근본주의 테러집단이다. 알카에다 역시 일단 사우디 정치의 힘의 중심이 와하비즘으로 쏠리는 것을 원하기 때문에, 결국 둘은 이해관계를 같이한다.[29] 알카에다나 와하비즘은 모두, 사우디의 시아파가 미국이 이스라엘 지원으로 민주화 개혁, 의회정치를 실현해 입지를 강화하려는 것으로 보고, 내전이나 시아파(Shia派) 인종 청소도 불사하겠다는 입장이다. 사우디 정치체계의 근본을 이루는 수니파 이슬람 근본주의인 와하비즘은 자신들이 규정하는 유일신(唯一神) 신앙을 강요해, 같은 유일신 체계인 기독교·유대교·이슬람 시아파를 모두 '진정한 이슬람'을 붕괴시키려는 세력으로 간주한다. 와하비즘과 사우디 왕가는 18세기 중엽부터 운명 공동체였다. 오늘날에도 와하브 후손인 아쉬 사이흐 가문이 사우디 종교기관을 장악하고 있고 사우디 정부는 종교학교에 대해 지원을 아끼지 않는다.

알카에다를 이끄는 오사마 빈 라덴은 와하비즘의 전사로 자처하고 그래서 미국은 사우디 종교학교를 알카에다 양성기지로 단정한다. 결국 미국과 서방에 의한 이슬람 전통훼손을 거부하는 와하비즘이야말로 최근 사우디 내 외국인 테러의 진짜 배경이라 해도 과언이 아닌 것이다.[30] 탈레반이나 빈 라덴의 이념적 독트린은 와하비즘이다.

이슬람 근본주의자들 중에는 오사마 빈 라덴(Osama bin Laden)의 국제적인 테러리스트조직인 알카에다, 하마스, 이슬람 지하드, 헤즈볼라, 팔레스타인 해방민주전선 등이 있다. 하마스는 이스라엘을 중동에서 몰아내고 이슬람 독립국가를 세우는 것이 목표이다. 젊은이들을 대상으로 '자살테러학교'를 운영하고 있다. 이슬람 지하드는 시리아와 이란의 지원을 받고 있으며 이스라엘의 명망과 팔레스타인 국가창설을 목표로 하고 있다. 헤즈볼라는 신의 당이라는 뜻으로 호메이니 노선에 영향을 받아 창설되었다. 근본주의자들은 자기들의 편견과 신념의 노예가 되고 있다. 이들의 사고는 경직되어 있고 자기 독선과 독단으로 사로잡혀 있다.

(2) 유대-및 기독교 근본주의

저자는 유대 근본주의와 기독교 근본주의도 오늘날 문명의 충돌 내지 종교의 충돌에 책임이 있다는 사실을 지적하고자 한다. 오늘날 중동의 분쟁은 이스라엘의 근본주의(시오니즘)과 팔레스타인의 근본주의(민족해방전선)의 무력 충돌에서 비롯된다. 이스라엘 – 팔레스타인 분쟁을 야기하고 있는 것이 바로 시오니즘이 근거하고 있는 '땅의 신학' 이다. 그것은 가자기구를 포함한 이스라엘 점령지역은 하나님이 유대민족에게 주시겠다고 약속한 거룩한 땅이기 때문에 한 평도 양보할 수 없다는 입장이다. 할 린제이, 척 스미스 등 미국의 세대주의 신학자들도 이를 적극적으로 지지한다. 이들의 성경적 근거는 에스겔의 말씀 "너희가 다 찌꺼기가 되었은즉 내가 너희를 예루살렘 가운데로 모으고"(겔 22:19)이다.[31] 문제는 아랍인들도 마찬가지로 '땅(Eretz)의 신학' 을 고수하고 있다는 점이다. 기독교의 극단한 세대주의 신학자들은 이스라엘의 건국은 종말의 징조이고 이것을 실현하기 위해서는 제3의 성전을 세워야 한다고 주장한다. 이 성전 터에는 지금 이슬람 모스크(mosque)가 있기 때문에 이를 파괴해서라도 성전을 세워야 한다는 극단적인 주장을 하고 있다.[32] 현 미국 부시 정권의 실세인 신보수주의자들(neo-conservatists)도 이러한 이념적 성향을 가지고 있다. 이들은 이라크 전쟁을 자유, 평등, 인권이라는 보편적 가치관을 전세계적으로 확대하자는 이념적 성향을 가지고 이라크 전쟁을 거룩한 전쟁으로 해석하고 있다.

(3) 근본주의의 충돌

2003년에 우리말로 번역 출판된 저서 『근본주의 충돌』(*The Clash of Fundamentalisms*)에서 타리크 알리(Tariq Ali)는 "9·11테러는 미국과 이슬람 근본주의의 충돌"이라고 해석한다. 알리는 9·11테러와 테러와의 전쟁은 두 개의 근본주의, 즉 아메리코필리아와 옥스텐털리즘의 충돌에서 비롯된 것으로 해석한다. 아메리코필리아(americophilia)는 "종교적 심성에 기초한 맹목적 애국주의라 할 수 있는 미국 숭배증"이며, 옥스텐털리즘(occidentalism)은 "동양에 의해 날조된 서양을 상정함으로써 미국인과 미국적인 것을 맹목적으로 증오하는 태도"를 말한다. 근본주의가 충돌한다는 것은 바로 "아메리코필리아에 내재한 기독교 근본주의의 폭력성과 옥시덴텔리즘에 내재한 이슬람 지배층의 정치적 폭력성이 전면적으로 갈등 대결하는 것"을 의미한다.[33]

그러나 이러한 저명한 좌파 잡지 『뉴 레프트 리뷰』 편집에 참여하는 알리(Tariq Ali)가 제시하는 근본주의 충돌 테제의 뿌리는 정치적 표면을 넘어서 종교적인 것에 있다. 무슬림 학자들은 노골적으로 "이라크 전쟁은 이슬람 근본주의, 기독교 근본주의, 유대교 근본주의의 충돌로 해석하고, 특히 부시의 공격적 기독교 신앙이 국제사회를 전쟁으로 몰고 간다."고 본다.[34]

네덜란드의 선교학자 존넬(Jan Jongeneel)는 근본주의자들의 테러는 분명 종교적이지 정치적인 것은 아니다고 본다. 그에 의하면 먼저 이슬람의 잘못된 종말론이 주원인이다. 코란도 요한계시록과 같이 말세에 땅에서 올라오는 짐승을 예언한다. 영역 코란 27장 82절은 다음과 같이 말한다. "And when the word shall come to pass against them, they shall bring forth for them a creature from the earth that shall wound them, because people did not believe in Our communications." 성경에서 이 짐승은 적그리스도를 의미하는데, 알리 아크발이라는 이슬람 학자는 짐승을 이스라엘로 설명한다. 미국이 알라에 적대적인 이스라엘을 지지하는 것은 마땅히 응징을 받아야 한다는 것이다. 아크발은 동시에 서구와 미국은 유물주의, 세속주의 향락주의로 인하여 기독교식의 적 그리스도(Anti-Christ)이기 때문에 땅 위에서 심판을 받게 되어 있다는 것이다.[35] 존넬은 결론으로 다음같이 말한다. "이슬람 원리주의자들의 서구와 특히 미국에 대한 1993, 1995, 2001년 테러는 테러행동 이상의 것이다. 이미 설명한 종말사상에 근거한 것으로 보인다. 따라서 서구나 미국의 보복행위가 별 효과를 보지 못할 것이다. 테러가 주 이슈가 아니라 충돌의 핵심은 근본적으로 문명 충돌이며 종말론에 대한 종교 간의 대립이다."[36]

5. 관용과 상호이해의 중요성

18세기 프랑스의 계몽주의 사상가 볼테르(François-Marie Arouet de Voltaire)는 그의 『관용론』(*Traité sur la tolérance*)[37]에서 전쟁, 테러는 관용만이 해결한다고 피력했다. 17세기의 관용론은 로크(John Locke)에 의하여 대변되었다. 그것은 그 시대의 전쟁이란 종교적 갈등에서 유래하였다. 교회와 국가가 서로 역할분담을 할 때 갈등은 해소된다. 종교는 개인의 사적 영역을 관할하고 정부는 공적 질서를 책임질 때 신앙적 차이가 박해나 전쟁으로 이어지지 않는다는 것이다. 볼테르는 신앙과 양심의 자유를 옹호함으로써 종교적 편견과 싸우는 그의 계몽주의적 신념을 보여주고 있다.[38]

18세기 프랑스의 가톨릭교회는 종교적 신념이 다른 자들을 박해하였다. 볼테르 자신이 종교적 탄압의 희생자로서 투옥과 망명을 거듭하였다. 볼테르는 관용의 정신을 종교관의 수준에서 보다 폭넓은 세계관의 수준으로 끌어 올리고 있다. 그는 이성적 사유를 통해서만 인류는 차이 속에서 하나가 되는 평화적 질서에 이를 수 있다고 주장한다. 관용이란 상대방의 차이를 무시하고 나의 것으로 강요하지 않고 상대방과 나의 차이를 그대로 인정하는 것이다. 여태까지의 관용론은 권력을 가진 자를 중심으로 하는 권력의 주체로 하여금 자신이 행사하는 강제력을 스스로 제한하도록 유도하는 데 그친 감이 있다. 미래의 관용론은 약자, 특히 낯선자(the Other)의 편에서 그리고 약자들, 즉 타자들이 갖는 차이와 다양성이 적극적인 힘의 원천임을 규명하는 방향에서 이루어져야 한다.

볼테르는 당시 가톨릭교회의 불관용에 대하여 박해를 겪으면서 투쟁해온 나머지 종교적 신앙을 바로 불관용의 태도와 연결하면서 무신론으로 나아갔다. 이것은 그의 관용론의 한계점이다. 우리는 열린 종교와 닫힌 종교를 구분해야 한다. 열린 종교(opened religion)는 타신앙을 존중하나, 닫힌 종교(closed religion)는 타신앙을 인정하지 않는다. 종교적 근본주의는 타신앙에 대하여 정죄하고 탄압한다. 그러나 열린 종교는 타신앙에 대하여 관용하고 타신앙의 양심성과 순수성을 인정한다.

프랑스의 사회학자 에드가 모랭(Edgar Morin)은 2003년 4월 이라크 전쟁의 문명사적 의미에 관한 《조선일보》 기자와의 인터뷰에서 서양과 이슬람의 문명 충돌을 피할 길로서 "인류 상호 연대감과 지구촌의 운명공동체에 대한 의식을 갖는 것"을 제안하고 있다. "미국과 넓은 의미에서의 서구는, 광기와 지혜의 길 사이에서 갈팡질팡해 왔다. 광기의 길은 십자군의 전쟁과 이슬람의 악마화, 맹목적 선악 이원론이다."[39] 모랭은 인간 다양성을 통해 인간 공동체를 이해하는 것이 지구촌 시대에 필수적임을 강조한다, 그는 기술적 경제적 세계화가 일으킨 반대효과의 양면성을 지적한다. "서구화는 비서구세계에서 자기문화와 종교의 뿌리에 대한 자각을 불러일으켰다. 세계화는 종족적 파편화도 일으켰고, 테러리즘의 세계화도 가능케 했다."[40] 모랭은 이라크 전쟁 이후 사담 후세인 정권의 붕괴를 환영하면서도 문명 충돌 가능성을 우려하고 맹목적 평화주의와 반미주의의 문제점을 제기하면서 폭 넓은 시각의 세계연방(confederation mondiale)론을 제창하고 있다. "우리는 세계화가 민족국가를 없애지 못한다는 것을 확인했다. 그러나 세계화가 이대로 가다가는 광신도와 배금주의자들에 의해 종교적 갈등과 남북 빈부 격차를 심화시킨 채 인류의 자멸을 몰고 올 수 있다."[41] 모랭은 국제사회를 하나의 시민사회로 파악하는 "사회−세계"(La Societe−monde)라는 개념을 통해서 인류의 공동문제를 해결하고자 제안한다. "우리는 세계연방을 수립해, 국가를 없애지 않으면서, 국가가 그 연방과 관련해 상대적으로 존재하는 역사의 단계를 꿈꿀 수 있다. 이를테면, 아랍−이슬람권 전체가 그 연방에서 하나의 거대한 지방이 되는 것이다. 세계연방은 빈국에게 대한 마셜플랜을 실시하고, 부국의 젊은이들이 빈국에 자원봉사자로 나서고, 치료비를 낼 능력이 없는 주민들을 위해 의약품과 치료 지원을 전담하는 국제기구를 창설할 것이다."[42] 모랭은 이러한 "세계연방"의 수립을 위해 이라크 참전과 반전 논란에 의해 사분오열된 유엔을 개혁하는 것이 인류의 지상과제라고 본다,

　서로 다른 인종과 문화가 상보(相補)적으로 공존할 수 있는 평화적 질서는 관용이다. 관용은 차이를 인정하고 상대방으로 받은 억울한 감정의 상처를 치유할 수 있다. 관용은 신앙 안에서 용서를 동반한다. 그것은 원한에서 한(恨)에서 우리를 자유케 한다. 그리스도가 가르쳐주는 자유케 하는 진리를 실천하게 될 때 가능하다. 자기의 생각과 유전에 사로잡힌 유대인들은 수건으로 진리를 바로 보지 못하는 편견에 사로잡힌 자들이었다. 이들은 편견과 독단에 갇힌 자들이었다. 그리스도의 진리는 이웃에게 관용하고 이웃의 다름을 인정하는 열린 사고이다. 관용과 사랑이란 자기 제한이다. 자기를 제한할 때 비로소 자유는 주어진다. 그리스도는 자기제한의 모범을 보여주셨다. "아들이 너희를 자유케 하면 너희가 참으로 자유하리라."

　자기제한의 신학적 근거는 그리스도의 케노시스(kenosis)이다.[43] 그리스도는 하나님의 본체이시나 하나님과 동등됨을 취하지 아니하시고 자기를 비어

종의 형상을 입으시고 인간이 되신 것이다. 이것이 바로 하나님의 자기 제한이다. 이것은 하나님의 아가페적인 사랑에 입각한 자발적인 자기 제한이다. 그리스도를 구주로 모신 그리스도인들은 주님을 본받아 자기 제한을 할 수 있어야 한다.

2005년 7월 10일 런던지하철 테러가 있고 난 후 런던의 캔터베리 대주교 관저인 램버스 궁에 영국 성공회, 로마 가톨릭, 자유교회, 유대교, 이슬람 지도자들이 모여 런던 테러공격을 규탄하고 테러리즘 극복을 위한 종교간 협력을 호소하는 공동성명을 발표했다.[44] 그 내용은 다음과 같다. "우리 종교지도자들은 오늘 아침 60년 전 나치즘이라고 하는 악에 맞섰던 용기와 헌신과 희생을 기리기 위해 한 자리에 모였습니다. 그리고 지금 우리는 더 큰 목적을 위해 이 자리에 함께 서 있습니다. 그것은 바로 며칠 전 바로 이곳 런던에서 일어난 테러리즘이라고 하는 악에 맞서, 함께 이를 극복하기로 다짐하는 것입니다. 그것은 결코 정당화 될 수 없는 악이며, 우리는 이를 단호하게 비난하고 거부합니다. 신앙의 지도자들로서 우리는, 우리가 함께 서 있는 공통의 토대를 보여주고자 하며, 그리고 바로 이 슬픔과 고통의 시간에 우리가 높이 들고 있는 가치를 재확인하고자 합니다. 많은 사람들이 분노와 혼란과 상실에 빠져 있는 지금, 무엇보다도 중요한 것은 우리가 가지고 있는 공통의 가치를 더욱 굳게 지키고 우리를 분열시키려고 하는 모든 것들에 맞서는 것입니다. 신앙인으로서 우리가 함께 나누고 있는 중심에는 하나님께서 우리를 사랑하신다는 믿음이 있습니다. 바로 이 사랑이야말로 우리로 하여금 우리의 공통된 인간성을 허물지 않고 소중히 간직하도록 하는 것입니다. 서로 다른 공동체들이-신앙 공동체들을 포함- 상호 존중과 이해에 기초하여 이웃하여 함께 번영을 누릴 수 있는 영국을 건설하려는 노력을 계속해 나갑시다. 우리는 말과 행동으로 이를 성실히 맹세하며, 이것이 견고한 현실이 되도록 함께 일할 것입니다. 우리 내부의 분열을 극복하려는 노력 가운데서 당신의 모든 자녀와 인류전체 가족들을 위한 하나님의 계획에 따라 우리가 협력하게 될 것이라는 확신이 있기에, 우리는 희망을 가지며 인도합니다."[45]

이러한 종교 간의 공존과 사회의 안전과 번영을 위한 협력은 종교다원주의의 허용과는 다르다.[46] 이것은 절실히 필요한 일이다. 기독교는 종교다원주의를 경계하면서도 고등종교로서 타종교를 인정하고 이들과 사회의 안전과 평화와 공존을 위하여 같이 협력하고 이를 위한 상호간의 관용과 상호이해가 필요한 것이다. '능력대결'(Power Encounter)이란 영적 차원에서 악한 영과 세속의 영과의 대결에서는 필수적이다. 그러나 이 영적 대결을 인격적 대결의 차원으로 끌어들여서는 안 된다. 하나님이 강한 신이요 신중의 신이라는 사실을 이슬람교도들에게 알려주어야 한다. 그러나 능력대결이 두 종교 간의 대화의 시작이 되어서는 안 된다. 먼저 인격적으로 서로 용납하고 경청하는 관용의 태도가 중요하다. 영적인 대결을 행하시는 성령의 인격은 사랑과 온유와 겸손과 인애와 낮아짐과 섬김을 실천하는 분이시다. 이러한 성령의 성품을 신자들은 그의 말과 행동을 통해서 보여줌으로써 상대방이 그들의 문을 열도록 하는 것이 중요하다. 이슬람과의 공존에 있어서 성령의 능력을 의지하면서 겸손과 온유, 인내와 낮아짐, 섬김의 실천이 요청된다.[47]

*

21세기의 세계평화를 위해서는 문명의 충돌이나 종교의 충돌이 아닌 문명의 공존과 조화 그리고 종교의 공존과 협력이 이루어져야 한다. 여기에는 자기의 종교만이 우월하다는 종교우월주의가 아니라 전 인류를 생각하면서 문명의 공존과 협력을 생각하는 태도가 요청된다. 오늘날 인류는 근본주의 사고와 결별해야 한다. 진정한 개혁신앙은 근본주의 사고와 결별한다. 이러한 결별에는 포스트모더니즘이 가져다 준 긍정적 측면, 다양성과 차이성을 인정하는 사고가 도움이 될 수 있다. 더욱이 레비나스가 제시한 타자(the Other)에 대한 윤리적 사고[48]가 도움이 된다.

여기에는 관용과 상호이해가 중요하다. 각 문화가 자기 문화가 가진 편견과 아집에서 나와서 진리와 참 하나님을 바라볼 수 있어야 한다. 진정한 종교는 자기와 다른 타자를 증오하는 것이 아니라 이들을 포용하고 사랑으로 감동시키는 것이다. 폭력이 아니라 사랑만이 참된 종교가 무엇인지를 우리에게 알려 준다. 진정한 종교는 무엇을 자기의 소유로 획득하는 소유욕의 종교가 아니라 자기를 남(타자, the Other)을 위하여 주고 비우고 섬기고, 희생하는 종교이다. 그리스도의 케노시스(kenosis) 사건은 이 타자를 수용하고 자신을 주는 관용 정신의 원형이다.

chapter 3
이슬람과 기독교, 교리적 차이

2001년 9월 빈 라덴 소속 알카에다(Al-Qaeda) 자살특공대에 의한 미국 뉴욕의 세계무역센터와 워싱턴 펜타곤에 가해진 9·11테러사건 이래 세계의 관심은 테러와의 전쟁이 되어 왔다. 이제 이슬람은 21세기 세계 안보와 문명형성에 영향을 미치는 중요한 변수가 되고 있다. 미국 하버드대학 교수 헌팅턴(Samuel Huntington)은 21세기에 있어서 이데올로기 대신에 문명 사이의 충돌을 전망하면서 이슬람 진영과 기독교 진영 사이의 "문명의 충돌"(clash of civilizations)을 예고한 바 있다.[1]

이슬람이란 단어는 "헌신, 굴복" 등을 의미하는 것으로서 무슬림은 알라의 노예요, 소유이다. 무슬림은 하루 다섯 번(15분가량)의 기도를 통하여 "알라는 더 크시도다!", "지고(至高)자(者), 나의 주를 찬양하라!", "권능자, 내 주를 찬양하라!"라고 송영을 한다. 이슬람은 신앙고백(shahadah), 기도(salah), 자선(zakah), 금식(sawm), 순례(haji)라는 5신(信) 5행(行)이라는 종교만이 아니라 문화적인 힘이요 국가요 이슬람 사회로서, 13억 인구로서 오늘날의 지구촌 세계에 다가오고 있다. 이슬람의 종파는 크게 수니파와 시아파로 나뉘며 그중 수니파는 전 세계 이슬람의 83%를 차지한다. 선교정보 통계에 따르면 지난 50여 년간 기독교는 47%의 성장을 보인 반면 이슬람교는 무려 500%의 급성장률을 보였다. 이 같은 추세가 지속될 경우 21세기 전반기에 세계인구의 26.7%가 무슬림화 될 것으로 전망된다.[2] 이슬람의 신앙고백은 간단명료하게 두 명제로 구성되어 있다. "알라 외에는 신이 없다", "무함마드는 그의 선지자다." 이슬람 신학은 오늘날 여섯 항목을 제시하곤 한다. 그것은 신론, 천사론, 경전론, 선지자론, 심판론, 예정론이다.[3]

우리는 이슬람을 기독교와의 교리적 차이의 관점에서 비판적으로 조명하면서 기독교의 시각에서 이슬람의 교리와 정체성을 규명해 보고자 한다.

*

1. 코란과 성경

이슬람은 구약성경, 시편, 신약성경, 그리고 코란(Quran, Koran, 꾸란)을 알라의 경전으로서 인정하고 있다. 그러나 구약성경, 시편, 신약성경은 원형 그대로 남아 있지 아니하며 이슬람은 지금의 것이 후세의 신자들이 만들어낸 해설서에 불과하다고 본다. 이슬람이 경전으로 간주하는 구약성경이란 아브라함의 책, 모세의 토라, 다윗의 시편이다.

아브라함의 책은 원래 있었으나 지금은 그 형체마저 사라져 버렸다고 본다. 모세의 토라도 모세가 한 권으로 쓴 책이었으나 유대교에서 5권으로 나누어 변질시킨 책이 되었다. 다윗의 시편도 본래 다윗 한 사람이 쓴 시집인데 유대교에서 여러 사람들이 쓴 시들을 한 군데 모음으로써 변질되었다. 이슬람은 신약성경을 예수의 복음서로 본다. 그러나 기독교의 전통에 의하면 예수 자신은 복음서를 쓴 적이 없다. 이슬람은 예수가 복음서를 기록했다고 주장하며 예수의 복음서도 후대의 기독교가 4권으로 나눔으로써 변질되었다고 본다.

이에 반해서 코란(꾸란)은 알라가 계시한 그대로 마호메트(무함마드)가 기록한 책으로 참되다고 본다. 따라서 이슬람은 성경과 코란의 차이가 성경의 위조(僞造)에 원인이 있다고 주장한다.[4] 그로 인해서 코란은 성경을 비판하는 척도가 되어 버렸다. 이슬람은 코란이야말로 최종적인 율법서로서 이슬람교의 복음이라고 간주하고 있다.[5] 이슬람은 아브라함의 책, 모세의 토라(Torah), 다윗의 시편(Zabur), 예수의 복음서(Injil), 마호메트(무함마드)의 코란(Quran) 등 다섯 권을 경전으로 받아들이나 이중 내용이 변질됨이 없이 지금까지 남아 있는 책은 코란(꾸란) 밖에 없다고 주장한다.

(1) 코란

코란(꾸란)은 알라의 마지막 완성 계시이므로 틀림이 없다고 주장한다. 코란은 610년부터 632년까지 23년간 마호메트(무함마드, Muhammad)가 간헐적으로 알라로부터 받은 계시 가운데 직접적으로 영감을 받은 것으로 인정되는 언설이나 이야기를 모은 책이다. 마호메트는 그의 초기 선교사역 시(時)에는 문맹(文盲)이었다. 코란은 예언자 마호메트(무함마드)을 "무학(無學)자 선지자"라고 호칭하고 있다.[6] 그래서 모든 문장은 마호메트에게 구두로 전달된 것을 비서들이 받아썼다. 후에 메디나에서 그의 영감을 받아 쓴 비서들 중에는 이슬람으로 개종한 유대인 압둘라 마수드(Abdulla B. Masud)와 우바이 캅(Ubai B. Kab) 등 중요한 인물이 있다.

마호메트(무함마드)는 메카에서 13년을 예언자로 보냈고, 10년을 메디나에서 보냈다. 코란의 3분의 2가 메카에서 받은 계시이고, 3분의 1이 메디나에서 받은 계시이다. 코란에 있어서 메카 시대의 장들(Sura)에 해당하며, 이는 "예언적이고 감동적이고 시적(詩的)이며 짧으나", 메디나 시대의 장들은 "율법적이고 산문적이며 지루하고, 논쟁적이다." 전자는 심판의 말씀, 사회적 불의, 이 세상에의 탐닉, 우상숭배에 대한 경고를 다루고 있으며, 후자는 성전(聖戰)

에 대한 부름을 다루고 있다.[7] 전자는 종교적이고 윤리적인 데 반해서 후자는 정치적이고 비판적이다.

코란은 마호메트(무함마드)가 받은 계시만 담겨 있는 것이 아니고 구약성서의 내용, 당시 아라비아 반도에서 유행하던 기독교 전설, 교리와 위경(僞經)에서 나온 자료들을 많이 포함하고 있다.[8] 그래서 코란에는 유대교적 특징과 기독교 이단적인 요소들이 많이 포함되어 있다.[9] 코란(꾸란)은 모든 단어의 18%가 아랍어 성경의 어형(語形)을 지니고 있으며, 그 4분의 3이 신약성경을 이용하고 있다. 코란의 60%가 모세 5경의 보고서와 율법 및 구약의 역사서에서 유래했고, 코란의 약 8%가 신약에서 나왔다.[10] 코란에 있는 구약적인 역사와 법령들은 그 형식과 내용에 있어서 미쉬나(주후 2세기경에 모은 유대인의 구전 율법서로서 그 내용은 유대인들의 일상생활을 위한 모세5경의 해석서이다)와 탈무드(주후 4-5세기 경에 미쉬나와 그 주해서인 게마라가 합편된 것으로서 유대인들의 율법과 종교적 전승을 모은 책이다. 팔레스타인 탈무드와 바빌로니아 탈무드가 있다)에서 전승된 것이다.

(2) 코란의 성경관

마호메트(무함마드, 570-632)은 본래 유대인과 기독교인을 성경을 소유한 자, 즉 "책의 소유자"(Leute des Buches)[11]로서 존경하였고 유대인과 기독교인을 무슬림으로 만들기 위해서 성경을 무수하게 긍정적으로 코란(꾸란)에 인용하였다. 코란은 율법의 가르침과 그것이 알라의 영감됨을 무수히 확인하고 있다. 마호메트(무함마드)는 그의 전도사역 첫 15년간 모세 율법이 신적 진리라는 것을 검증하지 않고 받아들였다. 그는 무학(無學)으로서 당시 히브리어, 헬라어, 라틴어, 아람어, 아르메니아어 등 소수의 언어로만 번역된 성경을 읽을 수 없었기 때문에 아랍어로 통역된 구두증언을 사용하였다.[12] 그는 통역자에 의하여 신구약 성경이 아니라 탈무드와 미쉬나의 이야기와 율법을 전해 받았다.

이슬람이 기독교 경전을 인정하는 것은 마호메트 자신이 메카에서 박해를 받을 때에 무슬림의 적(敵)들 중에 기독교인들이 가장 그의 곁에 있어주었고 동정과 긍휼을 가지고 있음을 수차례 경험했음에 기인한다. 코란에는 성경의 형식과 내용을 확인해 주는 구절들이 있다. "알라는 마침내 마리아의 아들 이사를 보내어 그에게 신약을 주었고, 그를 따르는 자들의 심중에 사랑과 자비를 주었노라."[13] "알라는 마리아의 아들 이사로 하여금 그 이전에 계시된 구약을 확증하면서 그들의 발자취를 따르도록 했노라. 또한 알라는 신약을 계시하여 그 이전에 계시된 구약을 확증하면서 그 안에 인도(仁道)와 광명을 주었으니 이는 인도이요 정의(正義)에 사는 자들의 교훈이라. 그리고 신약의 백성들로 하여금 알라가 계시한 대로 판결케 하라 했으니 알라가 계시한 대로 판결치 아니한 그들은 죄인들이라."[14]

마호메트(무함마드)는 하늘에 원서(原書, Ur-Buch)가 있으며 그것에서 모든 선지자들이 몇 장씩을 전달받았다고 증언한다. "알라는 너에게 그 책(저자 주(註): 꾸란)을 율법과 함께 내려주었다. 원서로부터 네 양손에 받은 것을 확증하며 그것을 파수하기 위해서이다."[15] 이 구절에 의하면 알라는 코란(꾸란)이 마호메트 시대의 토라와 복음을 확증했으며, 알라 자신이 그것을 변질시키지 못하도록 그의 말씀을 감독했다고 말하고 있다. 마호메트(무함마드)는 토라와 복음서의 명령대로 살지 않는 유대인과 기독교인들에 대하여 복음 전도자처럼 말하고 있다. "성경의 백성들이여, 너희가 토라와 복음서 그리고 너희가 알라로부터 계시된 것을 준수할 때까지 너희는 아무런 인도됨을 받지 못할 것이라."[16] 여기서 보면, 마호메트(무함마드)는 후대의 무슬림이 주장하는 것처럼 토라와 복음이 조금도 변질되었다고 생각하지 않았다.[17]

마호메트(무함마드)는 이 세 종교의 경전은 본질적으로 동일하다고 보았다.[18] 코란(꾸란)의 다음 구절도 이를 뒷받침 한다. "알라가 무함마드에게 말하기를: 알라가 그대에게 계시한 것을 의심한다면 그대 이전에 성경을 읽는 자들에게 물어보라."[19] 마호메트(무함마드)는 그가 알라에게 계시 받은 것을 이해하기 위해 유대인과 기독교인들에게 물어보았다. 또한 그는 알라가 준 계시에 관하여 의문이 있는 경우 유대인과 기독교인들에게 가서 물어보라고 무슬림을 고무(鼓舞)하였다. "알라는 무함마드에게 받아쓰게 했다. 알라가 그대 이전에 선지자들을 보냈으되 그들은 알라에게서 계시 받은 인간이라. 너희가 알지 못한다면 학자들에게 물어보라 하셨노라."[20] 여기서 학자들이란 토라와 복음의 계시 본문을 문자적으로 정확하게 외울 수 있는 율법학자나 기독교 교부들을 말한다. 코란은 유대인과 기독교인들을 "책의 소유자"(Buchbesitzer)로 칭한다.

코란(꾸란)은 아브라함을 알라에게 자기 아들 이삭을 드린 첫 무슬림[21]으로 묘사하고 있으며, 모세를 알라와 그의 완고한 백성 사이의 군사령관이며 중보자로서 120번이나 언급하고 있다. 모세는 마호메트(무함마드)의 모범자요 마호메트는 모세의 후계자로 자처한다. 코란은 아랍족에게 알라가 내려준 하늘에 있는 하나의 원계시의 민족적 책이다.

그러나 메디아 시기에 와서 토라와 복음서에 대한 마호메트의 태도는 더욱 비판적인 것이 되어 버린다.[22] 코란에 나타난 이슬람교의 경전은 아브라함의 두루마리, 타우라트(Tawrat, 선지자 모세 율법), 자부르(Zabur, 선지자 다윗의 시편), 인질(Injil, 선지자 예수의 복음서), 코란(Quran, 선지자 마호메트의 계시) 등 다섯 가지이다. 그러나 이중에 코란(꾸란)을 제외한 모든 경전은 4세기에 정경으로 인정되기 전에 이미 변질되었다고 주장한다. 마호메트(무함마드)는 유대인들이 하늘 원서의 단지 일부분만을 받았으며,[23] 많은 부분들을 잊었고[24] 감추었고[25] 의도적으로 위조(僞造)했다[26]고 주장한다. 기독교인에 대하여서도 똑같이 비판적이 되어 버렸다. 그는 토라와 복음서는 이야기 요소가 너무 많기 때문에 코란의 영감보다 떨어지며, 유대인과 기독교인들이 그들 문서들의 단어들에 부정확한 의미를 부여하거나 쓰여진 단어들을 변경하든지 하여 이들 문서들을 위조하였다고 비난하기에 이른다.[27] 이것이 타리프(tarif) 교리이다. 이 교리는 유대교와 기독교의 추종자들이 본래의 성경을 변질시켰다는 무슬림의 교리이다.[28]

마호메트(무함마드)는 모세의 토라와 신약의 복음서로부터 나오는 긍휼과 사랑과 동정(同情)을 알았으나 그것이 진정한 하나님의 성령에서 나오는 것을 알지 못했다.[29] 그는 기독교인들의 열매를 보았으나 그것이 하나님으로부터 오는 성령의 열매라는 것을 알지 못했다.

2. 마호메트의 신령 체험과 기독교의 계시 체험

마호메트(무함마드)는 40세가 되던 610년 라마단 시기에 당시의 종교적 유행에 따라 메카(Mecca)에서 5km 떨어진 광야에 있는 히라산 동굴에 들어가 기도하였다. 그때 그는 동굴 안에서 시끄러운 종소리와 같은 굉음의 환청(幻聽)을 경험하고 한 영을 보게 되었다. 그는 술 취한 사람처럼 바닥에 쓰러져 진땀을 흘리고 낙타새끼같이 부르짖었다.[30]

이때의 모습에 관하여 사히 알 부카리(Sahih al Bukhari)와 사히 무슬림(Sahi Muslim)은 다음같이 묘사하고 있다. "그(저자 주: 한 영)가 가까이 올 때에는 벌들이 내 머리 주위에서 윙윙거리는 소리나, 종들이 울리는 소리나, 쇠붙이가 부딪치는 소리를 듣는다. 그러면 나는 곧장 말이나 낙타에서 내려와 바닥에서 내 머리를 덮어야 한다. 그러면 그가 와서 바닥으로 나를 내리 누르고 나를 큰 힘으로 가슴이 으깨지도록 내리 누르거나 때려서 내가 이러다가 죽겠구나 하고 생각한다. 그 다음에 그는 나에게 말씀하고 내가 절대로 잊지 않도록 그리고 후에 너희에게 정확하게 읊도록 그의 말씀을 내 마음에 새겨 넣는다." 그리고 마호메트(무함마드)가 계시를 받았던 장면을 본 이븐 한발(Musnad Ahmad Ibn Hanbal)은 다음같이 설명한다. "계시 받을 때 그는 낙타새끼같이 색색거렸고 땀이 이마에 맺히고 가끔 그의 입에서 거품이 나오고 의식불명처럼 땅에 누워 있었다."[31]

마호메트(무함마드)는 처음에는 이 방문자를 신령(神靈, Jinn)으로 생각했다. 그 영은 "여러 가지 형상으로 변모해서 사생활을 해롭게 간섭하는 정신상태에 사로잡히게 했다." 마호메트는 그의 체험을 바로 아내 카디자(Chadischa)에게 이야기했다. 카디자는 그의 남편이 만난 신은 참 신이라고 하였으며, 그 남편은 알라의 택한 자이며 알라의 사도라는 소명의식을 강력하게 심어주었다.[32] 그러나 카디자는 "계시 체험자"도 아니고, 그 계시자를 이전에 본 일도 들은 일도 없었던 사람이다. 당시에는 아랍어로 번역된 성경이 없었기 때문에 카디자는 성경을 읽어 본 일도 없었으므로 마호메트(무함마드)가 영적 체험에서 만난 영을 신령이 아니라 참 신이라고 판단할 만한 아무런 척도도 지니지 않았다. 그러므로 우리는 마호메트의 계시 체험을 그가 체험당시 느낀 대로 신령 내지 자연(自然)의 영(靈)의 체험으로 간주할 수 밖에 없다. 마호메트가 체험한 영은 무당의 신비체험과 다를 바 없다. 성령은 거룩한 영이요 의와 희락과 평강과 위로와 안정을 가져다주기 때문이다. 마호메트(무함마드)에게 내린 신령이란 당시 유행했고 아랍인들이 이미 토속적으로 섬겨왔던 강신술(spiritism)나 주물숭배(fetishism)의 영이었다.[33]

여러 해 후에 마호메트(무함마드)는 가브리엘 천사가 하늘에서 나타나 그에게 알라의 계시, 꾸란을 주었다고 확신하게 되었다. 그러나 가브리엘(Gabriel, Jibril)은 마호메트가 메카에서 받은 13년간의 계시에서 나오지 않는 이름이다. 마호메트의 초기 계시에 있어서는 계시자의 이름은 밝혀지지 않고 다만 "무명

(無名)의 영(Jinn)"이라 칭하고 있다.[34] 마호메트(무함마드)는 622년 하지라 이후에 이 무명의 영을 가브리엘과 동일시하고 있다.[35] 이것은 마호메트가 메디아에서 만난 유대인과 기독교인들의 영향을 받았음을 나타내주고 있다.[36] 마호메트(무함마드)는 자기에게 계시를 가져다 준 가브리엘이 유대교와 기독교의 천사였으며 그 천사를 보낸 자는 아라비아의 지고신(至高神), 알라라고 칭함으로써 외형상은 유대교적 모습을 지니고 있다. 이슬람은 코란(꾸란)의 영감과 관련하여 알라가 마호메트로 하여금 받아쓰게 한 축자영감을 주장하고 있다.[37]

3. 단일 신론과 삼위일체 신론

(1) 단일 신 과 삼위일체 신

이슬람 신앙고백은 "알라 외에는 다른 신이 없다"고 선언한다. 창조자를 신의 아들이나 신의 영으로 인정한다는 것은 알라와 그의 모든 천사들의 적(敵)에 해당하는 것이다.[38] 이슬람은 오직 단일하고, 유일한 신(der eine und einzige Gott)을 믿는다.[39] 마호메트(무함마드)는 삼위일체 신, 하나님의 세 위격의 통일(Einheit Gottes aus drei Personen)을 다음같이 부정한다. "셋이라고 말하지 말라. 그런 말을 그치라. 그것이 너희에게 더 좋을 것이다."[40] 마호메트는 알라는 한 분이니 그에게 아들이 있을 수 없다고 주장한다. "실로 이사 그리스도는 마리아의 아들이다. 알라의 선지자로서 마리아에게 말씀이 있었으니 이는 알라의 영혼이었느니라. 알라와 선지자들을 믿되 삼위일체설을 말하지 말라 하니 이는 너희에게 복이 되리라. 실로 알라는 단 한 분이시니 그분에게는 아들이 있을 수 없음이니라."[41] 이슬람에게는 아버지도 아들도 성령도 없다.[42] 알라가 아들을 "낳는다"(zeugen)는 것은 불가능하다.[43] 이슬람은 예수의 동정녀 탄생을 알라가 인간인 마리아와 성(性)관계를 통해 예수를 낳았다는 것은 천벌을 받을 신성모독으로 여긴다. 이슬람에 의하면 알라는 항상 하나이고 둘이나 셋일 수가 없다. 무슬림은 알라를 인간으로부터 완전히 멀리 떨어진 초월적 존재로서 표상하기 때문에 알라를 아버지로서 이해할 수 없으며 더구나 아버지가 아들을 낳는다는 것은 초월적 존재인 알라에 대한 모독으로 여긴다. 이러한 이슬람의 유일신론(monotheismus)주장은 기독교의 삼위일체론을 극단적으로 반박하고 수정한 것이다. [44]

그러나 이슬람은 기독교의 삼위일체를 성부 하나님, 성모 마리아, 성자 예수로 구성되는 "삼신 가족"(Dreigötterfamilie)으로 구성되는 다신론이라고 오해하고 있다. [45] 그러나 기독교의 삼위일체 교리진술에 있어서 니케아–콘스탄틴노블 신조(Nicaeno–Constantinpolitanum)는 하나님의 본질에 대해서는 ousia(οὐσία)라는 단어를 사용하고 하나님의 위격 구별에 대해서는 hypostasis(ὑπόστασις)라는 단어를 사용했다. "하나의 본질에 세 위격"(mia ousia, treis hypostasis, μία οὐσία, τρεῖς ὑπόστασεις)이라는 공식은 "파괴될 수 없는 일체"요 동시에 파괴될 수 없는 구별 "로서 " 상호내재 "(perichoresis)로서 이해된다. 성부, 성자, 성령은 독립적이거나 서로 바뀔 수 없는 하나의 본질이시며 세 인격이시다. 여기서 그리스도와 성령이 지니신 신성이 성부의 신성과 동일하다는 동질(homoousios)개념이 중요하다.

(2) 존엄한 절대군주와 자비로우신 주권자

이슬람은 알라의 전능(All-Macht)과 존엄성(All-Erhabenheit)을 강조한다. [46] 알라는 피조세계와 완전히 구분되는 신으로서 결코 인간 세계 가운데 거하지 않으며 세상 안에 존재하지 않는다. 알라는 인간에게 "바로 알라만 경배하고 그 분에게만 순종하는" 이슬람의 법을 부여했다. [47] 알라는 절대군주이며 용서

하고자 하는 자를 용서하고 유혹하고자 하는 자를 유혹한다.[48] 알라가 유혹하는 사람은 어떤 대리인이나 보증인이라도 그를 도울 수 없다.[49] 인간을 알라에게 나아가게 하는 중보자는 없다.[50] 알라는 경건한 자는 사랑하나 죄인을 증오한다. 마호메트(무함마드)는 메시지를 가져다준다는 의미에서만 구원자일 뿐이다. 그리하여 알라와 인간을 매개하는 어떤 다리도 없다. 성례전이나 성화나 종교음악도 매개하지 못한다. 알라는 초절적(transzendent) 존재이다. 알라의 개념에는 그가 우리의 아버지요 우리는 그의 자녀라는 표상이 없다.[51] 그리고 이슬람에는 알라의 사랑에 대한 표상이 없다.[52] 알라의 뜻에 대한 복종과 헌신(Islam)만이 있다. 그래서 알라의 긍휼과 은혜는 기독교에서처럼 죄인에 대한 무조적인 사랑을 주시는 것이 아니라 그의 명령을 지키는 충성된 자에 국한된다. 알라의 불변하는 존엄성과 영원한 불변성은 그가 행위하지 않고 새로운 것을 행치 아니하고 영원 전부터 그의 말씀이었던 것을 단지 알리는 것으로서만 유지될 수 있다.[53] 이러한 이슬람의 사고에는 이념과 현상, 영원과 역사를 분리하는 희랍의 플라톤적 이원론적 사고가 깔려 있다.

그러나 기독교의 하나님은 자비스러운 주권자로서 그의 독생자를 십자가상에서 인류구속의 대속물로 주신 자비의 하나님이다. 그는 죄인을 사랑하시는 자비와 긍휼이 많으신 은혜의 주권자이시다. 예수 그리스도는 죄인인 우리 인류의 중보자(der Mittler)이시다. 중보자를 통해서 우리는 하나님의 면전에 가까이 나아간다. 그는 우리의 아버지요 우리는 그의 자녀이다. 하나님의 뜻에 대한 순종은 인격으로서의 하나님에 대한 사랑으로 인한 순종이다. 그의 사랑은 무조건적이며 인간이 먼저 하나님을 사랑한 것이 아니라 하나님이 그의 독생자를 주시기까지 먼저 사랑하셨다. 하나님은 사랑이다. 기독교에 있어서 하나님의 존엄성은 역사 속에 들어오셔서 대속하셔도 훼손되지 않으신다. 그는 역사 속에 들어오셔서 행위하셔도 그의 영원한 존엄성은 그대로 보존하시는 초월적이며 주권적인 하나님이시다.

(3) 알라의 예정

무슬림의 율법학자는 알라가 사람이 아직 모태에 있을 때 각 사람의 운명을 예정했다고 말한다. 알라의 결정에 대항하여 투쟁한다는 것은 불가능하다. 인간 생애 가운데 일어나는 모든 일은 하늘에서 이미 기록된 것이다. 이 기록된 것 외에는 아무 것도 일어나지 않는다. "알라가 우리에 대하여 목록을 적어두신 것 이외 어떤 것도 일어나지 않는다."[54] 이슬람은 십자가의 대속이나 인간의 화해를 위한 죽음에의 예정이란 없다고 믿는다. 무슬림은 "선과 악이 알라의 예정과 선(先)결정을 통해서 실현된다"고 고백한다. "불신앙자의 불신앙, 불경건한 자의 불경건, 악행도 알라의 예지와 의지, 예정과 결정으로 일어나나 알라가 허가하거나 허락한 것은 아니다."[55]

여기서 이슬람의 예정이란 구속론적인 관심보다는 철학적 관심에 주도된다. 예정보다는 선결정이 중요하다.[56] 알라의 절대적 존엄성이 강조되고 있다. 이것은 기독교에서처럼 인간으로 하여금 하나님의 주권에 대한 찬양하도록 하는 것이 아니다. 모든 것이 알라의 의지에 의하여 미리 정해지고 무슬림은 그것에 절대 복종해야 하는 숙명주의로 나아가게 한다. 이에 반해서 기독교의 예정론은 숙명론이 아니라 인간의 역사적 행위와 책임을 강조하고 있으며, 하나님의 섭리와 주권에 대한 찬양을 강조한다. 그것은 인간의 역사적 행위를 자유롭게 허용하면서 신비롭게 그분의 뜻을 이루시는 그분의 오묘한 섭리와 주권에 대한 찬양을 증언한다.

4. 창조론: 신령(Jinn)과 까리나의 창조

이슬람은 기독교처럼 창조론을 가지고 있다. 그러나 이슬람의 창조론은 6일 동안의 천지 창조를 말하므로, 유대교와 기독교 창조론을 모방하고 있으나 그 내용은 다르다. 알라는 천사와 인간 이외 신령(Jinn)과 혼령(까리나)을 창조했다고 한다.

알라는 세상을 창조했으나 창조목적이 유희를 위한 것이 아니라 인간이 "지상의 대리자"이며 창조주의 모습을 반영하는 거울의 역할을 하기 위한 것이다.[57] 코란의 한글판 입문서는 인간 삶의 목적에 관하여 다음같이 알라의 말을 인용한다. "너희의 올바른 여정은 스스로 나를 주권자로 받아들이고, 나만을 홀로 경배하며, 내가 너희에게 보낸 지침서에 따라 행동하면서 지상에서 사는 그 기간은 시험기간에 불과하다는 것을 믿고 이해하는 것이라." 알라는 현세의 삶이 단지 내세를 위한 것이라고 말하고 있다. "현세 삶의 진정한 목적은 최후의 심판에서 성공하는 것이라."[58] 여기서 이슬람의 창조론은 "지상에서 행한 행위의 결과를 심판하는" 종말론을 위한 것이며, 기독교 창조론처럼 현세의 삶의 질서를 긍정하고 창조주의 영광을 찬양하는 적극적인 삶의 모습이 결여되어 있다.

이슬람은 알라가 천사와 인간 외에 신령(Jinn)들과 복제혼령(까리나)을 창조하였다고 주장한다. 이슬람도 처음 창조된 인간은 아담이라고 한다. 알라가 인간을 창조하고자 하였을 때 신령(神靈)이 항의를 하나 알라는 자기 뜻에 따라 인간을 창조하였다. 알라는 아담을 진흙으로 만들지마는 이담 이후의 인간들은 정액으로써 만들었다. 인간을 하나님의 형상으로 만들어진 존귀한 존재로서 보는 기독교와는 달리 이슬람은 인간을 본래 흙이나 천한 물(정액)로 만들어진 보잘 것 없는 존재로 본다.[59] 이슬람은 인간은 창조 때부터 본래적으로 선하며, 선하게 태어난 인간은 의지의 판단에 따라 선과 악을 행할 수도 있다고 본다. 그래서 이슬람에서는 기독교적 원죄개념이 전혀 없다. 코란(꾸란)에서는 아담과 하와가 에덴동산을 떠나게 된 것은 원죄 때문이 아니라 알라의 뜻에 따라 세상을 다스리기 위해서이다. 인간은 출생 시 순수한 존재로 태어나게 되며, 그 후 갖가지 죄를 범함으로써 죄인이 되어간다고 본다.[60]

신령(Jinn)들은 불에 의하여 창조되었다. "나는 본질적인 불길로부터 앞서 신령을 창조하였다."[61] 코란에 의하면 알라가 인간 창조 전에 천사들과 신령들을 만들었다. 알라가 인간을 흙으로 만들고 천사에게 복종을 명했을 때 이의를 달지 않았으나 신령들은 인간에게 복종할 수 없다고 알라에게 저항한다. "제가 그보다 더 훌륭하오이다. 당신께서 그를 흙으로 만드셨으나, 당신께서는 저를 불로써 만드셨나이다."[62] 그리하여 알라는 신령들을 버리고 저주하게 되었다. 이 신령들을 모두 사단이나 악마라고만 할 수 없는 것은 좋은 존재도 있기 때문이다.[63] 이블리스(Iblis)는 타락한 신령(Jinn)들로서 기독교의 사단에 해당한다.

혼령(까리나)은 인간이 출생할 때 따라 나오는 개념으로 정액에 의해 창조되었다고 말할 수 있다. 까리나는 진들의 후손으로 인간의 복제혼령으로 인간의 출생과 함께 출생한다. 까리나는 태어나는 아이의 성(性)을 가지고 있으며 복제의 원형인 인간을 한평생 따라 다니며 귀찮게 군다. 또 악을 행하도록 유혹하며 인간의 사망과 더불어 그 생명을 다한다.

5. 예수 그리스도의 신성 부정

코란(꾸란)은 예수의 동정녀 탄생을 시인한다. "마리아여! 알라께서 너에게 말씀으로 복음을 주시니 마리아의 아들로서 그 이름은 메시아 이사(Isa)이니라."[64] "그녀가 말하길 '주여, 제가 어떻게 아이를 가질 수 있습니까? 어떤 사람도 저를 스치지 아니하였나이다' … 그가 말하기를 '그 분이 어떤 일을 하시고자 할 때 이렇게 말씀하시나니' 있어라 그러면 있느니라"[65]

그러나 코란(꾸란)은 예수의 신성을 시인하지 않는다. "알라께서 마리아의 아들 이사(Isa)야! 네가 백성에게 말하여 알라를 제외하고 나(저자 주(註):이사)와 나의 어머니를 경배하라 하였느냐", "영광을 받으소서, 결코 그렇게 말하지 아니했으며 그렇게 할 권리도 없나이다. 제가 그렇게 말하였다면 당신께서 알고 계실 것입니다. 당신은 저의 심중을 아시나 저(저자 주(註):이사)는 당신의 심중을 모르나니 당신은 숨겨진 것도 아시는 분이십니다."[66]

코란(꾸란)은 성부로부터 성자의 영원한 출생을 거부한다. "우리(저자 주(註): 알라)는 우리의 영으로부터 그녀(마리아)에게 불어넣었다. 그래서 이사는 그녀 안에서 창조되었다."[67] 코란은 예수가 알라로부터 낳아졌거나 출생되지 않았고 "흙으로 빚어" 지었다고 주장한다. 알라께서 아담에게 그랬듯이 이사에게도 다를 바가 없도다. 알라가 흙으로 그를 빚어 그에게 말씀하셨다. '있어라, 그리하여 그가 있었느니라.'[68] 이처럼 마호메트는 예수가 마리아의 아들로서 알라의 영으로부터 불어넣어 창조되었다고 함으로써 예수가 하나님을 통해서 마리아에게서 생물학적으로 출생했다는 사실을 부인한다.[69]

코란(꾸란)은 그리스도를 "알라의 노예", "알라의 선지자"로 칭하고 있다. "이사는 마리아의 아들로서 선지자일 뿐 이는 이전에 지나간 선지자들과 같음이니라. 그의 어머니는 진실하였으며 그들은 매일 양식을 먹었도다."[70] 그러나 그의 주변에 있는 기독교인들이 이슬람을 떠나 기독교로 돌아서자 높혀 놓았던 예수를 평가절하 하였다. 그리하여 예수를 아담과 같이 취급하고 있다. "알라가 아담에게 그랬듯이 이사에게도 다를 바가 없노라. 알라가 흙으로 빚어 그에게 말씀하시니, 있어라! 그리하여 그가 있었노라."[71]

코란(꾸란)은 예수를 "알라의 한 영"(ein Geist von Allah)으로 칭한다. "예수 그리스도는 마리아의 아들이자 알라의 선지자로서 마리아에게 말씀이 있었으니 이는 알라의 영혼이었노라."[72] 알라는 마리아에게 그의 영을 불어 넣었다.[73] "이사"는 인간으로 활동하는 알라의 영이다. "이사"는 알라의 나라와 권세를 세우기 위하여 알라의 사도로 왔다. 마호메트는 예수의 직분을 종교적이며 군사 정치적으로 이해했다.[74] 마호메트(무함마드)는 요한복음 14장 16절의 다른 보혜사의 약속을 자기와 관련시키면서 예수가 자기의 도래를 예언했다고 주장한다.[75] "이사"(예수)는 알라의 영적 몸으로서 지상생활을 한 후에 다시 알라에게 올라갔다. 코란의 해석가들은 "이사"(예수)는 인간의 형상 안에 있는 알라의 영이지만 하나의 "창조된 영"이라고 기록하고 있다.[76] 그리하여 예수는 알라의 창조물 중의 하나가 되었다.

그러나 마호메트(무함마드)는 독특하게도 예수의 영원성을 부인하지 않았다. 마호메트는 예수가 십자가에서 죽지 않고 다만 살짝 잠들었다고 말한 뒤에 알라가 그를 하늘에 계신 그에게 올리셨다고 말한다.[77] 마호메트(무함마드)는 예수를 알라의 보좌 가까이 있게 했으나 한번도 알라의 보좌에 앉은 일이 없다고 말했다. "이것이 무함마드의 독특성이다. 그는 진리의 90-95%를 받아들였으나 결정적인 부분에서 간교하게 왜곡하였다."[78]

6. 기독교 종말론의 왜곡: 인간행위의 종말론

이슬람은 기독교처럼 죽음 후의 중간 상태, 부활, 최후심판, 천국과 지옥의 교리를 가지고 있다. 그러나 이슬람은 기독교의 종말교리를 이슬람적으로 왜곡하고 있다. 이슬람은 죽은 자들에게 네 가지 시험 질문이 제시된다고 가르친다. '너의 신이 누구냐? 너의 선지자는 누구냐? 너의 종교는 무엇인가? 너의 성지(Kibla)는 어디냐?' 그리하여 죽어가는 자에게 이에 상응하는 대답인 알라, 무함마드, 이슬람, 메카를 귀에 쉼 없이 말해준다.[79]

예수는 이슬람의 종말론에서 중요한 역할을 한다. "이사"(예수)가 반기독교인들과 모든 돼지를 이 땅에서 죽이고, 모든 십자가를 부수고, 결혼해서 자녀를 낳으려고 다시 오신다. 그런 다음 그는 이슬람의 개혁자로서 기독교인을 포함한 모든 인간을 알라에게로 돌이킨다.[80] 예수는 이 사명을 다한 후에 그도 역시 죽을 것이며 메디나에 있는 마호메트(무함마드)의 곁에 묻힐 것이다. 이 순간에 알라가 세상을 심판하기 위해 나타나서 마호메트와 예수를 부활시켜 세상을 심판하도록 할 것이다. 마호메트는 열심히 기도하지 않고 지불하지 않고 투쟁하지 아니했던 모든 무슬림을 심판하고, 예수는 이슬람을 받아들이지 아니한 모든 유대인과 기독교인들을 심판한다.[81] 알라가 구름을 타고 내려와 최후 심판을 할 때 사람들은 곤경 속에서 중보기도자(Fürbitter)를 찾는다. 그러나 유대교의 선지자들인, 아담, 노아, 아브라함, 모세, 기독교의 선지자인 예수 자신도 중보 기도자가 되기를 거절하나 오로지 마호메트만이 인간들을 위해 중보기도하는 허가를 받는다. 최후심판에 어느 누구도 예외가 없으며 선지자들이나 예수조차도 예외 없이 종속된다. 오로지 마호메트(무함마드)만이 이미 낙원에 있기 때문에 최후심판에 서지 않는다.[82]

이슬람 낙원은 황금으로 가득 차 있으며, 눈을 아래로 깔고 커다란 눈을 가진 아리따운 순결한 여성들로 가득 차 있다.[83] 청순한 아내를 얻어 가정을 이루고 성 생활을 한다.[84] 그러나 자녀에 대하여는 언급이 없다. 이것은 낙원이 쾌락의 극치를 추구하고 있다는 것을 보여준다. 이러한 이슬람의 종말론은 기독교의 종말론을 왜곡하고 있으며, 신약성경의 종말 메시지에 모순되고 있다. 또한 코란은 예수가 성령으로 기름부음을 받으심,[85] 십자가의 화목제물 되심,[86] 대제사장적인 직분, 죽은 자 가운데서의 부활, 그의 심판주 되심에 관하여 침묵하고 있다.[87]

7. 성령의 신성 부정: 이슬람의 영(jinn)

코란(꾸란)에 의하면 성령 역시 하나의 피조물이고 하나님이 아니다. 이슬람 전통은 알라의 영을 스가랴, 마리아, 예수, 마호메트에게 계시를 가져다 준 가브리엘 천사라고 본다.[88] 코란은 성령의 신성을 부정하고 있다. 알라의 영은 "우리의 영", "나의 영", "거룩한 자의 영"이라고 묘사되고 있다. 알라는 하나이요 둘이나 셋이 되지 못하기 때문에 독립적인 알라의 영은 존재하지 못한다. 이슬람의 영은 그의 모든 행위에 있어서 알라의 명령 하에 그 명령을 충실하게 이행하는 알라의 노예이다.[89] 이슬람의 영은 이슬람교도들이 알지 못하는 영이지만 그들에게 높게 존경받고 있다.

또한 예수가 보혜사($\pi\alpha\rho\alpha\kappa\lambda\eta\tau\sigma\varsigma$) 성령이 오실 것을 예언했는데 코란은 이것은 성령을 말한 것이 아니라 무함마드($\pi\alpha\rho\iota\kappa\lambda\upsilon\tau\sigma\varsigma$)가 올 것을 예언했다고 왜곡하고 있다: "마리아의 아들 이사가 이스라엘 자손들이여 실로 나는 너희에게 보내어진 선지자로서 내 앞에 온 구약과 내후에 올 아흐마드란 이름을 간진 한 선지자의 복음을 확증하노라."[90] 마호메트(무함마드)는 이 구절이 보혜사 성령이 아니라 예언자인 자신을 예언하고 있다고 왜곡하였다. 희랍어에서 $\pi\alpha\rho\alpha\kappa\lambda\eta\tau\sigma\varsigma$(advocate)는 이슬람은 $\pi\alpha\rho\grave{\iota}\kappa\lambda\upsilon\tau\sigma\varsigma$(renowned)와 매우 유사한 말이며 후자가 아흐마드와 무하마드라는 이름의 의미라고 해석하여 $\pi\alpha\rho\grave{\iota}\kappa\lambda\upsilon\tau\sigma\varsigma$란 무함마드를 지칭하는 것으로 왜곡(歪曲)하는 것이다.

기독교에서는 성령은 예수가 아버지로부터 보내어 주시는 영으로 제3위격이시다. 그래서 "아들로부터"(filioque)라는 공식이 성립된다. 성령이란 이슬람이 말하는 것처럼 성부의 노예가 아니라, 성부와 성자로부터 나오시는(發出) 동질(同質)적인 신적 위격(位格)이다. 성령은 성부의 본질에서 나오고 성자의 본성에서 나온 동질적인 하나님이시다. 성령은 위격에서는 성부와 성자와는 다른 신성의 세 번째 위격을 지니나 신성의 본질에 있어서는 동일한 하나님이시다.

8. 선행을 통한 보상: 십자가의 대속 부정

이슬람은 그리스도가 살해를 당했거나 십자가에서 죽지 않았고[91] 오히려 알라가 그를 자기에게로 들어 올리셨다[92]고 주장한다. 알라는 마리아의 아들을 십자가의 고문으로부터 보호하셨다. 그 대신 배신자 유다를 십자가에 달리게 했다.[93]

코란(꾸란)에 의하면 알라의 심판대에서 어떤 사람도 다른 사람을 위해서 대리가 될 수 있는 처지에 있지 않다.[94] 코란은 모든 사람은 자기 자신을 위해서 거룩한 자에게 용서를 간구해야 한다고 선언한다. 그래서 코란은 대속과 속죄를 위한 희생의 가능성을 배제하고 있다. 이것은 코란의 신관에서 나온다. 알라는 죄를 용서하기 위해서 중보자나 피의 희생이나 어린 양이나 대속자를 필요로 하지 않는다. 무슬림은 스스로 옳게 여기고 그들의 의를 스스로 쌓을 수 있다고 생각한다. 선행만이 그들의 악행을 제거해준다.[95] 무슬림은 율법적인 요구를 완성하면 구원에 이른다고 생각한다.[96] 이슬람의 신비주의자인 수피(sufi)들은 스스로 선하다고 생각하고 회개가 필요없다고 생각하기 때문에 십자가에 달리신 하나님의 아들은 그들에게는 불쾌한 것이 된다.[97] 그래서 무슬림에게는 십자가에 달린 대속자는 필요하지 않다. 유대교의 바리새주의가 무슬림의 신앙에 투영하고 있다.

그래서 그리스도의 십자가는 무슬림에게는 타부이다. 그리스도의 십자가는 오직 이슬람국의 권력과 문화를 파괴하려는 모든 종류의 정치적이고 종교적인 십자가군의 구실일 뿐으로 본다[98]. 코란은 속죄가 아니라 자기행위에 의한 속죄를 가르친다. "알라는 그들에게 율법을 제정하였나니 생명은 생명으로, 눈은 눈으로, 코는 코로, 이는 이로, 모든 상처는 상응한 벌로 대하라. 이 원리를 행하는 자는 이것이 그를 위한 속죄니라."[99] 코란에서 "속죄"(kaffaaratun)는 상해에 대하여 보복하지 않는 자선을 베푸는 자가 그 대가로 자신이 용서를 받는다는 뜻을 지닌다. 알라의 구원을 받으려면 알라에게 선행을 지불해야 한다.[100] 이것은 선을 행함으로 악행을 제거한다는 원리이며, 선행에 대한 보상으로 잘못을 용서해준다는 것이다.[101] 이러한 속죄란 죄인이 스스로 대가를 치를 수 없어도 오직 예수 그리스도의 대속행위의 은혜로 말미암아 하나님의 용서를 받게 되는 기독교적 속죄 개념과는 본질적으로 다르다.

코란(꾸란)에 의하면 알라는 그를 믿고 선을 행하고 예배하고 이슬람세를 바치는 사람에게 보상해 준다.[102] 무슬림에게 가장 큰 보상은 모든 죄를 용서받는 것이다. 그것은 바로 "지하드"(성전, 聖戰, holy war, Djihad)에 참가하여 순교하는 것이다. 무슬림이 전사하면 천국으로 직행하며 알라의 심판을 받지 않는다.[103] 이러한 코란의 자력 구원론에서 자살 특공대가 나온다.

*

이슬람은 마호메트(무함마드)의 코란(꾸란) 이외 모세의 율법서, 다윗의 시편, 예수의 복음서를 경전으로 받아들인다. 이슬람은 유대교 및 기독교를 모방하고 있으며 유대교와 기독교와의 공통점이 많은 종교이다. 그러나 이슬람은 사리아(sharia, 법) 아래 있는 율법종교이며 은혜에 기초한 종교가 아니다. 이슬람이란 알라의 명령에 절대복종하고 알라의 명령에 따라서 행동함을 말한다. 무슬림은 이슬람 교리를 순종하는 사람을 말한다.

이러한 무슬림은 예수 그리스도를 통해 하나님의 법을 인격적으로 순종하는 기독교인과는 다르다. 무슬림은 알라에 대하여 율법적인 관계를 가지나 기독교인은 하나님에 대하여 그리스도를 통한 인격적인 관계를 가진다. 이슬람은 알라에 대한 완전한 믿음과 절대복종을 말하나, 패역한 인간에게 긍휼을 베푸시고 독생자를 주시는 하나님의 대속의 사랑을 알지 못한다. 이슬람은 예수를 단지 "알라의 선지자", "창조된 말씀" 내지 "인간적으로 활동하는 알라의 창조된 영"으로 격하시켜 버리고 있다.

이슬람과 기독교의 차이는 그 종교의 창시자인 마호메트(무함마드)와 예수의 차이다. 마호메트는 10명의 아내를 거느리고[104] 실수와 허물이 너무나 많고 그 행위에 모순이 많은 인간이었으나 예수는 하나님의 아들로서 실수와 허물이 없으며 우리를 위해 대속자가 되신 구세주이다. 마호메트는 이슬람이라는 법을 주었으나 예수는 구세주라는 인격을 우리에게 주셨다. 마호메트는 원수를 증오하고 보복하고 살해하려고 가르치나 예수님은 원수를 사랑하고 용서하고 보복하지 말고 하나님께 맡기라고 가르친다. 여기서 우리는 이슬람의 윤리보다 차원 높은 기독교의 윤리의 우월성을 발견한다.

chapter 4
기독교와 이슬람, 문명의 공존

평화에의 대망으로 시작된 21세기의 세계는 새로운 형태의 전쟁으로 얼룩지고 있다. 그것은 테러와의 전쟁이다. 9·11테러에 대한 응징으로써 시작된 미국과 아프카니스탄 전쟁, 미국과 이라크 전쟁이 끝난 후에도 테러와의 전쟁은 여전히 끝나지 않고 있다. 미국은 서구 유럽우방의 반대에도 불구하고 이라크를 공격하여 세계를 친미국 아니면 반미국의 이분법으로 몰아갔다. 미국은 테러라는 폭력을 근절하기 위하여 부득이 전쟁이라는 폭력을 사용해야 한다는 자기모순을 범하고 있다. 테러 근절은 폭력으로 되기보다는 설득과 권유를 통하여 상대방을 감동시킴으로써만 가능하다. 아직도 진행되고 있는 이라크 내의 테러사태는 무력에 의한 미국의 이라크 점령이 이라크를 옹호하는 이슬람권에 대한 침략으로 간주되고 있다는 사실을 보여주고 있다. 이것은 결국 헌팅턴이 주장하는 바 "문명의 충돌"(the Clash of Civilizations)이론[1]에 설득력을 부여하고 있다. 미국의 일부 기독교인들, 특히 세대주의자들도 미국의 테러와의 전쟁을 십자군전쟁으로 몰아감으로써[2] 이러한 빌미를 제공하였다.

저자는 "문명의 충돌" 또는 "종교 간의 전쟁"이란 바람직하지 않다고 생각한다. 이슬람 운동은 오늘날 전 세계 140여 개 국가의 13억 교도를 지니고 있으며, 21세기 종교 운동(the 21st century's religious movement) 가운데 가장 강력한 운동이다.[3] 21세기의 평화를 위하여 세계는 문명의 충돌이 아니라 문명의 공존과 협력이 요청된다. 이를 위해서는 제도로서의 종교, 기독교와 이슬람의 대화와 상호이해와 공존이 요청된다. 각자 상대방의 정체성을 분명히 하고 차이점과 공통점을 알아야 할 것이다.

*

1. 이슬람의 역사적 기원: 신흥 토착종교로서의 이슬람

오늘날 13억 아랍인들이 순례하고 있는 메카의 카바(Kaaba) 신전은 본래는 360여 개의 수호신 및 자연 신(神)을 섬기는 만신전(萬神殿)이었다. 마호메트 당시 아라비아의 유목민 사회에서는 고대 셈족의 종교인 점성술이 유행하고 있었고, 많은 신전들이 있었다. 각 부족은 각기 신전(神殿)을 세우고 종교의식을 집행하였다.[4] 메카의 카바 신전 안에는 각종 신상들 그리고 기독교적 형상이나 그림들도 있으며, 이것들이 순례자들의 예배 대상이 되었다. 마호메트(무함마드, Muhammad)가 출생한 부족인 쿠라이쉬(Quraish) 족은 카바 신전을 중심으로 세력을 형성하여 경제적 주도권을 행사하고 모였다.

카바 신전에는 매년 특별한 의식을 수반하는 순례에 많은 사람들이 모여 들었다. 언제나 다산과 풍년을 기원하는 종교적 축제가 이어지는 분위기였다. 그러므로 카바 신전의 다신론적 종교 축제는 상업적 중요성을 갖게 되었다. 다신적 토속적 종교 가운데서도 신들의 서열이 존재하고 있었다. 다신사회였던 고대 희랍 신들 중에서도 최고신 제우스가 그 아래 수많은 하위 신들을 거느리고 있었고, 아랍의 토속종교의 신들 가운데 가장 높은 신은 알라(Allah)였다. 알라는 당시 아라비아의 주신(主神)이었다. 마호메트는 알라가 쿠라이쉬 부족의 안전을 지켜주고 그들을 굶주림과 공포로부터 구원하신 신이라고 소개한다.[5]

당시 아라비아 토속종교의 폐습(弊習)으로서 영아(嬰兒)살해가 있었는데, 대상(隊商)으로서 마호메트는 로마제국의 지역들을 방문하면서 이들 종교에는 이런 폐습이 없다는 것을 보았다. 그래서 그는 이런 폐습을 폐지할 것을 그의 신흥종교의 중요항목으로 설정하였다.[6] 마호메트는 자기가 계시 받은 내용에 의거하여 메카의 쿠라이쉬 부족의 다신교 신앙을 거부하고 점차 유대교와 기독교의 유일신과 메카의 카바 신전(神殿)의 주신(主神) 알라를 동일시하게 된다.

그리하여 마호메트는 유대교와 기독교의 신과 아라비아 반도의 주신 알라를 접목함으로써 아라비안들에게 토착화 된 유일신을 제시하게 된 것이다.[7] 알라는 카바의 신으로서 석신(石神)(god of stone)으로서 다른 신들보다 높은 최고 신이며 참 신(神)이었다. 그러므로 카바 신전에는 검은 돌이 있다. 이것은 석신으로서의 알라를 상징하고 있다. 따라서 알라는 마호메트 이전에 있었던 카바의 석신이었다. 마호메트는 다른 신들을 제거하고 알라를 최고의 신으로 높였다.

쿠라이쉬 부족은 스스로를 아브라함의 아들 이스마엘의 후예라고 주장한다.[8] 이슬람은 아브라함이 카바 신전을 세웠다고 주장한다. 노아 홍수 이후 알라는 아브라함을 부르게 되는데, 알라가 아브라함에게 아들 이스마엘을 바치도록 명령했을 때, 아브라함은 알라의 명령에 순종하여 아들 이스마엘을 제물로 바쳤다고 한다. 알라는 아브라함에게 은혜를 베풀어 이스마엘을 다시 살렸다. 그 후 아브라함과 이스마엘은 그 검은 돌이 있는 자리에 신전을 건립했는데 그것이 바로 카바 신전이라는 것이다.[9] 그런데 사람들이 타락하여 그 신전

안에 온갖 신상을 가져다 놓고 우상을 경배함으로써 알라를 욕되게 했다. 마호메트 당시에는 수백 개의 우상들이 신전을 채우고 있어서 마호메트가 카바 신전의 우상을 파괴하였다. 이 신전의 성소는 나중에 마호메트가 차지하였고 하지(haji)순례의 중심지가 되었다.

2. 유대교와 기독교와의 공통점: 초창기 유대교와 기독교를 형제관계로 본 이슬람

마호메트는 메카 시절에는 자기 종교를 유대교와 일치된 것으로 보았다. 그는 자기가 믿는 종교가 유일신을 믿는 유대교인과 기독교인들이 믿는 종교와 같은 신앙을 가졌다고 보고 단지 인종적 차이가 있다고 보았다. 이슬람은 유대교와 기독교에 대해 형제관계로 보았다. 이것은 결혼에 관한 입장에서 나타난다.[10] 이슬람은 타종교인들과 결혼을 엄격하게 금지하고 있으나 유대교와 기독교는 예외로 본다. 무슬림 남자들은 유대교와 기독교 여성들과 결혼할 수 있다. 그런 여자들은 무슬림으로 개종하지 않아도 되나 이슬람을 이해해야 한다. 이 경우 부인은 남편이 사망해도 유산을 상속받을 자격이 없다.[11] 그러나 무슬림 여성은 유대교도와 기독교도 남자와 결혼할 수 없다. 결혼하기 위해서는 배우자가 이슬람으로 개종해야 한다. 유대교와 기독교에 대한 마호메트의 이러한 관대한 태도는 자기가 핍박을 당하던 메카 시절에 유일신 신앙을 가진 유대인이나 기독교인으로부터 자신의 입장에 대해 지지를 얻어 종교적 뿌리를 내리려는 의도가 있었던 것 같다.[12]

그러나 메디나 시절 이후로는 이러한 종교사상에 변화가 오게 된다. 메디나로 이주한 후 마호메트는 유대교와 기독교를 불경한 종교로 간주한다. 이러한 변화는 마호메트가 자신의 선교에 협조하지 않은 유대교와 자신을 예언한 자로서 예수를 거부하는 기독교인들에 대한 정치적 문제에 비롯한 것이었다. 메디나로 이주한 직후 마호메트와 그의 추종자들은 유대교와 "메디나 협약"을 맺는다. 그것은 유대교와 이슬람의 상호공존을 약속하는 것인데 이것은 두 종교가 기본적으로 동일한 종교임을 인정하는 것이다.[13] 그러나 이 협약은 오래 가지 못하여 깨어진다. 유대교가 마호메트를 예언자로 인정하지 않았기 때문이다. 유대교는 마호메트가 자신을 예언자라고 주장하기 시작했을 때, 유대교는 그가 이미 이단의 길을 걷고 있다고 보았다. 그리하여 마호메트와 그의 추종자들은 624년 2월 유대교와의 결별을 선언하고 기도 방향인 키블라(Quiblah)를 예루살렘에서 메카로 바꾸게 된다. 메디나 시대의 코란은 나시크(nasikh) 교리를 정당화 시킨다. 나시크 교리란 마호메트가 나중에 전한 계시가 그가 먼저 전했던 계시를 무효로 만들 수 있다는 교리이다.[14] 이것은 메카 수라에서 메디나 수라로 전환하면서 코란에 내포된 계시의 모순과 갈등을 감추려는 시도로 보인다.[15]

이때부터 이슬람은 유대교와 구별되는 독립된 종교의 기틀을 마련하게 된다. 무슬림들은 유대교의 안식일인 토요일 대신에 금요일에 모이기 시작했고, 정월에 행하던 유대교의 금식일(10일 동안의 금식)을 지키는 대신에 마호메트가 계시 받았다고 주장하는 이슬람력(曆)의 라마단 달(月)을 금식기간(30일 동안의 금식)으로 정하게 된 것이다. 라마단 금식과 하루에 5회 기도하는 것, 카바 신전의 검은 돌(black stone) 경배 등은 마호메트가 아라비아의 고대 토착종교에서 배워온 것이다. 전자는 고대종교 난나(Nanna)라는 별을 숭배하는 종교사상(Sabeanism),[16] 후자는 아라비아 반도의 성석(聖石) 숭배사상에서 유래한 것이다. 오늘날에도 카바는 무슬림 순례의 핵심이 되고 있다. 순례자들은 이 검은 돌에 입을 맞춘다. 이것은 이슬람 이전의 성석(聖石) 숭배라는 아라비아 반도의 주물(呪物)숭배(fetishism)에서 비롯된 것이며 우상숭배를 배격하는 이슬람의 교리에 어긋나는 행위이다. 따라서 알라는 석신(石神, god of stone)이라는

함의를 지니는 것이다.[17]

3. 유대인과 기독교인에 대한 무슬림의 역사적 관계

이슬람은 역사적으로 제도적 종교인 유대교와 기독교 사이의 불화와 싸움에 대항하여 아랍 토속종교의 토양에서 기독교와 유대교를 혼합하여 나온 제3의 종교 세력이라고 볼 수 있다. 당시 아라비아에 있었던 유대교와 기독교는 경전을 통한 정통성 있는 종교라기보다는 이미 토착화 되어 정체성이 결여되고 단지 관습에 의하여 유지되어온 토착종교였다. 6–7세기경 남예멘과 북예멘에 거주하는 유대인들과 기독교인들 사이에 맹렬한 전쟁이 100년 이상이나 지속되었다. 그때마다 승자들은 패자들에게 유혈의 핍박을 가하였다. 마호메트는 이러한 전쟁 속에서 기존 두 종교인들의 쇠진한 틈을 타서 아랍의 토속종교의 기반에서 제3의 세력인 신흥 토착종교로서 등장한다. 마호메트는 이것을 알라의 예정이라고 선포하고 이 두 종교 위에 군림하기 시작한다.[18] 그러나 유대인들은 마호메트를 선지자로 받아들이지 않았고 공개적으로 조롱하고 저주하였다.[19] 그래서 마호메트는 유대인들을 이슬람의 가장 위험한 적이라고 칭하였다.[20] 마호메트는 메디나에서 부유한 유대 부족을 강제로 추방하고 그들 중에 몇은 노예로 삼거나 살해했다.

이에 반해서 아라비아 반도와 에티오피아에 거주한 기독교인들은 무슬림의 적들 가운데 가장 친절한 사람들로 간주되었다.[21] 그러나 기독교인들이 지속적으로 그리스도를 하나님의 아들이라고 고백하자, 이들도 유대인들처럼 무슬림의 증오 대상이 되었다.[22] 그리하여 기독교인들은 아라비아 반도에서 추방을 당하게 된다. 632–732년에 이르는 100년 동안 무슬림 군대는 전승(全勝)을 하면서 예루살렘, 알렉산드리아, 안디옥 같은 초대교회 중심지가 무슬림의 지배 아래 들어가고 에베소와 콘스탄틴노블이 그 지배 아래 들어갔다. 그리하여 지중해 해안 동부와 남부지역에 살던 정교회 교인들은 이슬람의 박해 아래에서 신앙생활을 하였다. 무슬림은 비잔틴, 러시아, 희랍, 세르비아 등지에서 정교회의 수장(首長)역할을 하고 기독교인들로부터 소수 민족세를 받았다. 서방 가톨릭 교회가 십자군을 일으킴으로써 중세 동안 무슬림과 유대인들은 스페인과 유럽에서 쫓겨나게 된다.

4. 반서구 세력으로서의 이슬람

오늘날 이슬람 인구는 전 세계의 55개국에 12억 명이다. 세계 3대 종교 중 가장 늦게 출발했지만 불과 100년 만에 아라비아 반도는 물론 중국까지 전파되었다. 7세기 아라비아 반도에서 발원한 이슬람은 13세기가 지난 후 중동은 물론 북아프리카, 중앙 및 남아시아, 유럽에까지 진출해 있다. 확산이 빨랐던 것은 이(異)민족에 대한 관용정책 때문이었다. 마호메트의 후계자인 칼리프들은 수탈과 착취에 시달리던 비잔틴과 페르시아인들의 환영을 받았지만 개종을 강요하지는 않았다. 다만 개종을 하면 세제(稅制)상 혜택을 줬다. 이슬람은 극단을 배격하는 동양의 중요사상을 지니고 있으며 사랑과 평화를 추구한다. 그러나 18세기 이후 서구의 제국주의의 핍박 속에서 폭력으로 이슬람 공동체 회복을 추구하는 급진파가 생겨났다. 그러나 극히 일부이다. 이슬람은 종교, 정치, 경제, 사회, 문화 등 인간 활동 전체를 총괄하는 생활 그 자체이다. 또 현세의 삶과 내세를 동일시한다. 중동에선 종교를 바탕으로 한 정치 공동체를 설립했고 그 공동체가 교회이자 국가이다. 이것이 이슬람의 최대 특징이며 서방 기독교가 이해하기 어려운 점이다.

이슬람이 갖는 서구에 대한 증오와 반감은 19세기 열강의 식민지가 되면서 시작되었다. 영국, 프랑스 등 열강(列强)은 중동의 지정학적 경제적 중요성 때문에 이슬람 세계를 수탈했고 독립 운동을 탄압했다. 그러나 무슬림들은 정치와 종교가 일치되는 공동체의 부활을 줄기차게 추구했고 일부는 급진주의, 과격행동으로 나타났다. 이런 개혁성향의 이슬람 부흥운동이 바로 '이슬람 근본주의' 이다. 2차 세계대전 후 아랍권은 옛 영토를 회복하면서 독립했다. 석유를 무기화한 아랍권의 자원 민족주의는 서구 열강에 대한 보복의 감정을 가졌다. 아랍권이 지니는 반서방 감정(the anti-West sentiment)은 영국과 프랑스가 물러난 자리에 들어선 미국이 중동정책에 있어서 이스라엘의 편을 든 데서 발생한 것이다. 아랍인들은 미국이 중동지역의 이집트, 요르단, 알제리 친미(親美) 독재정권을 지원하고, 이란, 이라크, 아프카니스탄, 리비아 등에 반미(反美) 정권에 대해 경제제재를 하는 데 반발하여 반미입장을 가지게 되었다. 전통 아랍 국가가 중동에 많다면, 이집트와 리비아 등은 중동에 비해 서구화, 개방돼 있다. 아랍권도 사우디나 쿠웨이트는 친미국가이고, 이라크와 리비아처럼 미국과 원수지간인 국가도 있다. 인도네시아나 말레이시아처럼 정교일치의 전통을 거의 상실하여 세속화한 이슬람국가도 있다. 리비아는 그동안 핵무기 등 대량 살상무기 프로그램을 포기 등을 대가로 2006년 미국과의 대사급 외교관을 개설하였다.[23]

미국 프린스턴 대학교 명예교수인 버나드 루이스는 『포린 어페어』(*Foreign Affair*) 2005년 5월, 6월호에서 이슬람 근본주의가 중동민주화의 최대위협이라고 말하고 있다. 이들은 "민주주의를 서구에서 비롯된 악이며, 과거 제국주의적 지배의 현대적 변형" 으로 보고 있다.[24] 이들은 오늘날 서구에 뒤떨어진 "현 무슬림의 문제는 현대화가 되지 않아서가 아니라 너무 현대화 되어서" 라고 보고 있다. 2003년 이라크 전쟁으로 사담 후세인 정권이 무너지고 2004년에는 임시정부가 수립되고 2005년에는 헌법이 제정되고 민주화과정이 일어나고 있다. 2005년 5월 이라크는 선거에 의한 최초의 공식정부를 출범시켰다. 이라크에서 진행되는 민주화 과정에 큰 걸림돌은 수니파 근본주의다. 이들은 18세기 중앙 아라비아에서 시작된 이슬람의 한 학파인 와하비즘(wahhabism)에 기초하고 있다.[25] 와하비즘에 충실한 사이비 가문이 메카와 메디나 등 성도(聖都)를 점령하고 사우디 왕정을 세우자 와하비즘은 더욱 강해졌다. 이들은 성도를 통치하며 무슬림의 성지 순례를 통제하고, 석유를 통해 마련한 부를 수단으로 하여 이슬람 세계에 막강한 영향력을 가지고 있다. 이들 수니파 근본주의자들은 모스크에서 무슬림들을 만나고 성직자들을 통해 메시지를 전달하고 세속정부를 비판하기 때문에 세속정당이 따라갈 수 없다. 그리고 이들은 일반 이슬람 민중들의 고통을 덜어주려고 하기 때문에 많은 지지를 받고 있다.

5. 이슬람권의 낙후 원인: 중앙집권, 연고주의, 여성사회참여 장벽, 높은 문맹률, 종교자유 제한

이슬람은 중세에는 최강의 군사력으로 중국에서 아프리카에 이르는 방대한 지역에 영향력을 행사했다. 이슬람이 아라비아에서 세계의 무대로 나오게 된 시기는 7세기였고 15세기까지의 900여 년 동안 자체의 내분을 겪으면서 발전하여 서구를 능가하였다. 이슬람은 무서운 세력으로 유럽 일부, 중앙아시아, 아프리카, 중국, 인도, 동남아시아를 정복하여 위대한 이슬람제국을 형성하였다. 그뿐 아니라 이 시기에 찬란한 이슬람 문화를 꽃피웠다. 중세 때만 해도 이슬람은 서구 기독교는 가난하고 서구문화는 원시수준이라고 멸시하였다. 16세기에서 18세기(1500-1700년)에 이르는 200년 동안 이슬람은 사파비드 제국, 모굴 제국, 오스만 제국이 황금시기를 이룩하였다. 사파비드는 이란 중심으로, 모굴은 힌두교 국가인 인도 중심으로, 오스만은 터키 중심의 제국이었다. 특히 오스만 터키는 술탄 3세에 이르러 서구 언어와 문물을 도입하고 프랑스 강사를 채용하여 군사학교를 개설하여 서구에 큰 위협이 되었다.

그런데 이슬람 세계는 서구가 근대화를 통하여 새로운 지식을 개발함으로써 근세에 들어와 이슬람 왕국(Islamdom)를 추월하기 시작한 사실을 몰랐다. 근세에 들어와 서구에서 일어난 르네상스, 종교개혁, 계몽주의, 산업발전, 과학기술의 발전, 신대륙의 발견은 서구로 하여금 세계를 지배하게 하는 중요한 원인이 된다. 이것이 서구세계와 이슬람 세계를 역전시키는 계기가 된다. 캐나다 국제정치학자 오제이(Mehmet Ozay)는 이슬람 국가들은 계몽주의 시대 이전에는 세계의 중추적 위치에 있었으나 계몽주의시대 이후에는 자기 발전을 중단함으로써 주변국으로 밀려나게 된 것으로 분석한다.[26]

기독교권의 군사기술이 진보함에 따라 오토만 무슬림의 군사력은 서서히 쇠퇴했고 오스트리아의 합스부르그 왕가(王家)가 유럽의 중심으로 부상했다. 그 후 수세기 동안 기독교권과 이슬람권은 냉전을 유지했다. 현대에 들어와 제1차 세계대전이 끝나자 오스만 제국은 망했고 이슬람 문명권은 조각난 채로 유럽제국에 편입되는 수모를 당했다. 기독교 문명과 이슬람 문명과의 천년전쟁은 서방의 승리로 귀착된 것이다. 20세기에 들어서 이슬람권은 가난하고 약하고 무식한 세계로 전락하고 말았다.

아랍권(22개국, 인구 2억 8,000만 명)은 세계최대의 석유자원과 문화유산의 보고를 갖고 있으면서도 빈곤과 저개발을 면치 못하고 있다. 오늘날 아랍권이 낙후되고 가난한 이유에 대하여 2002년 7월 2일 나온 유엔개발 프로그램(UNDP)의 총체적 보고서 「2002년 아랍권 인간 개발」은 정치적 시민적 자유의 결핍, 여성의 열악한 사회적 지위, 지식의 결핍 등을 중요 이유로 들고 있다.[27]

첫째, 정치적 시민적 자유 결핍이다. 아랍권에는 개인 자유가 속박되어 있다. "투표함을 통한 권력이양은 아랍권 내 보편적인 현상이 아니다." 장관직에서 하위직 공무원까지 실력이 아닌 "연고"에 의하여 선발되는 "패거리주의"(cronyism)가 지배하고 있다. 그리하여 경쟁력과 책임성, 투명성이 떨어지는 사회제도를 지니고 있다. 사우디의 경우 왕실이 중세 왕정식 지배와 철저한 신정(神政)으로 권력과 부를 독차지하고 있기 때문이다. 세계최대 산유국인 사우디는 1인당 국민소득이 6,800달러로 걸프 국가 중 가장 낮다. 실업률이 30%인데도 학교 수업시간의 30-40%가 이슬람 경전인 코란 학습으로 짜여 있어, 기업들은 "경쟁력 있는" 인재를 얻기 힘들다고 말한다. 그리고 권력과 부(富)는 왕실과 3,000여 명의 왕자들에게 집중되어 있다.[28]

둘째, 여성들이 성차별을 받으므로 여성 사회활동이 전 세계에서 가장 저조하다. 1990년대 중반 아랍권의 문맹률은 43%이며, 이중 3분의 2가 여성이다. "아랍여성의 절반은 읽고 쓸 줄을 모르며, 여성의 높은 문맹률은 최소 25년간 지속될 것"으로 유엔보고서는 전망하고 있다.

셋째, 지식의 결핍이다. "정보의 시대에 아랍권은 새로운 지식을 거의 생산하지 못할 뿐더러, 공포된 지식의 획득도 빈약하다."고 유엔보고서는 밝히고 있다. 전체 아랍인구의 0.6%만이 인터넷을 사용하고, 개인 컴퓨터(PC) 사용률도 1.2%에 불과하다. 100만 명의 어린이가 정규교육을 받지 못하며, 고등학교 진학률은 해당 연령층의 13%에 그쳤다. 높은 문맹률은 창의성 고갈로 이어져 "신간서적 출판이나, 영화산업의 저조함을 초래했다."고 유엔보고서는 밝히고 있다.

넷째, 이슬람 종교만을 허용하는 종교적 자유의 억압이다. 아랍권은 이슬람교 외의 타종교에 대하여 배타적이고 박해가 심하다. 아랍권에서는 이슬람교가 이데올로기가 되어 아랍인들의 사고를 일원적(一元的)으로 닫아버려서 창의적으로 생각할 틈을 주지 않는다. 아랍권에서 종교박해 1위국으로 알려진 사우디아라비아에서는 종교의 자유란 존재하지 않는다.[26] 그리하여 이슬람교를 제외한 어떤 종교도 성장할 수 있는 토양이 존재하지 않는다. 예멘 북부와 요르단의 남부지역에서는 어떤 교회도 설립할 수 없다고 법으로 규정하면서, 철저한 타종교 박해운동이 벌어지고 있다. 모든 외국인 기독교인들은 종교경찰의 감시를 받는다. 가정예배 적발 때에는 가혹한 형벌과 더불어 추방을 당한다. 외국인들에게 이러니, 내국인들에게 전도란 거의 불가능하다. 또

한 이슬람교의 종교적 원리주의는 코란을 현지어로 절대번역하지 않는다.[30]

영국의 시사주간지 《이코노미스트》의 보도에 의하면, "이슬람권의 많은 세속학자들은 '이슬람이 건설적인 사고를 얽맨다' 고 믿는다." 한 시리아 학자의 표현처럼, "이슬람 세계에서 사고의 역할은 기존 지식을 전달하고 설명하는 데 있지, 새로운 탐구와 기존 지식체계에 의문을 제기하는 데 있지 않다." 중세 이슬람은 고도의 천문학, 수학 문화를 형성했지만, 현대 이슬람은 아랍권의 창의적 사고와 개혁을 막고 있으며, 좌절한 젊은이들은 오히려 분노를 서방세계로 돌리는 경향이 있다.[31] 이란의 종교철학자이며 정치가인 하타미 대통령은 그의 저서 『문명의 대화』에서 "과거 유럽인들은 이슬람으로부터 관용을 배웠지만, 최근 이슬람에게는 종교가 있으니 이성은 필요 없다는 잘못된 견해가 있다."고 지적하고 있다.[32] 중도주의자인 하타미는 테러를 자행하는 이슬람 원리주의자들에게 이슬람 정신의 회복을 촉구하고 있다.

미국 프린스턴대학 중동 역사학자 버나드 루이스는 2002년 그의 저서 『무엇이 잘못되었나』에서 7세기 이슬람교가 발생한 이후 1,500년 이상 지속되어 온 기독교와 이슬람 세력의 충돌이 최근 유럽 기독교 세력의 압도적 승리로 끝났다고 결론짓는다. 그러나 저자의 주된 관심은 결론보다는 원인의 분석이다. 그는 그 원인을 다음같이 분석하고 있다. "한때 동서 무역의 중계자이자 찬란한 문화를 꽃피웠고, 유럽의 여러 나라를 정복했던 막강 군사력의 이슬람 세력(특히 오스만 터키 제국)이 전락한 원인은 가난과 무식, 여성차별, 정치적 후진성 등에 시달리면서도 무슬림들은 지금도 서방을 야만으로 보는 시각을 버리지 못하는" 데 있다. 따라서 "자신의 잘못을 직시하지 못한 채 외부로 모든 책임을 전가하고 있다."고 지적하고 있다.[33]

윌리엄 번스타인(William Bernstein)은 『부의 탄생』에서 오늘날 이슬람권 국가들의 경제적 낙후는 종교 때문이 아니라 서구 선진국의 네 가지 요소인 안전한 재산권, 과학적 합리주의, 활력 있는 자본시장, 그리고 수송통신 발달을 모두 갖추지 못했기 때문이라고 강조한다.[34] 이라크와 아프가니스탄에서 민주주의가 꽃을 피우려면 도로건설에 앞서 법조인들을 훈련시켜 재산권을 보호할 수 있는 법치(法治) 시스템을 세워야 한다고 번스타인은 강조한다. 그는 "서구적 법치와 합리주의를 받아들였으며, 자본시장이 활성화 되어 있고 수송시스템이 발전한 홍콩과 싱가포르는 번영을 구가하고 있다."고 비서구권의 성공사례를 제시한다.

20세기 후반 이슬람권은 뒤늦게 근대화에 성공한 일본, 홍콩, 싱가포르, 한국, 대만 등 동아시아 국가들에도 추월당했다. 오늘날의 무슬림들은 가난하고 정치적인 압제에 시달리고 있다. 그런데 이들은 자기들의 불행의 원인을 서구의 식민통치와 이스라엘에 편향된 미국의 중동정책으로 보고 더욱이 미국과 유대인의 음모라고 몰아붙이고 이를 응징하기 위해 자살특공대를 보내고 있다. 여기에 이슬람의 문제가 있다. 이것은 종교와 국가를 일치시키는 원리주의의 사고이다. 이러한 원리주의 사고는 정치적으로는 이슬람 국가의 압제적인 체제를 낳고, 지도자의 독재, 사상과 표현의 속박, 경제활동의 속박, 여성의 속박 등으로 나타나고 있다.[35]

6. 보복과 파괴의 영과 용서와 화해의 영

이슬람과의 대화와 공존을 위해서는 기독교와 이슬람이 다르다는 것을 아는 데서 출발해야 한다. 무엇보다도 이슬람의 영과 기독교의 영의 다름을 알아야 한다. 영(靈, spirit)이 다르기 때문에 종교다원주의자들이 주장하듯이 이슬람과 기독교가 종교로서의 공통분모로서 무조건 접촉점을 찾는다는 것은 바람직하지 않다. 야훼와 알라는 다르고, 예수와 마호메트는 다르고, 용서의 영과 보복의 영은 다르며 혼합될 수 없다. 영이 다르고, 교리가 다르다는 것을 분명히 해야 한다. 서로 다름을 인정하는 바탕 위에서 서로 간에 이해하고 고등종교로서 상호이해하고 공존하는 길을 모색해야 한다.

(1) 코란(꾸란)의 지하드(성전, 聖戰) 영

무슬림 원리주의자들에 의하면 코란(꾸란)의 알라는 그의 추종자들에게 투쟁과 이슬람의 원수를 죽일 것을 요구한다.[36] 마호메트는 그의 전사(戰士)들에게 말한다. "너희들은 알라의 택한 자들이다. 기도하라. 지불하라. 그리고 싸우라."[37] "피 흘리기를 겁내지 말라"[38], "알라와 그의 사자들에게 복종하라! 너희 원수를 사랑하지 말라."[39] 이슬람의 참회장에서 유대인과 기독교인들은 별도의 보복과 살해의 표적이 된다. "알라와 선지자가 금기(禁忌)한 것을 지키지 아니하고 진리의 종교를 따르지 아니한 자들에게 비록 성경의 백성이라 하더라도 인두세(人頭稅)를 지불할 때까지 성전(聖戰)하라. 그들은 스스로 저주스러움을 느끼리라."[40]

이슬람 지역에서는 태어날 때부터 자신의 선택과 상관없이 선천적으로 종교가 주어진다. 가족의 종교가 곧 자신의 종교가 된다. 주민등록증은 물론 우리식의 호적이나 공문서에도 종교가 자동적으로 기입된다. 공교육에도 개인의 종교에 관계없이 코란을 암송해야 하고 이슬람 교육을 받아야 한다. 결혼할 때도 무슬림 남자와 기독교인 여성간의 결혼은 허용되지만 기독교인 남자와 무슬림 여성간의 결혼은 금지된다. 중동에는 전체인구의 8%정도에 달하는 기독교인들이 소수로 존재한다, 이집트의 경우에는 700여만 명의 이집트 정교회 기독교신자들이 있으며 이들의 역사는 2,000년에 가깝다. 이들은 이슬람과 함께 13세기 이상 함께 공존했으나 동반자가 아닌 소수로서 존재하고 있다. 이들 기독교인들은 아랍지역에서는 종교 때문에 공무원 임용과 승진에서 차

별을 받는 등 일상화된 차별 속에서 살고 있다.[41]

이슬람의 원리에 의하면 무슬림은 이슬람의 집에 들어갈 수만 있고, 결코 타종교로 나올 수 없다. 기독교인이 무슬림으로 개종할 수는 있으나 그 반대의 경우는 목숨을 담보로 해야 한다. 개종한 사실이 드러날 경우 실정법을 위반한 처벌을 받는다. 코란은 누가 한 무슬림을 기독교에 개종하고자 하여 이슬람을 벗어나게 하면, 그것은 살인보다 더 무서운 범죄라고 정죄하고 있다.[42] 그래서 무슬림 법학자들은 세상을 무슬림 지역과 비무슬림 지역, 이슬람의 집(Haus des Islams)과 전쟁의 집(Haus des Kriegs)으로 나누고 있다. 무슬림 지역은 이슬람의 법(Sharia)과 평화가 다스리는 곳이며, 비무슬림의 지역은 성전을 통해서 이슬람화 해야 하는 곳으로 그때까지는 평화가 없는 곳이다. 이 두 지역은 엄격히 분리되며 결코 타협이 이루어질 수 없다.[43]

(2) 현대의 과격 이슬람

세계를 이슬람화 하기 위해서 이교도와의 성전(聖戰)을 망설이지 않는 원리주의 무슬림들은 1989년 동구권 사회주의 붕괴와 소련연방 해체 이후 코소보 사태(알바니아 이슬람과 세르비아 정교 사이), 체첸분쟁(체첸 이슬람과 러시아 정교 사이), 보스니아 내전(이슬람교도와 세르비아 정교 사이), 카슈미르 분쟁(파키스탄 이슬람과 인도 정교 사이), 동티모르 사태(인도네시아 이슬람과 동티모르 가톨릭 사이), 인도네시아 말루쿠주 사태(이슬람교도와 개신교 사이) 등 타종교와의 충돌을 끊임없이 발생시키고 있다.

무슬림 형제단은 기도와 금식은 이슬람의 승리를 위하여 충분하지 않다고 말한다. 이들은 꾸란에 있는 알라의 100가지 명령이 그들을 무력투쟁에 순종하도록 부른다고 주장한다. 그리하여 이들은 히스볼라(Hisbollah), 함마스(Hammas), 알-지하드(al-Djihad) 등의 단체와 그의 추종자들을 자살 특공대로 양성하고 있다. 이들은 자신의 생명을 이슬람의 승리를 위하여 희생함으로써 자신을 구원자로 이해하고, 순교자는 확실히 천국에 들어간다고 믿는다.[44]

그리고 이슬람 문화에서 명예와 수치는 대단히 중요하다. 이슬람 문화는 수치를 일본인처럼 자신에게 돌리고 자살하지 않고 남에게 전가하고 다른 사람을 죽이는 풍습과 전통이 있다고 한다.[45] 이슬람은 자기들이 서구의 식민주의와 미국의 편향된 아랍정책의 피해자라고 생각한다. 2001년 9월 11일의 미국 뉴욕의 세계무역센터와 워싱턴의 펜타곤에 대한 자살테러 공격은 이러한 맥락에서 일어난 것이다. 이슬람의 영은 화해와 용서의 영이 아니라 파괴와 저주의 영이라고 할 수 있다.[46]

이러한 자살테러에 대하여 진보적인 바레인 논객이자 저술가인 사우산 알 샤에르(여)는 2005년 6월 29일 사우디아라비아에서 활동하고 있는 알카에다 시리아 위원회의 압달라 알 라쇼우드의 사망과 관련하여 "폭탄테러로 사망한 무고한 시민들도 기뻐하며 죽었을까?"라는 비판적인 의견을 제시하고 있다. "압달라 알 라쇼우드는 사우디아라비아 정부의 테러부에서 발견한 가장 위험스러운 테러리스트 수배자 26명의 명단 가운데 22번째로 올라 있는 인물이다. 그가 사망하자 아자르카위는 어느 금요 이슬람 예배에서 그를 찬양하면서 그는 알라신 곁에 있으며, 알라신의 은총을 얻어 천국에서 가장 아름다운 처녀들을 아내로 삼게 될 것이라고 칭송했다. 그는 이라크를 압제자의 손아귀에서 자유롭게 하기 위해 사우디아라비아를 떠나 지하드의 현장으로 떠났다고 그의 행위를 미화하기도 한다.", "우리는 그를 칭송하는 언론인과 일부 이슬람 과격주의자들에게 과연 그의 싸움과 죽음이 진정으로 이라크인들을 위한 것이었는지 진지하게 생각해보라.", "그들은 그가 저지른 폭탄테러를 그가 죽음으로서 이룬 업적이라고 생각하는 것 같다. 폭탄테러로 사망한 30명가량의 무고한 시민들과 시장통에서 살해된 20명가량의 무고한 시민들이 과연 그의 거사로 인해 기뻐하며 죽어 갔을지 생각해 보아야 한다."[47] 이러한 이슬람 진보주의자의 이의 제기는 설득력이 있는 것이며, 이슬람 극단주의의 한계를 보여 주고 있다.

CNN 방송기자였던 스티브 에머슨은 최근 『미국 내의 지하드』(*American Jihad*)라는 저서를 통하여 큰 반향을 일으켰다.[48] 에머슨은 최근 출판한 그의 저서에서 9 · 11테러 배후에는 미국 내 과격 이슬람 세력이 있으며, 이들을 방치하면 또 다른 테러가 발생할 것이라고 경고하고 있다. 종교와 결사의 자유를 보호하는 미국의 제도와 시설을 이용해서 하마스, 헤즈볼라, 알카에다 등 과격단체들이 미국을 대미(對美) 지하드의 근거지로 이용하고 있다는 것이다. 이슬람 원리주의자들은 비영리 종교 법인을 운영하면서 위조비자를 갖고 잠입한 테러리스트를 비호하고, 테러 자금을 조달하는 등 온갖 불법을 저지르고 있다. 이들은 미국산 전자 장비와 폭탄 부속품을 구매해서 해외로 반출시키고 있다. 알카에다 조직원들이 갖고 다니는 각종 장비는 미국 영국 등 서방 국가에서 구입한 것이다. 미국 내 1,200개 이슬람 사원 중 80% 이상이 과격 세력의 지배하에 들어가 있으며 이들 사원들은 사우디 정부로부터 막대한 헌금을 받고 있다.[49]

(3) 성경이 증언하는 사랑의 영

코란은 예수가 십자가에서 인류의 죄를 대속하여 죽으신 십자가를 부인한다.[50] 이슬람은 알라에 대하여 복종하고 이슬람의 율법, 살리아를 지키면 구원 얻는 자력구원을 말하고 있다. 그리고 원수에 대한 증오와 복수를 가르치고 있다. 이슬람은 십자가 없이 알라의 계명에 복종함으로써 알라의 왕국을 세울 수 있다고 믿는다.[51] 마호메트는 성전(聖戰)의 이름으로 코란과 칼을 들고 무력으로 반대자들을 강제적으로 굴복시키고 이슬람 제국을 세웠다. 여기서 오늘날 팔레스타인의 자살 테러사건의 정신이 나오는 것이다.

이에 반해서 예수는 자기를 십자가에 못 박고 처형하는 자들을 축복하였다. "아버지여! 저들을 용서하소서. 이들은 자기가 하는 일을 모르고 있나이다." 그리고 인간적으로 말하면 예수는 아무런 이룬 것 없이 십자가에서 죽었다. 예수는 죽기까지 원수를 사랑하는 아가페를 몸소 실천하신 것이다. 예수의 사도인 바울은 로마서에서 다음같이 원수를 사랑하라고 용서와 사랑의 정신을 가르치고 있다. "너희를 박해하는 자를 축복하라 축복하고 저주하지 말라"(롬 12:14). "아무에게도 악을 악으로 갚지 말고 모든 사람 앞에서 선한 일을 도모하라 할 수 있거든 너희로서는 모든 사람과 더불어 화목하라"(롬 12:17-18). "네 원수가 주리거든 먹이고 목마르거든 마시게 하라 그리함으로 네가 숯불을 그 머리에 쌓아 놓으리라 악에게 지지 말고 선으로 악을 이기라"(롬 12:20-21).

7. 문명 공존의 길

이슬람과 기독교와의 접촉점은 과격한 원리주의 이슬람이 아닌 온건한 이슬람과의 인도주의적 대화에서 그 접촉점을 찾아야 한다. 종교 간의 대화는 역사적 유래에서 공통성이 있는 성경과 코란에 대한 상호이해에서 찾아야 한다. 기독교 선교는 이슬람교를 자극하지 않도록 지혜롭게 수행되어야 한다. 그리고 비종교적 문화의 영역에서 상호이해와 협력이 이루어지도록 해야 한다. 이슬람사회의 균형적 사회개발과 사회 민주화와 교육 프로그램 및 여성 지위 향상, 세계 평화와 공존공영의 길 등 인도적 지원프로그램을 공동으로 추진하는 것도 효과적이다.

(1) 비종교적인 인류 공통분모의 발견: 문명간의 대화

이란의 하타미는 그의 저서 『문명의 대화』에서 "문명의 충돌을 예견한 헌팅턴의 분석이 현상을 설명할지는 모르지만, 해결책을 제시하지는 못한다. 새로운 세기의 과제는 문명간의 대화를 통한 이해증진과 화해”라고 제시하고 있다.[52] 하타미는 서구와 이슬람 세계의 갈등을 푸는 미래지향적 화해와 협력을 시사하고 있다. 그는 지난 세기의 두 차례 세계대전이 모두 유럽에서 비롯된 것을 지적한다. 그리고 유럽 또는 미국 패권주의가 부여하는 세계질서는 ‘팍스 로마나’ (pax romana)처럼 ‘누군가 이기고 그리고 누군가 지는 것’을 통해서 유지된다. 평화와 폭력이 동전의 앞뒷면처럼 붙어 다녔던 것이 20세기 평화의 한계라는 하타미의 지적은 상당히 설득력이 있다. 오늘날 미국의 부시 대통령이 세계평화를 담보로 전쟁이라는 폭력을 사용하는 것은 바람직하지 않다. 하타미가 말하는 바와 같이 “지금 유럽에 필요한 것은 비판이 아니라 다른 사람의 눈으로 유럽 자신을 직시하는 것”, 즉 문명의 대화가 필요한 것이다.

미국에서는 9·11테러를 계기로 미국교회에 이슬람 학자와 종교지도자를 초청, 이슬람을 이해하려는 모임이 많이 생겨나고 있다고 한다. 종교는 사회교육뿐만 아니라 대중을 동원할 수 있는 조직을 갖고 있기 때문에, 이슬람에 대한 편견과 몰이해를 극복하는 데 기여할 수 있다. 하지만 기독교와 이슬람교는 서로 배타적인 유일신 신앙을 가지고 있기 때문에 타협과 양보가 쉽지 않다는 점을 인정해야 한다. 교리나 세계관부터 따지기 시작하면 종교 간의 대화는 단절될 수밖에 없다. 인류가 다 같이 살아남아야 한다는 공통분모에서 출발, 전쟁과 테러, 핵무기 개발이나 환경파괴, 청소년 약물 피해 등 교리와 상관없는 문제 즉 누구나 관심을 지니는 문제들(예컨대 지구촌의 재앙으로 부각되는 조류독감 예방과 백신개발과 퇴치조치, 핵 개발 억제, 빈곤타파 등)에 대해서 공동 협력의 길을 찾는 것이 중요하다.[53] 이를 위해서는 원리주의자들처럼[54] 이슬람에 “이데올로기로서의 종교의 정치화”를 시도하기보다는 이란의 하타미 같은 중도적이고 개방적으로 이슬람과의 대화를 넓혀 나가야 할 것이다. 평신도 선교사들이 아랍 언어를 배우고 건설 프로젝트나 회사 지점을 아랍권에 내어 아랍

인들과 교류하고 인간적으로 신뢰를 구축하는 것이 필요하다.[55]

2001년 11월 초 방한한 독일의 개신교 신학자 볼프하르트 판넨베르그 (Wolfhart Pannenberg)는 인터뷰에서 "문명의 충돌"이라고까지 거론되는 뉴욕 세계무역센터 쌍둥이 빌딩과 워싱턴 펜타곤에 대한 과격 무슬림의 테러사건과 관련하여 "기독교인과 무슬림과의 대화는 역시 성경과 코란에 대한 상호이해로부터 시작해야 한다."고 피력하였다. 그는 "성경과 코란이 역사적으로 형성된 기록임이 학자들에 의하여 밝혀지고 있기 때문에" "서로의 경전에 대한 역사적 이해부터 시작, 화해의 지평을 점차 넓혀 갈 수 있다."고 본다. "종교 간의 대화는 우리 시대의 분명한 요청이다. 역사적으로 선교와 개종 작업에 적극적이었던 기독교도 이제 종교 간의 대화를 선교의 새로운 형태로서 고려할 필요성을 절실히 느끼고 있다. 타종교와의 대화를 통해 우리는 자기 자신의 신앙을 새롭게 발견할 수 있다."[56] 그러나 판넨베르그는 종교 다원화 현상이 점점 두드러지고 있는 포스트모던 사회 속에서 각 종교의 정체성을 와해시키는 종교다원주의를 경계하고 있다. "모든 종교가 결국 똑같다는 종교다원주의는 심각한 신학적 철학적 문제를 지니고 있다. 각 종교 나름의 독특한 진리주장을 존중하지 않을 우려가 있기 때문이다."[57]

(2) 아가페의 실천

2003년 유대계 미국인 여성, 로라 블루멘펠드(Laura Blumenfeld)의 수기 『복수 ― 희망에 관한 이야기』(Revenge. The Story of Hope)[58]가 출판되어 화제가 되었었다. 이 수기는 아버지에게 총격을 가한 팔레스타인 테러범을 추적하다 마침내는 그 테러범과 화해에 이른 과정을 설명하고 있다. 그래서 그녀의 수기는 팔레스타인의 자살테러에 대한 이스라엘의 보복공격에 의해서 위협받고 있으며, 피로 얼룩지고 있는 이스라엘―팔레스타인 사태 그리고 테러에 대한 전쟁으로서 미국의 보복과 응징이 이루어지고 있는 중동지역의 현실 속에서 하나의 새로운 통찰과 지혜의 섬광을 제시해주고 있다. 그녀는 "테러에 대한 진정한 복수는 용서와 화해라는 사실을 깨달았다."고 말하면서 그녀의 수기가 이스라엘－팔레스타인 유혈분쟁 해결에 도움이 되기를 피력하고 있다.

그녀는 1986년 아버지와 함께 이스라엘을 방문, 관광하던 중 아버지가 팔레스타인 테러범이 쏜 총탄을 머리에 맞고 쓰러지는 끔찍한 일을 당했다. 다행히 아버지의 생명은 건졌지만, 그녀는 "반드시 복수하겠다"는 마음을 먹었다. 히브리어와 아랍어에 능통한 그녀는 《워싱턴 포스트》의 기자로 들어갔고 1998년에는 이스라엘 근무를 자원했다. 그녀는 이스라엘 법원 기록을 뒤져 12년 만에 범인을 찾아냈다. 테러범의 이름은 오마르 하티브로 25년형을 선고받고 교도소에서 복역 중이었다. 복수심에 불탄 그녀는 피해자의 딸임을 숨긴 채 범인과 가족들을 만났다. 그러나 그녀가 내린 결론은 "복수는 동물적 본능"이라는 것이었다. 그녀는 "진정한 복수란 물리적으로 하는 것이 아니라 범인으로 하여금 자신의 잘못을 깨닫게 하는 것"이라는 결론을 얻었다. 이후 그녀는 아버지를 쏜 범인의 가석방(假釋放)을 위해 법원에 청원서를 제출했다. 그녀는 2002년 3월 아버지와 함께 테러범 오마르의 집을 찾았고, 용서를 구하는 그의 가족들과 뜨거운 포옹을 나눴다. 이들은 다음같이 말하고 있다. "이스라엘과 팔레스타인들도 우리처럼 서로 용서하고 화해했으면 좋겠습니다."

블루멘펠드 가족이 실천한 용서를 통한 화해의 정신은 기독교적인 정신에서 나온 것임이 분명하다. 이러한 용서와 화해의 정신은 세계무역센터에 대한 테러에 대해 무력으로 응징하는 부시정권의 힘의 정책에 교훈을 주고 있다. 수많은 아프가니스탄과 이라크 시민들을 고통과 죽음의 흑암에 빠뜨림으로써 다시 보복의 악순환을 불러일으킬 원인을 제공하는 것이 최선이 아니라는 점이다.

(3) 온건한 이슬람교의 평화공존을 위한 역할: 이슬람 젊은이들에 대한 바른 세계관 교육

2005년 7월 22일 런던 지하철에 폭탄을 터트린 테러범들은 모두 영국 시민권을 가진 이슬람 2세였다. 신원 조사에서 이들은 부모들이 영국에 온 이민자들의 2세로서 인종문화적 이질감이 이들로 하여금 이슬람 극단주의를 수용케 했다고 밝혀졌다. 이들 이슬람 2세들은 경제적 안정 속에서 '정체성의 위기'에 직면하였고 이들은 이슬람 원리주의(Islam fundamentalism)를 자기들의 정신적 고향으로 받아들인 것이다.[59] 그리하여 이들은 미국이 이라크를 침공했을 때 자기들의 조국이 침략당한 것으로 느꼈고, 미국을 도우며 서구문명의 대변자인 영국을 응징하기에 이른 것이다.

2001년 9월 11일 미국 맨하탄의 쌍둥이건물 폭파, 펜타곤 공격에도 역시 서구사회에서 고등교육을 받았던 이슬람 젊은이들이 자살테러의 주범이었다. 이슬람 원리주의는 이들에게 "서구문명의 손아귀에서 신음하는 무슬림 형제들을 구하는 데 힘을 모아야 한다."고 가르치고 있다. 이 테러범이 남겨놓은 유품 가운데 상부의 지시와 기도문이 있었는데 그 내용은 다음과 같다. "절대 두려워 말라. 침착하라. 침착하라. 누구나 다 죽는 것이다. 너의 죽음은 너를 곧장 낙원으로 인도할 것이다. 알라는 위대하시도다. 알라여, 나의 이 행위를 통하여 나를 영접하여 주옵소서."[60]

평화공존은 어느 한쪽이 일방적으로 원한다고 이루어지는 것이 아니다. 쌍방이 협력해야 한다. 따라서 미국이나 영국 그리고 중동지역에 있는 중도적인 이슬람교는 지하드가 본래의 의도를 떠나서 무고한 시민들을 죽음으로 몰고 가는 비인륜적인 살인을 방치해서는 안 된다. 이슬람교도들에게 바른 종교교육과 평화공존 교육을 해야 하며 젊은이들을 왜곡된 원리주의세계관에서 구원해 내야 할 것이다. 서구사회도 이들 이슬람 젊은이들이 그 사회에 적응하여 일원이 될 수 있도록 각종 사회프로그램을 개발해야 할 것이다.

(4) 포스트모던 사회 속에서 종교적 다원성 존중

이슬람 사회도 오늘날 모더니즘이 무너지고 포스터모더니즘이 지배하는 이 시대에 사는 한 종교적 획일주의나 전제주의에서 벗어나야 한다. 전근대적인 종교적 배타주의에서 벗어나야 한다. 이슬람 사회는 서구의 우월주의와 기독교의 배타성을 신랄하게 비판한다. 그러면서 이슬람 사회는 이슬람교를 가장 우월하고 절대적으로 생각하고 종교의 다원성을 거부한다. 이들은 자기의 영역에서 다른 종교를 전혀 인정하지 않으려 한다.[61]

이러한 이슬람의 폐쇄주의와 전체주의와 절대주의와 독선주의는 이슬람 교리에서 연유한다. 이슬람은 선이고 비이슬람은 악이기 때문에 비이슬람에 대해서는 우주적 전쟁을 벌이며, 악과의 전쟁에는 어떠한 수단과 방법도 다 정당하다고 본다. 사람을 죽이는 것도 성전(聖戰)이 된다. 그래서 이들은 알라 신의 이름으로 자살테러를 감행하는 것이다.

이에 반해서 영국이나 미국이나 독일 같은 기독교 국가에서는 이슬람교도들이 예배를 드리는 모스크를 허용하고 저들의 종교적 모임을 제도적으로 인정할 뿐 아니라 보호하고 있다. 저자가 2004년 독일 체류 시 독일 복훔에서 이슬람교도에 의한 테러음모가 있었는데 독일 경찰이 복훔시의 모스크에 들어가는 사람들을 검문하였으나 그 모스크 안에는 들어가지 않는 것을 보았다. 그 후에 모스크에 들어가는 사람들을 검문하였다 하여 인권탄압 내지 종교탄압이라는 비판이 일간신문에 나오는 것을 읽었다. 2005년 7월 영국의 지하철 테러사건이 있은 후에 영국에서는 사회 안전에 위협이 되는 인물을 추방하는 법안을 의회에서 통과시켰다. 그러나 여전히 모스크에 대해서는 법적으로 인정하고 그 종교를 보호하고 있다. 빈 라덴이나 알카에다가 "사단"이라고 저주하는 미국에서는 이슬람의 모스크뿐만 아니라 군대에 이슬람 군목까지 허용하고 있다. 25명의 군목 중 한 명이 한국에 복무하고 있다. 이런 점에 있어서 서구사회는 이슬람사회보다는 훨씬 관용적이고 열린사회라고 말할 수 있다. 이슬람 사회에서도 교회를 제도적으로 인정하는 것이 필요한 것이다. 이것이 바로 종교의 공존이고 문명의 공존인 것이다.

종교는 강압에 의해 지탱되는 것이 아니라 개인의 양심 영역으로 인정될 때 지속적으로 사회에 좋은 영향을 준다. 이것이 바로 서구에서 30년간 구교도와 신교도 사이의 전쟁이 맺은 결론이다. 종교적 집단주의나 전제주의는 결단코 바람직하지 않다. 종교는 개인의 양심 영역이기 때문에 국가나 단체가 강요할 수 없다. 기독교 신앙이든 이슬람 신앙이든 어떤 종교의 신앙은 결단코 강요되어서는 안 된다. 종교의 다원성이 인정될 때 비로소 종교의 공존과 문명의 공존이 가능할 수 있다.[62] 이것이 포스트모던 사회가 21세기 인류에게 가져다 준 사회적 지혜이다.

*

이슬람 문명과의 공존을 위해서는 종교로서의 이슬람과 문화로서의 이슬람을 구분하는 것이 필요하다. 종교로서의 이슬람에 대해서는 기독교와의 차이를 명료히 해야 한다. 이슬람교는 예수를 단지 인간으로 격하시키고 예수의 대속의 십자가를 부인하고 있다. 이에 대하여 우리는 예수가 메시아요 하나님의 아들이라는 사실을 증거하는 데 타협이 있어서는 안 된다.

그러나 문화로서의 이슬람에 대해서는 상호이해와 관용과 협력을 다하면서 공존하기 위해 최대의 노력을 경주해야 할 것이다. 이러한 대화를 위해서는 중도적이고 개방적인 이슬람과의 교류를 널리고 이들과의 관계를 넓혀나가야 할 것이다. 중도적 이슬람은 각 종교의 정체성을 인정하고 강압적이 아니라 종교는 개인 양심의 일로 남겨 놓아야 한다. 양심은 국가와 사회 누구도 침범할 수 없는 신성한 영역이다.

그리고 이슬람 원리주의자들이 자살 테러라는 극단적인 행동을 버리고 대화와 공존의 사고를 가지도록 인도주의적 지원이 요청된다. 오늘날 테러를 자행하고 있는 이슬람 원리주의운동은 빈곤, 사회불안, 그리고 압제적 정부의 환경에서 자라난 것이다. 기독교권은 아랍지역에 경제개발과 민주화와 사회안정을 위한 개발 프로그램을 원조해 주는 것이 바람직하다. 그리고 미국이나 영국 등 서구사회에서 자라난 이슬람 2세들이 직면하는 사회적 인종적 문화적 소외문제에 대한 인도적 프로그램이 개발되어야 할 것이다. 그럴 때 이슬람은 과격에서 벗어나 중도적 정신을 가지게 되고 문명의 대화에 나오게 될 것이다. 기독교 선교도 이러한 이슬람 사회의 인간화와 사회개발 프로그램을 병행해야 할 것이다. 중도적 이슬람교는 이슬람 젊은이들이 왜곡된 원리주의세계관에 빠지지 않도록 교육하고 가르치는 책임을 감당하여야 한다.

chapter 5
기독교 관점에서 본 이라크 전쟁

2003년 3월 20일에 시작된 이라크 전쟁에서 첨단 전자무기를 앞세운 미영(美英) 연합군은 3주만에 바그다드를 함락시켰다. 사담 후세인의 군대는 단 한 번 제대로 된 방어망 구축에도 실패한 채 어이없이 무너졌다. 바그다드에는 후세인 동상이 시민에 의하여 파괴되고, 약탈과 방화가 이어지는 등 무질서가 수일간 지속되었다. 미국 부시 대통령은 "임무 완수"(Mission Accomplished)를 외치며, "이라크전의 주요전투는 끝났다."고 선언했다. 부시 행정부는 "이라크 국민을 독재정권으로부터 해방시켰다."고 선포했다. 바그다드 점령 후 미국은 지난 4년 동안 이라크에 군정을 이은 과도정부 그리고 민간정부를 수립하였다. 그러나 과연 미국이 이라크 국민들의 마음에 진정한 해방을 줄 수 있었는가? 미국이 참으로 이라크 국민들의 지지를 얻었던가? 미국은 무력으로는 바그다드를 함락시켰으나 이라크 국민들의 마음을 얻지는 못했다고 할 수 있다. 마음을 얻는 것은 힘으로 되는 것이 아니다. 진실한 마음을 열어 보여 상대방이 감동받음으로써만 가능하기 때문이다.

2006년 이라크에 민간정부가 들어서고 12월에는 사담 후세인이 전격적으로 처형되었다. 2007년에 와서 이라크 전쟁은 벌써 5년째 접어들고 있다. 그러나 이라크에는 알카에다가 배후 조정하는 자살 테러와 시아파와 수니파 사이에 분쟁이 그치지 않고 있다. 이라크 전쟁은 이제 시민전쟁의 양상을 띠고 전개되고 있다. 2006년 부시 대통령은 이라크전의 실수를 인정하면서도 2만 1,500명의 추가 군인들을 증파할 계획을 발표하였다. 그러나 미국의 여론은 부시에 대하여 호의적이지 않다. 4년 동안 3,240명의 사망자를 낸 미군의 인명 피해는 이라크 전쟁에 대한 미국민의 여론을 비판적으로 몰아가고 있다.

저자는 이 장에서 이라크 전쟁이 과연 정당했던가를 음미하는 정당성 문제, 부시정권의 이데올로기인 신보수주의, 사담 후세인 정권 붕괴 이후 수렁으로 빠지고 있는 이라크의 현 상황, 그리고 신보수주의 외교정책의 실책 및 미국 내에서의 이라크 전쟁에 대한 비판여론, 이라크 전쟁이 기독교 선교에 미치는 영향 등을 살펴보고자 한다.

*

1. 정당성의 문제: 정의로운 전쟁

미국이 개시한 이라크 전쟁에 대하여 세계의 대다수의 기독교 단체들은 반대의 소리를 내었다. 미국침례교 연맹이 이 "이라크 침공"이라는 논쟁적인 이슈에 대하여 입장이 갈리었고, 보수적인 남침례교단만 부시 행정부의 정책을 지지하였다. 로마 천주교의 교황이 전쟁을 반대하는 강한 충고를 했다. 세계교회협의회, 루터교 세계연맹, 개혁교회 연맹, 그리고 미국 교회협의회에 속한 많은 교단, 심지어 부시가 속해있는 미국 감리교단들도 전쟁에 반대했다. 한국복음주의협의회도 미국의 대(對) 이라크 전쟁에 대하여 우려와 반대의 입장을 표명하였다. 세계교회협의회 콘라드 라이저 총무는 미국의 이라크 공격은 "힘의 논리가 법적인 절차와 유엔의 중재기능 등 합의 위에 있다는 사실을 보여주었다."고 비통해 하였다.[1]

미국은 이라크가 가진 대량살상 무기를 제거한다는 미명아래 이라크 침공을 일방적으로 개시하였다. 독일과 프랑스와 러시아가 반대하였으나 미국은 오히려 유럽의 이 두 국가들을 "미계몽된 나라", "구시대의 대표자"로 간주하였다. 미국은 이미 걸프지역에 함대와 군대를 집결시켜놓고 유엔의 안보리국가들이 전쟁을 승인하지 않으려고 하자 유엔의 결의안 없이 일방적으로 선전포고하고 침공하였다.

이라크 점령이 미국의 일방적인 승리로 끝난 후, 2003년 4월 18일 CNN이 방영한 이라크 전쟁에 대한 프로그램 "독일인의 감정"(german sentiment)에 의하면 독일인의 82%가 후세인의 독재정권을 미국이 무력으로 응징하는 것은 정당화 될 수 없다고 피력하였다. 그리고 이라크 전쟁은 미국이 시리아, 이란 등 다른 중동지역을 정복하려는 일환이라고 독일의 젊은 이들은 생각하고 있다고 전하고 있다.

그러므로 우리는 2003년 이라크 전쟁을 12년 전에 있었던 아버지 부시 행정부가 쿠웨이트를 침공한 이라크를 몰아낸 전쟁 같이 "정의로운 전쟁"(just war)이라고 말할 수는 없다.[2] 정의로운 전쟁의 예를 다음 몇가지에서 찾아 볼 수 있다. 20세기에 있었던 2차 세계대전에서 연합군이 나치 독일의 점령과 폭압과 만행으로부터 유럽 여러나라를 해방시켰고, 특히 히틀러의 강제 수용소의 대학살에서 살아 남은 유대인을 구해낸 전쟁은 정의로운 전쟁이라고 할 수 있다. 연합군이 아시아에서 한국과 동남아시아를 일본 군국주의 지배에서 해방시킨 것도 그 예라고 말 할 수 있다. 1950년 발발한 한국전쟁에서 북한의 기습 남침에서 전쟁준비가 제대로 되지 못해 낙동강까지 밀린 남한을 방어하기 위하여 미국이 주도한 유엔군이 참여하여 오늘의 한국의 자유와 민주주의를 지켜준 것은 "정의로운 전쟁" 이라고 말할 수 있다.

독재정권을 무너뜨리는 방법은 좀 더 시간이 걸리지마는 장기 계획과 인내를 갖는 것이 필요하다. 먼저 유엔공조로 무기사찰을 통해서 무장해제 시키며, 인권억압에 대한 유엔사찰을 통해서 개선을 요구하여야 한다. 이것이 성공하는 경우, 전쟁을 하여 역사문화재가 파괴되고 수천명의 인명이 희생되고 부상자가 생기는 것보다는 상대적으로 낫다고 할 수 있다. 전쟁으로 인해 이라크가 입는 인명, 재산 및 문화재 피해가 그만큼 줄어들기 때문이다. 그리고 미영군의 인명피해 및 전쟁에 들어가는 경비소모도 막을 수 있기 때문이다.

미국은 이라크를 점령한 후 선전포고와 침공의 명분이었던 대량 살상무기는 발견되지 않았고 4년이 지난 시점에서도 찾아내지 못했다. 그리하여 미국 행정부와 연방수사국은 허위정보에 근거해 전쟁을 개시했다는 비난을 사고 있다. 그리하여 2007년 4월 미국 하원 정부개혁위는 이라크 침공의 명분이 됐지만 결국 허위 정보로 드러난 "이라크 핵개발 주장"의 진상을 밝히기 위해 당시 백악관 안보보좌관이었던 콘돌리자 라이스(Rice) 국무장관을 증언대에 세우기로 하는 등 부시행정부에 대한 이라크로부터 철군 공세를 강화하고 있다.[3] 거기다 조지 테닛(George Tenet) 전 CIA국장이 『폭풍의 한가운데서』(*At the Center of Storm*)라는 그의 회고록(2007년 4월 30일 출간)에서 "부시 행정부가 2001년 9 · 11테러가 나기전부터 이라크 전쟁을 준비했다."고 부시행정부를 무차별 비판함으로써 워싱턴 정가에 폭풍우가 몰아쳤다.[4] 테닛의 폭로 역시 미국이 일으킨 이라크 전쟁의 정당성 여부에 대한 부정적인 자료가 될 것으로 보인다.

2. 부시정권의 정치이념: 신보수주의

미국의 아프카니스탄－및 이라크 침공은 단지 9 · 11테러에 대한 보복응징만이 아니다. 9 · 11사태 이후 미국이 선포한 테러와의 전쟁에는 미국의 보수적 가치를 지키려는 이데올로기가 있다. 이것이 바로 부시 행정부를 끌고 나가는 신보수주의 이데올로기이다.

(1) 신보수주의(Neo-Conservatism)

"신보수주의"는 60－70년대 유대계 자유주의 지식인들이 대부분인 작은 모임에서 시작되었다.[5] 신보수주의는 세계 각지에서 도전받고 있는 자유 민주주의를 방어하고, 힘을 바탕으로 자유민주주의 가치를 전 세계에 심어야 한다는 신념이다. 신보수주의는 공화당의 전통 보수주의 노선과도 차별성을 가진다. 그것은 미국이 오로지 '힘'을 바탕으로 '불량국가'에 대한 공격을 감행해 미국 중심의 새로운 국제질서를 확립해야 한다는 주장이다.[6] 기존(旣存) 보수주의는 미국 내부의 전통적 가치와 질서의 보존에 최우선 순위를 두고 국제질서에 개입하기를 꺼려하였다. 이에 반해서 신보수주의는 미국의 전통가치인 자유 민주주의의 가치를 지키기 위하여 국제질서에 적극적으로 개입하고자 한다. 1983년 어빙 크리스틀(Irving Kristol)은 자신을 포함한 새로운 보수주의들에게 "신"(neo)이라는 수식어를 사용하면서 이 용어가 시작되었다.

이러한 신념을 가진 자들이 바로 네오콘(Neo-Cons, Neo-Conservatives)이었다. 네오콘은 근본적으로는 민주당원이었으나 민주당원들의 지나친 좌파적 성향에 염증을 느끼고 1980년대를 기점으로 대부분 공화당원으로 전환한다. 1970년대는 골수 반공주의자였던 헨리 잭슨 상원의원 아래 모여 있었으나, 80년대에 들면서 대부분의 네오콘은 공화당으로 전환하여 레이건 대통령의 반소, 군비증강정책을 지원하였다.

이들이 "네오콘"이라고 불리기 시작한 것은 60-70년대 같은 민주당소속이었던 자유주의자들로부터 그들의 노선의 엇갈리면서부터이다. 이들은 국내정책에 대해서는 상당히 자유주의적이나 대외정책에 대해서는 분명히 신보수주의로 점철되어있다. 기존 보수주의자들은 소련에 대해 긴장완화와 견제를 주장했으나 네오콘은 직접적인 대항을 주장하였다. 그래서 70-80년대에는 네오콘의 존재가 부각되었다. 오늘날에는 기존보수주의와 네오콘 모두 강한 미군을 형성하는 데 공감하고 있다.

네오콘은 국제사회에서 미국이 존중하는 가치들(자유와 민주주의 등)을 실현하기 위해서는 필요에 따라 무력을 사용해야 한다고 주장한다. 따라서 이들은 최근 미국에 가해지는 위협에 대해 단호하게 대처해야 하며, 때에 따라 군사적인 행동도 서슴치 않아야 한다고 말한다.[7] 대부분의 네오콘은 미국의 방위비는 너무 적게 책정되고 있으며 외부로부터 위협시에는 강력한 대응을 하지 않고 있다고 생각한다. 네오콘은 대량살상무기에 대한 강박관념을 갖고 있으며 걸프전 이후 후세인의 축출을 계속적으로 주장해 왔었다.

대부분의 네오콘은 이스라엘에 대한 변함없는 지원에 동감하고 있다. 이들은 이스라엘이 미국을 대신하여 세계에서 가장 혼란한 지역을 방어하고 있으며, 이스라엘이 민주주의 전초기지 역할을 하고 있다고 보고 있다. 또한 네오콘은 독재와 신정(神政)이 중동지역의 반미세력을 키워온 주범이라고 간주하고 이들 체제의 민주주의로의 전환을 꾀하고 있다. 말하자면 이라크가 첫째 표적이었던 셈이다

네오콘은 80년대 레이건 정부시절부터 지대한 영향을 행사해왔었다. 그러

나 90년도 클린턴 정부가 들어서면서 크게 위축되었다. 그 당시 그들이 부르짖었던 이라크의 정권교체를 위한 군사 작전은 과격한 주장으로 간주되어 완전히 무시되었다. 하지만 이 기간 동안 네오콘은 자체정비를 하고 아메리칸 파워(American power)를 위한 청사진을 구상하였다. 이들은 공화당과의 오랜 연합 덕분에 부시행정부가 들어서면서 핵심 포스트를 재접수하게 된다.[8]

(2) 부시 행정부의 세계관

조지 부시는 자신을 중생의 체험을 가진 진실한 기독교 신자로 간주한다. 부시가 체니 부통령과 파월 국방장관 등이 참여하는 국무회의를 개회할 때 정기적인 아침기도와 성경공부를 한다는 사실은 고무적인 일이다. 부시는 자기가 미국과 세계민주국가의 악한 대적자와 싸우고 있으며 특히 적대적인 아랍 국가들에 의해 생존을 위협 당하고 있는 이스라엘 국가를 위하여 싸우고 있다는 확신을 가지고 있다. 부시는 특히 미국의 정치 및 경제계를 지배하고 있는 유대계 미국인들과 그들의 시온주의에 의해 지지를 받고 있다.

부시행정부는 너무나 단순한 세계관을 가지고 있다. 이들은 역사를 빛과 어두움의 대결로 보며, 어두움은 미국 서부영화에서 나오는 것처럼 모든 악을 자행한 한 사람으로 구현된다고 본다. 이들은 세계의 모든 나라를 선한 나라와 악한 나라로 구분하며 선한 나라는 악한 나라를 쳐부술 도덕적 의무를 지닌 것으로 본다. 그리하여 부시는 이라크, 이란, 북한, 리비아 등을 악의 축(axis of evil)이라고 불렀다. 미국은 유일하게 남은 초강대국으로서 악의 세력을 다스릴 능력과 기술을 지니고 있다고 믿고 있다.

이것은 사실이다. 미국의 50개주 중 캘리포니아 주 하나가 유럽의 강대국인 프랑스와 경제적으로 맞먹는다. 뉴욕 주 하나가 브라질 전체와 맞먹는다.

세계시장에 깔려있는 첨단제품의 원천기술 절반이상을 미국이 가지고 있다. 전 세계 에너지의 25%를 소비하고 있다. 세계 최강의 군사대국이기도 하다. 미국은 역사적으로는 로마제국과 비교될 수 있다. 미국은 현재 쇠락에 길을 걷고 있는 것도 아니고 오히려 계속적인 기록을 경신하며 최고조로 오르고 있다. 미국이 선진국으로 세계강국과 어깨를 겨루기 시작한 것도 1차세계대전 이후라고 따져봐도 아직 100년이 채 되지 않은 젊은 제국이다. 연 10% 이상 성장하고 있는 중국은 GDP(국내총생산) 규모만 해도 2조 달러로 미국의 13조 달러에 훨씬 못 미친다. 유럽 지역의 경제전문가들이 특히 미국 경제를 비관적으로 바라보고 있긴 하지만 미래학자 존 나이스빗(John Naisbitt)은 "전체적으로 봤을 때 지금 미국을 따라 잡을 나라가 없으며" "미국은 전체적으로 봤을 때 1위 국가인 동시에 앞으로도 이를 유지할 수 있는 잠재력을 충분히 갖고 있으며" "21세기도 미국이 지배할 것이며 유럽은 성장동력을 잃어 역사의 테마파크가 될 것"[9] 이라 보고 있다.

부시 부자는 악(惡)한 정부(evil government)를 무너뜨린 다음 이루어질 "새로운 세계질서"(New World Order)에 대하여 언급하고 있다. 이것은 독재의 억압에서 해방된 국가들이 민주적 연방정부를 수립하는 것을 말한다. 오늘날 이스라엘과 주변국가에서 일어나는 분쟁도 새로운 세계질서에 의하여 해결될 수 있다고 본다. 부시 행정부는 독재국가에 사는 사람들이 새로운 세계질서를 간절히 소원한다고 본다. 그러므로 전쟁이란 이들을 해방하고 이들로 하여금 평화와 번영의 세계질서에 참여하도록 하는 데 필요한 수단이라고 본다.

부시 행정부가 가진 신보수주의(neo-conservativism) 이념은 도덕적 이상을 실용주의적 전망과 일치시키는 데 어려움이 없다. 신보수주의 이념은 이번 이라크 전쟁에서 나타난 바같이 "선제 공격"(preemptive strike)이다. 이것은 미국과 세계에 대한 위협이 현실로 나타날 때까지 기다리는 것이 아니라, 선제공격을 통해 그 싹을 자르겠다는 것을 핵심으로 하고 있다.[10] 이러한 미국의 정책은 대외정책의 코페르니커스적 전환이다. 2차세계대전 후 반세기 동안 미국이 펴온 정책은 "봉쇄와 억제"(containment and deterrence)였다. 한마디로 위협이 번지는 것을 막고 누르는 데 초점이 있었다. 이제 미국은 신보수주의 이념을 통해서 "새로운 미국의 세기를 위한 프로젝트"(PNAC)를 진행하고 있다.

신보수주의 이념은 어떤 정책이든지 그것이 미국의 전략적이고 경제적인 이득에 도움이 된다면 정당한 것으로 간주한다. 중동과 이라크와 쿠웨이트에 매장되어 있는 석유자원은 미국인들에 절대적인 가치가 있다. 이처럼 신보수주의 세계관에 있어서 인도주의 정책과 경제 정책은 상반되지 않고 조화한다. 독일의 선교학자 페터 바이어하우스(Peter Beyerhaus)는 미국의 이러한 정책을 "일종의 기독교와 물질주의의 혼합주의"(a kind of christian-materialistic syncretism)라고 특징짓고 있다.[11]

그런데 부시행정부의 네오콘 외교정책은 4년이 지나도록 끝나지 않고 점점 수렁으로 빠져 들어가는 이라크정책 실패와 이로 인해 야기된 2006년 11월 중간선거 패배로 인해 한계에 이르고 있다. 돌이켜보건대, 네오콘 외교는 현실주의에 근거한 전통적인 미국 외교 노선과는 완연히 차별화되는 새로운 실험이었다. 선악(善惡) 이분법에 기초해 피아(彼我)를 구별하고 악의 무리를 제압한다는 도덕주의와 유엔 등을 통한 국제협력보다 독자 행동을 선호하는 일방(一方)주의는 결국 이렇다 할 외교적 성과도 올리지 못했다. 이러한 외교적 일방주의는 미국을 국제사회에서 '초대받지 않은 제국'으로 전락시켰던 것이다.[12]

3. 종파간 분쟁이 번지는 이라크: 헤게모니 싸움

사담 후세인은 권좌에서 쫓겨나기까지 이스라엘 국가와 싸우고 있는 아랍 국가들을 정신적으로 물질적으로 지원해 왔다. 그는 이스라엘에 대한 팔레스틴의 자살공격을 격려하며 자기를 희생하는 사람들에게 2만 5,000달러를 지급하였다. 사담 후세인은 정권을 장악하기 위하여 자기의 처남을 살해했으며, 이라크의 소수 종족들인 남쪽의 씨트족과 북쪽의 크루트(Curd)족을 무자비하게 박해했으며, 그들 중 수천명을 화학무기로 살해했다. 후세인은 이스라엘 국가와 백성들을 증오하며, 모든 이슬람 국가들이 연합해서 그가 "전쟁의 어머니"라고 부른 지하드(jihad), 즉 성전에 참여하기를 독려하였다. 후세인은 실제로 대량살상무기를 개발하므로 1991년 걸프 전쟁 때 몇 개의 스커드 미사일을 이스라엘의 민간인들을 겨냥해서 발사했다. 후세인은 자신을 기원전 1900년에 설립된 고대 바벨론 왕국, 특히 느부갓네살 대왕의 뒤를 이어 기원전 612년에 설립된 신 바벨론[13]의 영광을 회복하는 사자(使者)로 간주하며 자신을 신격화하는 인간숭배 종교를 만들었다. 사담 후세인 정권은 미국의 이라크 침공 3주 만에 붕괴되었다. 사담 후세인은 권좌에서 쫓겨난 후, 지하 은신처에 숨어 지내다가 체포되어, 2006년 12월에 전격 처형되었다. 그런데도 전쟁의 끝은 아직도 보이지 않고 있다. 이라크 전쟁은 발발 3년만에 휴전으로 끝난 한국전보다 오래 끌고 있다. 오늘날 이라크는 내전의 거대한 수렁이 되어 가고 있다.

이라크에서 수니파, 시아파 종파의 분열은 이미 1,400년 전으로 거슬러 올라간다. 전세계 무슬림(12억 8,300만 명 · 미CIA발표)중 수니파는 85%, 시아파는 15%를 차지한다. 두 종파의 분열은 예언자 무함마드가 632년 사망하면서 시작됐다. 무함마드가 후계자를 지명하지 않고 사망하자 후계자를 둘러싸고 갈등이 촉발됐다. 지금은 이란이 시아파의 종주국이며, 많은 이슬람 국가에서는 수니파가 다수다.[14]

2007년 4월 18일 이라크 수도 바그다드 중심부의 알 사드리야 시장과 북동부 알 사드르 시티 입구 등 네 곳에서 연쇄 차량 폭탄 테러가 발생했다. 사망자 200명으로 2003년 3월 미국의 이라크 침공 이후 최대 규모였다. 희생자의 대부분은 시아파 주민이며, 범인은 수니파로 추정됐다.[15]

시아파와 수니파간 종파(宗派) 분쟁이 이라크를 집어 삼키고 있다. 이라크 내 유혈 사태는 저항 세력이 침략자 미군을 공격하던 초기 양상에서, 시아 대 수니의 내부 대결로 바뀌었다.[16] 인구 2,670만인 이라크 내, 시아파는 전체 인구의 60-65%를 차지하는 다수파다. 수니파는 35% 정도로 소수다. 이슬람의 양대 종파는 사담 후세인(Hussein) 전 대통령이 권력을 잡기 직전까지는 수십 년간 비교적 평화로운 세월을 보냈다. 수니파인 후세인은 하지만 시아파 종주국인 이웃 이란에서 1979년 이슬람 혁명이 일어나자 불똥이 자국으로 확산되는 걸 두려워했고, 이는 이라크 내 시아파에 대한 억압으로 나타났다.

그럼에도 불구하고, 미군의 바그다드 점령 뒤 첫 2년간 종파간 갈등은 그다지 첨예하지 않았다. 많은 시아파 저항세력은 수니파를 공격하기보다는 미군에 대한 작전에서 수니파 반군과 공동 전선을 폈다. 그런데 왜 민간정부 구성 이후 종파간 분쟁이 불 붙은 것인가? 전문가들의 견해에 의하면 "이라크내 헤게모니 싸움"이라는 것이다.[17] 양측은 2005년 1월에 치러진 임시 국회 의원 선거를 전후해서 처음으로 충돌했다. 수니파 세력들은 당시 선거를 보이코트했고, 시아파가 정권을 장악했다. 시아파 정부는 군과 경찰을 시아파 출신 민병대에서 대거 충원했고, 시아파가 득세하자 수니파는 더욱 반발했다. 이후 수니파의 폭탄 공격 수위가 높아졌다. 종파간 유혈 충돌은 진행형이고, 후유증은 차세대로 이어지면서 아무는 데 오랜 세월이 걸릴 전망이다. 종파간의 내분은 미국의 군사력으로 해결될 수 있는 성질의 것이 아니다. 여기에 부시 행정부의 네오콘 외교정책의 한계력이 드러난다.

4. 종파간 분쟁 속에 철군여론에 직면한 부시 행정부

2007년 이라크전의 현황은 4년 전 개전(開戰) 3개월만에 바그다드 점령의 성과에 비하여 너무나도 초라하다. 개전(開戰) 사유였던 대량살상무기(WMD)는 없던 것으로 드러났다. 사담 후세인을 처형하고, 새 정부를 출범시켰지만 상황은 오히려 나빠졌다. 시아파와 수니파의 종파 간 분쟁은 내전(內戰)을 방불케 하고 있다. "민주주의 이식(移植)"이라는 조지 W. 부시 대통령의 꿈은 실종됐다. 부시 대통령은 이라크 주민의 저항과 국내 반전 여론 사이에서 진퇴양난에 빠져 있다. 이라크 내의 저항세력의 기습(奇襲)도 수그러들지 않고 있다. 이 기습으로 인하여 미군의 희생자수가 날마다 늘어가고 있다. 전쟁이 길어질수록 국내외 반전 여론은 고조될 수밖에 없다. 미 국민의 60%가 '즉시 또는 1년 내 철군'을 원하고 있다.[18] 국가의 체면을 생각해, 추가 파병에 미련을 가질수록 미국은 수렁에 더 깊이 빠질 수밖에 없다. 베트남이 그랬다. 철수론자들은 미국은 이라크를 이라크인에게 맡기고, 단계적으로 빠져나와야 한다고 주장한다.

2007년 4월 17일 낮 미국의 수도 워싱턴 시내 링컨 기념관 앞에는 1만여 명이 운집했다. 영상 3℃의 쌀쌀한 날씨에 바람이 제법 강하게 부는데도 미국 각지에서 대규모 인파가 몰려든 것이다. 이들은 손에 '이라크 조기 철수' '이란과의 전쟁 반대' '대통령 탄핵'이라고 적힌 피켓을 들고 반전(反戰) 시위를 벌였다. 이라크 전쟁을 반대하는 시위대의 합창은 그다지 멀지 않은 백악관 앞까지 울려 퍼졌다. 아들이 이라크전에서 목숨을 잃은 뒤 조지 W. 부시 대통령의 텍사스 크로퍼드 목장 앞에서 오랜 기간 농성을 한 '반전(反戰) 어머니' 신디 시핸은 연설에서 "우리는 전쟁기계의 그늘 밑에 있다"며 부시 행정부를 성토했다. 그녀는" 그들(부시 행정부)은 죽음과 파멸을 세계에 수출하고 있다."며 "우리가 그걸 저지해야 한다."고 소리쳤다.

2007년 4월 17일 미군 철군을 주장하는 대규모 시위는 큰 사상자 없이 끝나는 반면, 링컨 기념관 왼쪽의 도로 건너편에선 소규모의 이라크전 찬성 시위가 벌어졌다. 참전 용사 등으로 구성된 시위대는 "자유주의자들이 적을 돕고 있다."며 반전 시위를 비난했다.

이라크 전쟁 반대자들은 40년 전 베트남전에 휘말린 미국의 악몽을 상기시키고 있다. 1967년 10월 21일 토요일, 베트남전을 반대하는 시위대 5만여 명이 링컨 기념관 앞에서 펜타곤 앞으로 행진했다. 히피족(hippie. 60년대 중반 물질문명과 국가기관의 통제를 혐오하며 징병 기피, 반전을 주장한 자유주의자)이 대거 참가한 시위대는 펜타곤 정문 앞 광장에서 헌병, 경찰과 유혈충돌했다. 시위대 중 과격파가 펜타곤 진입을 시도하려다 소총을 든 헌병과 경찰에 의해 폭행을 당해 50여 명의 부상자가 발생했다. 그리하여 반전과 철군 여론에 밀려 1974년 존슨 미 대통령은 베트남에서 철수했고 베트남은 공산화 되었던 것이다.

부시 대통령에 대한 여론은 이라크 미군의 사상자가 늘면서 갈수록 악화되고 있다. 2007년 4월 15일 현재 미군 전사자 수는 3,240명, 부상자 수는 2만 3,924명이다. 미국은 지난 4년간 이라크에 미군 14만 명을 주둔시키고 전비를 5,000억 달러나 쏟아 부었다. 그런데 상황은 악화일로를 걷고 있다. 전쟁비용은 이미 베트남전 비용을 넘어섰다. 그럼에도 탈출구가 보이지 않는 상황에 대해 국민은 절망하고 있다. 로이터 통신은 17일 "2001년 9·11테러 직후 90%이던 부시 대통령의 지지율은 이제 30%를 조금 넘는다."며 "그는 국민의 신뢰를 급속히 상실하고 있다."고 지적했다. 이런 식으로 가면 그의 지지율은 한국전쟁이 한창이던 1951년 해리 트루먼 당시 대통령의 28%보다 낮아질지도 모른다.

그런 가운데 미 육군은 4월 16일 2,600명의 장병을 이라크로 보냈다. 부시

대통령은 2만 6,000명의 미군을 이라크에 증파하는 계획을 밀어붙이고 있다. 그러나 부시 대통령의 고민은 깊다. 이라크 상황이 호전되지 않기 때문이다. AP통신은 최근 미 국방부의 보고서를 입수해 보도했다. 2006년 10~12월 이라크 상황을 평가한 이 보고서는 "종파 간 폭력, 주민 피란 등의 일부 요소는 내전에 걸맞은 것"이라 적고 있다. 부시 대통령이 줄곧 부인해 온 '내전'이란 말이 이제 행정부 내에서 등장하기 시작한 것이다.

우방국도 부시 대통령을 버리는 형국이다. 맹방인 영국조차 이라크에서 떠나겠다고 했다. 외교학으로 유명한 터프츠 대(大) 교수 리처드 아인버그는 "해외에서 미국의 위상이 이렇게 떨어진 적은 역사상 없다."며 한탄했다고 로이터 통신은 보도했다.[19]

미국이 그동안 이라크군과 경찰을 재건하기 위해 3년이라는 시간과 150억 달러 자금을 쏟아부었지만 결과는 신통치 않은 것으로 지적됐다. 군 사병과 경찰 요원들 가운데 작전 중 사망자와 무단결근자, 도망자, 비훈련요원이 속출하면서 '유령 군·경찰'로 전락하고 있는 것이다.

미 의회 회계감사원(GAO)과 국방부는 지난주 하원 관련 소위원회에 이러한 문제점을 보고했다. GAO는 "이라크군은 그 숫자가 늘어나고 치안작전에서 주도권을 잡았지만 이라크 내 폭력사태는 지난해 말(末)을 거치며 크게 늘었다."면서 배경에는 이라크군의 난맥상이 있다고 지적했다.[20] 국방부의 최근 이라크 보고서에 따르면 13만 6,400명의 군인을 포함한 32만 8,700명의 이라크인들이 훈련받아 치안대에 편입되었다. 하지만 휴가와 무단결근 등으로 현재 임무가 가능한 군인은 절반이나 3분의 2 수준으로 줄었다는 것이다. 서류만의 '유령 군인'이 존재하는 셈이다. 국방부는 이러한 유령 군인의 존재를 파악하고 있다면서 부패한 관리들은 존재하지 않는 병력의 봉급을 받아 챙기고 있다고 지적했다.[21] 베트남 전처럼 이라크 군부의 부패는 심각한 문제이다. 안

바르주 지역 연대장인 윌리엄 B 크로웨 대령은 "병력은 50%밖에 존재하지 않는다."고 토로했다.[22]

경찰의 경우도 서류상의 18만 명 가운데 어느 정도가 제대로 훈련을 받고 장비를 갖추고 있는지 파악되지 않는다는 것이다. 작전 중 다수가 숨지거나 다쳤으며 자기와 가족의 신변에 위협을 느껴 도망친 숫자도 꽤 많기 때문이다. 경찰 당국은 빈 자리를 훈련받지 못한 민간인으로 채우고 있는 형편이다. 이라크인들의 자립 정신과 사기가 제대로 수립되지 못한 상황에서 새로운 2만명의 미군 증파가 바그다드에 과연 새로운 치안을 정착할 수 있을 지 의문이 생기지 않을 수 없다.

특히 GAO는 보급과 정비, 수송 등 이라크 치안대의 병참업무가 가장 문제라고 지적했다. 경찰은 총 1,179대의 미국 트럭을 공급받았지만 이라크 요원들은 기술 부족으로 트럭의 컴퓨터 시스템이 고장나면 고칠 수 없는 지경이다.[23] 부품도 턱없이 부족하다고 한다. 기술력의 차이와 민주 정신력의 격차는 미국이 그처럼 도와주려고 하는데도 밑빠진 독이 되고 있는 것이다. 한국의 경우 6·25 전쟁 후 전(全)국토가 전쟁으로 폐허가 되었으나 일어서겠다는 자립의지와 정신력이 기술력의 부족을 제치고 세계에서 오늘날 미국이 원조하여 성공한 최초의 나라가 된 것이다. 이것이 바로 2007년 4월 2일 한국정부가 미국정부와 체결한 자유무역협정(FTA)으로 나타난 것이다.[24]

이처럼 지난 2003년 미국의 이라크 침공 이래 미국은 훈련을 통해 저항세력과 맞설 수 있는 새로운 이라크 군대와 경찰을 만들기 위해 노력해 왔으나 성과를 거두지 못하고 있다. 미국 의회에 이어 AP통신도 "이제는 이 싸움을 이라크인들의 손에 넘겨주어야 할 때"라면서 미군 철수론을 개진(開陳)하고 있다.[25]

5. 신보수주의 정책의 한계와 그 정신적 여파

2007년 4월에는 민주당이 장악한 하원에서 이라크 미군 철수안이 통과되었다.[26] 낸시 펠로시(Pelosi) 하원의장은 "지난 가을 (중간선거에서) 미국인들은 이라크의 새 방향에 투표했다."며, "우리 군대는 필요한 모든 것을 지원받아야 하지만 안전하고 빠른 시일 내에 집으로 돌아와야 한다."고 말했다. 민주당 로버트 버드 의원은 토론에서 "부시 대통령은 이라크 인민들에게 평화와 안정을 가져다 주겠다는 약속 이행에 실패했다."면서 "이제는 미군을 본국으로 귀환시킬 때"라고 강조했다.[27] 스테니 호이어(Hoyer) 하원 민주당 원내 대표도 "우리 군대는 분명한 적도, 분명한 승리전략도 없이 내전의 수렁이 빠졌다."며 철군의 정당성을 주장하였다.[28]

호주 출신의 세계적인 미디어 재벌 루퍼트 머독은 이라크 문제에 대해서도 미국이 지금 철군을 한다면 전쟁에서 진 것으로 간주되면서 중동지역의 분쟁이 더욱 확산될 것이라고 본다. 그래서 그는 부시 대통령이 민주당 지도자들의 즉각 철군 요구에도 불구하고 그렇게 하지 못하는 것이라고 주장했다. 머독은 "미국이 진 것으로 보일 경우 이라크 내전 등 중동 지역 문제가 엄청나게 커지고 미국 등 다른 나라에도 좋지 않은 영향을 미칠 것"이라면서 "이것이 문제인데도 민주당은 이것을 보지 않고 있다."고 비판하였다.[29]

부시 행정부 신보수주의 정책의 실책은 하나님이 하실 일을 자기 국가의 군사력으로 밀어 부치는 오만(傲慢)이라고 할 수 있다. 국민의 자유를 박탈하고 중동 평화의 위협이 되는 독재자 후세인을 제거하고 이라크에 민주사회를 건설해 준다는 부시의 의도는 좋았다. 그러나 그 정책의 실천과정이 너무나 독선적이었고, 일방주의로 밀고 나갔기 때문에 유럽연합을 위시한 국제정서와 마찰을 일으킨 것이다. 미국이 유럽연합을 업고 이라크에 군사적으로 진출했다면 오늘처럼 국내외적으로 수렁에 빠진 이라크 사태 때문에 비판에 직면하지는 않았을 것이다.

2007년 4월 《조선일보》와 가진 인터뷰에서 미국출신의 미래학자 나이스빗도 미국의 이라크 전쟁에 대하여 다음같이 언급하였다. "미국인으로 살면서 미국에 대해 부끄럽다고 느꼈던 적이 딱 두 번 있습니다. 한 번은 베트남 전쟁, 또 한 번이 이라크 전쟁입니다. 베트남 전쟁은 미국을 궁지에 몰아 넣었고, 상처에서 벗어나는 데 오랜 시간이 걸렸습니다. 이라크 전쟁은 현재 진행형이고, 계속해서 곳곳에 상처를 남기고 있는 중입니다. 제국이란 무엇이든 할 수 있는 능력이 있지만, 이를 남용하면 멍청해집니다. 힘이 있는 사람은 의식적으로 다른 사람들의 이야기에 더욱 귀를 기울여야 하는 법입니다. 미국은 이런 점에서 멍청한 실수를 했죠."[30]

수렁으로 빠져 들어가고 있는 이라크 전쟁이 이슈가 된 2006년 11월 미국 중간선거에서 공화당이 상하원에서 모두 패배하여 12년을 점령해온 다수당의 지위를 민주당에 내어주는 것을 기점으로 하여 미국의 네오콘 외교정책에 변화가 일고 있다. 그것은 럼스펠드 국방부장관의 적격사임, 연방수사국장 출신 실용주의자 게이츠의 국방장관 취임, 반(反)북한—반유엔 성향, 친(親)이스라엘—친대만 성향의 극우 강경파인 유엔대사 존 볼튼의 퇴진에 이어 그동안 강변 일변도의 대북(對北)정책까지 변화의 조짐이 일고 있다.

수년이나 지속되고 있는 이라크 전쟁으로 인해 이라크 국민만이 아니라 미국 국민 자신이 입은 정서적 피해도 적지 않다. 《월스트리트저널》(WSJ)이 2007년 4월 19일 미국인들이 이라크 전쟁으로 인한 정서적 피폐화로 미국 사상 최악의 버지니아 공대 총격사건과 같은 충격적인 사건에도 전보다 무감각해졌다고 지적했다. 신문은 특히 미국인을 둔감하게 만든 원인으로는 이라크전 만한 것이 없다며 이라크전은 이 시대에 가장 지속적인 폭력사건이고 이중 자살폭탄으로 인한 무고한 인명의 피해는 2차세계대전 이후 가장 정서를 피폐화시키는 원인이 되고 있다고 분석했다.

신문은 자살폭탄의 피해자가 2003년 이후 700명을 넘었고 매주 또는 일주일에도 몇 번씩 일어나는 자살폭탄 사건의 처참한 현장 등 구체적인 내용들이 언론을 통해 보도되고 있는 상황에서 미국인들의 무감각 현상은 예상 가능한 결과라고 설명했다. 신문은 2007년 4월 16일 일어난 버지니아공대 총격사건 희생자 가족 등이 겪는 고통이 결코 줄지 않고 그렇게 될 수도 없겠지만 미국인들은 끝없는 폭력과 죽음을 목격해 가슴이 패였던 2차 세계대전 이후 유럽인들이 겪었던 것과 같은 시대에 살고 있는 것으로 보인다고 전했다.[31]

6. 이라크 전쟁의 선교적 영향

기독교가 이라크에 대하여 깊은 관심을 가지는 것은 이 지역이 성경의 구속 역사와 밀접한 연관을 가졌기 때문이다. 창세기 2장에 나오는 "동방의 에덴동산"은 이라크 북쪽에 위치한 것으로 알려져 있다. 창세기 11장 1-9절에 나오는 인간이 하나님을 대항하고 자신의 이름을 내기 위해 쌓은 교만의 탑인 바벨탑도 지그라트(Ziggrat)라는 이름으로 이 역사적 흔적이 남부에 남아 있다. 창세기 12장 믿음의 조상 아브라함이 하나님의 부르심을 받고 나온 고향인 우르(Ur)도 현재 이라크 남부 바스라 부근이다. 그리고 구약의 선지자 요나가 회개를 외쳤던 니느웨는 현재 이라크 북쪽 모술 지역에 있다. 니느웨는 왕으로부터 모든 백성, 심지어 짐승에 이르기까지 베옷을 입고 회개하였다. 오늘날의 바그다드는 옛날 바벨론 제국의 수도이기도 하다. 이 바벨론은 유대를 정복하고 유대인들을 포로로 끌고 갔던 곳이며 다니엘과 그의 세 친구 사드락, 메삭, 아벳느고가 금신상에 절하지 않고 신앙의 절개를 지키던 곳(단 3:8-30)이며 유배된 유대인이 바벨론의 강가에서 비파를 켜면서 예루살렘을 그리워하면서 시를 짓던 곳이다.

아랍권은 미국이나 영국을 기독교와 동일시하고 있다. 아랍권 가운데는 미국의 이라크 공격을 중세의 십자군으로 몰아붙이면서 이라크 전쟁을 기독교와 이슬람의 충돌로 보려는 자들도 있다.[32) 그래서 기독교 선교 지도자들은 이라크 전쟁의 피해는 아랍세계에 있는 소수 기독교인들과 기독교 선교가 입을 것으로 우려한다. 이슬람교는 항상 무력 전쟁을 종교확장의 수단으로 사용하였으나 기독교는 평화와 화해의 복음을 선포해 왔다. 이라크 상황과 아랍 및 이슬람 세계에 정통한 기독교 선교지도자들은 바아트 정권(Baath regime)하의 이라크는 이슬람 국가가 아니라고 지적한다. 이라크에는 바벨론 유배시 포로로 끌려갔던 유대인들의 후예들, 소수이지만 존재하고 있다. 이라크 안에는 앗시리아계의 기독교인들이 존재하고 있고 북쪽에는 갈대아계의 기독교인 등 약 100만 명이 남아 있으며[33) 그곳에는 종교적 자유가 있다는 것이다. 이들 기독교 선교 지도자들은 국가 정책과 일반 여론이 기독교 국가들인 미국과 영국에 의해 자행된 잘못과 고통을 비난하며 기독교에 대해 적대적이 될까 우려한다. 이들 기독교 선교 지도자들은 한 아랍국가가 기독교적 내지 시온주의적 공격의 희생이 될 때 초래할 위험한 결과를 지적한다. 이집트 무라바크 대통령이 이번 전쟁 중 우려를 표명했듯이 아랍국가들이 하나로 결속하여 기독교인과 유대인에 대항하여 싸우는 국제적 지하드, 즉 거룩한 전쟁을 촉구할 수도 있다는 것이다. 그리고 기독교회와 기독교 선교단체들이 이슬람 과격단체의 표적이 되지나 않을까 이랍권의 기독교도들과 그 가족들은 압박감에 시달리고 있다.[34)

7. 이슬람 선교를 위한 기독교의 역할

이슬람 근본주의자들의 테러와 이슬람의 구원론은 상관관계가 있다. 이슬람의 구원론에 의하면 구원에는 4가지 방법이 있다. 첫째, 선행, 둘째, 성지순례, 셋째, 알라에 의한 선택, 넷째, 거룩한 전쟁에의 참여 등이다. 그러나 선행이나 성지순례 그리고 선택은 전적으로 알라에게 달려 있기 때문에 인간이 할 수 있는 구원에 가장 가까운 방법은 이슬람 전사(戰士)로서 성전(聖戰, holy war), 즉 지하드(jihad)에 참여하는 것이다. 지하드에는 소(小) 지하드와 대(大) 지하드가 있다. 소 지하드는 자신을 정결케 하는 자기정화이고, 대 지하드는 이슬람을 위하여 싸우는 것이다. 따라서 테러는 지하드의 한 방편이다. 이슬람의 경전인 코란에는 지하드를 독려하는 구절들이 수없이 많이 나온다. "알라의 길(성전)에서 순전한 자가 죽었다고 생각하지 말라. 그들은 알라의 양식을 먹으며, 알라 곁에 살아 있느니라."(코란 3:169)' "예언자여! 불신자들과 위선자들에게 투쟁하며, 그들에게 대항하라. 지옥이 그들의 안식처이며 종말이 저주스러우리라."(코란 9:73).

2003년 뉴욕 9·11테러에 참여하여 비행기를 납치하고 자폭한 대원 가운데 하나인 아타(Atta)라 불리는 이집트인의 유품 중에 약 5쪽에 달하는 메모가 있었다 여기에는 어떻게 비행기를 납치하고 자폭할 것인가를 요약해 놓은 높은 상부의 지시와 자기의 기도문이 적혀 있었다. "절대 두려워 말라. 침착하라. 침착하라. 누구나 다 죽는 것이다. 너의 죽음은 너를 곧장 낙원으로 인도할 것이다. 알라는 위대하시도다. 알라여, 나의 이 행위를 통하여 나를 영접하여 주옵소서."[35] 아타는 이슬람 전사로서 테러를 하면서 성스러운 전쟁에 참여한 자신을 알라가 자기를 받아 주기를 바랄 따름이다. 이슬람이 성장할수록 테러의 위협은 높아진다.

무슬림들이라고 해서 모두 이슬람 근본주의자들은 아니다. 중동사람들이 모두 테러리스트들이 아닌 것과 같다. 무슬림 가운데는 이슬람 사원에도 가지 않는 명목상의 무슬림도 많고 무신론자 무슬림들도 있고, 서구화된 무슬림도 많이 있다.[36] 그러나 분명한 사실은 근본주의 이슬람이 이 땅에 있는 한, 테러는 결코 멈추지 않을 것이라는 사실이다. 그러므로 이슬람교와 근본주의 이슬람을 분리시키고 이슬람들을 복음으로 인도하는 것이 테러와의 전쟁에서 이기는 간접적인 길이며 평화의 길이다.

4년 전 이라크 전쟁이 미국의 일방적 승리로 끝난 후 이라크의 파괴와 참상이 연일 보도되었다. 이 때 많은 전쟁 부상자들과 난민들을 위한 구호손길을 모으는 캠페인이 우리 한국에서 일어난 것은 참으로 다행한 일이 아닐 수 없다. 이라크 전쟁으로 인해 무죄한 많은 시민들과 아이들과 부녀자들이 폭격에 의하여 부상을 당하였다. 많은 고아들과 전쟁미망인들이 생겨났다. 이들을 위하여 한국교회는 기도만 할 것이 아니라 우리의 사랑을 이들에게 구체적으로 표현해야 한다. 한국교회와 신자들은 정성과 사랑이 담긴 물질을 저들에게 보내고 평화의 봉사단을 보내어 우리의 사랑을 전해주어야 한다. 그럴 때 기독교가 사랑과 용서의 종교라는 것을 이라크 국민들이 체험적으로 깨달을 것이다.

2005년 7월 7일, 그리고 7월 21일 영국 런던 지하철 테러가 있었다. 7·21 테러에는 52명이 사망하고 700여 명이 부상당하였고 7·21테러는 다행히 폭발물이 제대로 작동하지 않아 인명피해는 없었다. 영국 경찰은 7·21테러범을 검거했는데 모두 영국 시민권을 가진 이슬람 2세들이었다. 그리고 7·7 런던 자폭 테러범 4인(모하메드 사디크 칸(30세), 세자드 탄위어(22세), 하지브 후세인(18세), 저메인 린제이(19세))에 관한 신원 조사에서 인종문화적 이질감이 저들을 이슬람 극단주의를 수용하게 하였다는 조사 결과가 나와 충격을 주고 있다.

《뉴욕 타임스》와 BBC는 자폭테러범 4인의 행적을 추적하였다.[37] 이들은 가족들에게는 "상냥하고 친절한 사람," "자상한 교사", "착하고 다정한 남편"이었다. 이들은 리즈(Leeds)시 비스톤 지역과 이웃 홀벡 등에서 자랐다. 거리에는 술과 마약에 중독된 청소년들이 활보하고 골목마다 쓰레기가 쌓여 있었다. 1만 6,000명의 3분의 1이 정부보조금으로 생활했으며, 리즈시의 다른 지역보다 실업률은 2배 이상 높았다. 이들의 아버지 세대는 학교 문턱도 못 넘어본 가난한 시골출신 이민자들이다. 이들은 영국의 인도 식민통치가 끝난 후, 1950-1960년대 값싼 노동력을 원하던 영국 북부 공장지대로 몰려들었다. 이들 이민 세대는 하루에 18시간씩 일하면서 자식들을 위하여 생활기반을 마련하고자 노력했다. 이들에게는 종교나 정치보다 당장 끼니를 잇는 것이 절박했다. 이민 1세인 부모세대는 자신들이 선택했고 생계를 잇는 데 전념했기 때문에 자기들의 정체성은 큰 문제가 되지 않았다.

그러나 이들의 2세들은 생계고민과 거리가 먼 '정체성의 위기'(the identity crisis)에 직면하게 되었다. 이것은 오늘날 미국에 이민간 한국인의 2세들에게도 마찬가지로 부닥치는 인종종교적 갈등이다. 2007년 4월 16일 미국 역사상 최악의 사상자를 낸 버지니아 공대(Virginia Tech) 총기난사 사건의 범인인 한국교포 조승희도 그가 NBC에 보낸 선언문에서 미국사회에 대한 반항아의 절규를 쏟아 내고 있다.[38] 영국 이슬람 이민자 자녀 세대는 부모 세대와는 달리 영어를 쓰고 인터넷을 사용한다. 그렇다고 이들이 영국 주류(主流)사회에 일원이 될 수 있는 것은 아니었다. 전직 반(反)테러요원이었던 마틴 맥케이는 "스스로가 무슬림인지, 영국인인지, 아니면 둘 다인지 그들 자신도 몰랐다."고 말했다. 완전한 영국인이 될 수 없는 그들에게 뿌리를 가르쳐 준 것이 종교였다. 《뉴욕 타임스》는 "마약과 술, 범죄에 빠지지 않으려면 종교가 큰 힘이 됐을 것"이라고 전했다.

모하메드 시디크 칸(30세)은 3년 전부터 초등학교 보조교사로 일했다. 2004년 11월에 그는 세쟈드 탄위어(22세)와 함께 파키스탄의 카라치에 다녀왔다. 저메인 린제이(19세)는 자메이카 출신으로 아내와 15개월 된 아이가 있다. 하지브 후세인(18세)은 2년 전 메카 성지 순례를 마치고 돌아온 후, 수염을 기르고 이슬람 전통 옷을 걸치기 시작했다. 정체성의 위기(the identity crisis)에 빠진 이들은 자기의 인종적 고향에 돌아가 자기들의 뿌리를 발견하고자 하였다. 이들은 자기의 뿌리가 이슬람교라고 생각했다. 그래서 2003년 미국이 이라크를 침공했을 때 이들은 자신들의 조국이 침략을 당하는 것으로 느꼈다. 이들은 이라크 전쟁을 자기들의 전쟁으로 생각했다. 이들이 받아들인 이슬람교는 근본주의 이슬람교이었다. 이슬람 근본주의(Islam fundamentalism)는 이들에게 "서구문명의 손아귀에서 신음하는 무슬림 형제들을 구하는 데 힘을 모아야 한다."고 가르치고 있다. 미국《뉴욕 타임스》는 "이슬람교가 그들이 영국으로부터 등을 돌리게 한 것이 아니라, 영국으로부터 구한 것이라고 그들은 믿었다."고 전했다.[39]

테러와의 전쟁 가운데 있는 미국과 영국 등 구미(歐美) 국가들이 곤혹스럽게 생각하는 것은 이 잠재적인 테러범들이 자국의 영토 밖에 있지 않고 자국의 영토 안에 있는 이민자들이요 이들의 2세라는 것이다. 예컨대, 런던에는 식민통치 결과로 약 100만 명의 무슬림들이 살고 있으며 리젠트 공원에는 유럽에서 가장 큰 이슬람 사원과 도서관이 있는 곳으로 항상 수많은 무슬림들이 활동하고 있다.[40] 만일 이들 이민자 2세들이 기독교 복음을 받아들이고 기독교인이 되었더라면 이러한 인종문화적 이질감은 극복되었을 것이다. 저자는 10년 해외유학생활을 통해 기독교인으로서 이들 구미사회의 일원이 되는 것은 어렵지 않고 쉽게 받아들여지는 것을 보아왔다. 오늘날 미국에 살고 있는 100만 명이 넘는 우리 한인교포들 가운데 기독교 신앙을 가진 한인들은 인종문화적 차이를 기독교신앙으로 극복하고 있다. 이들은 미국 사회에 일원이 되고 행정부에까지 진출하고 있다.

미국이나 영국 등 구미 국가들은 자국의 인종적 소수자들에 대한 전도와 더불어 이들이 인종적 문화적 소수자로 고립되지 않고 주류사회의 일원이 될 수 있도록 도와야 한다. 이를 위해서 이들이 제대로 교육받고 일자리를 얻도록 하는 사회적 장치를 만들어 주어야 한다. 그리고 미국과 영국 그리고 서구에 있는 이슬람 공동체는 중동의 알카에다와 같은 근본주의 이슬람 운동과 결별하고 이슬람이 시민적인 종교적 문화로서 시민들의 삶 속에 통합되도록 하는 종교적 문화적 장치를 스스로 마련해야 한다.

*

지금 전개되고 있는 이라크 내전과 이슬람 근본주의자들의 테러공격과 이에 대한 미국의 전쟁은 역사의 주인이신 하나님 주권에 의하여 주관되는 것을 알아야 한다. 미국은 초강대국으로서 자만(自慢)하거나 군사력으로 세계의 질서를 재편한다는 자기오만에 빠지지 않도록 해야 할 것이다. 미국은 중동지역에서 일어나는 반미감정과 그와 더불어 반 기독교 정서(情緒)를 성찰하면서 이를 겸허히 수용하는 인도주의적 정책을 견지해야 할 것이다. 부시와 그의 동료들은 그들의 정책이 하나님의 계시된 말씀에 비추어 옳은 것인지 자성해 보아야 할 것이다. 미국은 겸허하게 유엔을 통하여 이라크 복구사업에 착수하고 이라크를 하루속히 이라크인의 손에 돌려주어야 할 것이다. 이것은 개혁주의적 영역주권(sphere sovereignty) 사상에 부합하는 것이다.

우리 기독교인들은 세계를 선과 악의 이분법으로 나누는 소박한 사고에서 벗어나야 할 것이다. 미국과 영국은 이제는 더 이상 기독교 국가라고 말할 수 없다. 미국과 영국은 절대선이라고 말할 수 없다. 그리고 이라크에도 400만이 넘는 기독교인들이 있기 때문에 이라크를 악(evil)으로만 간주할 수 없다. 사담 후세인은 악이나, 이라크 백성은 선이다. 이제 우리는 이라크 국민들을 위하여 저들이 폐허에서 다시 일어나고 인간 존엄의 사회에서 살도록 기도하고 물질적으로도 지원해야 할 것이다.

부시 행정부는 선과 악의 구분이 허물어지고 선이 악이 되고, 악이 선이 되어 버리는 포스트모던 시대에서 인류사회가 지켜온 전통적인 가치체계를 수호하고자 하였다. 부시 행정부는 백성을 고통과 억압에 몰아 넣고 24년간 철권통치를 해온 잔혹한 사담 후세인 독재정권을 무너뜨렸다. 그리하여 미국은 지구상에서 국민을 우롱하는 북한 같은 독재정권 체제와 지도자들에게 우연성과 변화의 경고를 주고 있다. 이 점에서 미국은 오늘날 세계질서 편성에 기여를 하고 있다.

그 구체적인 효과가 곧 바로 여태까지 북미간의 대화만을 고집하고 NPT(핵확산 금지조약연맹)에서 탈퇴까지 일방적으로 해온 북한에 대한 강한 경고이다. 사담 후세인의 정권이 붕괴됨으로써 북한이 경고를 받아 다자(多者)회담으로 나오게 된 것은 이라크 전쟁이 한국의 평화에 미치는 긍정적인 영향이라고 할 수 있다. 한국교회는 한편으로는 북한과 이라크에 인도주의적 차원에서 구호물자를 보내고 우리들의 사람을 전달하며 동시에 이들 나라에 그리스도의 대속의 사실과, 하나님의 사랑과, 인간의 존엄성을 알려야 할 것이다.

chapter 6
기독교 문화와 영성

기독교 문화는 영성과 불가분적 관계를 가진다. 기독교 문화는 영성(靈性)의 표현 내지 형식이요 영성은 기독교 문화의 원천 내지 실체이기 때문이다. 오늘날 서구 기독교 문화가 위기에 처해있다는 것은 서구의 기독교 영성이 쇠퇴하고 고갈되었기 때문이라고 말할 수 있다. 오늘날 서구에서는 기독교이후의 시대가 도래했다. 그것은 서구사회에서 기독교의 사회적 영향력과 지배력이 종언되었다는 것을 의미한다. 그러나 넓은 안목에서 보면 이것은 서구 기독교사의 하나의 쇠퇴의 계기에 불과하다. 이것은 새로운 영성운동으로 이어지면서 기독교 영성의 새로운 각성의 계기를 여는 시기라고도 말할 수 있을 것이다.

우리 한국교회에서는 이러한 서구의 각종 영성운동이 유입되면서 특별히 성령운동과 더불어 영성운동에 대한 관심이 고조되고 있다. 아직도 우리 한국사회에서는 기독교 문화도 제대로 꽃피우지 못했으며 기독교 영성에 관한 이해도 제대로 정립되지 못한 상황이다.

*

1. 기독교 문화의 원천: 영성

기독교 문화란 기독교가 이룩한 구체적인 삶의 열매이다. 이 삶의 열매는 신자 개인의 삶에서부터 시작하여 신자들이 가지는 정치, 사회, 경제, 예술, 문학, 윤리와 도덕의 영역에서 이룬 삶의 모습들이다. 구체적으로는 기독교 문화란 신자들이 가지는 신앙관습과 윤리와 도덕이요 세계관이라고 말할 수 있다. 한국 기독교 문화의 구체적인 모습으로는 새벽기도를 열심히 드리는 교회와 신자, 주일성수를 열심히 하며 십일조를 드리며, 장로들이 주일 대예배에 대표기도를 하는 관례, 술과 담배를 하지 않는 것, 주일 저녁예배와 수요예배를 드리며 세속적인 일이나 거래를 하지 않는 것 등이다.

이러한 기독교 문화의 원천은 무엇일까? 그것은 기독교 영성이다. 한국은 미국으로부터 청교도적인 영성을 지닌 복음이 전파되었기 때문이다. 기독교 문화는 기독교 영성의 표현이다. 역사 속에서 기독교 문화는 다양한 모습을 가져왔다. 문화에 대립하는 기독교, 문화에 영합하는 기독교, 문화를 변혁하는 기독교였다.

이러한 기독교 문화는 그 영성이 어떠한가에 따라서 결정되었다.

첫째, 문화에 대립하는 기독교에는 도피적 영성이 지배한다. 터툴리안으로 대변되는 반문화적 기독교에는 도피적 영성이 있다. 터툴리안은 라틴신학의 대부였으나 그는 말년에 당시의 신비주의 종말론인 몬타니즘(montanism)에 빠진다. 그리하여 기독교신앙과 헬라철학을 대립시켰고, 신자들이 당시 사회에 참여하여 활동하는 것을 죄악시하였다. 안토니와 파코미우스를 중심한 동방수도원 사상, 경건주의 운동, 메노나이트운동과 퀘이커운동이 이러한 도피적 영성을 가진 실례이다. 도피적 영성은 문화에 대립되는 기독교를 만들며 기독교신앙으로 사회에 영향을 끼치지 못하도록 한다. 여기서 기독교 문화는 꽃필 수 없다.

둘째, 문화에 혼합하는 기독교에는 범신적 영성이 지배한다. 초대교회 당시 기독교적 영지주의, 중세의 열광적 종말론을 설교한 요아킴 피오레스(Joachim of Fioris), 종교개혁당시의 재세례파 사상, 괴테의 파우스트 사상, 쉴라이에르마허의 범신론적 사상, 헤르만 헤세의 데미안 사상 등이 그 실례이다. 여기서 나타나는 기독교 문화는 진정한 기독교 문화가 아니라 기독교 정신과 이교 문화가 섞인 혼합 문화이다.

셋째, 문화에 영합하는 기독교는 세속적 영성이 지배한다. 초대교회 당시에는 에비온주의(ebionism), 중세에는 아벨라드(Abelard), 19세기에는 리츨(Albrecht Ritschl)을 중심한 문화개신교주의, 20세기 전기에는 하비 콕스를 대표로하는 세속화 신학, 20세기 후기에는 마크 테일러(Mark Taylor)를 대표로 하는 해체신학 등이다. 여기서 나타나는 문화는 기독교 문화가 아니라 세속문화로 변질되어 기독교적 정체성을 상실한 문화이다.

넷째, 문화를 변혁하는 기독교에는 변혁적 영성이 지배한다. 초대교회에는 폴리캅, 4세기에는 어거스틴, 종교개혁 시(時)에는 루터와 칼뱅, 그리고 종교개혁의 전통을 계승하는 존 낙스, 아브라함 카이퍼, 클라스 스킬트, 헤르만 바빙크, 리차드 니버 등이 있다. 변혁적 영성은 하나님의 절대주권을 믿고 사회를 변혁시키는 동력을 가지고 있다.

2. 기독교 영성의 네 가지 유형

역사적으로 기독교 영성은 네 가지 유형으로 나눌 수 있다. 그것은 은둔주의 유형, 범신론 유형, 세속주의 유형, 변혁주의 유형이다.

(1) 은둔주의 유형

동방 수도원주의는 고행과 은둔을 강조하였다. 동방 수도사들은 문명사회와 국가, 학교와 사회적으로 설치된 교회와 상업과 공업 등으로부터 물러났다. 서방 수도사들은 고행과 은둔을 하되 전원지역이거나 도시 안의 수도원 내에 국한함으로써 교회와 사회를 향한 관계를 긴밀하게 설정했다. 17세기 스페너와 프랑케가 중심이 된 경건주의 운동(the pietist movement)도 현 사회에서의 퇴각과 성경연구와 기도, 구제의 실천 등을 강조하였다. 메노나이트파(The Menonites)는 정치운동에 감당하는 것을 전적으로 반대하며 병역을 거부할 뿐만 아니라 경제생활과 교육에 있어서도 그들 자신의 독특한 관습과 규례를 엄수하였다. 퀘이커파(The Society of Friends)도 형제적인 우애를 강조하며 병역을 거부하였다.

이러한 도피적 영성의 본래적 의도는 문명으로부터 분리하여 그리스도의 율법에 복종하며 세속적인 사람들이 정치, 경제, 과학, 또는 예술 등에서 추구하는 세속적 목적과는 온전히 구별된 완전을 추구하는 것이었다.

(2) 범신론 유형

바실리데스(Basilides), 발렌티누스(Valentinus) 등이 주장한 기독교 영지주의(christian gnoticism)이다. 기독교 영지주의에 의하면 육신의 영혼의 무덤이라는 헬라적 사상과 범신론적 신관을 가지고 기독교를 해석했다. 참 신은 지고의 신으로 우리들에게 알려지지 않는 신이다. 인간은 단지 신비적 직관에 의하여 신과 합일한다. 예수 그리스도는 존재의 심연과 인간 상승과 타락에 관한 참된 지식의 회복자이다. 여기서 기독교는 영지주의적 체계가 되어 버린다. 예수 그리스도는 영의 주(主)요 삶 전체의 주는 아니며, 하나님은 만물의 근원도 아니며 그 통치자도 아니다. 이들 영지주의자에게는 황제에게 경배하거나 전쟁에 참가하는 것을 거부할 아무 이유도 없었다. 이들에게는 황제숭배를 거절함으로써 순교한다는 것은 우직한 일이었다. 예수 그리스도를 아는 지식이란 문화생활 안에 자리 잡고 있는 인간성취의 절정으로서 영적인 문제라고 보았다. 이러한 범신론적 영성은 19세기에는 스웨덴버르그, 헤겔, 쉴라이에르마허, 20세기에는 샤르땡, 하이트헤드, 틸리히 등에 의하여 주장되었다. 여기서 기독교신앙이란 하나의 형이상학이요 하나의 영지요, 일종의 신비적 지식이지 전 생활을 지배하는 신앙은 되지 못한다.

(3) 세속주의 유형

중세의 아벨라드, 19세기의 리츨과 트뢸취 등은 기독교를 문화화 시키고자 했다. 이들은 기독교가 가진 인간이 죄인이라는 교리와 그리스도의 대속을 통한 구속 교리를 윤리화시키고 기독교를 문화적으로 지성인인 현대인들에게 합리적으로 설명하고자 하였다. 20세기의 미국의 라우셴부쉬(W. Rauschenbusch)의 사회복음주의(Social Gospel)에서도 이러한 기독교의 문화화 시도가 드러난다. 그리고 1960년대의 하비 콕스(Harvey Cox)를 대표주자로 하는 세속화 신학에서는 이것이 구체화 되었다. 기독교는 초자연적인 영성의 굴레를 벗고 기계기술사회로 뛰어들고 합리주의적이고 도덕주의적 이상을 실천해야 하는 것으로 이해되었다. 세속적 영성은 이성을 초월하는 초자연적 영성을 거부하고 세속적 정신에 충실하고자 한다. 여기서 영성의 깊이의 차원은 상실되고 있다.

(4) 변혁주의 유형

변혁주의 유형은 역사적으로 배타적 기독교의 반문화적 영성에 대항하고 동시에 문화적 기독교의 타협적 영성에 대항하였다. 이러한 영성은 아다나시우스(Athansius), 암브로시우스(Ambrose), 어거스틴(Augustin)을 통하여 시작되고 종교개혁자 루터와 칼뱅, 낙스와 카이퍼와 니버 등을 통하여 계승되었다.

변혁주의 유형은 다음 특성을 가진다. 첫째 하나님의 창조를 중요시한다. 타락을 인정한다 하더라도 하나님의 창조의 질서는 여전히 이 세상을 지탱하고 있다는 사실을 인정한다. 둘째, 타락이란 본래의 상태로부터의 변질이나 부패를 의미한다. 하나님의 창조는 본래적으로 선한 것이다. 죄나 악이란 본래적으로 선한 것이 변질되거나 도착된 것이다. 셋째, 현재의 부조리에 대한 변혁에 적극적 태도를 가진다. 변혁주의 유형은 변질된 현실의 구조를 본래적으로 선한 것으로 변혁시키고자 하는 사명을 강조한다. 여기에 변혁주의 유형이 갖는 현실변혁적 태도가 있다.

3. 문화대결과 문화 공(公) 자연성, 배척과 귀속으로서의 변혁적 문화이론

(1) '토착화' 개념: 레그랑의 분석-세 가지 함축성

21세기에 들어와 여태까지 서구 기독교국가 일변도의 토착화 내지 상황화 문화이론를 극복하려는 새로운 방향이 일어나고 있다. 그 이유는 여태까지 선교학에서 말하는 서구중심의 문화를 선교지에 이식시키고자 하는 '토착화' 내지 '상황화' 개념이 너무 추상적이고 관념적이어서 성경이 말하는 문화현상의 다양한 현상을 제대로 설명해주지 못한다는 것이다.

프랑스의 복음주의 선교학자요 인도선교사 레그랑(Lucien Legrand)은 다음 같이 피력한다.

"토착화(inculturation) 문제는 제3세계에 속하는 신생 교회들의 문제가 되어 왔다. '토착화'(inculturation) 문제는 선교학이라고 불리는 오만한 신학적 분과의 이차적 분과로 보여졌다. 이것은 낯선 감각이다. 문화는 전 인류에 속한다, 문화의 변천(cultural mutations)이나 위기는 아시아나 아프리카에 고유한 것이 아니다. 제3세계 신학자들은 주류신학이라고 간주되는 것에 앞서 있다."[1] 레그랑은 토착화의 초점을 정식화 된 서구적 기독교의 이식(移植)이라는 협착성에서 해방한다면, 성경적 메시지와 주변문화들 사이에 존재할 수 있는 상관관계의 다양한 형식을 고려할 수 있다고 본다.

레그랑(Lucien Legrand)은 그의 저서 『문화에 관한 성경』(*The Bible on Culture*)에서 '토착화'(inculturation) 단어가 지니는 세 가지 함축성을 다음같이 분석한다.[2]

첫째, '토착화'(inculturation) 용어의 '속'(in)은 다양한 문화의 구체적인 세계에 들어가야 하는 순수한 비성육화 자료를 함축한다. 그러나 메시지는 순수 로고스로서 존재하지 않는다. 로고스는 창조시에 물질을 만든 말씀이었고 성육신 시에는 인간의 신체였다. '상호 문화화'(interculturation) 내지 '교차 문화화'(transculturation)라는 용어도 제시된다. 그러나 이 용어들은 어떤 문화에 강요하고 그것을 받아들이도록 하는 외부적 신앙을 환기시킨다.

둘째, '토착화'의 문화는 이중 문제를 야기한다. 문화는 순수 자료가 아니고 역사적 경험과 지리적 처소에 의하여 조건 지어지는 세계관을 담고 있다. 문화는 인간학적 영역의 부분으로 보인다. 문화는 더 이상 선교지에 강요해야 할 이상이 아니다. 문화 개념은 "비-가치적이고 상황연관적인 개념"(non evaluative and context relative notion)으로 수용된다.[3] 모든 사회는 문화를 가지고 있다. 그리고 문화는 그룹마다 다르다. 문화는 모두에게 공통적이다. 문화의 특별한 패턴은 모두들 사이에 다르다.

셋째, '화'(化)(-ation)는 행동명사를 형성한다. '화'는 의도적인 활동성을 전제한다. 그러나 가장 깊은 수준에서 문화적 영향은 의도적으로 귀납되기 보다는 더욱 많이 흡수된다. 문화적 형식은 인위적으로는 거의 산출되지 않는다. 문화적 형식들은 더 많이 토양에서, 사회에서, 역사에서 출현하며 인간적인 의도 없이 존재한다.

토착화에 대한 대안으로 제시되는 '상황화'(contexualization) 내지 '성육화'(incarnation) 개념[4]도 불충분하다. 상황화는 해석학적 신학의 모델을 따르며, 연역적 방법에 대한 대안으로 귀납적 방법을 따른다. 구체적으로 이것은 해방의 관점에 대하여 열려있다. 이러한 해방의 관점은 시가(時歌)신학(poetic theology)이나 서사신학(narrative theology)의 관점을 배제한다.

해석학의 관점에서 '상황화' 개념은 실재를 풀어야할 텍스트로 본다. 이것은 지성적인 사람들에게는 만족할만한 구성이나 삶의 풍요한 다양성을 드러내주지 못한다. '성육화'는 흠이 없고 전통에 의하여 성별되고 예수 그리스도의 중심 신비에 적용됨에 의하여 성화(聖化)된다. 그러나 성육화 개념은 기독교 실존의 모든 단면에 적용되지는 않는다. 그래서 이 개념은 신학적 정밀을 불가능하게 만들 수 있다. 성육신은 오로지 예수 그리스도의 역사적 일회성에 적용되기 때문이다.

따라서 레그랑이 제안하는 것처럼 문화현상에 대하여 성경적인 실례를 분석하는 것이 가장 실제적이다.

(2) 문화대결과 문화 공(公) 자연성

구약은 당시 가나안 문화에 대하여 양립적인(ambivalent) 태도를 보여준다. 한편으로 신명기는 거룩한 전쟁에 헌신하는 극단한 대결의 태도를 보인다. "오직 네 하나님 여호와께서 네게 기업으로 주시는 이 민족들의 성읍에서는 호흡 있는 자를 하나도 살리지 말지니, 곧 헷 족속과 아모리 족속과 가나안 족속과 브리스 족속과 히위 족속과 여부스 족속을 네가 진멸하되 네 하나님 여호와께서 네게 명령하신 대로 하라. 이는 그들이 그 신들에게 행하는 모든 가증한 일을 너희에게 가르쳐 본받게 하여 너희가 너희의 하나님 여호와께 범죄케 할까 함이니라"(신 20:16-18). 이 문화대결은 가나안의 종교적 풍습과 윤리적 도덕적 풍습에 관한 것이다. 이들은 풍요의 신 바알과 아세라 목석을 신으로 섬겼다. 그리고 그들의 자녀들을 이 신들에게 제물로 바쳤다. 이러한 종교적 의식은 하나님에게는 가증한 것이며, 하나님은 이스라엘이 이러한 가나안 족속의 가증한 종교의식에 대하여 대결하며 이러한 종교의식을 변혁시킬 것을 명령하신다.

그러나 다른 한편에서는 가나안에서 태어난 이스라엘은 비록 그들의 뿌리가 항상 영광스럽지 아니할지라도 이 땅에서의 그들의 깊은 뿌리를 기억해야 한다. 이스라엘은 그들이 이주해 들어간 가나안은 하나님이 저들에게 준신 약속의 땅이다. 이 땅은 저들의 기업이요, 자손들을 위한 미래의 축복의 땅이다. "내가 내려가서 그들을 애굽인의 손에서 건져내고 그들을 그 땅에서 인도하여 아름답고 광대한 땅, 젖과 꿀이 흐르는 땅 곧 가나안 족속, 헷 족속, 아모리 족속, 브리스 족속, 히위 족속, 여부스 족속의 지방에 데려가려 하노라"(출 3:8), "주 여호와께서 예루살렘에 관하여 이같이 말씀하시되 네 근본과 난 땅은 가나안이요 네 아버지는 아모리 사람이요 네 어머니는 헷 사람이라"(겔 16:3). 가나안 땅은 아름답고 광대한 땅이요, 젖과 꿀이 흐르는 땅이다. 포도송이나 각종 실과들이 풍성한 열매를 맺는 복된 지역이다. 하나님은 이 지역을 이스라엘에게 약속과 기업의 땅으로 주셨다. 이 땅은 자자손손이 만대에 걸쳐서 살아야 할 땅이다. 그러므로 이 지역의 언어, 음식, 기후, 관습, 절기 등은 이 지역의 고유한 것으로서 역시 하나님이 주신 일반 은총이다. 그러므로 이것은 대결이나 박멸의 대상이 아니라 향유하고 공유하고 발전시켜야할 아름다운 유산이다.

1) 문화대결(cultural confrontation): 배척(dissenting)

이스라엘 백성은 주변의 주도적 문화와 대결해야만 했다. 신명기 20장 16-18절이 가르쳐주는 것처럼 이스라엘의 주변의 문화에 대한 대결과 정복을 해야만 한다. 그 이유는 이스라엘이 가나안 신들을 섬기고 저들의 이방풍습에 물들게 될까 우려해서이다. 문화대결과 문화말살은 여리고 정복, 아이성 정복(수 8:24-25, 28)과 남방(수10:28, 30,32, 34, 39하)과 북방의 도시들에 대한 정복(수 11:11-15)에서 나타난다. 그것은 야훼종교가 자연의 힘과 풍요의 거짓 절대자인 바알종교의 허위성을 드러내고 이것들을 파멸 시키는 것이다.

이러한 문화대결 태도는 열광주의나 셈족의 배타주의로 환원되지 않고 이데올로기적 갈등이나 기질적인 셈족의 공격성에서 비롯되지 않는다. 이스라엘은 그들의 실존과 종교만이 아니라 그들의 정체성을 위하여 투쟁했다. 여기서 가장 중요한 것은 그들의 유일신관이다. 이스라엘의 문화대결 태도는 초월적 유일신론에 기인한다. "나는 너희 하나님 여호와라. 나 외에 다른 신을 네게 두지 말라"라는 십계명의 제 일계명이 이러한 문화대결의 기본착상이다.

2) 문화 공(公) 자연성(cultural connaturality): 귀속(belonging)

문화변혁 착상은 문화적 공(公) 자연성, 즉 문화공유를 부정하지 않는다. 창조질서로서의 문화의 기본질서를 인정한다. 이스라엘은 정복민으로서 가나안족들과 팔레스타인 땅과 언어의 기본실재를 공유하였다. 이스라엘인들은 가나안에서 정착하여 살았기 때문에 그 지역의 땅과 언어를 수용하고 살았다. 그 지역의 고유성은 땅, 언어, 사회적 삶, 종교였다. 가나안의 농경지역에서 포도와 무화과(fig), 우물에서 마시는 물을 구하고 계절의 주기, 곡식수확, 포도수확(vintage), 신년의 월력 속에서 살았다. 언어는 히브리어였다. 히브리어는 가나안 족속들이 가졌던 다른 중요한 방언 중 하나였다.[5] 히브리어와 가나안어는 상호간의 차이에도 불구하고 언어와 세계관의 공동계열(common stock)에 참여한다. 이스라엘의 문화적 삶도 근동아시아의 문화적 삶과 상당한 유사성을 가지고 있다. 예컨대, 모세법전은 기원전 18세기 바빌로니아의 함무라비 법전과 유사성을 지니고 있다. 이들은 "정의의 대한 관심과 무정부 상태와 임의적인 절대주의에 대한 금기를 말하고 있다. 히브리 율법은 인간 대우와 관계에 있어서 공평을 가져오는 시도의 부분이다."[6] 이들 법률도 장자권 인정, 간음, 신부결혼 지참금(dowries), 근친상간(incest)에 관한 금지조항을 가지고 있다. 그러나 양자 사이에 차이도 있다. 히브리 율법은 장인(匠人)이나 직업, 상인, 입양에 관한 정교하게 다룬 메소포타미아 법률을 지니고 있지 않다.

여기서 '토착화'(inculturation) 단어는 이스라엘 문화와 근동아시아 문화 사이의 상호관계를 충분히 드러내는 데 적절하지 않다(inadequate). 오히려 양자의 관계는 후천적인 노력을 상정하는 토착화 내지 상황화 보다는 "더 깊이 더 깊숙이 들어가는 출현과 지속적인 대결의 이중과정"(a double process of emergence and ongoing osmosis) 개념으로써 더 적절하게 표현할 수 있다. 이 이중과정은 "정의를 위해 나누는 삶이요 공동존중의 일"이다. 이것은 신앙적 비전에 특별한 각인을 준다. 이스라엘은 서 아시아의 문화를 특징지었던 정의에 대한 고상한 추구(the noble quest for justice)에 참여하였다."[7] 가나안 문화는 한편으로 이스라엘이 거절하였던 것(종교 및 이방윤리 등)이나 다른 한편으로 그것은 이스라엘 문화가 형성되는 여건(milieu)을 형성하였다.

가나안에서 이스라엘의 문화는 하나님의 백성으로서 자기인지(self-awareness)의 출현으로서 이해된다. 이스라엘 문화는 철저한 문화적 균열(a thorough cultural rupture)에 의하여 표시된다. 대립이란 단지 다신론에 대항하는 유일신론이라는 종교적인 문화의 정립이다. 이스라엘 문화는 가정생활, 사회 및 정치조직, 소유구조에서 신앙과 종교의식에 이르는 삶의 모든 측면에 걸친다. 그것은 "문화의 대결이거나 또는 대항문화와 기존문화 간의 만남"(the encounter between a counterculture and an established culture)이다.[8] 우상숭배나 우상숭배자들에 대한 반대에서 명백해지는 종교적 적대감은 성경적 자료 속에서 잘 증시되는 사회적 갈등의 정화이다.

그러나 이스라엘 민족은 고립된 섬이 아니라 그것의 문화적 뿌리는 가나안 지역의 문화와 세계 속에 깊이 뿌리 내렸다. 기술, 삶의 방식, 사회적 그리고 정치적 구조, 언어, 예술, 시, 종교 등에 있어서 그러했다. 이스라엘 문화는 이러한 다방면의 영역에서 출현의 과정(a process of emergence)이 있었다. 이것은 이스라엘 문화를 형성하는 데 중요한 요소이었다. 이 문화는 그 땅의 소산, 기후, 지리적, 농업, 삶의 종교적 리듬으로부터 형성되었다.

(3) 예언적인 도전: 관점의 확대

레그랑에 의하면 '토착화'(inculturation) 개념은 "의미론적 흠"과 "일면적인 선교학적 관점"에 치우쳐 있다. 레그랑은 그 이유를 다음 세 가지로 제시한다.

첫째, '토착화'(inculturation) 개념은 "신학적 사변의 영역에 제한되기 때문에 문화 사이 관계의 다양한 형식을 드러내는 인류학적 개념이 아니다."[9] 성경적 문화 연구는 다양한 시대와 다른 상황 속에 있는 인간문화의 다양성과의 상호관계의 많은 측면을 제시한다. 그런데 토착화 개념은 이러한 복합적 다양성(complex variety)을 표현하지 못하고 있다.

둘째, '토착화' 개념은 선교적 상황에 일면적으로 의존하고 있다. 이것은 신앙의 꾸러미를 다른 문화영역에 수출하는 데 제기되는 문제를 지시한다. 인간역사의 오랜 과정에서 하나님의 말씀은 문화적 상황의 거대한 다양성과 만났다. 현재 사용되는 의미에서 고유한 '토착화' 개념은 유대교적 변증학이 야훼신앙을 헬레니즘 세계에 제시하고자 했던 1세기에 이집트의 알렉산드리아에서 지배했던 상황에만 적용될 수 있을 것이다. 우리는 선교적 상황에 일면적으로 의존하는 일면성을 극복하기 위하여 주변문화와의 관계를 고려해야 한다. 그것은 문화의 출현(emergence), 침잠(immersion), 문화화(acculturation), 상호문화적 교환(intercultural exchange), 저변문화(subculture), 반문화(counterculture), 교차—풍요(cross—fertilization) 등의 관점에서 표현될 수 있다.

'토착화' 개념의 일면성을 보완하기 위하여 더 깊은 관점, 그리고 넓은 관점에서 문화의 문제를 보아야 한다.[10] 더 깊은 관점이란 다음이다. "문화와의 만남이 지역교회의 책임이라면, 그것은 지역교회 안에서 나와야 한다. 문화와의 만남은 내적 친숙화(inner appropriation)의 표현이며, 위장한 침범(disguised invasion)이 아니다. 넓은 관점이란 다음이다. 문화와의 만남은 젊은 교회의 관심일 뿐만 아니라 각 교회의 관심이기도 하다. 서구에 있어서 현재의 신앙위기는 포스트모던시대의 깊은 문화적 강박에 타협하는 교회의 무능력에 기인한다.

넓은 관점에서 문화를 이해하기 위해서는 대항(對抗)문화, 저변문화, 타자에의 열림, 성령 안에서 성육화 등의 측면을 고려해야 한다.

1) '대항(對抗)문화' (countercultures)의 의미성

'토착화' 단어의 다른 결함은 문화가 필수적으로 적극적 가치(positive value)를 가지고 있다는 것이다. 지배적이고 억압적인 문화에 대한 저항하는 태도는 문화에 대한 성경적 태도 중 하나다. "지배하는 문화의 소외시키는 관점을 향한 도전, 즉 대항문화의 경향은 성경적 관점의 지속적이고 근본 특성이다."[11] 이것은 메소포타미아를 떠나는 아브라함, 그리고 이집트에서 이스라엘을 인도하는 모세에게서 찾아볼 수 있다. 모세는 당시의 이집트의 종교와 지배가치관과 풍습에 정면 도전했다. 모세는 대항 가치관으로 하나님이 주시는 시내산 언약의 새 가치관을 제시하였다. 시내산 언약과 계명은 성별된 백성의 예언적 목소리에 뿌리 박혀 있는 대항문화적 도전(countercultural challenge)이란 거룩하고, 전적으로 다르며, 모든 인간적 기반을 초월하는 하나님에 대한 증언이다.

여기에 문화의 부정적 가치가 있다. 부정적 가치란 외부문화에서 유래하는 판단적 태도란 오만(arrogance)이요 낯선 문화적 가치를 폭력적으로 주입한다는 것이다. 그것은 하나님의 음성을 익사시키는 문화침잠(cultural immersion)이란 반역이다. 문화침잠이란 가나안의 바알종교와 그 문화적 의식에 침윤된 상태를 말한다. 이러한 문화침잠은 배척되고 부정되어야 한다. 죄와 죄적 구조를 수용하고 환대하는 문화적 동화(cultural assimilation)는 신앙의 반역(a breach of faith)이라고 보기 때문이다.

가나안에 들어간 이스라엘의 삶은 가나안의 바알 문화에 동화된 혼합주의로 침윤되었다. 대항문화는 문화침잠을 거부한다.

2) 저변문화(subcultures)의 의미성

가나안에 들어간 후 이스라엘은 한편으로 가나안의 바알종교와는 성별되면서도, 다른 한편으로는 그 지역의 의식주(衣食住) 등 자연적 생활풍습, 농경사회의 생활문화를 수용하여야 했다. 가나안에 들어간 유목인 이스라엘은 농민으로 정착했다. 이것은 저변문화의 수용이다. 오늘날 도시에서 서민층의 저변문화는 가나안 맥락에서 이스라엘 백성이 가진 저변문화에 대한 오늘날의 등가어이다. 예수 당시의 저변문화는 갈릴리 농민들의 문화이다. 가난한 자들을 위한 선택이 효율적이라면 변두리 층의 저변문화에 대한 유사한 문화적 선택이 요청된다. 우리 한국사회에서도 도시 내 달동네 내지 서민층의 문화에 대하여 관심을 가지는 것이 요구된다.

3) 타자(the other)에 대한 열림

이민자 아브라함, 출애굽과 추방에서 그들의 정체성을 형성한 이스라엘, 선교사 바울은 문화간의 개방성(intercultural openness)을 상기시킨다. "하나님이 하시는 도전의 초월성에 대한 수직적인 개방에 타문화의 타자성(alterity of other cultures)에 대한 지평적 주목이 상응한다." [12] 이스라엘은 결코 섬이 아니었다. 그의 백성을 외부의 영향으로부터 고립시키는 것은 하나님의 뜻이 아니었다. 박애 즉, 아가페의 다른 이름은 코이노니아, 교제, 타인에 대한 열림이다. 예수 시대의 갈릴리는 생동적인 문화적 교차지였다. 그가 선포한 복음은 다양한 민족들이 사는 로마제국의 교통로였고 통로였다.

문화는 복수적이고 서로간의 상호보완성을 인정하여야 한다. 그것은 교제의 도전(the challenge of communion)이다. 문화는 양립적(ambivalent)이기 때문에 하나님의 거룩하심에 의하여 도전받아야 한다. 이것이 바로 "예언주의의 도전"(the challenge of prophetism) [13] 이다. 문화는 인간의 제한성에 종속하며, 시대의 충만함 너머로 보아야 하며, 종말론적 도전에 직면해야 한다,

4) 성령의 능력 안에서 성육화(incarnation)

문화는 인간의 가장 값진 보화이다. 문화(cultures)는 신앙을 위한 복장(garb)이 아니다. 문화는 신앙의 성육화를 위한 필요한 수단이다. 하나님의 순수한 말씀이 문화적 배경에 실현됨 없이 세상에서 들려지는 때는 없었다. 모세오경에 나타나는 하나님의 말씀 "나는 너희 조상, 아브라함, 이삭과 야곱의 하나님이다"(출 3:6)는 두 가지 문화적 접촉점을 시사하고 있다. 첫째, 자신을 하나님(Elohim)이라고 부르면서 하나님은 신적 원리인 'El' 에 대한 셈족의 신앙을 지시한다. 둘째, 열조를 언급함으로써 하나님은 그의 계시를 비옥한 초승달의 지역과 그들의 문화에 참여의 긴 역사의 맥락에 그의 뜻을 계시하신다. 나사

렛 예수 안에서 말씀은 동 지중해의 갈릴리 유대 저변문화의 신체를 취하였다.

기독교의 본질을 찾는다는 것은 셈의 원천(Semitic origin)으로 되돌아가는 것이 아니다. 그것은 크나큰 신뢰 속에서 성령의 능력으로 되돌아가는 것이다. 성령은 더욱더 기독교 신자들이 오대륙과 그들의 옛 그리고 새로이 출현하는 문화, 저변문화, 반문화의 넓은 세계로 나가도록 그 지평을 여신다.[14]

문화변혁적 착상은 문화의 구체적인 현상을 분석하면서 하나님의 말씀과 성령의 조명 안에서 이러한 구체적인 문화에 대결하고 문화를 공유한다. 문화변혁은 단순히 문화대결이나 문화 공유의 어느 한 면이 아니라 양자를 변증법적으로 결합한다. 변혁적 착상은 주어진 그 지역의 문화를 공유한다. 그 지역의 언어, 관습, 예절, 의상(衣裳), 식사, 학문, 윤리에 참여한다. 언어, 관습, 주거, 식사, 예절, 의상 등 그 문화의 민속적인 측면은 거의 그대로 수용한다. 그러나 문화대결은 그 지역의 종교와 세계관과 관련해서는 그래도 수용하지 않고 비판적이고 대결적이며, 그 종교의 신관과 교리, 세계관에 대하여는 비판하며 그것을 변혁시킨다. 문화 공 자연성(connaturality)과 대결(confrontation), 문화 귀속(belonging)과 배척(dissenting)은 문화변혁적 착상의 두 가지 과정이다.

4. 개혁신앙과 변혁적 영성: 기독교 영성의 미래적 전망

오늘날 현대신학은 지나치게 중세처럼 스콜라주의에 빠져서 영성의 보고를 상실하고 있다. 신앙은 사변적 이론이 아니라 삶이기 때문이다. 개혁사상은 교회사에서 숨겨져 있는 기독교 영성의 보고를 찾아내어야 한다. 저자는 개혁신앙에 기초한 변혁적 영성이 가장 성경적이라고 보면서 기독교 영성의 미래적 전망을 다음 네 가지로 제안하고자 한다.

첫째, 기독교 영성개념의 정립이 요청된다. 오늘날 영성이라는 개념이 자주 사용되면서 영성이란 개념이 기도원운동 뿐만 아니라 성령의 은사운동 그리고 해방신학이나 민중신학에 까지 적용되고 있다. 기도원운동은 영성을 신앙의 체험으로, 성령운동은 성령체험으로, 해방신학이나 민중신학에서는 억압된 체제로부터의 해방으로 이해하고 있다. 그리하여 기독교 영성의 이해가 성경적 이해에서 빗나가고 있다.

초대교회에 나타난 기독교 영성이란 "그리스도를 본받는 삶"이었다. 그것은 양식이나 주머니나 전대의 돈을 갖지 않는 생활(막 6:8-9), 있는 재물을 모두 나뉘어주고 그리스도를 따른 삶(마 10장), 결혼을 하지 않는 삶(마 19장), 베드로처럼 모든 것을 버리고 그리스도를 좇는 삶 등이다. 이것은 "금욕과 고행의 형태"의 삶이다. 성경을 보면 초대교회는 이러한 삶을 살았다. 그것은 당시의 문화적 상황 속에서 복음을 받아들였기 때문이었다. 당시의 종교와 분파들, 후기 유대주의와 헬라의 철학적 사조들, 영지주의에서 보여준 금욕경향 등이 초대교회 신자들로 하여금 복음의 말씀을 그대로 받아들이게 했다. 이러한 금욕적 경향이 강한 시대배경이 예수와 제자들을 금욕가로 이해하게 했다. 초대교회의 문헌은 금욕이 기독교인의 삶의 양식 중 가장 중요한 것이라고 표현하고 있다. 2세기에 쓰인 『헤르마스의 목자』는 "당신이 주의 계명 이상의 것을 행한다면 당신은 하나님 앞에서 큰 상급을 받게 될 것이고, 하나님은 하늘나라에서 당신을 크게 높이실 것이다." 라고 말한다.

오늘날에도 초대교회의 영성의 기본정신은 여전히 타당하다고 본다. 기독교는 금욕과 고행의 긍정적 의미를 인정하나 타종교처럼 금욕주의거나 고행주의는 아니다. 그것은 기독교 영성훈련의 자그만 방편에 불과할 뿐이다. 초대교회의 금욕과 고행의 정신은 오늘날 "자아의 모든 욕심을 버리고 하나님의 뜻대로 사는 삶"으로 계승되어야 할 것이다.

둘째, 초대교회와 중세교회의 수도원 정신을 변혁적 정신으로 수용해야 한다. 기독교가 로마의 공인을 받은 후 교회가 이제는 국가기관이 되면서 부유하게 되면서 세속에 물들게 되었을 때 수도원 운동이 일어났다. 청빈과 순종과 순결이라는 이상을 가지고 세속의 욕심을 멀리하고 하나님과 가까이 하고자 한 수도원 이상은 서구기독교를 중세 천 년을 거쳐 오늘까지 지탱한 영적 힘이었다. 초대교회는 금욕적이고 고행의 삶을 삶으로써 그 시대에 빛과 소금을 역할을 다했다. 이집트의 광야수도원 창시자 안토니는 오두막이나 천막, 무너진 성채, 버려진 무덤 동굴에서 살면서 하루 종일 명상과 기도하는 생활을 했고 육체노동과 금식을 했다. 그리고 파코미우스는 이집트 남쪽에 공동체수도원을 건립했다. 그리고 수도원 규칙을 제정했다. 그 내용은 "노동과 순종과 가난"이었다. 순종이 중요했던 이유는 함께 모여 사는 공동체 안에서 서열이나 능력의 비교 등에서 오는 갈등을 해결하기 위해서였다.

동방교회의 수도원 생활은 4세기 후반 서방교회에도 전래되었다. 서방교회에서는 시골의 전원이거나 동시 안의 담으로 둘러싸인 곳에서 수도원을 세워서 정주금욕을 실천했다. 여기에 주도적 역할을 한 자들은 히에로니무스, 암브로시우스, 어거스틴 등이었다. 기독교가 너무나 세속화되어 영성이 고갈된 현금 기독교는 다시 광야로 되돌아가야 한다. 거기서 금식과 기도를 하면서 하나님을 만나고 기독교 수도사들이 가진 영성의 보화를 다시 회복해야 할 것이다. 오늘날에도 수도원은 자신의 욕심을 버리고 날마다 십자가를 지면서 하나님께 자신을 드리는 삶을 산다는 데에 의미가 있다.

셋째, 교회사에 나타난 영성신학의 보고를 연구하고 길러내어야 한다. 6세기에 서구에서는 기독교가 전파되면서 복음전파는 하나의 수도원운동과 결합되었다. 귀족계급들이 수도사가 되면서 수도원은 사회적으로 상위계층이 되었다. 서방교회 수도원은 교회와 밀접한 관계를 지녔고 학문의 중심지가 되었고 은둔사상이나 고행사상이 동방교회보다는 덜 중요시되었다. 이러한 서구의 수도원은 6세기 중반 베네딕트 수도원이 건립되고 수도원 규칙이 제정됨으로써 하나로 통합되고 통합된 세력으로 발전하기 시작하였다.

10세기 초반에 이르러 수도원 이상이 정치권력과 교권에 의해 훼손되기 시작했을 때 클루니 수도원영성의 개혁운동이 일어났다. 이 클루니 수도원은 예배를 중요시해서 수도원 생활을 하루종일 거의 예배로 실행했다. 그리고 시토 수도원은 동방수도원에 더 근접한 은둔과 금욕과 고행을 통한 개혁운동을 일으켰다. 12-13세기에는 가난과 공동체생활을 강조한 탁발수도원이 등장하였다. 이들은 초대교회의 이상인 그리스도의 삶을 따르고자 했다. 이 운동은 "청빈"을 생활의 시조로 삼으면서도 복음적 삶을 살면서 사회적 삶과 접목하고자 했다. 도미니크 수도회와 프랜시스 수도원이 대표적이다.

넷째, 다가오는 21세기의 시대적 사조를 능히 대결하는 영성사상의 발전이 요청된다. 도미니크 수도원은 학문적 연구를 중요했다. 그리하여 알베르투스 마그누스(Albertus Magnus), 토마스 아퀴나스(Thomas von Aquinas) 등 수많은 학자들을 배출하고, 대학의 교수들을 배출했다. 프랜시스 수도회는 당시 스콜라주의 학문과 수도원 영성을 통합시키는 탁월한 학자요 영성가인 보나벤투라(Bonaventura)를 배출한다. 어거스틴 수도회는 16세기에 종교개혁자가 될 수도사 마르틴 루터(Martin Luther)를 배출하였다.

루터의 종교개혁적 영성과 그의 정신을 한 세대 후에 계승한 칼뱅(John Calvin)의 개혁주의적 영성은 중세 교황주의에 의하여 제도적으로 와해된 기독교의 영성을 다시 각성시켰다. 종교개혁시기에 로욜라의 이그나티우스(Ignatius von Loyola)에 의해 창립된 예수회(The Jesuites)는 서구에서 수도원 운동이 최후로 화려하게 꽃피운 사건이다. 예수회는 금욕주의적 경향을 가지면서도 올바른 시기의 함양을 이해 고등교육을 강조하였고 선교에 힘썼다. 특히 선교지 문화를 알고 기독교 문화를 보급하는 데 크게 공헌하였다.

*

기독교 문화의 원천은 기독교 영성이다. 우리는 오늘날 세속화되고 있는 후기 현대의 과학기술과 교회의 상황 속에서 진정한 기독교 문화의 확립을 위해서는 그 원천인 기독교 영성의 보고로 되돌아가서 교회사에 나타난 영성의 발전을 연구하면서 우리의 선각자들이 먼저 간 발자취를 더듬어보면서 저들로부터 지혜를 배워야 할 것이다.

우리는 기독교 영성을 범신론적인 영성이나 세속적 영성과 구분해야 할 것이다. 범신론적 영성은 그것의 세계관과 신관과 구원관이 기독교와 다르기 때문에 그러한 영성의 표현인 문화 역시 진정한 기독교 문화를 꽃피우지 못한다. 그것은 신비주의로 떨어진다. 세속적 영성 역시 기독교 영성이 아니다. 세속적 영성은 무신론적이고 인본주의적이며 현세주의적이다. 그것은 이기주의적이고 향락주의적이며 자기도취적이다.

기독교 영성은 오늘도 그리스도 안에서 우리 가운데 살아계시는 하나님의 임재를 성령 안에서 경험하면서 하나님과 연합하여 사는 삶의 방식이다. 이것은 날마다 자기의 욕망을 포기하는 삶이요 그리스도를 본받는 삶이다.

chapter 7
보편 윤리와 기독교 문화

우리의 문화는 전통 속에서 형성되고, 우리의 윤리도 전통문화 속에서 형성된다. 우리 한국인의 사고 있어서는 개인주의보다는 공동체에 대한 책임과 소속감이 중요하며, 더욱이 추석(秋夕)이나 구정(舊正)을 당하여 고향으로 향하는 민족의 이동이 이루어지는 것은 우리의 문화와 윤리가 아시아적이고 한국적인 역사적 전통과 문화 속에서 형성되어 왔음을 말해준다. 가다머가 말한 바같이 우리 인간의 이성은 해석학적 이성이며 이 해석학적 이성은 전통 속에서 형성되어 온 것이다. 초 문화란 존재하지 않고 역사적 현실 속에서 생성되는 구체적인 문화만이 존재한다.

동시에 우리의 이성은 현재 속에서 새롭게 제기되는 새로운 문제에 직면하여 부단한 새로운 대응을 해야 하는 역사적 이성(historisch Vernunft)이다. 보편 이성(universal Vernunft)이란 실제로는 구체적인 역사적 상황 아래서 형성되는 이성이요, 우리의 윤리도 구체적인 역사적인 상황 속에서 형성되는 역사적 윤리라는 것이다. 이것은 이성이나 윤리의 보편성을 부정하는 것이 아니라 보편 이성이나 보편 윤리라는 것은 역사 안에서는 항상 구체적인 상황 속에서 그 가치를 실현한다는 것이다. 그러므로 보편 문화로서의 일률적인 지구촌 문화란 없고 각 민족과 사회가 구체적인 종교 안에서 형성된 다원적 지구촌 문화가 존재한다.

보편 윤리란 역사적 현실 속에서 구체적인 시대정신에서 형성된 문화 속에서 구체적인 모습을 가지고 나타났다. 사람들의 생활수준과 지식수준이 발전하고 인간의 기본권리에 대하여 눈을 뜨게 됨으로써 봉건제도나 군주제도가 무너지고, 민주정치제도가 보편화함으로써 인권이 신장하게 되었다. 19세기는 평화와 진보의 세기였으나, 20세기는 전쟁의 세기였고, 다가온 21세기에는 9·11 세계무역센터의 폭파와 더불어 테러와의 전쟁이라는 새로운 유형의 전쟁이 시작되고 있다. 미국은 아프카니스탄, 이라크 침공으로 아프카니스탄에서 새 정권을 수립하였으나 이를 저지하는 알카에다 테러 조직과의 전쟁은 끝나지 않고 있다. 중동지역은 이스라엘에 대한 팔레스타인들의 자살테러로 평화는 요원한 것 같이 보인다. 오늘날 환경오염과 더불어 제기되는 희귀종들의 소멸과 인간 생태계의 파괴와 위기, 오늘날 과학기술이 발전시키는 염색체 공학이나 생명복제, 안락사, 생명의 인위적인 연장 등의 문제는 생명의 가치에 대한 새로운 각성을 가져다주며 우리의 윤리의 대응을 환기시켜주고 있다.

오늘날 인류의 존엄과 평화와 삶의 보존을 위해서는 보편 윤리가 그 이상으로 요청되며 이것의 실현을 위하여서는 인간들이 역사의 단계에서 발전시켜온 고등종교들의 윤리가 그 역할을 해야 할 것이다. 다음에서는 기독교 문화에서의 윤리의 성격과 그 구체적인 모습으로서 인권, 평화와 생명 사상의 이해를 논하기로 한다.

*

1. 보편 윤리의 성격: 자연법, 인권과 평화와 생명의 존엄 인정과 보존

(1) 존재와 당위의 일치 요구, 그것의 사실적 모순

보편 윤리는 칸트가 말하는 바 순수 이성과 실천 이성의 실현 가능성에서 출발한다. 그것은 칸트의 범주적 명령(kategorischer Imperativ)—"나는 해야 한다. 그러므로 나는 할 수 있다"(Ich soll, deshalb kann ich)—에서 출발하면서, 범주적 명령을 "일반적 입법(立法)의 원리"(Prinzip einer allgemeinen Gesetzgebung)로 만든다. 그리고 보편 윤리는 실천 이성의 당위와 존재를 일치시킨다. 보편 윤리는 "너는 해야 하기 때문에 할 수 있다."(Du-kannst-denn-du-sollst)라고 주장한다. 그러나 보편 윤리가 설정하는 윤리적 명제의 실천은 순수실천 이성의 세계에서나 가능하며, 경험적인 구체적인 현실 속에서는 가능하지 않다. 인간이 현실에서 당면하는 구체적인 윤리적 실존상황이란 칸트의 범주적 명령과는 달리, "나는 해야 한다. 그러나 나는 할 수 없다."라는 명제이다. 이 명제는 기독교 윤리가 말하는 명제이다. 칸트는 이것을 인간 안에 있는 "근본악성"(das radikal Böse)이라고 하였다. 칸트는 선(善)을 행하고자 하는 선 의지에 대하여 자기의 이기심과 정념대로 행하고자 하는 마음의 경향성을 발견한 것이다. 신약 성서에서 바울이 고백하였다. "나의 마음은 선을 행하기를 원하나 나의 마음은 나를 이기심으로 이끈다. 오호라 나는 곤고한 사람이로다. 누가 이 사망의 골짜기에서 구원하랴!"

(2) 보편 윤리의 규범성과 역사적 제약성

이성적 존재로서의 인간은 이 세계질서 속에서 자연법(自然法, Naturgesetz)이 타당한 도덕적 기준이 된다는 것을 선언한다. 그리하여 역사(丁史)를 통관하면서 보편타당한 규범을 제시하고자 한다. 칸트의 도덕적 명령―내가 해야 하므로 할 수 있다―은 보편적 규범으로서 모든 상황 속에서 시공간을 초월하여 적용된다고 본다. 인권, 평화, 생명의 가치는 자연법의 요청으로서 보편 윤리가 갖는 규범적 윤리의 내용이다. 인권은 존엄하며 보장되어야 한다. 평화는 인류에게 필수불가결하며 평화는 지켜져야 한다. 생명은 존엄한 것이며 생명은 경시되어서는 안 된다. 생명은 보존되어야 한다.

그러나 보편 윤리의 중요내용으로서의 인권과 평화와 생명은 역사적 제약 하에서는 제대로 지켜지지 못했다. 근대적 계몽주의의 도래 전에는 인권은 군주나 관료나 사회체제에 의하여 임의로 침해를 당하였다. 19세기까지 노예제도라는 것은 부분적으로 있어 왔으며, 오늘날에도 인권은 권위주의 정권(북한, 중국, 미얀마, 라오스, 캄보디아 등)에 의하여 유린당하고 있고, 자본주의 국가에서는 가난한 나라의 노동자들이나 여인들이 인신매매나 성을 파는 노예로 전락하고 있다.

평화는 아직도 보편 윤리의 이상적 가능성으로서 지향되고 있으나, 보스니아의 내전, 인도네시아에서의 종교충돌, 아프리카의 내전에서처럼 평화는 깨어지고 있다. 이스라엘과 팔레스타인 사이의 전쟁이란 유엔이나 미국이 풀기에는 역부족이고, 중동지역에서 훈련된 알카에다 테러원들에 대한 미국의 전쟁은 쉽사리 끝이 날 것 같지 않다.

생명은 존엄하고 보존되어야 하나, 오늘날 인간의 지나친 개발은 자연계의 생명을 남획하고 파괴하기에 이르고 있다. 인간에 대한 자연 생태계의 보복으로서 지구 사막화, 온실효과, 엘리뇨 등 재앙이 일어나고 있다. 그리고 현대 첨단 의학이 가져다 준 생명공학은 인간의 염색체 조작이나 복제공학 등을 통하여 생명에 대한 조작에 대한 우려를 낳고 있다.

(3) 이상적 가능성과 그 현실적 불가능성

인간은 이성적이고 책임 있는 윤리적 존재이기 때문에 보편 윤리는 이 세상에서 이상적 윤리적 상황 속에서 실현될 수 있다는 가설에서 출발한다. 하버마스는 "이상적 언어상황"(die ideale Sprechsituation)을 사회적으로 권력의 지배관계에서 벗어난 이상적으로 의사소통이 가능한 상황으로 본다. 그는 이러한 이상적 언어상황 속에서는 인간 사이의 원만한 의사소통과 교제가 이루어지는 것으로 본다.

그러나 실제로 인간이 사는 구체적인 역사적 상황 속에서 이상적 언어 상황은 어디서도 이루어지지 않았고, 앞으로도 이루어지지 않을 것이다. 그러나 보편 이성은 그것을 추구한다. 보편 윤리는 이상적 언어상황을 칸트가 말하는 바 규제적 원리(regulatives Prinzip)로서 지향하나, 그것은 실제로 경험적 현실 속에서는 이루어지지 않는다.

그러나 우리는 인간이 당위적으로 지켜야 할 보편 윤리의 가치는 존재하지 않는다고 주장하는 포스트모더니즘의 주장에 동의 할 수는 없다. 비록 우리가 유한한 인간이기 때문에 그리고 이기심에 사로 잡혀서 그것을 실현할 수는 없으나 그것을 알고 그것을 지향하며 그것을 향하여 우리의 윤리적 목표를 세우는 것이다.

(4) 보편 윤리의 사회적 구체화: 구체적인 합리성

보편 윤리라고 할지라도 특정한 인간사회로부터 떨어져서 존재하지 않는다. 그렇기 때문에, 다른 인간 공동체들이 발전시켜 오고 간직해 온 모든 전통 윤리에 대해 판단을 내릴 수 있는 기준을 제공할 수 있는 추상적 합리성은 존재하지 않는다. 영국의 선교신학자 레스 뉴비긴(Lesslie Newbigin)은 그의 저서 『다원주의 사회에서의 복음』(The Gospel in a Pluralistic Society)에서 다음같이 말한다. "그것은 환상이다. 사회적으로 구체화 되지 않은 합리성이란 없다."[1]

미국의 기독교 윤리학자 알래스데어 매킨타이어(Alasdair MacIntyre)가 그의 저서 『누구의 정의, 어느 합리성?』(*Whose Justice, Which Rationality?*)에서 언급한 같이 "모든 윤리성을 판단할 수 있는 초문화적 합리성(supercultural rationality)은 없다.[2] 정의라는 초문화적인 가치는 존재하며 인류 공동체는 그것을 추구하기 위해 노력해야 한다. 정의(正義)라는 구체적인 윤리적인 실천은 초문화적 공동체가 행하는 것이 아니라, 구체적인 역사적 공동체가 행하는 것이다. 왕조사회의 정의와 민주사회의 정의는 다른 것이다. 그리고 구체적으로 정의는 오늘날에도 정의의 실질적 내용 보다는 힘 있는 자의 것이 되어왔고, 합리성도 마찬가지로 다수의 사람들의 지지를 받는 것이 타당한 합리성의 기준이 되어 온 것이다. 북한 사회처럼 폐쇄적이고 왕조적인 체제에서 일인 독재적인 통치자가 지배하는 사회의 정의와 합리성은 한국처럼 다수성과 경쟁적 비판과 경쟁이 허용되는 사회의 정의와 합리성이 다른 것이다.

인권, 평화, 생명이라는 윤리적 가치는 초문화적 가치로서 보편 윤리의 이상으로서 존재한다. 그러나 그것의 구체적인 역사적 실현은 서양과 동양에서 문화적 차이 속에서 다르게 실현되어 왔다. 인권은 신분사회가 중심이 된 동양사회보다는 자유와 평등이념이 발전한 서구사회에서 신장된 것이 사실이다. 인권, 평화와 생명이라는 윤리적 가치는 추상적으로 논구되어야 하는 것이 아니라, 역사 속의 구체적인 상황 속에서 이루어져야 한다. 윤리적 가치는 공동체나 개인이 행해야 한다. 여기에 종교의 역할이 있다. 종교 문화는 이러한 보편 윤리의 실천에 긍정적으로 영향을 끼치는 것이기 때문이다.

2. 기독교 문화에서의 윤리의 성격

기독교 문화에서의 윤리는 단순히 기독교인들의 윤리가 아니라, 유한성과 근본악성을 지닌 인간실존이 갖는 윤리적 난관을 반성하고 그것을 극복하고자 하는 윤리적 성찰이다. 말하자면, 기독교 문화에서의 윤리는 보편 윤리가 지향하는 존재와 당위의 일치, 보편적 규범성과 그 역사적 제약성, 그리고 이상적 가능성과 그 현실적 불가능성이 갖는 윤리적 난관을 극복하고자 하는 윤리적 성찰이다.

(1) 존재와 당위의 불일치

기독교 문화에서의 윤리의 근본문제는 존재(Sein)와 당위(Sollen) 사이의 불일치에 있다. 기독교 윤리는 비상질서로서의 창조와 역사적 현실 안에서 하나님의 계명의 성취란 불가능하다고 본다. 기독교 윤리는 칸트의 범주적 명령(kategorischer Imperativ) - "나는 해야 한다. 그러므로 나는 할 수 있다."(Ich soll, deshalb kann ich) - 을 윤리의 출발점으로서 거부한다. 기독교 윤리는 반대로 윤리적 불가능성 - "나는 해야 한다. 그러나 나는 할 수 없다."(Ich soll, aber ich kann nicht) - 으로부터 윤리적 사고를 출발한다. 기독교 윤리는 "나는 윤리적으로 해야 하나 사실로 할 수 없다"라는 윤리적 존재와 당위 사이의 불일치 속에서 그리스도 안에서 하나님에 의하여 은총으로 부여받은 칭의 사건을 윤리적 행위의 출발점으로 삼는다. 그러므로 기독교 윤리는 신학적 윤리이다.

기독교 문화 맥락의 윤리에서는 칸트가 그의 윤리학에서 말하는 "범주적 명령"(der kategorische Imperativ)은 하나님 법(神法)의 새로운 내용을 만나면서 죽는다. 왜냐하면 하나님의 법은 범주적 명령을 "일반적 법(法) 부여의 원리"(Prinzip einer allgemeinen Gesetzgebung)로 만들지 않고, 그것의 고유한 전제,

"너는 해야 하기 때문에 할 수 있다."(Du-kannst-denn-du-sollst)라는 전제를 깨뜨리기 때문이다.[3] 그러므로 기독교 윤리는 이 칸트의 범주적 명령이란 하나의 "환상"(Illusion)에 불과하다고 본다. 인간의 양심은 "해야 하는 것을 행치 않았다."는 불안과 "행할 수 없다."는 불안에 사로 잡히기 때문이다. 이것이 바로 "자연적인 양심이 하나님의 요구 앞에서 갖는 두려움이요 은밀한 불안이다." 기독교 윤리는 범주적 명령을 단지 "이제 인간이 넘어선 실존의 지평, 곧 실존의 한계"로서 본다.[4] 하나님의 법은 인간의 양심에 대한 심판으로서 선(先)소여된 관계를 깨뜨리고, 인간 실존과 양심을 절망의 골짜기로 통관시키면서 극단히 수정하고 방향전환 시킨다. "그러므로 하나님의 심판은 어떤 방식으로는 부름, 접촉(Anknüpfung)이 된다."[5] 기독교 윤리에 의하면 하나님 접촉의 기적이란 인간의 태도가 패역과 거역의 태도임에도 불구하고 인간태도에 접촉하는 데 있다. 그리고 인간을 새로운 존재로 만들어 그의 법을 행할 수 있도록 만든다.

기독교 문화에서의 윤리의 기초는 믿음을 통한 신 앞에서의 의인(義認)론이다. 윤리적 행동 이전에 존재의 변화가 선행되어야 한다. 윤리적 행동은 다름 아닌 의인(義認)사실(Rechtfertigungsfaktum)에 뒤따르는 표식이다. 그것은 직설(Indikativ)과 명령(Imperativ)의 구조를 가진다. 직설이란 인간의 새로운 실존이 하나님의 용서하는 행위에 기초해 있다는 것이다. 명령이란 인간이 하나님을 당신이라고 부를 수 있는 인격적 존재로서 의롭다 하시는 하나님의 의에 참여해야 한다는 것이다. 인간을 의롭다고 인정하신 분이 인간으로 하여금 의롭게 살라고 명령하시는 것이다. 윤리적 행위에 대한 명령은 항상 윤리적 존재의 직설에 기초해 있다. 윤리적 당위는 윤리적 존재에 기초해 있다. 믿음으로 의롭다 인정받고 새롭게 된 존재만이 윤리적으로 새로운 삶, 하나님이 원하시는 삶을 살 수 있다. 새 존재가 윤리의 기초이다. 이것이 기독교 윤리의 원리이다.

그래서 기독교 문화에서의 윤리의 구체적인 구조는 의인론에 기초하여 세워진 성화론(Heiligungslehre)이다. 기독교 윤리는 이 종교개혁적 의인론(Rechtfertigungslehre)이 인간의 삶의 질서, 인권, 평화와 생명 등에 있어서 무엇을 의미하는가 묻는다. 기독교 윤리는 "옛 에온(das alte Aeon)과 새 에온(das neue Aeon)의 긴장영역(Spannungsfeld)에 대한 비상규율"(Notdisziplin)이다. 여기서 "에온"이란 개념은 시대를 뜻하는 것으로 인간 실존이 그 속에서 살고 있는 창조 질서와 역사적 시간을 포괄하는 총체적 현실을 나타내고 있다. 기독교 윤리의 과제는 "의인(義人)인 동시에 죄인(罪人)"으로서 두 에온 사이의 갈등과 긴장 관계 속에서 존재하는 기독자 실존을 해석하는 것이다.

(2) 현실에 대한 신학적 해석

기독교 문화에서의 윤리는 독일의 신학자 헬무트 틸리케가 그의 『신학적 윤리』(*Theologische Ethik*)에서 말하는바 같이 규범적 윤리가 아니라, 세계 현실의 해석, 즉 "현실에 대한 신학적 이론"(eine theologische Lehre von der Wirklichkeit)이다.[6] 기독교 문화에서의 윤리는 "포괄적이며 체계적인 의미에서 인간적, 역사적 현실 일반에 대하여 기독교적 해석"을 가하는 것이다.[7] 기독자인 인간은 "그가 움직이는 세계의 객관적인 현실 속에서" "윤리적으로 타당성 있는 행동을 하도록 지시된다."[8] 기독교 윤리란 "현실에 대한 기독교적 해석", 다시 말하면, 세계 속의 존재인 인간을 그의 상태와 질서 한가운데서, 그러나 역시 그의 갈등과 한계 상황 속에서 보여주는 것이다."[9] 그러므로 기독교 문화에서의 윤리란 세계내 존재가 무엇을 의미하는가 라는 물음과 관련하여 신앙하는 실존의 해석이다.[10] 루터의 두 왕국론에 기초해서 틸리케는 기독자 실존의 두 가지 측면을 말한다. 기독자는 옛 시대와 새 시대에 동시에 속한다. 새 시대는 신자가 믿음에 의해서 속하는 신령한 왕국이요, 옛 시대는 신자가 그 속에서 아직도 새로운 삶을 살아야만 하는 긴급질서의 왕국이다. 산상

교훈의 법칙은 종말론적인 적합성을 지니고 있다. 이 법칙은 우리의 일상적 삶에 제한된 정도로만 적용되고, 주로 개인적 영역에 적용된다. 산상교훈의 법칙은 타락 이전(以前)의 무죄상태에 적용되고, 그리스도 안에서 신의 새 창조의 사역이 완성될 종말의 때에 적용된다.

틸리케는 신자는 새로운 삶을 지니고 있으나 타락된 세계질서 속에 산다는 사실을 강조한다. 이것은 자연법(自然法, Naturgesetz)이 불가피적인 상대성의 제약 아래 있으므로, 더 이상 역사(丁史) 속에서는 만족할만한 규범을 제시해 주지 못하기 때문이다. 자연법은 세속적 일에 대한 행위의 규범을 제시하는 데 있어서 제한된 가치를 지니고 있다. 긴급질서는 필요하기는 하나, 그것이 정치체제의 억압이나 잘못을 변명해 줄 수는 없다. 기독교 문화에서의 윤리는 진리의 상황적 성격을 언급하고, 기독교 윤리는 인간과 상황에 대해서 상대적이다. 기독교 문화에서의 윤리는 모든 우연적 상황에 대한 결의론적 법칙(casuistical rules)을 세우려고 하지 않고, 모델을 제시함으로써 근본신학적 원리에 입각한 행동의 다양한 방식을 제시하고자 한다. 첫째, 그것은 인격과 구조 사이의 관계에 있어서 인격의 우위성을 인정한다. 둘째. 타락한 세상에서는 적응(適應, Akkomodation)으로서의 타협(妥協, Kompromiss)이란 불가피하다. 그러나 이 세상은 인간이 책임을 모면할 수 없이, 만들어낸 세상이다. 셋째, 애매한 상황에서 인간이 행하는 타협은 옳은 행동일지라도 여전히 그것은 그릇된 요소를 지니고 있다. 칸트의 도덕적 명령―내가 해야 하므로 할 수 있다―은 윤리적 고백―나는 해야 하나 할 수 없다―에 의해서 대체된다. 넷째, 두 왕국의 시민으로서의 기독자의 삶은 그리스도의 "낯선 의(義)"(fremde Gerechtigkeit)에 기초하고 있다.

(3) 불가능적 가능성

산상설교와 관련하여 "기독교 윤리는 불가능적 가능성(eine unmögliche Möglichkeit)이다"[11]. 말하자면, 기독교 윤리는 예수가 가르친 원수를 사랑하라는 명령을 실천할 수 없는 윤리적 명령으로 인식한다. 그리하여 기독교 윤리학은 옛 에온과 새 에온의 갈등과 긴장관계로부터 기독자 윤리의 구체적인 상황을 해석한다. 그래서 기독교 윤리학은 "현실 해석학"(Hermeneutik der Wirklichkeit)으로 전개된다.

기독교 문화에서의 인간 실존의 윤리적 상황은 두 에온의 갈등과 긴장관계를 그대로 반영한다. 그리하여 갈등상황이 기독자의 윤리적 실존을 규정하는 전형적(典型的)인 현상으로 나타난다. 여기서 기독자 실존은 윤리적 결단에 있어서 갈등을 경험하게 된다. 윤리적 결단의 갈등은 두 에온의 갈등과 긴장에서 비롯된다. 이러한 두 에온의 긴장과 갈등 속에 주어져 있기 때문에 기독자의 윤리적 결단은 "타협"(Kompromiss)으로 나타나게 된다. 타협이란 두 에온의 갈등과 긴장관계를 해소하는 것이 아니라 오히려 그것을 윤리적 실존의 구체적인 구조로서 받아들이는 것을 말한다. 그리고 기독자의 모든 윤리적 결단은 옛 에온의 죄책 연관(Schuldzusammenhang)에 귀속되며, 속죄의 대상임을 나타내는 표식이다.

두 에온의 갈등과 긴장 속에 있는 기독자 실존의 현실이해를 통해서 기독교 윤리의 위기를 드러낸다. 그 위기는 두 에온 사이의 종말론적 긴장에 기인한다. 기독자 실존은 신앙을 통해서 옛 에온 안에서 새 에온의 도래를 경험한다. 기독자 실존의 이중적 실존방식은 윤리적 행동의 모호성을 야기시킨다. 역사 안에서 기독자의 윤리적 행위는 역사 안에서 종말이 현존하는 것과 관련된다. 이런 의미에서 기독교 문화에서의 윤리는 "종말론적 비밀"(eschatologisches Geheimnis)이다.[12] "윤리의 주제는 두 세상 사이의 순례이다. 그것은 엄격한 의미에서 순례자 신학의 주제이다. 그것은 '아직도 아님' 의 율법 아래서 살고 '내가 곧 오리라' 라는 평화 속에서 산다".[13] 여기서 기독교 문화에서의 윤리는 두 에온 사이의 긴장과 윤리이며 그것은 종말론적 성격을 가진 신학적 윤리이다.

기독교의 문화에서의 윤리는 기독자가 속하는 두 가지 영역을 말하면서도, 현실세계와의 직접적인 관계를 구체적으로 밝히고 있다. 기독교 윤리는 윤리를 기독론적 사건과 구체적인 계명에 집중하는 바르트의 기독론 일원적인 시도를 반대하면서, 창조의 질서를 윤리의 영역으로 타당화 시키고자 한다.[14] 기독교 윤리는 기독자를 위한 "계명의 지시기능"(die Weisungsfunktion des Gebotes f?r den Christen)을 거부하고,[15] 윤리를 율법과 복음의 변증법적 긴장의 체계 속에서 다룬다.

기독교 문화에서의 윤리는 인간 윤리행위에 있어서 하나님으로부터의 소외(疏外)에서 야기되는 인간성 소외를 말하고 있다. 이 세상은 타락한 세상이다. 이 세상의 기구가 사람들을 악으로부터 보호하려고 하지마는, 이 기구 역시 세상의 타락(墮落)에 참여하고 있다. 그래서 이 기구 역시 소외하는 요인이 된다. 그러므로 기독교 윤리는 혁명주의자들의 이상향(理想鄕) 실현의 주장을 환상으로 간주한다. 기독교 윤리는 우리는 타협해야만 한다고 주장한다. 그러나 또한 이 타협이 최선의 길이라고 할지라도 그것은 부분적으로 잘못되었고 신의 용서를 필요로 하는 것이라고 말한다. 기독교 문화에서의 윤리는 사랑을 타협의 영의 활동에 기초시킨다. 이 타협은 인본주의적 동기가 아니라, 신본적 타협행위에 기초되어 있다. 기독교 윤리는 상황주의를 지향하지 않는다. 기독교 윤리는 인간에게 율법과 복음을 주신 하나님의 타협 영의 활동에 기초한 타협의 윤리이다. 이 타협이란 세속적 현실에 대한 항복이나 자기포기를 의미하지 않고 구체적인 상황 속에서 명령하시는 하나님의 계명의 구체적인 실천을 말한다.

기독자는 희망 속에서 의롭게 되었으므로 사실에 있어서 아직도 의로운 것은 아니다. 그러므로 이 세상에서 기독자는 윤리적 행동의 이상적 실현을 꿈꿀 수 없다. 그러나 기독자는 절망을 말하지는 않는다. 새로운 시대는 동트고 있으며, 회복작업은 시작되고 있으며, 최종의 완성은 기대되고 있다. 인간의 궁극적 문제가 하나님으로부터의 소외이다. 때문에 인간 문제의 궁극적 해결은 이 깨어진 관계가 하나님에 의해서만 회복되는 데 있다.

3. 기독교 문화 속에서의 인권, 평화, 생명 이해

(1) 인권

기독교 문화에서 인권은 천부적이기 때문에 존엄한 것으로 간주된다. 기독교에서는 인간이 신적인 존재이기 때문이 아니라, 인간이 만물과 같은 범신론적 성질을 가졌기 때문이 아니라, 인간이 하나님의 형상으로 지음을 받았기 때문에 존엄한 것으로 본다. 인간의 존엄성이란 인간 자신에게 있기 보다는 신적인 부여에 있다. 자연주의적 휴머니즘이 인간성 그 자체를 신적인 것으로 보는 데 반해서, 기독교 윤리는 인간성 자체를 신의 형상(imago dei)으로 지음을 받은 피조물로 본다. 그러므로 인간의 존엄성은 침해될 수 없는 것으로 본다. 인간은 칸트가 기독교적 영향으로 본 것처럼 목적으로 대해야지 수단으로 대해서는 안 된다. 인간은 도구로 사용하든가, 제도에 속박되어서는 안 된다는 것이다.

기독교는 인간을 몸과 영의 통일성으로 취급하며 영이나 몸으로 분리하지 않고 통일된 전체(a unified whole)로서 취급한다. 기독교적인 전일주의(christian wholism)는 인간에게 있는 감정의 정서적인 것(the emotional-affective), 신체의 감각적인 것(Bodily sensual), 지성적 이성적인 것(the intellectual-rational)을 하나의 인간 인격 안에 통합한다. 기독교는 그리하여 영의 실재나 실체성을 거부하는 포스트모더니즘의 견해를 거부하며 몸의 실재와 의미성을 거부하는 신령주의나 신비주의를 거부한다. 기독교는 인간을 통일된 전체로서의 인간으로서 인권을 존중한다. 인권이란 단순히 몸이나 지성만이 아니라 정서에 이르기까지 존중되고 이 세 차원이 통일된 전체로서 존중되어야 한다.

(2) 평화

1) 신구약 성서의 샬롬사상

기독교 문화에서 평화란 전쟁의 부재가 아니라 샬롬이다. 평화를 뜻하는 구약성서의 개념은 샬롬(shalom)이다. 샬롬은 근본적으로 "완전함", "온전함"을 뜻한다.[16] 샬롬이란 어떠한 부분도 결여되거나 부족하거나 손상되지 않는 상태를 말한다. 모든 부분들이 완전한 조화와 질서, 통일을 이루고 있는 상태를 뜻한다. 그러므로 샬롬이 신체적 상태와 관련하여 쓰일 때, 몸이 완전한 상태에 있다는 것을 의미한다. 샬롬이 물질적 상태와 관련하여 사용될 때, 번성, 풍요, 풍년을 의미한다.[17] 샬롬이 인간관계와 관련하여 사용될 때, 관계의 온전함, 말하자면 우의와 화평한 관계를 의미한다. 샬롬이 공동체와 관련하여 사용될 때, 공동체의 온전성과 화합을 뜻한다. 그러므로 샬롬의 반대말은 전쟁이나 분쟁이 아니다. 전쟁이란 샬롬이 깨어졌을 때 발생하는 하나의 외적 징후에 불과하다. 샬롬의 반대말은 완전함의 파괴요 조화와 화합의 붕괴이다. 샬롬은 정의와 내적으로 연결되어 있다. 샬롬이란 인간이 하나님과 이웃과 자연과의 관계에 있어서 온전하고 화평한 삶을 이루는 상태이다. 샬롬은 소극적으로 대적의 부재나 바른 관계 속에 있다는 것만이 아니다. 샬롬은 이러한 바르고 온전한 관계를 향유(enjoyment)하는 것이다. 샬롬 속에 산다는 것은 하나님 앞에서 바른 삶을 향유하고 그의 동료와의 삶을 온전히 조화롭게 향유하며 그의 자연환경과 바르고 온전한 관계를 향유하는 것이다.[18]

첫째, 샬롬은 하나님과의 바르고 조화로운 관계를 나타낸다. 구약의 선지자들이 샬롬을 말할 때는 이스라엘이 하나님의 도에 거하고 하나님만을 섬기게 될 때를 언급하고 있다 (사 26:3-4). 하나님과의 바른 관계에서 하나님은 이스라엘에게 평강을 주신다. 이러한 하나님과의 바른 관계는 의로운 삶으로 나타난다(사 26:7). 샬롬은 신앙적 공동체(community in faith)이다. 하나님과의 바른 관계 속에서 이스라엘에게 샬롬은 하나님으로 부터 선물로서 주어진다. 하나님과의 바른 관계는 자신과의 바른 관계, 이웃과의 바른 관계, 자연과의 조화로운 관계의 기반이다.

둘째, 샬롬은 다른 인간과의 조화롭고 화목스러운 관계를 나타낸다. 공동체의 화목과 조화란 공동체 속에 정의가 지배할 때 이루어진다. 이사야는 예루살렘의 몰락과 관련하여 샬롬의 부재가 정의의 부재에서 오는 것으로 말하고 있다. "신실하던 성읍이 어찌하여 창기가 되었는고 정의가 거기에 충만하였고 공의가 그 가운데에 거하였더니 이제는 살인자들뿐이로다"(사 1:21). 이사야는 예루살렘의 회복과 구속을 정의의 회복과 관련시켜 말하고 있다. "그때에 공평이 광야에 거하며 의가 아름다운 밭에 있으리니 의의 공효는 화평이요 의의 결과는 영원한 평안과 안전이라"(사 32:16-17). 샬롬은 윤리적 공동체(ethical community)이다. 정의는 샬롬에 불가결하다. 만일 개인이 공동체 속에서 자기의 직분을 박탈당하여 누리지 못하게 된다면 그 공동체의 샬롬은 깨어지게 된다. 샬롬은 정의롭지 못한 공동체의 상황에서는 상처를 입게 된다. 샬롬은 그 공동체의 구성원 모두가 다 같이 자기의 몫을 누리게 될 때 보장된다. 이러한 공동체는 정의로운 공동체요 샬롬의 공동체이다.

셋째, 샬롬은 자연과의 조화스러운 관계를 나타낸다. 이사야는 메시아 통치에 의한 자연과의 샬롬을 다음같이 묘사하고 있다. "그 때에 이리가 어린 양과 함께 거하며 표범이 어린 염소와 함께 누우며 송아지와 어린 사자와 살찐 짐승이 함께 있어 어린 아이에게 끌리며 암소와 곰이 함께 먹으며 그것들의 새끼가 함께 엎드리며 사자가 소처럼 풀을 먹을 것이며 젖먹는 아이가 독사의 구멍에서 장난하며 젖뗀 어린 아이가 독사의 굴에 손을 넣을 것이라 나의 거룩한 산 모든 곳에서 해됨도 없고 상함도 없을 것이니…"(사 11:6-9). 자연 속에 샬롬이 지배하게 될 때 자연세계에서 약육강식과 자연에 의한 인간의 해함이 없을 것을 말하고 있다. 샬롬은 책임적인 공동체(responsible community)이다. 샬롬은 하나님과의 바른 관계에서 출발하여 이웃 인간과의 바른 관계로 나아가며 자연에 대한 책임 있는 관리자가 되는 것이다. 자연에 대한 책임이란 인간이 자연의 주인이 아니라 자연의 관리자라는 사실을 아는 것이다. 자연을 착취하는 것이 아니라 자연이 스스로 지탱할 수 있도록 자연을 관리하는 것이다.

2) 예수 그리스도: 세상의 평화

이러한 샬롬이 우리 인간의 원죄로 말미암아 깨어졌다. 인간의 원죄란 하나님의 말씀에 대한 불순종이요 "하나님과 같이 되려고 하는" 교만(hubris)이다. 인간의 불순종과 교만 때문에 창조세계의 샬롬은 깨어지고 말았다. 인간은 하나님으로부터 소외되었다. 이 근원적 소외와 타락으로부터 창조세계의 각종 소외는 야기된다. 인간은 자신으로부터 소외되고 이웃 인간과의 갈등과 대립의 관계에 들어가게 되고 자연과의 갈등과 긴장관계에 들어가게 되었다. 인간의 죄로 말미암아 창조세계의 본래적인 조화와 온전성인 샬롬은 깨어지고 혼돈과 부조화와 대립과 갈등이 창조세계에 들어왔다.

그리스도는 이러한 창조세계의 깨뜨려진 샬롬을 회복하기 위해 오신 분이다. "때가 차매" 하나님이 당신의 독생자를 이 세상의 샬롬을 회복하기 위하여 이 세상에 보내시었다. 나사렛 예수는 인간의 몸을 입고 오신 하나님이시요 우리의 샬롬을 위한 속죄제물이 되셨다. 바울은 다음같이 증거한다. "우리가 원수 되었을 때에 그 아들의 죽으심으로 말미암아 하나님으로 더불어 화목 되었은즉"(롬 5:10), "우리 주 예수 그리스도로 말미암아 하나님으로 더불어 화 평을 누리자"(롬 5:1). 그리스도는 화해의 사역을 통하여 하늘과 땅에 샬롬을 회복하셨다. 골로새서에서 바울은 다음같이 증거하고 있다. "아버지께서는 모든 충만으로 예수 안에 거하게 하시고 그의 십자가의 피로 화평을 이루사 만 물 곧 땅에 있는 것들이나 하늘에 있는 것들이 그로 말미암아 자기와 화목하게 되기를 기뻐하심이라"(골 1:19-20). 예수 그리스도는 그의 십자가의 피로 하나 님과 소격되고 원수 된 만물을 그와 화목하게 하시고 화평케 하셨다.

바울은 에베소서에서 그리스도를 하나님과 인간 사이의 막힌 담을 허신 우 리의 화평이라고 증언하고 있다. "이제는 전에 멀리 있던 너희가 그리스도 예 수 안에서 그리스도의 피로 가까워졌느니라 그는 우리의 화평이신지라 둘로 하나를 만드사 원수 된 것 곧 중간에 막힌 담을 자기 육체로 허시고"(엡 2:13- 14). 이러한 그리스도의 구속에 의한 샬롬의 회복은 우주적이다. 인간이 하나 님과 개인적으로 화평을 누리게 되었을 뿐만 아니라 인간 사이의 갈등과 대립 의 담이 허물어지게 되었고 자연과의 소격과 부조화의 관계가 화평의 관계로 바뀌게 되었다. 로마서에서 바울은 이 사실을 증언하고 있다. "그 바라는 것은 피조물도 썩어짐의 종 노릇 한 데서 해방되어 하나님의 자녀들의 영광의 자유 에 이르는 것이니라"(롬 8:21). 그리스도의 평화는 사랑의 평화(Friede der Liebe)이다. 그는 자기 자신을 희생으로 주심으로서 원수 되었던 것을 멸하시 고 자기 몸에서 둘이 하나가 되게 하셨다. 사랑의 평화는 상호간에 신뢰하며 서로에 대해 안심을 허용하는 심리가 지배한다. 그리스도는 이 사랑의 평화를 이 세상에 주시고자 하신다. "평안을 너희에게 끼치노니 곧 나의 평안을 너희 에게 주노라 내가 너희에게 주는 것은 세상이 주는 것과 같지 아니하니라"(요 14:27). 통일신학의 평화이념은 힘의 평화 아닌 사랑의 평화에 기초해야 한다.

3) 정의로운 평화

사랑의 평화는 정의로운 평화이다. 첫째, 사랑의 평화는 인간과 하나님 사이의 정의로운 관계를 수립한다. 그리스도께서 이 세상에 가져오신 사랑의 평화는 하나님의 정의를 만족시키는 평화였다. 바울은 그리스도가 그의 피로 인하여 하나님의 정의를 충족시키는 화목제물이 되셨다고 증언한다(롬 3:25-26). 그리스도가 가져오신 사랑의 평화는 인간의 불의와 죄를 용인하시는 것이 아니라 그것에 대한 심판이요 제거를 목적으로 하셨다. 그러므로 그리스도는 십자가에서 인간의 불의와 죄의 대속을 위한 화목제물이 되셨다. 그리하여 그는 하나님의 의로우심을 드러내시고 자기를 믿는 자들을 의롭다 하셨다. 하나님의 정의는 창조적이고 의롭게 하며 권리를 창출하는 정의이다. 하나님은 권리 없는 자들에게 권리를 부여하시고 불의한 자들을 의롭게 만드시기 때문에 의로우시다. 하나님의 의는 구원하시는 의다.

둘째, 사랑의 평화는 이웃과의 정의로운 평화를 수립한다. 그리스도는 선한 사마리아인의 비유를 통하여 강도 만난 자를 돌보고 치료해주는 것이 강도 만난 자의 이웃이요 그에 대한 진정한 관계라고 말씀하신다(눅 10:30-37). 그리스도는 불의한 청지기의 비유를 통하여 이웃과의 정의로운 관계를 교훈하고 있다. 이 비유에서 그리스도는 주인의 일을 잘못한 청지기가 주인에게 빚진 자들에게 빚을 탕감해줌으로써 주인의 칭찬을 받은 교훈을 통하여 사회적으로 억눌리고 힘없는 자들에게 도움을 베풀면 하나님께서도 우리의 죄와 허물을 사해 주신다는 정의의 사랑을 가르치고 있다(눅 16:1-13). 평화는 사회적인 정의가 지배하는 곳에 수립된다. 불의와 폭력이 있는 곳에는 평화가 없다. 안정과 질서가 강요되는 곳에도 평화는 없다. "평화가 정의를 가져오지 않고, 정의가 평화를 가져온다."[19] 불의는 항상 불평등을 만들고 평등과 정의를 파괴한다. 불의한 체제는 항상 불의와 폭력으로써만 유지될 수 있다. 폭력이 난무하는 곳에 죽음만이 있으며 생명이 없다. 불의와 폭력이 난무하는 곳에 평화가 없다.

(3) 생명

1) 몸과 영혼의 통일성

성경은 몸과 영을 분리하지 않는다. 생명이란 몸과 영혼의 통일성이다. 죽음이란 몸과 영혼이 없어지는 것이 아니라 양자가 분리되는 것이다. 창세기 기자는 다음같이 말한다. "여호와 하나님이 땅의 흙으로 사람을 지으시고 생기를 그 코에 불어 넣으시니 사람이 생령이 된지라"(창 2:7). 생령으로서 인간은 몸과 영의 통일성의 존재이다. 인간은 몸과 정신의 두 요소로 된 것은 사실이나 이 양자는 살아 있는 인간에게서 분리되는 것이 아니다. 양자가 분리 될 때 죽음이다. 살아 있는 인간에게 양자는 항상 통일되어 있다.

인간의 개체성은 몸을 통한 외적 환경과의 관계를 통해서 자기 동일화, 즉 자기 정체성을 형성한다. 인간은 의식적인 것과 무의식적인 것, 의지적인 것과 비의적인 것과의 통일 속에서 자기의 내적 구조를 발전시킨다. 여기서 그의 인격성이 형성된다. 인격성이란 몸과 영혼의 통일성 속에 있는 자기 정체성(self-identity)이다. 인격성 속에서 인간의 정신과 신체, 의식적인 것과 무의식적인 것, 의지적인 것과 비의지적인 것, 중심과 주변은 상호 교환하며 침투되어 있다.

생명으로서의 인간은 몸과 영혼의 통일성이다. 자기 동일성 속에서 인간은 타자와의 관계를 맺는다. 이러한 인간은 성실과 신뢰 속에서 타자(the Other)와의 관계를 형성한다. 여기서 자기 정체성이 형성된다. 자기와의 비동일성 속에서 인간은 타자와의 원만한 관계를 형성하지 않는다. 여기서 불성실과 불신이 야기한다. 자기와의 원만한 관계는 타자와의 원만한 관계를 형성한다.

2) 영으로서의 생명

인간은 영이다. 다른 동물들은 혼만을 지니나 인간은 영과 혼을 지니고 있다. 혼이란 마음으로 영이 몸과 결합함으로써 가지는 상태이다. 그 기능면에서는 인간과 동물은 차이가 있으나 이것은 심적 상태로서 몸을 지닌 모든 존재가 가지는 것이다. 심지어 식물에게도 심적 상태가 있다고 볼 수 있다. 그러나 영은 동물이나 식물에게는 업소 인간에게만 있는 특성이다. 이것이 바로 인간다움(humanum)이다. 인간이 인간다움이란 바로 인간에게 하나님의 생기(ruah)인 영이 주입되었기 때문이다. 이것은 인간에게만 주어진 생명의 독특성이다. 이것을 인간에게 주어진 하나님의 형상(imago dei)이라고 말한다. 창세기 기자는 다음같이 피력한다. "하나님이 자기 형상, 곧 하나님의 형상대로 사람을 창조하시되 남자와 여자를 창조하시고"(창 1:27). 이 영인 하나님의 형상으로 인해 인간은 하나님의 창조물 가운데 가장 존귀한 본성을 가지게 되었다. 그리고 만물의 영장, 곧 만물을 책임지는 청지기의 직분을 가지기에 이른 것이다.

창세기 기자는 다음같이 증언한다. "하나님이 그들에게 복을 주시며 하나님이 그들에게 이르시되 생육하고 번성하여 땅에 충만하라, 땅에 충만하라, 바다의 물고기와 하늘의 새와 땅에 움직이는 모든 생물을 다스리라 하시니라"(창 1:28). 여기서 다스리라는 것은 린 하이트(Lynn White)가 해석하는 것처럼 정복하라는 의미는 아니다. 이 구절은 창세기 2장 15절 "여호와 하나님이 그 사람을 이끌어 에덴동산에 두어 그것을 경작하여 지키게 하시고" 와 연관해서 해석해야 한다. 창세기 2장 15절에서 하나님이 사람에게 주시는 과제는 에덴동산을 지키고 관리하고 보존하는 정원사의 일이다.

영을 가진 인간은 만물의 영장이며, 하나님과의 인격적인 관계, 특히 종교성을 갖는다. 그리하여 영원을 사모하는 특성을 지닌다. 전도서 기자는 다음

같이 증언한다. "하나님이 모든 것을 지으시되 때를 따라 아름답게 하셨고, 또 사람들에게는 영원을 사모하는 마음을 주셨느니라. 그러나 하나님이 하시는 일의 시종을 사람으로 측량할 수 없게 하셨도다"(전 3:11).

인간은 그의 하나님의 형상인 영으로서 영원을 그리워하는 본성을 지니게 되었다. 영의 본향은 하나님이기 때문이다. 영생은 하나님과 그의 아들 그리스도를 아는 것이다. 겟세마네 동산에서 예수님은 다음같이 기도하셨다. "영생은 곧 유일하신 참 하나님과 그가 보내신 자 예수 그리스도를 아는 것이니이다"(요 17:3).

3) 몸의 부활로서의 생명

기독교가 갖는 생명에 관한 독특성은 몸의 부활에 대한 교리이다. 이 몸의 부활 교리는 희랍 사상이 말하는 영혼의 불멸과는 다르다. 희랍의 영혼불멸 사상은 인간 영혼이 스스로 불멸성을 지니고 있기 때문에 무덤인 몸에 갇혀 있다가 죽음과 더불어 몸을 벗어나므로 구원을 얻는 것, 가멸적인 것에서의 해방으로 이해한다. 그러나 성경은 영혼 자체가 불멸하다고 말하지는 않는다. 영혼은 하나님의 주권 앞에 종속되어 있는 존재요, 몸과 분리되는 1차 사망 후에는 영은 하나님 앞에 선다. 히브리서 기자는 다음같이 증언한다. "한번 죽는 것은 사람에게 정해진 것이요, 그 후에는 심판이 있으리니"(히 9:27). 죽고 난 후 영혼은 자기 멋대로 돌아다니는 것이 아니라 하나님의 심판 앞에 서게 된다. 그리고 인간의 영은 최후의 심판 때에 불신자(행악자)는 2차 사망에 던져지고, 신자(선한자)는 영생에 들어간다. 요한은 최후의 흰보좌 심판을 말하면서 둘째 사망에 관하여 말하고 있다. "또 내가 보니 죽은 자들이 큰 자나 작은 자나 그 보좌 앞에 서 있는데 책들이 펴 있고 또 다른 책이 펴졌으니 곧 생명책이라 죽은 자들이 자기 행위를 따라 책들에 기록된 대로 심판을 받으니 바다가 그 가운데에서 죽은 자들을 내주고 또 사망과 음부도 그 가운데에서 죽은 자들을 내주매 각 사람이 자기의 행위대로 심판을 받고 사망과 음부도 불못에 던져

지니 이것은 둘째 사망 곧 불못이라 누구든지 생명책에 기록되지 못한 자는 불못에 던져지더라"(계 20:12-15). 죽은 자들이 몸으로 부활하여 흰보좌 앞에서 심판을 받는데 책에 기록된 대로 자기 행위에 따라 공의로운 심판을 받는다. 생명책에 기록된 자들은 영생에 들어가고, 사망책에 기록된 자는 둘째 사망에 들어간다.

사도바울은 죽은 자의 몸의 부활에 관하여 다음같이 말한다. "이 썩을 것이 썩지 아니함을 입고 이 죽을 것이 죽지 아니함을 입을 때에는 사망을 삼키고 이기리라고 기록된 말씀이 이루어지리라"(고전 15:54). 이러한 죽은 자의 몸의 부활은 역사적으로 일어난 예수 그리스도의 부활이 그 예표이다. 바울은 다음같이 증언한다. "만일 죽은 자가 다시 살아나는 일이 없으면 그리스도도 다시 살아나신 일이 없었을 터이요 그리스도께서 다시 살아나신 일이 없으면 너희의 믿음도 헛되고 너희가 여전히 죄 가운데 있을 것이요 또한 그리스도 안에서 잠자는 자도 망하였으리니 만일 그리스도 안에서 우리가 바라는 것이 다만 이 세상의 삶뿐이면 모든 사람 가운데 우리가 더욱 불쌍한 자이리라 그러나 이제 그리스도께서 죽은 자 가운데서 다시 살아나사 잠자는 자들의 첫 열매가 되셨도다"(고전 15:16-20). 이처럼 기독교는 죽은 자들이 영으로만 사는 것이 아니라 그들의 몸이 부활할 것을 말하고 있다.

*

기독교 문화에서의 윤리는 보편 윤리를 부정하지 않는다. 인권과 평화 및 생명의 존엄성을 인정하는 점에서는 보편 윤리와 맥을 같이 한다. 단지 인간이 이러한 윤리적 존엄성과 가치를 이성적으로 실천할 수 있는가 하는 점에서 보편 윤리와는 맥을 달리 한다. 보편 윤리는 인간의 보편적 윤리적 실천이성의 가능성을 이상적으로 설정하고 그것이 이상적 상황 속에서 실현될 수 있다고 보는 반면에, 기독교 문화 속에서의 윤리는 인간이 유한할 뿐 아니라 이기심을 지니고 있기 때문에 칸트가 근본악성(das radikal Böse, the radical evil)론에서 말하는 바 같이 순수 실천이성의 의지대로 하지 않고 자의나 정념에 따라서 행동한다고 말한다. 여기서 기독교 문화 속에서의 윤리는 존재와 당위의 갈등과 모순을 경험하고 윤리적 위기상황에 봉착한다. 그리고 그것은 인간을 새로운 존재로 만드는 신의 은총과 계명을 기다린다. 기독교의 윤리는 새 사람의 윤리이다. 그것은 인간이 하나님의 은총에 의하여 새롭게 태어나게 됨으로서 가능한 윤리이다. 이러한 윤리는 보편 윤리가 인간의 존재론적 불가능성으로서 할 수 없는 것을 할 수 있게 하는 윤리이다. 보편 윤리가 자연의 윤리라면, 기독교 문화 속에서의 윤리는 은총의 윤리이다.

인권은 천부적이기 때문에 존중되어야 한다. 인간은 하나님의 형상을 지녔기 때문에 존엄하다. 인권은 몸과 정신이 통합되고 정서가 있는 인격의 존엄한 권리를 말한다. 평화는 공동체의 샬롬으로서 하나님과의 샬롬, 이웃과의 샬롬, 자연과의 샬롬을 나타내며, 예수 그리스도의 샬롬을 나타낸다. 예수 그리스도의 샬롬은 정의로운 평화요 사랑의 평화이다. 생명은 천부적이기 때문에 존엄하게 존중되고 보존되어야 한다. 몸과 영의 통합으로서의 생명, 그리고 영으로서의 생명, 부활로서의 생명을 말한다. 이것은 타종교에서 볼 수 없는 기독교의 독특성이다.

chapter 8
예수 문화와 개혁신앙

개혁신앙은 오늘날 우리가 처한 현대 사회에서 어떻게 표현되어야 하고 어떤 형식으로 나타나야 하는가? 오늘날의 시대적 상황은 우리가 이 물음을 쉽게 지나쳐 버릴 수 없도록 하고 있다. 21세기 역사적 상황은 종래의 정치 이데올로기 대신에 종교에 기반한 문화가 인류의 삶의 모든 영역을 지배하게 되었다. 그래서 새뮤얼 헌팅턴(Samuel P. Huntington) 같은 학자는 21세기의 세계를 서구 기독교, 이슬람교, 유교, 불교, 힌두교 문화권들이 서로 충돌, 대립하는 세계로 그리고 있다.[1] 빠른 속도로 통합되어가고 있는 세계의 상품 경제에서도 문화적 형식과 표현의 중요성이 더욱 더 부각되고 있다. 기독교의 복음 역시 이러한 급속한 문화적 교류와 충돌의 상황 속에서 선포되고 전달되고 있다.

그렇다면 복음의 진리성과 구원의 능력을 믿는 개혁신앙이 어떻게 이러한 문화의 장벽을 넘어서 전달되고 또한 하나의 새로운 문화를 형성할 수 있나를 논구해보는 것이 우리의 과제이다. 이 과제는 바로 개혁신앙이 현대의 문화를 극복할 문화전략을 세우고 복합적인 문화 상황 속에 자신의 고유한 '예수 문화'를 적극적으로 모색하는 일이다.

*

1. 복음과 문화

(1) 문화의 실체인 복음

복음과 문화와의 관계를 올바르게 설정하기 위해 우리는 복음의 본질에서 출발해야 한다. 복음은 이 세계의 문제에 대한 해결의 근본 원리를 제시해 주고 동시에 최종적 해답을 준다. 문화는 단지 우리의 삶의 형식이다. 실제로 문화는 그 자체로 하나의 중립적인 형식으로 머물지 않는다. 문화적 형식은 거기에 담는 의도와 내용에 따라서 악마의 도구도 될 수 있고 성령의 역사에 쓰임 받을 수도 있다. 사실로 중립적인 문화는 없다. 문화란 하나님을 행하든지 하나님을 거부하든지 둘 중의 하나이다. 여기에 문화선교의 중요한 신학적 근거가 있다. 참으로 생명력 있는 문화를 만들기 위해서는 복음에 대한 올바른 신앙이 전제되어야 한다. 복음 없는 문화는 세속적인 세계관으로 가득 차게 된다. 복음 없는 문화는 가나안 족속의 문화처럼 풍요의 신을 섬기고 자식을 신에게 제물로 바치는 가증한 풍습에 젖어든다. 우리들의 선조도 이와 크게 다를 바 없었다. 우리 선조들은 천지신명에게 경배하고 우상과 귀신을 섬겼다. 우리 사회에 복음이 들어왔을 때 이러한 우상숭배의 잘못된 관습이 타파되고 인격신을 섬기는 바른 문화와 윤리가 세워지고 되었다. 축첩이 금지되고 마약복용이 금지되고 여성차별이 철폐되고 사농공상(士農工商)의 신분제도가 철폐되었다.

문화신학자 폴 틸리히의 공식을 빌려서 우리는 복음과 문화의 관계를 다음과 같이 표현할 수 있다. "복음은 문화의 정신이고 실체이다. 문화는 복음이 표현되는 형식이요 방식이다." 복음의 주제이신 예수 그리스도는 자신이 하나님의 본체시나 성육신하여 이 세상에 오셨다. 인간의 문화 속에 들어오신 것이다. 그는 완전한 인성을 지니셨으나 여전히 신성을 상실치 않으시고 인간 문화의 대속을 위하여 십자가에 달리셨다. 19세기 이후의 자유주의 신학이 나사렛 예수를 단지 역사적인 인간의 모습으로만 이해하였다. 그래서 기독교 신앙을 문화나 윤리와 동일시하였다. 이것은 문화의 실체인 복음을 놓치는 오류에 빠지는 것이다.

(2) 복음 전도와 문화 선교의 동반 관계

아직도 근본주의 신앙을 가진 신자들 가운데는 복음 전도해서 영혼만 구원하면 되지 문화선교란 자유주의자들의 것이라고 생각하는 이들이 있다. 이들은 "아테네와 예루살렘이 무슨 상관이 있으며 교회와 학교가 무슨 상관이 있느냐", "스토아, 플라톤, 또는 변증법적 철학으로 얼룩진 기독교를 집어 치우라!"는 터툴리안적인 이분법의 사고에 사로 잡혀있다.[2] 따라서 이들은 문화선교 사역을 낮게 평가하는 경향이 있다.

문화선교란 "너희는 가서 모든 민족을 제자로 삼아 아버지와 아들과 성령의 이름으로 세례를 주고 내가 너희에게 명령한 모든 것을 가르쳐 지키게 하라"(마 28:19-20)인 그리스도의 지상명령을 문화 지배의 시대 상황 속에 적용하는 것이다. 따라서 문화선교는 복음 전파의 심층적인 실행이며 복음전파의 꽃이다. 그것은 넓은 의미의 문화실천으로서 우리의 삶 속에서 하나님이 동행하신다는 사실을 증언하는 것이다. 불신자들에게는 하나님이 문화의 주권자로서 통치하고 계신다는 사실을 알려주는 일이 필요하다.

복음 전도란 단지 한 인간의 영혼을 변화시키는 것만이 아니다. 온전한 전도는 인간의 전 인격 즉, 문화적 삶을 변화시키는 것을 의미한다. 그러므로 회심이란 단지 영적 변화만이 아니라 그 사람의 정서와 지성, 심리, 도덕, 세계관과 가치관과 사회적 인간관계의 변화를 가져와야 한다. 그가 변화된 영혼만으로 사는 것이 아니라 전인적 인격과 세계관 말하자면, 변화된 문화적 삶 속에서 살도록 하는 것이다. 이것이 문화선교이다.

2. 예수 문화의 신학적 기초

(1) 세속 문화의 가능 근거인 일반 은총

세속 문화 역시 창조주 하나님의 능력과 무관하지 않다. 인류의 모든 문화의 성립은 인간에게 본래적으로 주어진 '하나님의 형상'(창 1:26)에 의해 가능하다. 인간은 문화적 존재(a cultural being)로 지음을 받았다. "도구적 인간"(homo faber)이란 개념이 바로 인간에게 문화적 능력을 주신 것에 대한 구체적인 표징이다. 그러나 인간은 타락 이후 스스로의 만족을 위해서 하나님 없는 문화를 창조하게 되었다.

창세기 4장은 가인에 의한 인류사회 최초의 살인사건 이후 살인과 악행이 범람하는 가운데 인간사회에서 어떻게 문화가 성립되었는지를 보여준다. 살인자 라멕의 아들 유발은 처음으로 악기를 만들어 사용했고 두발가인은 금속을 가공하여 각종 기구를 만들었다. 또한 창세기 11장은 노아의 홍수 이후 "성을 건축하고 하늘에 닿을 탑을 쌓아 우리 이름을 떨치고 우리가 사방에 흩어지지 않도록 하자"며 자신들의 존립과 영예를 위해 바벨탑을 쌓는 인간들의 모습을 보여주고 있다. 이처럼 인류의 문화는 타락의 와중에서 형성되었다.

그럼에도 불구하고 하나님의 창조를 통해 인간에게 주어진 문화 창조의 기본 능력은 일반 은총에 의해 보전되고 있다. 즉 하나님께서는 지금도 의인과 악인에게 똑같이 해를 비치시고 비를 내리심으로써(마 5:45) 모든 인류에게 문화의 기본 조건을 허락하시며, 멸망받기로 되어 있는 사람들을 벌하시지 않고 타락한 인간의 문화에 대해 오래 참고 계신다(롬 9:22).

(2) 복음과 세속 문화와의 관계

복음과 세속 문화는 그 대립 관계에도 불구하고 접촉점을 가진다. 세속 문화는 타락에 의해서 하나님의 본래적 창조 섭리로 부터 소외되었다. 그러나 사도 바울은 복음을 받아들인 신자가 세상과의 관계를 전적으로 끊을 수 없음을 지적한다. "이 세상의 음행하는 자들이나 탐하는 자들과 토색하는 자들이나 우상숭배하는 자들들을 도무지 사귀지 말라 하는 것이 아니니 만일 그리하려면 세상 밖으로 나가야 할 것이라"(고전 5:10). 그는 더 나아가서 비록 우상에게 바쳐졌던 제물일지라도 음식 자체는 신자와 하나님의 관계에 영향을 줄 수 없음을 분명히 한다. "식물은 우리를 하나님 앞에 세우지 못하나니 우리가 먹지 아니하여도 부족함이 없고, 먹어도 풍성함이 없으리라"(고전 8:8). 또한 요한 계시록 21장은 열국의 왕들과 각 민족이 그들의 고유한 영광을 지닌 채 하늘에서 내려오는 거룩한 성 예루살렘에 들어오는 모습을 그리고 있다. "만국이 그 빛 가운데로 다니고 땅의 왕들이 자기 영광을 가지고 그리로 들어오리라", "사람들이 만국의 영광과 존귀를 가지고 그리로 들어오겠고"(계 21:24, 26).

이 말씀은 하나님이 창조하신 이 세상의 문화는 비록 잠정성을 가지나 완전히 소멸되거나 무용지물이 되지 않고 하나님의 복음 아래서 그 진가를 드러내고 각 나라의 고유한 풍습과 고유성은 창조의 영광을 드러낼 것을 말하고 있다. 따라서 복음은 세속 문화와 관계할 수밖에 없으며 세속 문화의 모든 내용과 형식이 복음과 서로 배치된다고 할 수 없다. 복음과 세속 문화의 만남에는 항상 문화대결(cultural confrontation)과 문화 공(公) 자연성(cultural connaturality)이 같이 있다.[3] 이스라엘이 가나안 땅에 들어갔을 때 한편으로는 가나안의 바알 문화를 근절하였다. 그러나 다른 한편으로 이스라엘은 가나안의 언어, 주거방식, 경작방식 등 생활 문화를 수용하여 그 문화에 정착하였다. 이것이 문화배척(cultural dissenting)과 문화귀속(cultural belonging)의 두 가지 차원이다.[4] 문화는 타락한 인간의 상대적이고 불완전한 한계 속에 있으므로 복음에 의해 새롭게 창조되어야 한다. 여기에 문화에 대한 복음의 초월성이 있다.

(3) 개혁주의적 문화관: 세속 문화의 변혁

"은금과 동철기구들은 다 여호와께 구별될 것이니 그것을 여호와의 곳간에 들일지니라"(수 6:19) 여호수아가 여리고 성 함락 후 무너진 성에 있던 금은과 동철로 만든 모든 물건을 여호와를 위해 창고에 모아 들였던 것처럼 복음적 신앙은 기존의 세속 문화를 적극적으로 변혁시켜 하나님을 위한 문화로 만들어야 한다. 구약 다니엘의 태도는 우리에게 모범이 된다. 다니엘은 바빌론에서 왕의 진미와 포도주에 취하지 않았고 채소만을 먹으면서 바벨론 문화에 영합하지 않았다. 그리고 그는 페르시아왕 다리우스 이외의 누구에게라도 절하면 사자굴에 넣는다는 모함자의 법령을 알고도 하나님만을 경배했다. 그는 이렇게 바벨로니아와 페르시아의 관리로 있으면서도 그의 신앙을 변질하지 않고 오히려 절대 권력을 가진 느부갓네살, 벨사살, 다리우스 등 제국의 왕들에게 하나님만이 참된 신이라는 것을 증거했다.(단 4:28, 5:23, 6:27) 바로 이러한 태도가 문화의 변혁자의 기본자세이다.

개혁주의적 문화관의 입장은 세속 문화의 변혁을 위해 다음의 두 가지 태도, 도피적 태도와 영합적 태도를 극복해야 한다.

첫째, 문화도피적 태도는 모든 세속 문화를 기독교 문화가 아니면 악마의 산물이라고 정죄한다. 세대주의의 종말론은 그리스도의 재림 이후 하나님 나라와 세상의 문화 사이의 완전한 단절을 주장한다. 문화도피적 태도는 기독교적이 아닌 모든 문화적 산물과 영역을 신자의 삶에서 배제시킬 것을 주장한다. 세속의 직업이나 전문 지식은 신앙과 전혀 무관하며 일반 서적이나 예술 작품, 대중문화, 또한 전통문화 모두 경건한 신자를 위해 무의미하다고 본다. 이러한 태도는 기독교 신앙을 세상의 삶 속에 뿌리내리지 못하게 하고 세상에 대한 빛과 소금의 사명을 소극적으로 담당하도록 한다.

둘째, 문화 영합적 태도는 기독교 문화를 다른 종교와 연결된 전통문화나 현대문화와 동일시하거나 혼합하는 것이다. 이러한 태도는 기존의 모든 종교와 사상 내용, 새로운 사조들을 비판 없이 수용하여 기독교 신앙의 정체성을 잃어버리게 한다. 즉 유교의 조상 숭배나 인(仁) 개념, 불교의 보살 사상을 기독교 신앙과 접맥시키거나, 성경의 성윤리를 해체시키는 상황 윤리나 동성애주의(homosexuality) 등의 포스트모던 사고나 뉴에이지 사상도 쉽게 받아들인다. 이것은 바로 기독교를 세속 문화와 동일시하는 혼합주의의 태도이다. 그러나 개혁주의적 문화변혁이란 세속 문화에 들어있는 다른 종교의 내용이나 타락된 내용을 버리고 그러한 문화 형식에 새로운 기독교적 의미를 부여하는 작업이다.

3. 예수 문화를 위한 대안

(1) 전통문화 양식의 복음적 수용

우리는 한국의 토착적이고 전통적인 것을 미신적인 것으로 간주하는 경향이 있다. 아직도 경건한 의식에서 전통북을 치면 무당 같다고 하고 회갑연이나 결혼식 때 날라리 부르며 장구와 북을 치기를 꺼려한다. 그리하여 서양의 피아노 음율에 맞추려고 애를 쓰며 그 음에 맞추지 못하면 열등감에 사로잡히는 것이 우리의 사고방식이다. 전통적인 음율이 한국적인 정모를 담은 것이다. 그것 자체가 미신적인 것이 아니라 단지 그것이 불교나 유교적인 내용을 담았기 때문에 미신적인 것이 된 것이다. 따라서 전통적인 형식에다 기독교적인 것을 담으면 그것은 새로운 것이 된다. 루터의 찬송가락(내 주는 강한 성이요…)도 독일민요에 기독교적 가사를 넣은 것이 오늘날 우리들에게도 전해진 것이다.

우리의 전통문화는 무교나 불교나 유교와 결합에서 발생했지만 그 형식인 표현문화들(한글, 음악, 미술, 의상, 춤, 도예, 건축기법, 미풍양속 등) 가운데는 아직도 기독교적으로 세례를 주어 되살려야 할 것이 너무나 많이 있다. 즉 전통적인 양식의 교회건축과 교회음악과 교회미술 등이 가능하다. 김기창의 삿갓을 쓴 예수전, 김동진의 판소리 예수전, 전통건축양식으로 지어진 장석교회 등이 그 대표적인 경우다. 예를 들면 우리의 전통악기인 꽹과리는 천둥과 번개를 상징하고, 북은 둥실 뜬 구름을 상징하고, 장구는 소나기를 상징하며, 징은 바람소리를 상징한다. 이러한 꽹과리와 북과 장구와 징이 어우러진 사물놀이는 하나님의 창조질서를 노래하기에 안성맞춤이다. 이러한 사물놀이는 우리의 추수감사절에 천지신명에게 드린 전통적인 축제이다.

또한 우리의 추석은 조상이 드려온 감사제이다. 반드시 서양식으로 11월 셋째 주일을 추수감사절을 지킬 필요는 없다. 이때는 이미 초겨울이며 한국정서에는 맞지 않다. 서구의 크리스마스 축제는 본래는 로마의 태양신을 섬기는 이방축제일에서 온 것이다. 로마가 기독교로 개종되었을 때 여태까지 태양신의 명절의 형식은 그대로 사용하면서 그 내용은 기독교적인 성탄절이 된 것이다. 이제 우리는 이 성탄절이 이방적인 태양신 축제일이라고 생각하지 않는다. 이처럼 우리의 전통적인 축제일이나 가락을 기독교적으로 바꾼 후에 문화대결과 문화귀속이라는 변혁적 과정이 일어나야 한다. 이러한 변혁과정은 지평융합(Horizont-verschmelzung)[5]으로 수행되며 오랜 시간이 필요하다.

(2) 대중문화의 복음적 창조와 감시

대중문화와 예술은 사회 속에서 문화 전이(轉移), 사회비판 수행, 사회적 결집력 제공, 집단기억의 통제의 4가지 역할을 수행한다. 대중예술은 21세기의 대표적인 예술형식이기 때문에 신자들은 진지하게 대중예술을 형식을 받아들여야 한다.

여태까지 보수교회는 문화를 고급문화와 저급문화로 나누어 고급문화는 좋은 문화요 저급문화는 나쁜 문화라고 생각하였다. 그리하여 보수교회는 카드놀이, 춤, 대중음악, 라디오, 소설읽기, 영화와 연극 등 세상적 즐거움을 금지시켰다. 그리하여 이들의 전략은 그리스도의 주되심을 증거하는 문화전략을 제한하는 결과를 초래하였다. 그리하여 신자들이 소명을 가지고 참여해야 하는 하나님의 창조세계의 한 부분을 세속주의에 내맡기기에 이른 것이다. 그리하여 이러한 보수적 교회의 문화관은 신자들을 대중문화와 예술로부터 격리시킴으로써 대중문화와 예술 안에 있는 건전성과 진실성과 미를 발견하고 이것을 구속적인 복음증거의 계기로 삼는 것을 가로막았다.

대중문화는 복음적 신앙인이 정복하든 세속인이 정복하든 주도권을 쥐는 자가 주인인 전투의 영역이다. 사단(Satan)은 대중매체를 이용하여 폭력과 살인, 성적 방종과 퇴폐, 파렴치와 무자비의 내용을 전달하고, 무당과 점성술, 역술을 전통문화의 이름으로, 현대사조의 이름으로 뉴에이지 사상을 전달한다. 그러나 이 대중매체를 신앙인이 이용하면 그 내용을 생산적이고 건전하며 신앙적이며 하나님께 영광을 돌리는 매개체로 만들 수 있다. 예를 들어 "벤허"(Ben-Hur), "왕중왕"(King Of Kings), 2004년에 국제적으로 성황을 이룬 "예수 그리스도의 수난"(The Passion Of The Christ) 등은 일반 영화로서 기독교적인 내용을 실어 나르고 관객들에게 깊은 감동을 주었다. 뿐만 아니라 대중음악, 고전음악, 뮤지컬, 오페라, 연극, TV 프로그램의 창조를 통해 기독교적 삶의 의미를 효과적으로 전달할 수 있다.

그러므로 변혁적 문화관을 지닌 개혁신앙은 한편으로는 대중문화도 복음으로 구속받아야 하는 하나님의 선교영역 임을 인정해야한다. 대중문화도 하나님의 일반은총의 영역이다. 단지 그것이 세속인들에 의하여 잘못 사용되고 있을 뿐이다. 대중문화는 기독교인들도 그 속에서 살아야 할 그 시대의 유행들이다. 기독교 신자들도 그 시대의 옷을 입고 그 시대의 말을 쓰고 그 시대의 음식을 먹으면서 살기 때문이다. 그러므로 신자들은 대중예술을 오늘날 포스트모던 시대의 사회적 문화적 산업적인 상황 속에서 제작된 예술로서 적극적으로 이해해야 한다.

개혁신앙은 다른 편으로는 문화변혁자로서 대중문화의 저질성, 비윤리성, 비인도성, 반기독교성을 감시해야한다. 그리고 문화 소비자인 대중들에게 이러한 대중문화의 현황에 대하여 올바른 안내를 해주어야 한다. 그리하여 저질의 대중문화가 우리 사회에 발붙이지 못하도록 해야 한다. 불건전한 프로그램에 대하여서는 시정을 요구하고 건강한 프로그램에 대하여는 격려의 편지를 보내는 운동을 전개해야 한다. 건전하지 않은 방송물을 후원하는 기업의 상품에 대하여서는 불매운동을 벌이는 것도 필요하다. 이것이 문화 소비자 운동이다. 기독교윤리실천위원회에서 하고 있는 방송 모니터운동, IVF(한국기독학생회) 학사회에서 하고 있는 매스미디어 연구 등이 교회 전체로 확산되어야 한다.

(3) 첨단기술 문화의 기독교적 이용

21세기의 사회는 첨단기술 문화에 의한 멀티미디어(multi-media)의 시대이다. 여태까지 우리는 신문, 전화, 라디오, 텔레비전, 팩스 등의 미디어들을 독립적으로 사용했다. 그러나 이제는 멀티미디어를 통해 기호, 문자, 소리, 그림, 화상 등의 정보가 통합되어 전달되며 기존의 모든 매체들의 기능을 동시에 이용할 수 있게 되었다. 그리하여 전화, 신문, 출판, 방송 등 개별영역의 경계선이 모호해지는 새로운 통합 형태가 나타나고 있다.

때문에 20세기가 자동차로 상징되는 기계문화라면, 21세기는 멀티미디어로 상징되는 전자문화라고 불린다. 이러한 시대적 상황 속에서 기독교 신앙은 영상을 통한 메시지전파에 전력해야 하겠다. 오늘날 등장하고 있는 뉴에이지 문화, 환생 문화, 상업화된 성 문화, 대중화된 문화예술의 홍수 속에서 성경에 입각한 올바른 가치관을 제시해야 할 것이다. 오히려 멀티미디어는 기독교 메시지를 영상을 통하여 전달할 수 있는 가장 효과적 미디어가 되고 있다. 교회는 이러한 멀티미디어의 환경에 적응해야 할 것이다.

(4) 전문적인 문화전략의 개발과 사역자의 양성

TV 프로그램이나 영화나 대규모 공연 등의 전문화된 대중문화 매체에 의해 주도되는 현대 대중문화와 대결하기 위해서는 개혁신앙의 입장에서 전문적인 문화전략을 개발하고 전문 사역자들을 양성하여 질 높은 문화공연을 하는 것이 요청된다. 현대인의 구원과 신앙을 현대인 삶의 전 영역 속에서 조명하는 문화 작품들을 창작하고 제작해야 한다. 오늘날 현대인이 처하고 있는 실존의 문제, 사랑과 죽음, 우정과 추억, 자연의 아름다움, 미, 예술의 세계, 시의 세계 등을 다루는 것이 요청된다.

불신자들이 고전적인 기독교 영화의 간판이나 제목만 보아도 외면해버리는 상황 속에서 기독교 공연문화가 올바로 정착되어 수준 높은 교회의 문화공연이 실현될 때 청소년들이 교회 내에서 올바른 문화관을 갖고 대중문화와 교회문화 사이에 괴리감을 극복할 수 있다. 예문기획의 실무자는 "현란한 조명과 화려한 무대에 익숙해 있는 청소년들에게 아직도 찬송가만을 고집하는 것은 매우 어리석은 일"이라고 꼬집는다.[6] 그의 말은 타당하다. 우리 시대에 적합한 수준 높은 기독교적인 문화예술을 개발하는 것이 필요하다. 기독교 영화인 "예수 그리스도의 수난"이 그처럼 불신자들에게까지 그 예술성에 대하여 평가를 받은 것을 기독교 영화인들은 도전적으로 받아들여야 한다.

1997년부터 출판문화의 전면적인 개방이 이루어졌다. 국제화에 대응할 창의력의 보유력(기획력), 다국적 언어의 보유력(편집력), 다국적으로 연결되는 판매망(영업력)이 없는 출판사는 살아남기 어렵게 되었다. 그러나 기독교 출판

문화는 기획, 편집, 영업망에 있어서 영세성과 후진성을 면하지 못하고 있다. 2000년대 들어와 기독교출판문화는 아직도 IMF의 후유증에서 벗어나지 못하고 있으며, 적지 않은 기독교출판사들이 책 출판을 어려워하고 있다.

(5) 기독 교사와 교수들의 신앙적인 헌신과 모범

청소년과 대학생들의 자아형성과 문화관 형성에 있어서 이들을 가르치는 중고등학교 교사들과 대학교수들의 역할은 더 말할 것 없이 중요하다. 이들은 교실과 강의실에서 이들의 수업과 가르침을 통해서 인격과 가치관의 영향을 직접 간접으로 받기 때문이다. 교회학교의 교사로 학생들에게 미치는 영향력도 크나, 학교교사로서 학생들에게 미치는 영향력은 교회학교에서 보다도 크고 파급력이 있다. 학교는 학생들의 사회적 진리와 대학입시에 관문이기 때문이다. 학교교사의 역할과 영향력은 교목의 역할이나 영향력 못지않게 크다. 신자인 교사가 학교에서도 인격적으로 학생들의 모범이 되고 실력을 가지고 있으며 자아상을 세우는 사표(師表)로 인정받을 때 그것은 예수문화를 전하는 데 결정적인 것이다.

오늘날 적지 않은 신자인 교사나 교수들 가운데 어느 한쪽에 치우치는 경우가 적지 않다. 한 경우는 교육과 연구는 소홀히 하고 오로지 전도만 하여 주위 사람들의 비난을 받는 경우이다. 다른 경우는 자신이 기독교인이라는 사실을 감추고 명문대학에 많이 합격시키는 것이 자기의 사명인양 생각하는 경우이다. 이 신자와 교사나 교수로서의 신분은 상호 대립되는 것이 아니다. 신자인 교사는 학교에서 양식과 정감이 있는 스승으로서 학생들의 사표가 되어야 하고 학생들의 삶에 거룩한 변화를 가져다주어야 한다. 그리고 자기가 봉직하는 학원에서 그리스도가 주인 되심을 고백해야 한다. 이것은 교사나 교수 자신의 삶의 고백으로 나타나야 한다.

한국의 학교에는 10만의 기독 교사들이 있다고 한다. 이들은 전체 교사 40만의 25%에 해당되는 숫자이다.[7] 그런데도 이들이 학교와 교실에 미치는 영향은 미미하다. 오늘날 우리의 학원은 소수 교사들의 폭력과 촌지 수수 등 사학의 비리가 한데 묶여 교사들이 학부모들로부터 존경을 받지 못하고 있다. 교사들은 스승이기 보다는 지식을 가르치는 데 숙련된 기술자로 취급되고 있다. 이러한 학교현실 가운데 기독 교사들의 책임은 막대하다고 할 수 있다. 우리 사회에서도 '교사선교회', '교직자 선교회', '기독교사회', '기독교윤리실천운동 교사모임' 등 전국 11개 기독교사모임이 있다. 이들의 역할은 예수문화를 형성하는 데 매우 중요하다.

교사라는 희랍어 "디다스칼로스"는 '가르친다'에서 왔다. 이 '가르친다'는 말은 "다른 사람으로 하여금 무엇을 받아들이게 한다." 라는 의미를 갖고 있다. "디다스칼로스"의 어원적 정의는 "다른 사람으로 하여금 무엇인가를 받아들이게 하는 사람"이라고 할 수 있다. "디다스칼로스"는 신약에서 59회 사용되었는데 대부분이 복음서에서 나타나고 있으며(마태복음과 마가복음이 각기 12회, 누가복음이 17회, 요한복음이 9회 합계 50회) 이 단어는 주로 예수님에게 대하여 사용되었을 뿐 아니라 주님의 사역의 성격은 이러한 "교사"의 함축적 의미를 잘 보여주고 있다.[8]

교사의 본질을 말함에 있어 두 가지를 강조할 수 있다. 그는 하나님의 도구이며, 소명을 받은 사람이다. 교사는 기독교 인간관, 세계관, 문화관에 입각한 사고력이 있어야 한다. 성경은 분명히 사람은 하나님의 형상과 모양으로 지음 받은 존재일 뿐 아니라(창 1:26-27) "천사보다 조금 못하게 하시고 영화와 존귀로 관을 씌우시고 주의 손으로 만드신 것을 다스리게 하시고 만물을 그 발아래 두셨다"(시 8:5-6)고 말하고 있다. 이것이 바로 기독교 인간관이다. 기독교 세계관은 하나님 중심의 세계관이다. 기독교 문화관이란 하나님 말씀에 의한 문화변혁의 사상이다.

기독인 교사나 교수는 비기독교적 세계관과 결별해야 한다. 현대의 비기독교적 세계관으로는 실용주의와 실존주의, 그리고 해체주의를 들 수 있다. 실용주의(Pragmatism), 행동주의(behaviorism), 실존주의(Existentialism), 해체주의(deconstructivism)의 세계관은 주관주의적이거나 상대주의적인 성격을 띠고 있다. 세계관이 주관주의적이라는 것은 개인에 따라 다르게 될 수밖에 없음으로 결국에는 상대주의적 성격을 띨 수밖에 없는 것이다. 실용주의자들은 인간이란 실제적으로 유용한 지식과 경험만을 진리라고 보고 이것을 실천하는 유기체라고 여긴다. 행동주의자들은 인간은 기계로서, 다른 사람을 조작할 수 있는 존재라고 본다. 실존주의자들은 인간이란 자신의 삶을 스스로 건축할 수 있는 자율적인 개인이라고 상정한다. 실용주의자들은 인간을 유용가치에 따라서 평가하고, 행동주의자들은 인간을 비인격으로 다루며, 실존주의자들은 인간을 자율적 존재로 보면서 인간 자유의 오류성과 제한성을 놓치고 있다. 해체주의자들은 전통과 권위를 부정하고 객관적 진리나 가치를 부인하는 허무주의(nihilism)로 나아간다. 이들이 가진 상대주의 가치관은 도덕적으로 동성애를 정당화 하고, 성의 해방(free sex)을 주장하기에 이른다. 그리하여 가정이 부정되고 학교나 교회가 부정되기에 이른다.

이러한 상대주의적 세계관은 곧 불확실한 형이상학, 주관적이다. 상대적인 인식론과 가치관을 가진 교사들은 학생들을 올바로 진리로 인도할 수는 없다. 비기독교 세계관을 가지고 있어도 올바로 성경적 교육을 시킬 수 있다는 생각은 잘못이다. 분명한 성경적 세계관의 정립이 없이는 교사는 학생들을 바르게 기독교적으로 인도할 수 없다.[9] 비기독교적인 세계관들, 즉 실용주의, 행동주의, 실존주의, 합리주의, 경험주의의 세계관은 자연주의적 세계관으로 범신론 아니면 무신론으로 떨어진다.

기독교 세계관은 자연주의와 인본주의에 근거하지 아니하고 신본주의에 근거하고 있다. 따라서 교사는 자신과 학생에 대한 관점에서부터 교육목표, 내용, 과정, 그리고 방법론에 이르기까지 기독교 형이상학 곧 모든 것의 출발점을 유일신 하나님에 뿌리박고 있다. 또한 기독교 인식론도 다른 철학의 인식론과 구별된다. 즉 지식의 원천으로는 감각, 이성, 계시, 직관, 그리고 권위를 말하고 있으나 각 철학의 특성에 따라 이것을 강조하기도 하고 저것을 무시하기도 한다. 경험주의자들은 감각을 지식의 원천으로 간주하는 반면에, 합리주의자들은 이성을 지식의 원천으로 간주한다. 그러나 기독교 인식론에서는 경험주의나 합리주의의 인식론과는 달리 계시를 지식의 최고의 원천으로 삼고 여기에 감각과 이성을 보충으로 삼고 있다. 곧 진리의 근거에 큰 차이가 있음을 본다. 이러한 차이는 결국 모든 교육의 영역에 영향을 미치게 되는 것이다.

기독교인 교사들은 따라서 기독교 세계관에 기초해야 한다. 기독교 세계관은 시대와 유행에 따라 변하지 않는 삼위일체 하나님의 계시, 하나님 말씀에 뿌리를 박아야 한다. 기독인 교사와 교수들은 기독교 세계관에 입각한 인식론, 인간관, 문화관을 가져야 한다.

(6) 이웃과 사회에 대한 나눔과 섬김의 문화 확대

복음서에 나오는 예수 공동체는 유대교의 두 전통, 미쉬나(Mishna)의 할라카(halakha, 걸음, walking) 전통과 미드라쉬(Midrash)의 아가다(Aggadah) 전통을 창조적으로 결합시켰다. 예수 공동체는 할라카 전통을 아가타 전통에서 해석하고 실천하였다.[10] 할라카 전통은 "하나님의 도(道) 위에 행하라"는 가르침이다. 아가다 전통은 역사적 사건들, 야사(野史), 민담, 전설, 교훈 등을 가지고 사람들을 위로하고 가르치고 각성케 하는 가르침이다.

할라카는 정의를 앞세우고, 형식을 갖추며, 보이는 보이는 실체(몸)이 중요하며, 무감정적이며, 아가다는 자비가 우선이며, 내용에 관심을 두며, 보이지 않는 실체(마음)이 중요하다. 할라카는 복종을 요구하며 산문적이며 긴장의 연속인데 반해서, 아가다는 자유가 우선이며, 시적이며 비결정적이며, 느슨하다. 할라카가 견고한 반석이라면, 아가다는 확 트인 창공이다.[11]

서로 대조되는 두 전통은 유다이즘(judaism) 안에 하나의 유기적 실체를 이루었다 아가다는 할라카에 정신과 내용을 주고 할라카는 아가다에 실천과 방법을 주고, 아가다는 할라카에 자유를 주고 할라카는 아가다에 행동을 주었다. 건강하고 성숙한 개인이나 공동체에서는 할라카와 아가다의 통전성이 발견되었다.[12]

예수의 공동체는 아가다 전통을 실천하면서, 할라카 전통을 무시하지 않았다. 그리하여 아가다 실천 위에서 할라카 전통을 발전시켰다. 예수 공동체는 예수의 인격과 삶으로부터 "육화된 토라"(embodied Torah)의 원형인 예수 하가다를 눈으로 보았고, 귀로 듣고 몸으로 체험하였다.[13] 예수 자신은 섬김을 받는 자가 아니라 섬기는 자가 되었다. 예수는 지배자의 신분이 아니라 종이요 섬기는 자의 삶을 살았다. 예수는 예루살렘의 종교적 지배계급의 편에 서지 않고, 오히려 사회적인 약자, 고아와 과부와 세리와 창녀와 병든 자, 소경과 절름발이의 친구가 되었다. 예수는 이들을 하나님 나라의 백성으로 받아들였다. 그리고 예수의 삶의 바탕에는 역사 초월적으로 다가오는 하나님 나라의 복음과 윤리가 있었다.

오늘날에도 예수 문화의 형성은 쾌락지향적 문화 아닌 약자와 고통 받는 자의 고통을 줄이는 공동체적 문화를 만드는 데 그 궁극적인 목적이 있다. 오늘날 대중문화는 단순히 즐길거리를 찾는 사람들의 쾌락을 충족시키는 상품이 되고 있다. 그러나 성경은 쾌락을 즐기는 삶이 아닌 성령을 따라 사는 삶, 즉 절제와 섬김과 나눔의 삶을 가르치고 있다. 성경의 비유는 현대의 익명적인 사회에서 소외되고 있는 이들-최저 빈곤층, 신체장애인, 정신질환자, 마약중독자, 불치병 환자, 무의탁 노인, 소년소녀 가장, 외국인 근로자, 수감자-과 우리의 삶을 나누는 것을 하나님의 나라에 초대될 사람들의 조건으로 제시한다. "인자가 자기 영광으로 모든 천사와 함께 올 때에 자기 영광의 보좌에 앉으리니 … 내가 주릴 때에 너희가 먹을 것을 주었고 목마를 때에 마시게 하였고 나그네 되었을 때에 영접하였고, 헐벗었을 때에 옷을 입혔고 병들었을 때에 돌보았고 옥에 갇혔을 때에 와서 보았느니라 … 임금이 대답하여 이르시되 내가 진실로 너희에게 이르노니 너희가 여기 내 형제 중에 지극히 작은 자 하나에게 한 것이 곧 내게 한 것이니라 하시고 … 그들은 영벌에, 의인들은 영생에 들어가리라 하시니라"(마 25:31-46). 따라서 복음적 신앙은 주위의 가난하고 고통 받는 약자와 소외된 자들을 돌아보고 이들의 고통을 줄이고 이들과 짐을 나누어지는 섬김과 나눔의 문화를 만들어 가는 진정한 공동체적 문화를 형성해야 한다.

(7) 문화쉼터 등을 통한 사회 속의 복음의 공간 확대

젊은이들을 위한 문화 쉼터는 주로 문화선교에 관심이 많은 감리교를 중심으로 마련되고 있다. 신촌 창천 감리교회에서 아름다운 이들의 만남을 위한 '문화 쉼터'를 마련한 것은 기독교 문화를 꽃피우기 위한 좋은 본보기이다. 2005년에 문화쉼터는 20년째를 맞이하면서 상업주의 문화에 지친 젊은이들을 위한 진정한 쉼과 영혼의 즐거움을 제공하고 있다. 종로 2가라는 세속의 거리에 위치한 '제이시 하우스'는 문화선교를 하면서 기독교 문화를 꽃피우고자 하는 기독교 문화의 공간이다. '제이시'는 "문화 속의 예수"(Jesus in Culture)의 준말이다. 이 집은 교회를 떠나가는 젊은이들에게 부담 없이 찾아

올 수 있도록 문화적 공간을 제공하는 열린 집이다. 예빛 선교단도 매주 화요일 중, 고등학생 등 청소년들에게 매주 '화요쉼터' 행사를 개최한다. 화요쉼터는 쾌락만을 쫓는 세상 문화에만 빠져 신앙을 멀리하는 청소년들을 다시 교회로 끌어 들이기 위해 마련되었다. 일산 신도시 백마 카페촌에 일반 고급 카페의 시설과 분위기를 갖춘 기독교 문화 공간이 생겼다. 특히 기독교 청소년들이나 목회자들의 건강한 휴식처와 문화쉼터가 되고 있다. 일산 백악관은 목회자들이나 기독교인들의 모임과 사교 장소로 각광을 받고 있으며 이곳은 음악을 중심으로 한 문화 공간이 기독교적 아늑함을 물씬 풍기고 있다. 또한 수시로 고객들의 합창 발표회와 복음성가 연주회를 할 수 있는 공간을 제공해 주고 있다.

2000년대 후반에 들어와 서울에 위치한 원만한 교회에서는 불신자를 비롯한 마을주민들이 부담없이 와서 커피를 마시며 이야기를 할 수 있는 아늑한 카페 공간이 마련되어 있다. 문화적 프로그램에 관심을 가진 교회들이 하고 있는 열린 카페, 문화쉼터, 토요일 문화극장, 문화마당, 명화상영, 노인복지 센터, 체육시설 등은 교회의 시설을 지역사회에 개방함으로써 지역주민들, 그리고 젊은이들에게 좋은 반응을 얻고 있다.[14] 환경에 대한 관심과 더불어 야외나 경관 좋은 지역에 아름다운 교회당을 짓고 예배를 드리고 친교를 나눔으로써 분주한 도회지 삶에서 몸과 마음을 쉬고자 하는 전원교회 운동이 일어나고 있다. 이러한 교회들은 문화 프로그램을 통해서 초창기 한국교회가 가졌던 마을의 사랑방으로서 교회의 위상을 다시 회복하고자 하고 있다.

두레마을에서 하고 있는 '말씀과 노동학교' 와 '공동체 생활 훈련 프로그램' 도 사회 속에서 성경적 행함을 실현하려는 문화 프로그램이다. "성서, 노동, 봉사, 학문"을 생활신조로 삼아, 성경에 대한 깨달음을 깊게 하고, 땀 흘려 일하며, 한 알의 밀알이 되어 봉사하는 삶을 살고 백성과 교회를 섬기는 데 필요한 학문을 발전시키려 애쓰고 있다. '공동체 생활 훈련' 은 3개월 기간으로 예수 공동체 두레마을에서 함께 살며, 성경 연구, 공동체 관계 훈련, 유기 농업 체험, 자연과 함께 하는 노동, 태백산 두레마을 탐방, 등산, 독서 등으로 공동체적 삶을 체험하는 프로그램이다. 이 훈련은 말씀과 노동과 사귐과 봉사를 통하여 건전한 신앙관 확립과 성경적 세계관의 수립 및 인격 성숙을 목표로 한다.

(8) 열려진 세계와 환경과 평화를 위한 운동의 주도

아직도 세계에서 유일하게 분단되어 있는 한반도의 긴장상황 속에서 복음적 개혁신앙은 민족의 분단의 상처를 짊어지고 통일을 향하여 나아가야 한다. 2006년 10월 9일 북한은 길주에서 지하 핵 실험을 함으로써 한반도를 다시 긴장 속으로 몰아넣었다. 한국교회는 국제 단체와 연계하여 한반도 비핵화 운동을 전개해야 한다. 그리고 남북나눔운동, 탈북자 돕기 운동, 북한 교회재건운동, 북한 주민인권운동 등의 구체적인 통일운동 뿐만 아니라 한반도를 위한 평화운동을 일으켜야 한다. 여기에는 십자가의 사고가 요청된다. 십자가 신학적 사고는 정치적 왕국 건설자체를 목적으로 정치적 행동을 추구하는 것이 아니다. 그것은 정치적이고 사회적인 영역 속에서 하나님의 주권을 선포하고 하나님의 샬롬을 수립하기 위하여 정치적 행동에 참여하는 것이다. 참여의 방법은 정치권력의 쟁취가 아니라 십자가의 행동이다. 바울은 고린도전서에서 이 십자가의 놀라운 가치전복의 힘을 선포하고 있다. 십자가의 사고는 주체사상의 인간 신격화(神格化)에 대한 준엄한 비판이요 동시에 자본주의적 지배이데올로기에 대한 비판이기도 한다. 평화운동은 한편이 다른 편을 지배하는 사고의 구조가 아니라 더불어 같이 사는 공존공영의 사고이다.

동시에 우리 한국은 시야를 넓게 펴서 우리의 아시아의 이웃과 세계를 바라보고 북한주민, 탈북자들의 인권개선과 경제발전에 기여해야 한다. 이제 우리 한국은 세계 11위라는 경제적인 성공을 이룬 것을 바탕으로 아시아 지역의 복음전파의 사명을 다하고 아시아 지역의 공동의 생태계의 보존과 인권이 보장되도록 지원을 해야 할 것이다.

*

기독교 문화의 원리는 성경적 영성과 성경적 지식과 창조적 상상력과 윤리성의 창의적 결합이다. 오늘날의 기독 지성인들은 문화 변증가의 사명을 다해야한다. 하나님을 떠나 세속문화에 종노릇하고 있는 사람들을 해방시키는 사명이 바로 문화적 변증(辨證)의 사명이다. 이것은 현대문화를 현대인과 만나는 접촉점으로 삼는 것이다. 문화적 변증이란 현대 문화의 양식뿐만 아니라 그것의 세계관적이고 철학적 배경을 이해하면서 현대인들에게 복음을 전하는 것이다. 말하자면, 오늘날의 현대문화를 종교적이고 사상적인 배경에서 이해하고 이러한 세속 문화에 젖어있는 현대인들과 열려있는 대화를 하면서 이들에게 복음을 전하는 것이다. 이러한 문화적 변증은 개혁신앙으로 사는 기독 지성인의 시대적 과제이다.

chapter 9
교회의 사회봉사의 신학적 근거
-삼위일체론적 사회봉사신학의 착상

복음주의 신학은 교회의 역할을 단지 복음 선포에 두어온 데 반해서, 진보주의 신학은 교회의 역할을 단지 사회봉사에 두어 오면서 이분적 구도가 이루어 진 것이 사실이다. 그러나 1970년대 복음주의 신학 내에서도 로잔(Lausanne)총회를 계기로 복음 선포와 사회봉사는 불가분적인 것으로 파악됨으로써, 복음주의 신학은 복음 선포와 아울러 사회봉사를 중요한 과제로 여기게 되었다. 전도와 섬김, 즉 말씀의 선포와 사회봉사는 서로 분리될 수 있는 것이 아니라 동전의 양면과도 같다.[1] "말씀의 선포 없는 사회봉사는 맹목적이고 사회봉사 없는 말씀선포는 공허하다."[2] 사회봉사를 통해서 복음의 선포는 그 열매를 맺는다. 예전(liturgia), 그리스도의 피를 통한 증거인 성만찬(martyria) 그리고 섬김과 봉사(diakonia)는 각기 분리될 수 없다.

여기서 교회의 사회봉사는 정부나 사회기관이나 독지가가 하는 사회사업이 아닌 사회봉사(디아코니아)가 된다.[3] 말씀의 선포만 교회의 본질적 사명이 아니라 사회봉사도 교회의 본질적 사명이다. 전자가 인간과 하나님 사이의 관계를 제시한다면 후자는 인간과 인간 그리고 사회와의 관계를 제시한다. 하나님과의 올바른 관계가 모든 관계의 기초가 된다는 점에서 전자가 교회의 일차적 사명이라면 후자는 교회의 이차적 사명이다. 이 순서는 관계정립의 순서를 말한다. 그렇다고 말씀을 선포를 한 후에 그 다음 사회봉사를 한다는 것이 아니다. 말씀선포와 사회봉사는 동시에 이루어져야 하는 것이다. 긴급한 재난이 일어난 곳에서는 시간적으로 사회봉사가 말씀의 선포에 앞설 수도 있는 것이다. 사회봉사는 말씀의 선포를 효과적으로 만드는 기반을 조성한다. 사회봉사는 말씀의 선포와 함께 교회의 본질적 기능이다.

구한말 조선에 복음이 들어 왔을 때 선교사들은 복음 선포와 아울러 사회봉사 사업을 하였다. 사회봉사를 통하여 기독교 복음의 메시지를 선포할 수 있는 심리적인 여건을 형성했던 것이다. 그렇다고 사회봉사를 말씀선포의 수단으로서만 간주할 수 없다. 비록 복음의 말씀이 설교를 통해 전파되지 아니한다 하더라도 인간을 하나님의 형상으로 인격적으로 대하는 인간과 사회에 대한 봉사가 실천되는 곳에 복음의 전파를 받아들이는 마음의 밭은 경작된다.

저자는 이 장에서 교회의 사회봉사에 대한 조직신학적 근거를 삼위일체론적으로 밝히고자 한다. 교회의 사회봉사는 성부 하나님의 자기를 주는 아가페를 실천하는 행위이며, 성자 예수 그리스도의 섬김을 따르는 행위이며, 성령의 감동과 교제에 참여하는 행위이다.

*

1. 성부적 사역으로서의 사회봉사: 자기를 주는 아가페로서의 사회봉사

교회의 사회봉사는 성부 하나님의 자기를 주시는 헌신적 사랑에서 출발한다. 교회가 복음 선포와 더불어 사회봉사를 해야 하는 이유는 하나님이 그의 백성 이스라엘에게 선지자와 사도를 보내어 그의 말씀을 전파하셨을 뿐만 아니라 그가 먼저 죄인인 우리 인간을 사랑하시어 그 아들을 대속제물로 주셨기 때문이다. "사랑은 여기 있으니 우리가 하나님을 사랑한 것이 아니요 하나님이 우리를 사랑하사 우리 죄를 속하기 위하여 화목 제물로 그 아들을 보내셨음이라"(요일 4:10). 이웃을 향한 헌신의 근원은 하나님의 자기를 주시는 사랑이다. 이 하나님의 부성적 사랑으로부터 성자의 자기를 주시고 섬기는 사랑과 헌신하도록 감동시키는 성령의 사랑이 나온다. 교회는 이 하나님의 아가페 사랑을 나누고 이웃에 실천하는 하나님의 백성이다. 이 사랑은 그리스도 수난과 십자가에서 나타난 하나님의 사랑에 기초되고 성령 안에서 증거된다.

(1) 사랑의 대상으로서 창조세계

사도 요한은 성부 하나님은 사랑이시라고 증거했다. 하나님은 자기를 주시는 사랑으로서 만물의 창조자이시다. 하나님은 사랑으로써 이 세상과 인간을 창조하였다. 창조세계는 하나님 사랑의 대상이다. 하나님은 자기의 독생자를 주시기까지 이 세상을 사랑하셨다(요 3:16). 하나님은 이 세상을 창조하시고 이 신론자들(Deists)이 주장하듯이 그냥 내버려 두시지 않고 쉼 없이 이 세상을 섭리하시고 주장하신다. 그러므로 시편 기자는 노래한다. "여호와께서 그 보좌를 하늘에 세우시고 그의 왕으로 만유를 다스리시도다"(시 103:19). "여호와께서 공의로운 일을 행하시며 억압당하는 모든 자를 위하여 심판하시는도다"(시 103:6). 그러므로 교회는 창조세계를 향하여 자기를 주시고, 사랑하시는 하나님의 행위를 본받는다. 교회는 자기를 줌으로써 역사와 사회 속에서 자기의 실존을 확인한다.

(2) 봉사의 대상으로서 세상과 인간

이 세상과 만물은 하나님의 사랑의 대상이다. 창조세계는 하나님 사랑의 선한 뜻의 표현이기 때문에, 자연과 세상의 창조질서는 교회가 하나님의 사랑 안에서 봉사해야 할 영역이다. 여기서 사회와 자연을 교회의 봉사 영역에서 제외시키는 근본주의적 사고는 배격된다. 신자는 교회 안에서만 머무는 것이 아니라 성부 하나님의 사랑의 능력을 힙 입어 하나님의 사랑의 대상인 역사와 자연과 사회를 향하여 사랑의 실천을 한다. 그렇다고 신자는 역사와 자연과 사회에 맹목적으로 동화되는 것이 아니다. 신자의 영적 정체성을 상실하는 인본주의적 사고도 배격된다. 교회는 하나님의 말씀 안에서 비판적으로 역사와 사회에 참여한다. 그리고 교회는 부정과 불화와 불평등이 있는 곳에, 하나님의 정의와 평화를 선포하고 그것을 사회봉사를 통하여 증언한다. 교회는 이 세상에 있는 하나님 사랑의 증언자로서 세상을 비추는 빛과 부패를 방지하는 소금의 역할을 하면서 사회 속에 존재한다. 교회는 자기를 위하여 있지 않고 이웃을 위하여 존재한다. 하나님이 교회에 주신 복이란 자기의 행복을 만끽하기 위한 것이 아니라 사회의 불우한 이웃을 위하여 봉사하도록 하기 위하여 주신 것이다. 하나님 사랑에 빚진 자로서 교회는 더욱더 이 세상을 사랑해야 한다.

(3) 인간의 존엄성과 평등성

창조신학적으로 모든 인간은 동등하다. 인간은 하나님의 형상으로 지음을 받았기 때문이다. 인간은 하나님이 부여한 존엄성을 지녔다. 인간은 어느 누구의 소생이기 이전에 하나님의 피조물이다. 예수님은 한 인간의 존엄성을 천하와 바꿀 수 없는 고귀한 것으로 보셨다. 그러므로 모든 인간은 지위, 소유, 재능, 외모, 성, 인종, 국적, 종교와 관계없이 평등하다. 모든 인간은 사회적으로 동등한 권리를 누리고 동등한 대우를 받아야 한다. 이러한 창조신학적 인간의 존엄성과 동등성은 사회봉사의 신학적 기초이다.

교회는 사회 봉사를 하는 데 학연이나 성별이나 소유와 사회적 명성, 종교나 교파, 인종, 국적, 지역에 따라서 인간에 대한 차별을 두어서는 안 된다. 이러한 차별이 있는 사회봉사는 인간을 하나님 형상으로 지으신 삼위일체 하나님의 뜻에 따른 사회봉사가 아니다. 교회의 사회봉사는 더욱이 종교의 장벽을 넘어선다. 종교나 신앙고백 여부는 인간의 존엄성에 대하여 이차적이다. 어려운 처지에 있는 인간이라면 신앙고백이나 교파나 종교에 관계없이 도움을 받아야 한다. 이러한 사회봉사 정신은 천주교 수녀로서 거리에서 죽어가는 힌두교인들을 인간답게 죽도록 봉사하고 그 시신을 거두어 준 테레사(Teresa) 수녀에게서 찾아볼 수 있다. 그녀는 천주교 신앙을 가졌으나 그녀의 자기를 주는 헌신적 봉사의 삶과 정신은 종교의 장벽을 넘어서 힌두교인들에게 하나님의 사랑을 전했다.

2. 예수 사역으로서의 사회봉사: 섬김으로서의 사회봉사

사회봉사는 성자 예수의 사역이다. 예수는 그의 전 삶을 통하여 섬김의 모범을 보여주셨다. 그는 이 세상을 향하여 일(봉사)하시는 하나님의 뜻을 따라서 섬김의 사역을 실천하셨다.[4]

(1) 섬김의 모범자로서의 예수

성자 예수는 성부의 뜻에 따라서 인간을 섬기고 구속하기 위하여 오셨다. 최초의 인간은 하나님처럼 되려고 하는 권력의지 때문에 하나님의 말씀을 불순종하므로 범죄하여 하나님의 형상을 상실했다. 원죄란 인간이 자기 스스로의 주인이 되고자 하며 자기와 타인을 지배하고자 함에 있다. 그리스도의 오심은 어거스틴이 말한 바 같이 겸허의 모범을 보여주시기 위함이다. 그리스도의 겸허는 삼위일체의 이위(二位)이신 성자의 지위를 버리는 것에만 있는 것이 아니라 왕의 신분으로서 종이 되어 죄인을 섬기는 것에 있다. 예수는 병든 자를 고치시며, 소외된 자를 받아들이며, 죄인과 세리의 친구이셨다.

예수 그리스도는 디아코노스(Diakonos)로서 그의 삶 자체가 봉사하는 것이었다. 예수 그리스도는 "원봉사자"(Urdiakon)이다. 예수님은 다음같이 자기의 봉사사역에 대하여 말씀하신다. "인자가 온 것은 섬김을 받으려 함이 아니라 도리어 섬기려 하고 자기 목숨을 많은 사람의 대속물로 주려 함이니라"(막 10:45). 제자들 중에 서로 크다고 다툼이 일어나는 것을 보시고 예수는 다음같이 말씀하신다. "앉아서 먹는 자가 크냐, 섬기는 자가 크냐, 앉아서 먹는 자가 아니냐. 그러나 나는 섬기는 자로 너희 중에 있노라"(눅 22:27). 이러한 예수의 생애는 섬김의 생애였다.

교회의 사회봉사는 디아코니(Diakonie), 봉사직무라고 하며 그 전거(典據)로서 예수 그리스도를 삼는다. 예수 그리스도는 사회봉사의 신학적 귀감이 되시고 기초가 되신다. 교회는 이 땅 위에서 그리스도의 부르심을 받은 작은 예수로서 그 예수의 봉사의 사역을 따르는 공동체이다. 교회는 오늘날 기구나 관청이 되어 버린 유럽의 교회나 권위적 지배의 교권적 위계질서가 되어 버린 가톨릭 교회처럼 민중이나 세상을 지배하기 위해 있는 것이 아니라, 반대로 종으로서 겸허하게 섬기기 위해서 존재한다. 이러한 교회가 바로 그리스도를 본받는 섬기는 교회의 진실한 모습이다.

그러므로 교회의 사회봉사는 섬기는 종, 그리스도의 복음사역에 근거하면서 그리스도가 증거한 하나님 나라가 오도록 사랑과 정의와 평화를 실천하는 모든 행위를 포괄한다.

(2) 전인(全人)적 구속으로서의 예수의 구속사역

예수의 복음사역은 죄지은 자와 마귀에게 짓눌린 자를 해방하는 영적 사역만이 아니라 가난하고 사회적으로 소외된 자들에 대한 구속이었다. 예수는 하나님 나라에 대한 말씀을 선포했으며 그리고 신체에 질병을 가진 자들을 치유하고 소외된 자들을 공동체에 복귀시키고 절망에 빠진 자들에게 소망을 주었다. 예수는 자신의 복음사역을 다음같이 평가하신다. "소경이 보며, 앉은뱅이가 걸으며, 문둥이가 깨끗함을 받으며, 귀머거리가 들으며, 죽은 자가 살아나며, 가난한 자에게 복음이 전파된다"(마 11:5). 예수의 복음사역은 전인적인 구원의 사역이었다.[5] 봉사란 인간과 세상을 사랑하셔서 그리스도께서 실천하신 모든 구원의 활동을 포괄한다. 그러므로 봉사는 그리스도 사건에 근거한다.[6]

그리스도 사역의 일차적인 것은 영혼의 구속이었다. 그것은 하나님과의 영적 관계의 회복이다. 그러나 이것은 신체의 치유와 이웃과의 바른 관계에서 나타난다. "사랑하는 자여 네 영혼이 잘됨 같이 네가 범사에 잘되고 강건하기를 내가 간구하노라"(요삼 1:2). 그리고 영혼의 구원은 그 열매로써 이웃에 대한 봉사로 나타난다.

영혼구원과 신체와 지성의 구원은 서로 분리된 것이 아니다. 양자는 그리스도의 전인적 구원사역 안에서 불가분적으로 연결되어 있으며, 하나의 짝을 이룬다. 그것은 신발의 짝이나 안경의 짝처럼 어느 하나가 없으면 다른 하나는 그 구실을 제대로 하지 못한다. 구원은 분리된 것, 분열된 것, 파괴된 것을 온전하게 하고 정상적인 것으로 회복시키는 것이다. 구원은 하나님과의 깨어진 관계, 자기와의 깨어진 관계, 사회와의 깨어진 관계를 회복하는 것이다. 그러므로 구원은 영혼과 신체에 관련해서 통전적으로만 생각할 수 있다. 구원은 통전적 행위(ganzheitliches Handeln)로써 이루어진다.[7]

(3) 타인을 위한 공동체로서의 교회

그리스도의 교회는 이웃을 섬기는 자의 공동체로서 존재한다. 교회는 이웃을 위하여 그리고 이 세상을 위하여 존재한다. 교회는 신자들의 공동체로서만 존재하지 않는다. 교회는 이 공동체에 아직도 속하지 아니하고 있는 자들 그리고 사회에서 소외되고 억눌린 자의 친구로서 존재한다.

루터는 말하기를 "기독자는 내면적으로는 어느 누구에게도 종속되지 않는 자유자다. 그러나 외면적으로는 이웃을 향한 봉사자다."라고 말했다. 그리스도가 그의 교회를 택하신 것은 신자들만의 구원과 복락만이 아니라 이들을 통하여 이웃과 세상의 구원과 복락을 위한 것이다. 그러므로 본회퍼(D. Bonhoeffer)가 말하는 것처럼, 교회는 "타자를 위한 존재"(Sein für andere)가 되어야 한다. "교회는 타자를 위하여 존재할 때만 교회이다."[8] 본회퍼는 말씀을 선포하는 교회만이 아니라 어려운 상황 속에 있는 자들과 연대하며, 저들과 함께 살고, 함께 고통 받으며, 함께 기뻐하고, 다른 사람들과 함께 길을 찾는 교회를 역설하고 있다. 여기서 교회의 중요한 사회봉사로는 단순히 구제하는 자선사업의 차원을 넘어서서 고통 받는 자들, 가난한 자들, 사회로부터 소외된 자들, 아직도 방황하고 있는 자들, 더 이상 쓸모없다고 생각하는 자들과 연대하는 사회적 행위를 말한다.

교회는 그리스도가 비유로 말씀하신 선한 사마리아인(good Samaritan)으로서 오늘날 후기산업사회(postindustrial society)에서 존재해야 한다. 강도 만나 죽어가는 사람에 대하여 그를 마땅히 구해주어야 할 책임이 있는 당시의 종교인들(제사장, 레위인 등)은 지나가 버렸으나 그와는 아무런 상관이 없는 무명의 사마리아인이 그를 구출해준 것처럼 교회는 이 시대에서 사마리아인의 역할을 감당해야 한다.

이웃을 향한 봉사는 그리스도의 십자가에 참여하는 것이다. 십자가에의 참여는 소외된 자들과 고통을 나누는 것이며 그들의 고통을 받아들이는 것이며 그들의 고통을 떠맡는 것이다. 이것은 자기중심적인 삶을 매일 포기함으로써 이루어진다. 그러면서 교회는 부활하신 그분의 현존과 권능을 매순간 체험한다. 부활하신 그리스도에 대한 소망만이 비로소 교회로 하여금 자기중심적 삶을 포기하면서 불행한 이웃을 향하여 유대를 공고히 하고 사랑을 실천하도록 한다.

3. 성령의 사역으로서의 사회봉사: 감화와 교제로서의 사회봉사

(1) 감화의 사역으로서 사회봉사

교회의 사회봉사는 성령 하나님의 사역이다. 성령 하나님은 가난하고 헐벗은 자들을 돕도록 교회와 그의 성도들을 감동케 하신다. 성령은 감화를 통하여 사랑의 능력을 부어주신다. 그리고 성령은 신자들의 자기를 주는 헌신을 통하여 이웃을 향하여 열리고 봉사하도록 하신다. 자기를 비우고 주는 이러한 신자의 헌신사역은 마음을 닫은 이웃, 가난하고 헐벗은 자들의 마음을 연다. 그리고 성령은 교회의 사회봉사와 헌신적 행동을 통하여 마음을 닫은 이웃과 가난하고 헐벗은 자들을 감화시킨다. 그리고 저들로 하여금 자기와 같은 처지에 있는 이웃을 향하여 헌신하도록 만든다. 이것은 성령의 감화사역으로써 가능하다. 교회의 사회봉사는 우리의 짐을 대신 짊어지신 예수님의 사역에 대한 인격적인 신앙고백 위에서만 가능하다. "그분은 우리의 질병과 고통을 짊어지신다 … 그분의 상처에 의하여 우리는 치유된다"(사 53:4). 교회는 예수의 고통으로부터 하나님 사랑의 고통을 인식하고 예수의 고통 속에서 생명을 받는다. 그리하여 예수의 섬김 사역을 인식하면서 성령에 의하여 감동 받는다. 그리하여 예수님을 따르는 제자가 된다. 여기서 신자는 이웃을 향한 진정한 섬김의 봉사를 하게 된다.

교회의 사회봉사는 더욱이 복음에 대하여 닫혀있는 사회에 대해 복음에 대한 편견을 제거하고 호감을 불러일으키는 효과적인 정지작업이다. 구한말 조선의 복음사업이 성공적일 수 있었던 것은 서양의 문물에 대하여 의구심을 가졌던 조선의 조정과 조선민중에 대하여 선교사들이 서양의 문물을 가지고 와서 학교를 세우고 병원을 세우고 새로운 문물을 보급함으로써 사회적 분위기를 호의적으로 만든 데 기인한다.

(2) 교제의 사역으로서 사회봉사

교회는 이웃을 향하여 인격적으로 열리고 소외되고 가난한 자들에 대하여 봉사함으로써 저들과 대화하고 저들의 내면적 소통(疏通)에 들어간다. 교회는 이웃을 향하여 봉사함으로써 저들에게 유익을 주고 저들의 짐을 들어준다. 이웃을 향한 봉사는 이웃이 가지고 있는 편견과 심리적 장벽을 허문다. 봉사를 통하여 봉사하는 자와 받는 자 사이에 사귐이 시작된다. 그럼으로써 봉사하는 자는 봉사를 받는 자들과 인격적 교제에 들어간다.

그러면서 불신자들에게 봉사를 함으로써 신자들은 믿는 자 상호간에 자기의 정체성을 확인한다. 그리하여 신자들 가운데 봉사의 공동체를 창조한다. 이 봉사의 공동체는 상호간에 교회로서의 자기 확인이요 신뢰의 공동체이다. 이러한 교제하는 공동체는 지배하는 공동체가 아니라 "자기를 낮추는 봉사적 공동체"이다.[9]

이러한 교제는 서로 간에 주도권을 쥐기 위하여 경쟁하는 교제가 아니라 서로 간에 섬기는 교제이다. 예수님은 다음같이 말씀하신다. "이방인의 집권자들이 저희를 임의로 주관하고 그 대인(大人)들이 저희에게 권세를 부리는 줄을 너희가 알거니와, 너희 중에는 그렇지 아니하니, 너희 중에 누구든지 크고자 하는 자는 너희를 섬기는 자가 되고, 너희 중에 누구든지 으뜸이 되고자 하는 자는 너희의 종이 되어야 하느니라"(마 20:25-26). 서로가 서로를 인격적으로 섬기고자 하는 곳에 진정한 교제가 시작되고 지배를 위한 법과 권력의 투쟁은 중지된다.

여기서 교회는 병든 자, 장애자, 사회적으로 소외된 자들에 대하여 도움을 주는 자와 구호자라기 보다는 예수님이 자신을 이해하신 것처럼 "가난한 자들과 병든 자들의 친구"로서 자기를 이해한다. 여기서 봉사자는 타자를 위하여 존재하며(Für-andere-da-Sein), 타자와 더불어 존재한다(Mit-anderen-Leben). 여기서 장애자와 장애가 없는 자들 간에 진정한 교제가 성립한다. 사회사업적인 치료기관은 치료는 각 환자를 격리시켜 치료하기 때문에 환자를 고립시킨다. 사회복지기관은 봉사를 다른 곳으로 떠넘기려는 원칙에 의하여 병든 자와 소외된 자와 장애자들을 사회에서 쫓아내고자 하는 경향이 있다. 그러나 진정한 교회의 사회봉사는 이들을 기꺼이 맡으려 하며 가정과 사회에 통합시키는 가운데서 치유한다. 이것이 바로 "통전적 봉사"(ganzheitliche Diakonie)이다.[10]

(3) 하나님나라 사역의 선취적 모형으로서의 사회봉사

교회는 사회봉사를 통하여 교제함으로써 비로소 진정한 성도의 교제(sanctorum communio)를 이룬다. 이러한 성도의 교제는 다가오는 하나님 나라의 선취적 모습을 이룬다. 하나님 나라는 하나님의 사랑과 그리스도의 은혜와 성령의 교통 안에서 서로 간에 섬기고 사랑을 나누는 성도의 교제이기 때문이다. 교회의 사회봉사는 다가오는 하나님 나라를 선취하는 모형이다.[11] "때가 찼고 하나님 나라가 가까이 왔으니 회개하고 복음을 믿으라"(막 1:15). 예수의 복음 선포와 더불어 하나님 나라는 왔고 그리고 가까이 오고 있다. 예수님은 그의 메시아적 사역-복음 선포와 치유사역-을 통해서 하나님 나라의 임재를 가시화 하셨다. "소경이 보며, 앉은뱅이가 걸으며, 귀머거리가 들으며, 문둥이가 깨끗함을 받으며, 죽은 자가 살아나며, 가난한 자에게 복음이 전파된다"(마 11:5, 눅 4:18).

교회의 사회봉사는 현실사회의 고통을 감소시키며, 상처를 치유하며 사물과의 새로운 관계를 정립함으로써 새로운 공동체, 사랑과 정의와 평화의 왕국, 곧 하나님의 나라를 선취하는 것이다. 하나님 나라에 대한 전망이 없는 사회봉사는 이상사회를 향한 사회학적 노력일 뿐, 교회의 사회봉사일 수는 없다. 교회의 사회봉사는 다가오는 하나님 나라를 바라보면서 "그리스도가 너희를 받아들인 것처럼 너희도 서로를 받아들이라"(롬 15:7)는 공동체의 원칙을 실천한다. 그것은 바로 피차간에 섬김의 원리이다.

성령은 인간의 모든 삶과 생명에서 하나의 거룩한 형태를 획득하고자 한다. 그것은 서로를 섬기는 봉사의 삶이다. 하나님 나라는 자기만을 즐기는 자기도취주의가 아니라 이웃을 위하여 존재하고 이웃의 기쁨에 같이 참여하는 아가페 사랑의 공동체이다. 교회가 봉사를 단지 부수적인 일이 아니라 자발적인 일로서 할 때 그 교회는 진정한 공동체가 된다(Diakoniesierung der Gemeinde und die Gemeindewerdung der Diakonie).[12]

4. 삼위일체론적 사역으로서의 사회봉사

교회는 디아코니아신학적으로 표현한다면, 성부 하나님의 자기를 주시는 사랑과 성자 예수 그리스도의 섬김과 성령 하나님의 감화와 교제의 공동체이다. 교회의 사회봉사는 이러한 하나님의 삼위일체적인 자기를 주심(성부), 섬김(성자), 감화와 교제(성령)를 실천하는 것이다. 이러한 삼위일체론적인 사회봉사의 착상은 기독론적 착상을 수용하면서 이것을 삼위일체적으로 보다 풍성하게 한다. 교회봉사는 단지 그리스도 중심적인 봉사(Philippi)에 그치는 것이 아니다.[13] 성부의 사역과 성령의 사역이 함께 기독론적 사역에 협력한다. 기독론적 사역이 가능한 것은 성부의 사역과 성령의 사역이 협력하기 때문이다. 신론과 성령론이 없는 기독론은 바르트의 신학구조에서 보는 바 같이 기독론적 일원론(christological monism)이 되어 버리는 것과 같다.[14]

이러한 사회봉사의 정신은 사랑과 정의와 평화의 실현이다. 사랑이란 자기 자신 안에 폐쇄된 것이 아니라 이웃을 향하여 열리고 자기를 주는 행위이다. 정의란 인간이 기본적으로 삶을 영위해 나갈 권리, 노동할 권리, 가족 내에서 공동체를 이룰 권리를 의미한다. 평화는 하나님에 의해 열린 그래서 하나님과 바른 관계, 구원이 구체화된 삶의 가능성을 말한다.

역사의 구속자와 심판자와 완성자로서 역사 안에서 다가오시는 삼위일체 하나님의 사랑과 정의와 평화에 대한 상징으로서 교회의 사회봉사는 역사과정 속에서 그 진정한 의미를 가진다. 여기서 종말론적 단서(an eschatological proviso)가 필요하다. 역사 속에서는 교회가 이루는 사랑과 정의와 평화의 봉사행위는 유토피아를 가져오는 것이 아니다. 그것은 단지 다가오는 하나님 나라의 진정한 사랑과 정의와 평화에 대한 예기행위이다. 역사와 사회 속의 교회는 여전히 갈등 속에 있다. 갈등은 교회 외부적인 것뿐만 아니라 교회내부적인 것이며 교회의 현재적 상황에서도 경험된다. 교회는 아직도 하나님 나라가 아니기 때문이다.[15] 그러므로 교회의 사회봉사는 어떠한 인간조직(UN 내지 국제적인 NGO의 봉사나 구제 프로그램)의 봉사를 절대화 하지 않고 역사의 이상향을 인간적인 기구의 실천에서 이루어진다고 보지 않는다.

5. 하나님의 사역에 동참으로서의 사회봉사: 사회사업의 차원에 머물지 않고 사회선교의 차원으로 나아감

교회의 사회봉사는 교회가 스스로 의롭고 풍족하기 때문에 자기 의로움의 표현으로 이웃에게 나누어 주는 것이 아니다. 교회의 사회봉사는 하나님이 오늘도 역사 속에서 불평등하고 불의한 사회여건을 구조적으로 쇄신하시기를 원하시는 하나님의 사역에 참여하는 것에 있다. 교회의 사회봉사는 "세상의 빛이요 소금" 이라는 하나님의 말씀에 순종하여 이웃을 향한 하나님의 아가페를 실천하는 것이다.

이러한 신학적 사회봉사이념은 이데올로기적인 사회봉사를 배격한다. 그
것은 보수적 자기 독선(a conservative self-righteousness)으로서 자선이 아니
다. 또한 진보적 사회주의적 이상향을 이루는 행동(progressive socialistic
utopianism)도 아니다. 교회의 사회봉사는 단순히 자선적이거나 직업적 사회
사업과는 다르다. 국가나 공공기관의 사회사업은 종교중립적인 차원에서 이
루어지나, 교회의 사회봉사는 인간의 구세주요 봉사자이신 예수 그리스도 안
에서 자기를 헌신적으로 주신 하나님의 사랑에 대한 성령의 감동 안에서의 고
백과 응답으로 이루어진다. 그것은 개혁주의적 행동(a reformed action)으로서
하나님 사랑과 은혜에 대한 인격적인 응답이다.

그러나 교회의 사회봉사는 단지 교회가 자체 교회 내에서 일어나는 교인들
의 문제에 직면하는 목회의 규범을 따를 수 없고, 사회사업이 다양한 사회조직
내에서 그 성과를 추구하는 것과 같은 규범을 따라야 한다. 그리고 교회의 사
회봉사는 단지 사회사업의 차원에 머물지 않고 사회선교적인 차원으로 나아
가야 한다. 사회사업은 국가나 사회의 복지기관들이 하나의 사업으로 또는 전
문 직업으로 또는 독지가가 동점심이나 자선을 베푼다는 의미에서 병원이나
양로원이나 직업교육원, 재활원을 운영하는 것을 말한다. 여기서는 실용주의
나 업적주의 원칙에 따라서 정말로 필요로 하는 낙오자들이 배제될 수도 있고,
관료주의나 행정편의에 따라서 인간을 위한 봉사라는 사회봉사의 정신이 식
을 수도 있다. 그러나 교회의 사회봉사는 단지 사회사업이 아니라 인간과 사
회를 구원하시는 삼위일체 하나님의 구원에 참여하는 신앙의 실천으로서의
자발성의 행위이다. 하나님의 구원행위에 참여함으로써 교회의 사회봉사는
병든 사람, 가난한 사람, 낙오된 자, 소외된 자, 절망적인 사람들을 정신과 신
체적으로 전인적으로 구원하는 것이다.

여기서 교회는 전인적 구원행위를 위하여 사회적으로 소외되고 가난하고

불우한 처지에 있는 자들이 인간존엄성을 가지고 새로운 삶을 살 수 있도록 불의한 구조를 변혁시키고자 한다. 교회의 봉사사업은 그래서 일반 사회사업이 하기를 기피하는 일까지 맡아서 처리한다.

예컨대, 장애자들이나 정신병자들, 알콜이나 마약중독자들을 수용하고 치료하는 재활원은 이들을 단지 수용하는 데 그치지 않고, 이들이 다시 가정과 사회에 복귀할 수 있도록 치료하는 제도를 도입하거나, 자원봉사자들을 통해서 적응훈련을 시키거나 스스로 돕는 그룹을 만들어 환자와 건강한 자들이 함께 지내는 프로그램을 개발하는 것이다.[16]

교회의 사회봉사는 삼위일체 하나님의 사역에 참여하는 선교적 봉사로서 사회복지기관의 사회사업에 대한 협력자일 뿐 아니라 보완자의 역할을 해야 하며 비판자의 역할을 해야 한다. 여기서 교회가 하는 비판의 역할이란 사회복지기관들의 정책과 운영방침을 하나님 나라의 이념(구체적으로는 인간존엄성, 사회적 정의와 평등 등)에 비추어 정책적 차원에서 비판적으로 시정하는 것이다. 그리하여 교회의 사회봉사는 "정치적 사회봉사"(politische Diakonie)가 된다.[17] 여기서 정치적 사회봉사란 해방신학이나 민중신학의 이데올로기에 의하여 지배받지 않고 오히려 사회적 제 이데올로기를 초월한 하나님 나라의 복음에서 실행된다.

6. 교회의 내면적 표식(標識)으로서의 사회봉사

교회의 사회봉사는 그 자체가 교회의 본질적 기능이지 교회의 부수적 기능이 아니다. 교회의 본질적 기능은 말씀의 선포이면서 동시에 사회봉사이다. 교회가 사회봉사를 포기한다면 그것은 교회이기를 그치는 것이다. 본회퍼가 말하는 바 같이 교회의 사회봉사는 "공동체로서 존재하는 그리스도(Christus als Gemeinde existierend)"의 객관적 정신, 사회적 표현이다.[18] 삼위일체적인 하나님의 세상사역에 대한 응답으로 교회는 사회를 향하여 봉사하며 섬긴다. 이러한 "교회는 동시에 성만찬이며 성도의 교제이며 항상 사회봉사이다."[19] 그러므로 사회봉사는 교회의 목회나 선교사역에서 배제될 수 없으며, 교회는 영혼구원과 사회봉사라는 통전적 성경해석을 해야 한다.[20]

개혁신학은 교회의 표지(notae ecclesiae)로서 말씀의 선포(praedicatio verbi), 성례전의 집행(administratio sacramenti), 권징(discipline)의 시행이 있는 곳에 교회가 존재하는 것으로 본다.[21] 이에 반해서 사회봉사는 그 자체로는 교회의 존재로서 표식 되지 않은 교회이다. 그러나 사회봉사가 단지 자선적으로 또는 사회사업적으로 행해지지 않고 삼위일체 하나님의 사역에 대한 응답으로서 이루어진다면 그것은 교회라고 말할 수 있다. 그러므로 이 사회봉사가 교회의 표식을 가지기 위해서는 말씀의 선포와 성례전의 집행, 성도간 교제와 불가분적인 관계에 있어야 한다. 말씀의 선포, 성례전의 집행은 그 자체로서 교회의 표식이 되지마는 교회의 사회봉사는 그 자체는 하나님 앞에서 교회의 존재를 가진다고 하더라도 말씀의 선포와 성례전의 집행의 도움 없이는 교회로서 표식 되지 않는다.

주님은 말씀하시기를 "두세 사람이 내 이름으로 모이는 곳에 나도 그곳에 같이 있으리라"고 약속하였다. 두세 사람이 주님의 이름으로 모이는 곳은 교회이다. 교회란 여기서 그리스도의 사건이 일어나는 곳, 다시 말하면, 그리스도께서 임재하시는 곳이다. 불우한 이웃과 사회를 위하여 존재하고 행위하는 그 사회봉사의 사역은 성부 하나님이 그리스도 안에서 성령으로 임재하시는 영역이며 그 사역은 하나님의 구속사건이 임재하는 그리스도의 교회이다. 교회는 이웃봉사가 그리스도의 사건으로 일어나는 곳이기 때문에, 교회는 말씀의 선포와 성례전의 집행과 불가분리적이다. 말씀의 사건과 성례전은 이러한 언어 없이 행동으로 나타난 이웃을 향한 섬김과 봉사가 바로 그리스도 사건이라는 것을 증언한다.

이러한 봉사하는 교회는 말씀의 선포와 성례전과 성도의 교제가 이루어지는 교회처럼 그리스도 안에서 하나님이 성령 안에서 임재하시는 사건의 현장이라는 점에서 본질적 교회로서 단지 기구적으로 존재하는 교회와는 다르다.

7. 예배와 제사로서의 사회봉사

세상을 구속하시는 하나님의 사역에 참여하는 교회의 사회봉사는 본질적으로 교회의 본질적 존재영역에 속한다. 그 구체적인 실례를 양과 염소에 대한 예수님의 말씀(마 25:31-46)에서 찾아 볼 수 있다. 예수님은 지극히 작은 자가 주릴 때 먹을 것을 주고, 목마를 때에 마시게 하였고, 나그네 되었을 때에 영접하고, 벗었을 때에 옷을 입히고, 병들었을 때에 돌아보고, 옥에 갇혔을 때에 가서 돌본 것이 바로 주님 자신에게 한 것이라고 말씀하신다. 그리고 "이 지극히 작은 자 하나에게 하지 아니한 것이 곧 내게 하지 아니한 것이다"(마 25:45)고 말씀하신다. 여기서 예수님은 자신을 지극히 작은 소자와 동일시하시고 계신다. 예수님은 교회 안에서 말씀의 선포와 성례전과 더불어 계신다. 그리고 예수님은 이 세상 속에서 우리의 도움과 봉사를 필요로 하는 우리 이웃의 지극히 작은 자와 더불어 계신다.

이 세상의 지극히 작은 자와 더불어 계시는 주님께 경배하는 것은 바로 이 세상에서 불우하고 짓눌린 자들과 함께 하는 봉사와 헌신의 행위이다. 그러므로 히브리서 기자는 "오직 선을 행함과 서로 나눠주기를 잊지 말라. 하나님은 이같은 제사를 기뻐하시느니라"(히 13:16)라고 증언하고 있다. 사회봉사 자체는 하나님에 대한 올바른 제사요 예배이다. 성부 하나님의 사랑에 대한 감사와 성자 그리스도의 은혜에 대한 감격과 성령의 현재적 임재와 증거 가운데서 신자인 봉사자들은 서로를 위해 존재하며 서로 간에 봉사하면서 봉사를 전적인 신앙의 고백과 감격으로서 실천한다. 이러한 봉사야말로 몸으로 실천하는 예배요 찬양이며 고백이다.

8. 전인치유 직무로서의 사회봉사

교회의 사회봉사는 세상을 구속하시는 삼위일체 하나님의 사역으로서 치유의 행위이다. 그것은 외적인 봉사를 통하여 상처받고 소외되고 병들고, 갇히고, 가난하고 나그네 된 자, 헐벗은 자, 따돌림을 받은 자, 절망과 좌절 속에 있는 자들에 대한 도움이요 그들의 친구가 되고 그들의 상담자가 되고 대화의 상대자가 되는 것이다. 교회의 사회봉사는 이러한 봉사의 직무를 통하여 그들의 상처와 아픔에 공감을 나누며 그들의 처지에 서며 그들의 짐을 같이 나누며 그들의 친구가 되면서 그들의 치유에 동참하는 것이다.

교회는 이러한 봉사의 직책을 수행할 때 인간적인 연대성을 요구하며, 인간 권리의 불이익과 억압과 불법억류에 대하여 창조신학에 입각하여 저항하며 소외되고 억눌리는 사회적 약자(弱者)들의 권익을 대변한다. 이러한 대리행위는 반드시 치유의 권능을 나타낸다. 그것은 교회 안에 계시는 자가 바로 이 세상을 사랑하시고 신자를 통하여 자기를 주시는 사랑을 드러내시는 주님이시기 때문이다. 하나님은 오늘도 교회의 사회봉사라는 직무를 통하여 그리스도 안에서 성령의 능력으로 그의 치유의 은혜를 공급하시고 계시기 때문이다. 이러한 치유는 사회적 관계에서의 어려움의 치유만이 아니라 더 나아가 자기와 그리고 하나님과의 올바른 관계를 가지도록 한다. 교회의 봉사는 사회적 병든 구조를 하나님 말씀에 입각하여 분석하고 불의한 구조의 치유에까지 나아간다. 그리고 오늘날 환경에 파괴된 이 시대에 자연환경과 올바른 관계를 정립하도록 한다.

2005년 8월 '기독교 사회복지엑스포 2005'가 "행복한 복지한국, 한국교회 손으로"라는 주제로 서울에서 열렸다. 이 행사 일환으로 영락교회 50주년기념관에서 "한국교회의 사회복지와 기독교생명운동"이란 주제로 열린 국제심포지엄에서 현재 미국의 《크리스챠니티 투데이》(*Christianity Today*) 공동편집자인 로날드 사이더(Ronald Sider)가 사회복지에 관한 복음주의적 해석을 성경에 근거해서 제시한 것은 주목할 만하다.[22] 첫째, 죄를 단지 개인적인 죄로 치부하고 있지만 성경에서는 사회적인 죄도 언급되고 있다. 성경은 가난한 사람에게 불합리한 경제적 구조나 성적 유린과 학대 등 사회적인 죄, 즉 나쁜 시스템에 관해서도 언급하고 있다. 둘째, 인간의 본성으로 플라톤의 주장과 같이 인간은 좋은 영혼이 악한 육에 있는 것이 아니다. 성경은 창조자가 선함으로 영혼과 몸이 함께 좋은 것이다. 또 구원도 영혼과 몸이 함께 성령으로 변화된다. 복음주의와 사회복지의 통합은 더 좋은 구원의 결과를 낸다. 셋째, 복음은 죄에 대한 용서만을 의미하는 것이 아니라 하나님 나라에 관한 소식으로 '천국은 이 땅의 기독교 공동체로부터 일어나는 것'이다. 예수와 제자들은 장애인과 영성들에 대한 편견을 타파하고 사랑의 본을 보이면서, 천국이 이 세상에서 일어나고 있다는 것을 보여주고 있다. 넷째, 구원은 단지 개인의 영혼에만 해당하는 것이 아니라 한 개인의 전 인격에 해당한다. 그리고 성경이 말하는 구원은 나뿐만 아니라 모든 영혼을 향한 더 큰 의미의 구원으로 확대한다. 예컨대, "삭개오는 비록 부조리한 제도에서 돈을 모았으나, 예수를 만난 후 불의하게 모은 돈을 돌려주고 자기 소유를 가난한 사람들에게 나누어주면서 온 집이 구원을 받았다." 삭개오에 관한 누가 기사(눅 19:1–10)는 삭개오 개인의 구원만이 아니라 삭개오의 진정한 이타적 행동을 통해 예수를 영접한 사람들의 구원에 관해서 언급하고 있다.

*

　　교회의 사회봉사는 단지 사회학적으로 이루어지는 것이 아니라 삼위일체적인 근거를 갖는다. 교회의 사회봉사의 능력은 기구적으로 주어지는 것이 아니라 신적 초월적 은혜로 주어진다. 그것은 삼위일체 하나님의 인류를 위한 은혜로운 사역에서 주어진다. 교회의 사회봉사는 이러한 삼위일체 하나님의 역사와 인류사역에의 참여이다. 교회의 사회봉사는 사랑과 정의와 평화의 상징이 되어야 한다. 봉사는 단순히 주는 것만이 아니라 줌으로써 받는 것이다. 줌으로써 주님의 사랑을 나누고 받는 자들로부터 사랑을 받는다. 이것은 나눔이다. 교회의 봉사는 사랑을 위한 봉사이며, 정의를 위한 봉사이며, 평화를 위한 봉사이다.

교회의 사회봉사는 신학적으로 근거되어지며 종교 중립적인 사회사업과 구분되어진다. 교회의 사회봉사는 행해질 수도 행해지지 않을 수도 있는 부차적인 것이 아니라 교회의 본질기능인 말씀의 선포에 본질적으로 속하는 것이다. 교회봉사는 하나의 부수적인 기능이 아니라 본질적인 기능이다. 교회봉사의 근거는 바로 삼위일체 하나님의 역사구속의 섭리에서 나온다. 때문에 사회봉사는 구원받은 공동체로서 이 세계를 향한 본질적인 헌신이며 자기를 줌이다. 사회봉사는 구제활동이나 자선사업 같이 단순히 구제 사업이나 고아원 사업이나 양로원 사업만이 아니다. 그것은 이 모든 활동 속에 나타나며 그것을 넘어서 이 활동 속에서 자기를 주시는 삼위일체 하나님의 세상봉사에 대한 모방이며 따름이요 그분의 명령에 대한 순종이다. 디아코니아는 더 나아가 그분에게 받은 은혜의 감격에서 나오는 감사의 헌신이다.

교회의 사회봉사는 말씀의 선포와 더불어 세상을 구속하시는 삼위일체 하나님의 사역이다. 그것은 이 지상에서 삼위일체 하나님의 사역을 증거하는 기독교공동체의 삶의 양식이다.

chapter 10
몸, 죽음, 생명에 대한 개혁신앙적 이해

　　기독교는 몸, 신체성을 중요시하는 종교다. 기독교는 영의 종교이면서 동시에 몸의 종교이다. 영이 거하는 신체는 바로 하나님이 거하시는 전(殿)을 이룬다. 영의 거듭남을 강조하면서도 그 거듭난 영은 바로 신체적인 삶의 윤리성으로 나타난다. 이 점에서 기독교는 영과 몸을 불가분적으로 중요하게 다루고 있다. 초대교회 영지주의자들이나 불교나 힌두교 등은 몸을 죄악시하고 천하게 생각하나 기독교는 몸의 실재성과 의미를 인정하고 있다. 하나님의 창조사역은 그의 말씀의 실현으로서 구체적인 물질과 더불어 인간의 몸을 창조하셨다. 그리스도의 성육신은 화해를 위한 로고스이신 하나님이 신체성으로 나타남이었고, 구속의 최후 완성은 몸의 부활을 통해서 성취된다. 성육신은 따라서 하나님에 의한 신체성의 인정이며 몸의 부활은 신체성의 최종긍정을 나타낸다. 그리고 죽음은 영원한 삶의 약속이 실현되는 관문이며 죽음은 이 생의 끝이 아니라 새로운 삶의 시작이다. 그리하여 기독교는 인간의 몸이 거하는 현실세계를 부정하는 종교가 아니라 몸이 거하는 현실세계를 다가오는 내세 못지않게 중요시하는 종교이다.

*

1. 몸에 대한 이해

(1) 구약성경의 견해

구약성경은 몸과 영혼을 불가분적으로 상호 관련하여 전체적으로 다룬다. 몸과 영혼의 근본적 분리는 구약성경에서는 낯설다. 희랍 사상에서처럼 몸을 사멸(死滅)하는 존재로 보고 영혼을 불멸(不滅)하는 존재로 보는 이분법은 없다. 구약성경에서는 사멸하는 존재와 사멸하지 않는 존재 사이의 존재론적 분리는 낯설기 때문이다.[1] 독일 하이델베르크의 구약학자 볼프(Hans Walter Wolff)에 의하면 구약성경에서 사람은 언제나 특수한 하나님의 구속의 역사 속에서 자기를 경험한다. 이때 인간은 언제나 "전체"로 나타난다. 영혼과 몸은 사람의 구성요소로서 분리되지 않는다. 창세기 기자는 하나님이 진흙을 빚어 사람을 만들고 하나님의 생기를 불어 넣었다. "그리하여 사람은 살아 움직이는 영이 되었다."(창 2:7) 이 구절의 의미에 의하면 사람은 영혼을 가진 것이 아니라 "살아 있는 영"이다. 구약성경은 인간을 삶의 행위 속에서 생각하고 있으며 인간 존재를 사유나 의욕으로 제한하거나 사람의 행위를 영혼이나 뇌 속에 있다고 보지 않는다.

시편 기자는 다음같이 탄식한다. "나는 죽음의 위협을 받았으며, 나는 몸이다". 나는 몸을 가지고 있는 것이 아니라 내가 곧 몸이다. 몸과 영혼과 영은 변형하여 사용하거나 상호 보충적으로 열거되지도 않는다. 사람은 전적 몸과 영의 통일체로서 다루어진다. 인간은 행복과 고통, 삶과 죽음을 극복하기 위하여 사멸하지 않는 영혼의 실체로 퇴각할 수 있는 어떤 가능성도 하나님 앞에서 발견하지 못한다. 사람은 오로지 전체(ein Ganzes)로서만 나타날 수 있다. 이스라엘의 쉐마(Schema Israel)는 전체로서의 인간을 다음같이 피력한다. "너는 마음을 다 기울이고 정성을 다 바치고 힘을 다하여 너희 하나님 야훼를 사랑하라.” 사람은 영이나 몸을 분리해서 자기 안에 가지고 있지 않다. 그는 오히려 하나님의 사역이다. 그러므로 구약성경은 인간을 정의하기 보다는 이야기한다. 인간은 개념을 통해서 파악되지 않고 그의 삶의 관계 속에서 기술된다. 인간 기술에 있어서 영적 자극들이 상이한 몸의 부분들 속에 있는 것으로 생각되고 있다. 인간은 “그의 몸”으로서 간주되고 있다. 사람의 내면은 내면의 기관들을 통해서 나타난다. 시편 기자는 양심의 처소는 콩팥에 있다고 생각한다(시 16:7). 하나님은 사람의 심장과 콩팥을 시험한다(시 7:10). 간(肝)은 깊은 슬픔의 기관으로 불린다(애 2:11). 여기서 영혼과 몸, 내적 중심과 외적 중심은 상호간의 관련과 작용 속에서 이해된다.

(2) 신약성경의 견해

신약성경도 몸과 영을 분리시키지 않고 통일적인 전체성으로 다룬다. 사람은 “영-몸”(Geist-Leib)이다. 사람의 영혼, 그의 감정, 생각, 의도 등은 창조적 영에 의하여 침투되어 있고 생동적으로 형성된 신체성이다. 바울은 몸을 영과 분리하지 않고 너희 몸은 하나님의 성령이 거하시는 전(고전 3:16)이라고 하였다. 신약성서는 몸의 저급성을 말하지 않고 육이 지닌 욕정의 저급성을 말하고 있다. “땅에 있는 지체를 죽이라 곧 음란과 부정과 사욕과 악한 정욕과 탐심이니 탐심은 우상숭배니라”(골 3:5). “육체의 일은 분명하니 곧 음행과 더러운 것과 호색과 우상숭배와 주술과 원수 맺는 것과 분쟁과 시기와 분냄과 당짓는 것과 분열함과 이단과 투기와 술취함과 방탕함과 또 그와 같은 것들이라”(갈 5:19-21). 바울은 신자들에게 방탕해서 몸을 더럽히지 말고 영을 따라서 성화를 이루라고 말한다.

영과 몸의 갈등이 아니라 영과 육의 갈등을 말한다. 이 갈등은 영적인 것, 즉 영의 욕구와 육적인 것, 즉 영의 소욕과 육의 소욕 사이의 갈등을 말한다. 바울은 몸(soma)와 육(sarks, $\sigma\grave{\alpha}\rho\xi$)을 구분한다. 몸은 우리의 해부학적 신체성을 가리키며, 육은 우리의 욕심이 작용하는 인간신체성을 가리킨다. 여기서도 몸은 영과 분리되어 있지 않고 영과 통일된 하나의 인격으로 나타난다. 바울은 로마서 7장 14절에서 "나는 육적이며, 죄 가운데 팔렸다"고 말한다.[2] 육적인 것은 죽음으로 인도한다. 여기서 육이란 인간 신체에 대한 진술이 아니라 인간 전체에 대한 진술이다. 전체로서의 사람을 가르치는 죄의 자리는 저급한 감성이나 본능에 속한 것이 아니라 이러한 본능과 감성에 움직이는 온 인간, 그의 의지이다.[3]

(3) 플라톤과 데카르트의 몸과 영혼의 이분법 비판

희랍사상에서 몸(soma)은 죽음에 대한 의식 속에서 경험되는 자아이다. 플라톤은 몸을 영혼불멸과 관련하여 기술하였다. 죽음은 "몸으로부터 영혼의 분리"이다.[4] 몸은 죽는 것이지만 영혼은 죽음을 초월하는 것이다. 영혼은 불멸에 대한 직접적 의식을 갖는다. 죽음은 사멸(死滅)의 것과 불멸(不滅)의 것, 인간의 몸과 영혼을 분리시킨다. 불멸의 것은 신적인 것에 상응한다. 그래서 사람의 본래적 삶은 몸에 있는 것이 아니라 영혼 속에 있다. 플라톤의 영혼불멸사상은 기독교가 가르치는 "죽음 뒤의 영원한 삶의 이론"이 아니라 "삶과 죽음 저편에 있는 사람의 동일성에 대한 이론"이다.[5] 영혼은 한 번도 몸으로 살지 않았기 때문에 죽지 않는다는 것이다. 영혼은 죽음의 "영역 밖에" 있다. 영혼은 아직 생동하지 않는 것의 보호영역을 자기 주변에 가지고 있다.[6] 영혼은 "죽음의 명상" 속에서 몸의 사멸성을 의식하였을 때에, 살지 않은 신체적이며 감각적인 사람의 이 보호영역을 얻을 수 있다.

이러한 플라톤의 "죽음의 명상"은 영혼의 우위를 드러낸다. 그의 명상 속에서는 스토아적 초연한 삶의 태도가 있다. 삶과 죽음에 있어서 흔들리지 않는 영혼의 무정념(apatheia), 부동요성(ataraxia)의 힘이 있다. 플라톤의 "죽음의 명상"은 신체의 저질(低質)성을 말하고 있다. 그것은 몸을 영혼의 무관심한 껍질로 하락시킨다. 그래서 플라톤이 소크라테스의 죽음에서 보여주는 것처럼 몸의 죽음은 영혼을 위한 축제이다. 헬라 사상은 몸을 영혼이 갇혀있는 무덤으로 파악함으로써 몸을 악한 것으로 평가절하하고 영만을 선한 것으로 보았다. 그리고 몸은 감성계(感性界)에 속하고 영은 예지계(睿智界)에 속한 것으로 보았다.

플라톤이 제창한 고전적 영과 몸의 이원론은 17세기 프랑스의 계몽사상가 데카르트(Rene Descartes)를 통해서 근대의 주체–객체의 이분법으로 바뀐다. 데카르트에 있어서 주체성은 사유를 통해서 자기 자신을 확인하며 몸은 객관적 사물의 영역으로 전락한다. 주체성은 사유하는 사물이며 몸은 물체적 연장이다.[7] 데카르트는 연장된 물체와 같은 몸을 기계로 간주하였다.[8] 사유하는 영과 연장된 물체인 몸의 결합은 뇌 속의 송과샘 속에서 이루어지는 것으로 보았다.[9] 데카르트는 사유하는 영과 연장된 몸과의 관계를 지배와 소유의 관계로 파악하였다. 나는 소유하는 주체이며 나는 나의 몸을 소유하고 있다. 그러나 신구약 성경은 몸과 영혼을 근본적 분리시키는 이분법사상을 수용하지 않는다. 신구약 성경의 견해에 의하면 사멸하는 존재와 사멸하지 않는 존재 사이의 존재론적 분리는 낯설기 때문이다.

(4) 몰트만의 범재신론적 견해 비판

독일 신학자 몰트만(J. Moltmann)은 영혼과 몸을 상호간의 침투와 구별을 가진 통일성으로 보면서 영혼의 우위나 몸의 우위를 인정하지 않는다. 그는 오히려 "영위된 삶"을 생각한다. "몸과 영혼, 안과 밖은 하나의 계약을 맺었다. 이들은 평형을 발견하였다." "우리는 어느 쪽이 우위를 가지고 있는가를 말할 수 없다."[10] "영혼의 우위란 없다." 영혼은 위에 있고 몸은 아래에 있어서 영혼이 몸을 지배한다고 생각하지 않는다.[11] 몰트만은 인간 속에 있는 하나님의 형상을 인간의 영성으로 보지 않고 하나의 "전체적이고 특수한 신체성 속에 있는 사람"으로 해석한다.[12] "하나님의 형상은 몸으로부터 구별되는 개체인간의 영혼이 아니다. 성적(性的) 특성을 가진 충만한 사귐 속에 있는 전체 인간이 하나님의 형상이다."[13] 여기서 몰트만은 하나님의 형상을 신체성을 포함한 인간 전체로 보면서 인간을 몸 안에는 영으로 본다. 몰트만이 하나님의 형상을 단지 영이나 정신으로 보지 않고, 몸을 포함한 전체 인간으로 보는 것은 성경적이다.

몰트만은 전통기독교 사상이 영혼불멸 사상을 받아들였고 특히 몸의 차별과 타락과 탈(脫)정신화 사상을 수용하였다고 본다. 몰트만은 그렇기 때문에 전통기독교의 몸 사상은 성경적 창조신앙과 결합될 수 없다고 비판한다.[14] 몰트만은 어거스틴에 의한 몸에 대한 정신의 지배 사상을 비판하고 있다. 어거스틴의 영향을 받은 서구의 영혼 신비 사상은 "육체를 배제시키고, 땅의 자연을 인간 정신의 지배에 예속시키는 결과를 초래하였다. 그것은 인간의 인격의 가치가 인간의 사귐보다도 높은 것으로 간주되는 서구의 개인주의를 낳았다."[15]

이렇게 주장하는 몰트만 견해의 신학적 근거는 그의 범재신론(Panentheismus)의 착상이다. 그는 피력한다. "성령의 경험에 있어서 하나님은 거리를 두고 떨어져 있는 대칭이 아니라 근원적이며 모든 것을 포괄하는 현존이다. 성령의 카리스마적 경험에 있어서 하나님과 우리 자신 상호간의 순환(Perichoresis)이 경험된다. 이것은 창조와 피조물 사이의 사귐보다 훨씬 더 내적인 사귐이다. 그것은 서로 안에 거함(Einwohnung)의 사귐이다. 성령 안에서 영원한 하나님은 우리의 허무한 삶에 참여하여, 우리는 하나님의 영원한 삶에 참여한다. 서로간의 이 사귐은 무한한 힘의 원천이다."[16] 여기서 몰트만은 성령의 내주를 성령이 주권적으로 신자에게 오심이라는 비대칭적인 관계가 아니라 "영원한 하나님의 삶과 유한한 인간의 삶의 상호참여"로서 대칭적인 관계로 해석하고 있다. 이러한 몰트만의 범재신론의 비전은 초월하시는 하나님을 세상 안으로 침잠시키는 방향으로 나아가고 있다. 그리고 하나님의 주권적 초월성을 그의 세계 속에서 몰입시키면서 상실하고 있다.

몰트만은 "하나님 안에 있는 세계와 세계 안에 있는 하나님에 대한 범-재-신-론(pan-en-theistisch)의 비전을 말한다. 그는 독일 신학(Theologia Deutsch)을 언급하면서 '모든 것은 하나님 안에서 하나이고, 하나는 하나님 안에서 모두이다.' 라는 명제를 바로 범재신론의 비전으로 해석한다."[17] 몰트만은 요한 계시록의 새 하늘과 새 땅의 비전(계 21장)을 범재신론적으로 해석한다. "새 하늘과 새 땅이(계 21장), 하나님이 그 안에 거하는 '전(殿)'이 될 것이다. 하나님의 안식, 하나님 안에 있는 인간, 이것이 영원한 안식일이다. 그러므로 성령의 역사는 바울이 범신론적으로 들리는 양식으로 기술하는 완성을, 곧 '하나님이 모든 것 안에서 모든 것이 되시는' (고전 15:28) 완성을 목적으로 삼고 있다."[18] 몰트만은그의 범재론적 비전을 범허무주의(Pannihilismus)와 대조시키고 있다. 범허무주의도 문제이지만 범재신론도 문제이다. 범허무주의는 이 세상은 아무런 목적도 의미도 없다고 본다.

이에 반해서 범재신론은 하나님과 세상을 너무 밀착시킴으로써 하나님을 세상 속으로 내재화시키는 위험성을 동반하고 있다. '새 하늘과 새 땅이 하나님이 거하시는 성전이 된다' 고 하는 몰트만의 비전은 새 예루살렘에서는 하나님과 어린 양이 친히 성전이 된다는 요한의 증언과는 배치된다. 요한은 다음같이 증언하고 있다. "성 안에는 내가 성전을 보지 못하였으니 이는 주 하나님 곧 전능하신 이와 및 어린 양이 그 성전이심이라"(계 21:22). 요한의 증언에 의하면 이는 주 하나님과 어린 양의 영광이 가득 차며, 하나님을 아는 지식이 온 누리를 채우게 될 것이다. 여기서도 하나님과 세상과의 관계는 대칭적이 아니라 비대칭적으로 이루어진다. 종말론적으로 실현된 세상을 구속이 이루어진, 변화 받은 세상으로부터 하나님의 영광을 충만히 드러내고 그를 아는 지식으로 충만한 새 세상이다. 범재신론적 세상이 아니라 삼위일체적인 유일신론으로 구속이 완성된 나라이다.

몰트만은 독일 튀빙엔의 신비주의자 웨팅거(Friedrich Christoph Oetinger)를 인용하면서 "신체성이란 하나님의 모든 사역의 종점"[19]으로 본다. 몰트만은 신체성이 하나님 사역의 종점이라고 봄으로써 영과 몸이 서로 침투된 새로운 신체성이 바로 하나님의 나라의 모습으로 보고 있다. 그러나 정통적 개혁사상의 견해에 의하면 새로운 신체성은 하나님 안에서 구속받은 인간과 세상의 새로운 모습일 뿐 이것이 하나님 사역의 종점이라고 할 수 없다. 만일 새로운 신체성이 하나님 사역의 종점이라면 하나님은 새로운 신체성 안으로 들어와서 하나님 자신이 이 새로운 신체성 안에 거하고 거기에 종속되는 범재신론적 사태가 이루어진다. 하나님 사역의 종점은 신체성이 아니라 인간과 세계의 구속의 완성이요 그 속에서 하나님의 영광이 드러남이다. 신체성이란 하나님 사역의 하나의 중요한 계기일 뿐 목적이라고 할 수 없다. 신체성만 새로워지는 것이 아니라 죄로 더러워진 영도 새로워져야 하기 때문이다. 변화된 영과 정신도 하나님 사역의 중요한 계기가 된다.

(5) 개혁신학적 견해

종교 개혁자 루터는 인간에 관하여 다음같이 말한다. "그는 육을 가진 것이 아니라 그가 육이다"(Caro est, non carem habet).[20] 루터에게도 영혼과 몸은 상이한 관점에 있는 전(全) 인간(totus homo)을 의미한다. 그러면서 몸에 대한 영의 지배를 말하고 있다. 루터에 의하면 영혼의 정신화와 몸의 물질화로서 양자는 분리되지 않으며 양자는 서로 분리될 수 없는 통일성에 있다. 그렇다고 서로 침투되어 몰트만이 주장하는 것처럼 영혼이 아무런 실체를 가지고 있지 않다는 것은 아니다. 영혼은 아무런 실체도 가지지 않다고 보는 몰트만의 견해는 자아의 실재를 부정하는 포스트모더니즘의 사상에 영합하는 것으로서[21] 사멸하는 몸에 대하여 영혼의 가치를 중요시하는 예수님의 말씀에 모순된다. "몸은 죽여도 영혼은 능히 죽이지 못하는 자들을 두려워하지 말고 오직 몸과 영혼을 능히 지옥에 멸하실 수 있는 이를 두려워하라"(마 10:28). "사람이 만일 온 천하를 얻고도 제 목숨을 잃으면 무엇이 유익하리요. 사람이 무엇을 주고 제 목숨을 바꾸겠느냐"(마 16:26). 갈라디아서는 영이 육을 지배하고 훈련해야 할 것을 보여주고 있다. 더군다나 창세기 1장 26절이 말하는 바 같이 인간의 영혼은 하나님의 형상으로 지음을 받은 분명한 실체성을 지니고 있다.

초창기 서구신학은 육체로부터의 영혼의 해방이라는 플라톤적 관념을 수용했으며, 중세신학은 영혼을 통한 몸의 형성이라는 아리스토텔레스 사상을 수용했으며, 영과 혼을 전체적인 인간의 상(像)으로 보았다. 정통 개혁사상은 몸을 헬라 사상처럼 삶의 저급한 형식으로 보지 아니한다. 신체성은 하나님의 창조사역의 중요한 계기이다. 땅은 창조자 하나님의 의지표현과 그의 영광을 드러내는 광장이다. 몸은 하나님의 영이 거하는 성전이다. 몸으로 하나님께 영광을 돌려야 한다. 신체성은 하나님의 창조사역과 화해사역과 하나님 나라의 완성에서의 중요한 계기가 된다. 첫째, 이것은 창조사역에서 보여진다. "하나님의 세계창조는 말씀하기로 하는 결정으로부터, 말씀에서 행위로, 행위로부터 피조된 현실로 움직인다. 이 활동 속에서 사람도 그 자신을 하나님의 피조물과 형상으로 알게 된다. 신체성이 그의 목적이다."[22] 하나님의 영의 사역들은 신체성의 형태에서 그 종점에 도달한다. 둘째, 이것은 하나님 화해사역에서 보여진다. "말씀이 육신이 되었다" 화해하시는 하나님은 성육신을 통해서 사람의 죄 짓고 병들고 죽을 신체를 치유하신다. 그는 신체성을 입으시고 십자가에서 죽으심으로써 세상의 화해를 성취하였다(롬 8:3). 셋째, 그것은 새 하늘과 새 땅에서 이루어진다. 신체성은 영이 동경하는 바의 성취이다 (롬 8장). 새 땅은 세상의 구원이 완성된 새로운 신체성이다. 이 새 하늘과 새 땅에서 우리의 몸은 변화되어 부활한 새 몸이 된다. 신체성이란 몰트만이 웨팅거를 인용하면서 주장하는 것처럼 하나님 창조사역의 중심은 아니나 중요한 계기인 것은 틀림없다.

2. 죽음에 대한 이해

(1) 몸과의 분리로서의 죽음: 첫째 사망 - 통합성의 상실

헬라 사상에서 유래한 영혼과 몸의 이분법은 영혼불멸의 표상을 가지고 있다. 영혼은 육체의 죽음 이후에 이 사멸의 삶의 낯선 곳을 빠져나와 그의 영원한 본향으로 돌아간다는 것이다.

그리하여 "이집트인들은 영혼을 죽은 자의 얼굴을 가진 새의 형태로 표상하였다."[23] 신화적 그림에서 보면 인간의 영혼은 태초의 창조 때 날개를 가진 작은 사람의 몸속에 들어가서 죽을 때 다시 나오는 것으로 묘사되어 있다. 몸은 땅의 고통에 붙들려 있다고 생각하기 때문에 영혼은 새나 나비나 천사처럼 날개를 가진 것으로 표상하며 몸은 죽은 다음 하늘의 자유로운 세계로 날아갈 수 있다고 생각한다. 이러한 표상에는 우리의 본래적 자아는 죽은 이후에도 지속된다는 내세를 인정하고 있다. 인도의 바가바드기타(Bhagawadgita)도 인간 안에 있는 신적 영에 대하여 이와 같이 말한다. "그것은 생성하지 않으며, 죽지 않는다. 그것은 존재하였던 것처럼, 그것은 태어나지 않으며, 사멸하지 않은 채 언제나 존속한다."[24]

플라톤은 영혼의 선재(先在)를 인정한다. 죽음은 몸으로부터 영혼의 분리를 말한다. 영혼은 죽음을 명상할 때 그 자신을 직접 의식한다.[25] 영혼은 죽음에 대한 명상(meditatio mortis) 속에서 몸의 죽음을 앞당겨 올 때, 영혼은 자신의 불멸을 깨닫게 된다. 영혼의 선재는 영혼의 후재(後在)와 상응한다. 우리가 태어나기 전에 우리의 영혼은 있었다. 우리가 죽은 다음에도 영혼은 존재할 것이다. 영혼은 태어나지 않았다. 그것은 죽지도 않는다. 영혼은 "순수한, 존재하는 불멸의 것, 자기와 언제나 동일한 것"이다. 그것은 허무한 삶이 끊임없는 윤회 속에서 자기 자신에게 동일하게 존속하는 것이다. 이것이 영혼의 불멸이다. 여기서 죽음은 영혼의 해방을 의미한다. 죽음은 영혼의 잔치이다. 죽음은 영혼의 가장 좋은 친구이다. 죽음은 영혼을 육체의 감옥과 귀찮은 육체적 욕구들과 고통으로부터 해방한다. 죽음을 통해서 영혼은 몸의 낯선 곳으로부터 영원한 신적 왕국으로 되돌아간다. 그래서 영혼은 행복과 고통, 출생과 죽음에 대한 우월한 태도를 드러낸다. 여기서 소크라테스의 우월적 태도, 그리고 인간에게 충동으로부터의 자유, 무욕망(Apathie)을 가르친 스토아적 삶의 태도가 나온다.[26]

(2) 독일 관념론의 죽음 이해: 죽음을 넘어서는 초월적 주체 내지 실존의 핵으로서의 영혼

독일 관념론은 영혼을 인간 안에 있는 초월적 주체로서 보았다. 피히테(Georg Fichte)는 인간의 자아는 절대적 과제에 사로 잡혀있다고 보았다. 그에 의하면 인간 자아는 이 과제에 헌신함으로써 영원하며 절대적으로 되는 도덕적 자아이다. "나의 현존은 시간의 규정을 받지 않으며 나는 영원하기 때문이다. 이와 동시에 나는 그 위대한 과제를 받아들임으로써 영원을 내 안에 취하게 된다."[27] 플라톤처럼 피히테도 주체의 불멸을 추론한다.

에른스트 블로흐(Ernst Bloch)도 불멸하는 실존의 핵(核)을 주장한다. 그에 의하면 실존의 핵은 죽음에 의하여 삼켜지지 않는다. 이 핵은 아직 실현되지 않았기 때문이다. 실존의 핵은 자기를 헌신하지도 않고 내어주지도 않는다. 그것은 좀 더 나은 미래를 희망하며 이 미래를 위하여 자기를 자제하기 때문이다. 실존의 핵이 언젠가 성취되고 실현되어 본질과 실존의 일치 속에 있을 때 죽음은 그 힘을 잃어버린다. "언제나 실존이 그의 핵에 가까워질 때, 영속성 (Dauer)이 시작된다. 경직된 영속성이 아니라, 허무성과 부재가 없는 새로움을 포괄하는 영속성이다."[28]

이처럼 독일 관념론 사상가 피히테는 영혼을 죽음을 넘어서는 초월적 주체로, 그리고 블로흐는 영혼을 실존의 핵으로 봄으로써 죽음을 넘어선다고 보았다.

(3) 현대적 이해

현대인들은 의식을 개인의 의식으로 위축시키며 개인의 의식을 개인의 삶에 집중시킴으로써 죽음을 모든 것의 종말로 만들어 버렸다. 현대인의 자기도취증(Narzißmus)은 모든 것을 그 자신의 자아와 관계시킴으로써 자아의 종말과 함께 모든 것이 끝나게 된다. 개체화된 인간은 그가 탄생하기 전의 그의 조상들을 알지 못하기 때문에 그가 죽은 다음에 자녀들의 삶을 알지 못한다. 그에게는 죽음과 함께 모든 것이 끝난다. 죽음이란 모든 삶과의 단절을 뜻한다. 죽은 자들에게는 모든 것은 끝났다. 죽은 자들은 망각되어야 한다. 독일의 비판 사회철학자 아도르노(Th. W. Adorno)는 말한다. 죽음은 "오늘날 지속적인 경험의 사회적으로 결정된 쇠퇴로 말미암아 완전히 낯선 것이 되어 버렸다."[29]

(4) 신구약 성경의 이해

구약성경에 의하면 개인의 죽음이란 살아 있는 세계에서 조상들의 세계로 넘어감을 뜻한다. 모든 것이 끝나는 단절을 의미하지는 않는다. 그것은 구약의 족보가 말해준다. 한국의 족보도 이러한 구약적인 죽음개념의 한 면이 있는 것은 사실이다. 희랍의 영혼불멸설이란 죽음 이후의 삶에 관해서가 아니라 출생과 죽음 저편에 있는 인간의 신적 동일성에 관해 말하고 있다. 그러나 성경은 죽음 이후에 있을 인간 몸의 부활을 말하고 있다.

신약성경은 그리스도의 대속의 죽음과 부활을 통해서 죽음이 극복된 것을 말하고 있다. "그가 모든 원수를 그 발 아래에 둘 때까지 반드시 왕 노릇 하시리니 맨 나중에 멸망 받을 원수는 사망이니라"(고전 15:25-26). "사망아 네가 쏘는 것이 어디 있느냐 사망아 너의 승리가 어디 있느냐 사망이 쏘는 것은 죄요, 죄의 권능은 율법이라. 우리 주 예수 그리스도로 말미암아 우리에게 승리를 주시는 하나님께 감사하노니"(고전 15:55-57). 성경은 그리스도의 재림에 의한 사망의 궁극적 정복을 약속하고 있다. "나팔 소리가 나매 죽은 자들이 썩지 아니할 것으로 다시 살아나고, 우리도 변화되리라. 이 썩을 것이 반드시 썩지 아니할 것을 입겠고, 이 죽을 것이 죽지 아니함을 입으리로다. 이 썩을 것이 썩지 아니함을 입고 이 죽을 것이 죽지 아니함을 입을 때에는 사망을 삼키고 이기리라고 기록된 말씀이 이루어지리라"(고전 15:52-54).

죽음은 삶의 종말이 아니라 부활에 의하여 삼킴을 당하고 썩지 아니함으로 극복된다. 이것은 영혼 불멸성이 아니다. 영혼 불멸성이란 인간 영혼의 신적 동일성을 말하나 인간 영혼은 하나님에 의존되어 있으며 하나님의 심판 앞에 서야 한다. 인간 영혼도 하나님의 최후 결정에 의하여 그 운명을 결정 받게 된다. 이러한 하나님의 심판은 자의적 심판이 아니라 그의 정의로운 공평한 심판이다.

(5) 몰트만의 죽음 개념 비판

몰트만은 죽음이란 몸으로부터 영혼의 분리가 아니라 또는 윙엘이 말하는 전적 무관계성이 아니라 다른 존재방식으로 넘어감이나 다른 모습으로 변형으로서 이해한다.[30] 몰트만은 죽음을 "인간 전체의 변형"이라고 본다.[31] 여기서 몰트만은 "생명은 변화되거나 폐기되지 않는다."(vita mutatur, non tollitur)

고 말한 가톨릭 사상가 큉(Hans Küng)을 인용한다.[32] 이러한 몰트만의 죽음 개념은 성경의 가르침에서 벗어나고 있다.

성경의 가르침에 의하면 죽음이란 영혼이 몸을 떠나서 하나님 면전에 서는 것을 말한다. 희랍 사상은 영혼과 몸의 분리만을 말하면서 영혼의 신적인 자기 동일성을 주장하고 있다. 그러나 성경에 의하면 죽음이란 인간이 몸을 떠나서 하나님의 면전에 서게 되는 것을 말한다. 죽은 후에는 인간은 영체(靈體)를 가지고 하나님 앞에 서게 된다. 죽은 후에 우리는 영체를 가지게 되니 형체의 변화라고 말할 수는 있다. 그러나 몰트만은 영과 몸의 전체적 인간을 말하고 있기 때문에 죽은 영이 어떻게 몸을 가지는지 설명해주지 않는다.

몰트만은 신체성 속의 인간은 죽음을 거쳐 이루어지는 변화로 창조되었다고 말하면서 인간이 처음부터 죽음으로 창조되었다고 보고 있다. "우리는 우리의 죄나 아담의 죄에 대한 벌 때문에 죽는 것은 아니다. 또 우리는 하나님의 인격적 심판 가운데서 죽는 것도 아니다. 사실 우리는 태어나서 언젠가 사멸하는 모든 것처럼 '자연적인 죽음' 을 죽는다."[33] 이것은 인간의 죽음에 대한 바른 해석이 아니다. 여기서 몰트만은 죄가 초래한 죽음의 사건에 대하여 침묵하고 있다. 그리고 그는 죽음을 거대한 우주적 생명 질서의 한 계기로 해석하는 낭만주의적 해석에 갇혀있다. 창세기의 인간론에 의하면 창조된 인간은 죽지 않을 수 있는 존재였다. "그가 그의 손을 들어 생명나무 열매도 따먹고 영생할까 하노라"(창 3:22하) "하나님이 그 사람을 쫓아내시고 에덴동산 동쪽에 그룹들과 두루 도는 불 칼을 두어 생명나무의 길을 지키게 하시니라"(창 3:24). 이들은 범죄 후에도 생명과를 먹고 영생을 누릴 수 있었으나 하나님이 생명나무에 이르는 길을 차단하심으로써 죽기에 이른 것이다. 그러나 몰트만은 인간의 죽음의 유래에 대한 원죄설명을 하지 않고 있다.

(6) 영의 심판으로서의 죽음: 둘째 사망

인간의 영혼은 하나님의 피조물이며 유한하며 변화될 수 있으며 사랑할 수 있고 고난당할 수 있다. 이런 점에서 인간 영혼은 희랍사상이 말하는 것처럼 신적이 아니라 인간적이며 유한하다.[34] 구약성경에 의하면 인간의 영은 하나님의 생명의 숨결(ruah Jahwe)을 통하여 인간 속으로 들어오며 인간을 살아 움직이게 하며 인간이 죽을 때 하나님께로 되돌아간다. 하나님께로서 와서 하나님께로 돌아가는 생명의 영은 사멸하지 않는다. 죽음의 본질은 윙엘이 말하는 것처럼 추상적으로 "무관계성"(Verhhältnislosigkeit)[35]이라고 말할 수 없다. 하나님이 인간과 맺은 관계는 소멸하지 않고 존속한다.

성경은 죽은 자들의 최후 심판에 대하여 말하고 있다. 마태복음 25장은 "슬기로운 처녀와 어리석은 처녀의 비유"를 통하여 인자의 세계 심판의 비전을 제시한다. 세계 심판자는 그의 왼편에 있는 사람에게 저주한다. "저주받은 자들아, 내게서 떠나서, 악마와 그 부하들을 가두려고 준비한 영원한 불 속으로 들어가라" 마가복음 9장 45절도 "지옥에 관하여" 말하며 48절은 "영원한 불"에 관하여 말한다. 요한계시록 20장 12-15절은 최후의 심판을 묘사하고 있다. "또 내가 보니 죽은 자들이 무론 대소하고 그 보좌 앞에 섰는데, 책들이 펴 있고 또 다른 책들이 펴졌으니, 곧 생명책이라. 죽은 자들이 자기 행위에 따라 책들에 기록된 대로 심판을 받으니 바다가 그 가운데서 죽은 자들을 내어주고 또 사망과 음부도 그 가운데서 죽은 자들을 내어주매 각 사람이 자기의 행위대로 심판을 받고 사망과 음부도 불못에 던지우니 이것은 둘째 사망 곧 불못이라 누구든지 생명책에 기록되지 못한 자는 불못에 던지우더라" 요한계시록 21장 8절도 둘째 사망을 언급하고 있다. "그러나 두려워하는 자들과 믿지 아니하는 자들과 흉악한 자들과 살인자들과 행음자들과 술객들과 우상숭배자들과 모든 거짓말하는 자들은 불과 유황으로 타는 못에 참예하리니 이것이 둘째 사망이라."

여기서 요한계시록은 영생과 더불어 둘째 사망에 관하여 말하고 있다. 이 둘째 사망은 불못에 던지우는 심판으로서 다시 죽지 않는 영원한 죽음이다. 이것은 부활한 영과 몸으로서의 전체적인 인간에 대한 심판이다.

3. 생명에 대한 이해

(1) 생명의 거처

사람의 생명이 호흡에 있다고 보았던 시대에서는 호흡의 리듬 속에서 살았다. 사람은 숨을 마지막으로 내어 쉬면서 그의 생명을 보낸다. 여기서 호흡기관은 사람을 대변하는 기관이 된다. 여기서는 사람과 자연환경 사이에 호흡하는 사귐이 이루어진다.

사람의 생명이 심장에 있다고 보는 시대에서는 사람들은 생명의 중심이 심장의 고동, 마음의 신뢰와 진실한 사랑에 있다고 보았다. 심장의 고동이 멈추면 사람은 죽는다고 보았다. 여기서는 심장이 사람을 대변하는 기관이 된다. 여기서는 사람과 자연 사이에 심정적 사귐이 이루어진다.

사람의 생명이 뇌에 있다고 보는 시대에서는 사람들은 자연과 몸에 대한 정신 우위성이 생성된다. 이에 상응하는 과학기술적 문명의 탈감성화(Entsinnlichung)가 생성된다. 자아의 생동성이 뇌에 있다고 보았다. 뇌의 죽음이 오늘날 사람의 죽음에 대한 실제적 상징이 되었다. 여기서는 뇌가 사람을 대변하는 기관이 된다. 여기서는 사람과 자연환경의 지적인 관계가 형성된다. 여기서는 사귐이라기보다는 지배하는 사유와 의욕의 관계가 형성된다.

성경적 견해는 사람의 생명의 거처가 호흡과 심장에 있다고 보고 있다. 양심의 장소는 콩팥에 있다. '나를 훈계하신 여호와를 송축할지라. 밤마다 내 양심이 나를 교훈하도다"(시 16:7). 하나님은 사람의 심장과 콩팥을 시험하신다. "악인의 악을 끊고 의인을 세우소서 의로우신 하나님이 사람의 마음과 양심을 감찰하시나이다"(시 7:9). 간(肝)이 깊은 슬픔의 기관으로 불리우기도 한다. "내 눈이 눈물에 상하며 내 창자가 끊어지며, 내 간이 땅에 쏟아졌으니 이는 딸 내 백성이 패망하여 어린 자녀와 젖먹는 내 백성이 패망하여 어린 자녀와 젖먹는 아이들이 성읍 길거리에 기절함이로다"(애 2:11). 사람은 그의 쓸개에 있어서 노한다. 사람의 생명은 그의 호흡과 피에 있다. 심장이 의지와 욕구의 기관으로 불리울 수도 있다. 사람의 감정과 생각들과 결단들은 그것들을 나타내는 수많은 몸의 기관들과 결합된다. 구약성경의 인간학에서 영혼과 몸, 내적 중심과 외적 중심은 상호간의 관련과 상호간의 작용 속에서 이해된다.

근대의 견해는 인간 생명의 거처를 뇌의 활동에 있다고 봄으로써 정신우위의 생명관을 대변하였다. 그리하여 성경적인 견해에서 이탈하였다. 사람의 삶의 행위를 사유와 의욕으로 제한하고 그것이 영혼이나 뇌 속에 있다고 생각하는 것은 구약성경에 있어서는 낯선 것이다. "영혼의 우위"란 것은 없다. 영혼은 위에 있고 몸은 아래에 있으며 영혼을 다스리고 몸은 섬기는 것으로 생각하는 내적인 지배체계는 성경에서 낯선 것이다.[36]

(2) 몸과 영혼의 통일성: 삶으로서 생명

삶의 형태는 사람이 사는 장(Feld) 안에서 생성한다.[37] 이 장은 사람이 태어난 자연의 차원이며, 그가 자라나고 교육받은 사회와 문화의 차원이다. 그리고 종족적 및 문화적 유래를 형성하고 그의 미래를 규정하는 역사이며, 그리고 종교와 가치체계가 나타나는 초월의 차원이다. 이 장 안에서 사람은 그의 개체성과 사회성을 형성한다. 이것이 그의 인격성이다. 삶의 형태는 이러한 외적 환경과의 교통을 통하여 자기를 동일화 한다. 그리고 이 동일화 속에서 사람은 몸과 영혼, 의식적인 것과 무의식적인 것, 중심과 주변이라고 묘사되는 내적 구조를 발전시킨다. 이것이 그의 인격성이다. 사람의 인격성에는 이 양자, 몸과 영혼, 의식적인 것과 무의식적인 것, 의지적인 것과 무의지적인 것이 상호 교환하며 침투되어 있다.

사람의 생명은 항상 구체적으로 관심된 삶이요 참여된 삶이다. 생명이란 몸만의 사람이나 영만의 사람이 아니라 영과 몸의 통합된 중심화 된 삶이다. 영과 몸이 통합된 것이 인격으로서 인간이다. 개인의 인격도 추상적인 것이 아니라 구체적인 것으로서 형성과 해체라는 삶의 역사 속에 있다. 인격은 자신과의 동일성 속에 있으며 타자에 대한 성실과 신뢰의 과정이다. 사람은 또한 인격은 타자와의 신뢰의 관계 속에서 자기의 정체성을 형성한다. 사람이 죽는다면 그의 몸이 죽는 것이다. 루터는 말한다. "인간은 육을 가진 것이 아니라 육이다."(Caro est, non carnem habet.)[38] 영과 몸은 인간에게서 구성요소로 분석되지 않고 전체로서 인간이다.

(3) 영으로서의 생명

사람은 영-영혼(Geist-Seele)이다. 몸과 영혼이 영 속에서 하나가 되어 있다. 그는 생명의 형태이다. 사람은 "영-형태"(Geist-Gestalt)를 지니고 있다. 영으로서의 생명은 하나님의 영에 의하여 형성된 생명의 형태이다. 사람은 영을 가진 것이 아니라 살아있는 영이다. 바울은 고린도교회를 향하여 말한다. "몸은 … 주님을 섬기고 있다. 주님은 몸을 돌보아 주신다. 너희의 몸은 너희가 하나님으로부터 받은 성령이 계시는 성전이라는 것을 모르는가"(고전 13, 19장). 여기서 몸은 영의 형태를 지니고 있다. 성령은 몸 안에서 거처를 가지고 계신다. 예수는 겨자씨 비유에서 말씀하신다. "한 알의 밀알이 땅에 떨어져 죽지 않으면 혼자 남게 된다. 그러나 죽으면 많은 열매를 맺는다." 예수는 다음 같이 말한다. "누구든지 자기 목숨을 살리려는 사람은 잃을 것이며 제 목숨을 잃는 사람은 얻을 것이다."(눅 17:33) 여기서 예수가 가르치는 목숨은 영으로서의 생명을 말한다.

(4) 부활로서의 생명

희랍사상은 영혼불멸을 가르치나 성경은 몸의 부활을 약속한다. 영혼불멸이 인간 안에 있는 불멸의 영혼에 대한 신뢰를 말하지만, 몸의 부활은 죽은 자들을 살리는 하나님에 대한 신뢰에 기초해 있다.

구약의 예언서는 생명의 주님을 기다림에 있어서 죽음의 한계를 넘어서서 영원한 생명의 부활을 기대하고 있다. 이사야는 그의 책 24−26장에서 이스라엘의 죽은 자들에 대하여 부활을 약속하고 있다. "그런 주의 백성들 가운데서 죽은 사람들은 다시 살아 날 것이며, 그들의 시체는 다시 일어날 것이다. 무덤 속에 잠자던 사람들이 깨어나서 즐겁게 소리칠 것이다."(사 26:19). 그리고 이사야는 시온에서 벌어질 많은 민족들의 위대한 잔치를 모든 사람들에게 약속한다. "주께서 죽음을 영원히 멸하신다. 주 하나님께서 모든 사람의 얼굴에서 눈물을 말끔히 닦아 주신다."(사 25:8) 다니엘의 인자 − 묵시록에서는 죽은 자의 부활과 하나님의 보편적 최후심판을 예언하고 있다. "그리고 땅 속 티끌 가운데서 잠자는 사람 가운데서 많은 사람이 깨어 날 것이다. 그들 가운데서 어떤 사람은 영원한 생명을 얻을 것이며, 또 어떤 사람은 수치와 함께 영원한 수치를 받을 것이다."(단 12장).

기독교의 부활신앙은 그리스도의 십자가에 죽으심과 몸의 부활을 통하여 형성되었다. 그리스도는 "죽은 사람들 가운데서 맨 먼저 살아나신 분"(행 26:23)이시다. 죽은 그리스도가 몸으로 부활하신 것처럼 죽은 자의 부활도 전 인류에게 일어나는 신체적 사건이다. 바울은 우리 몸에 있는 부활의 생명에 관하여 말한다. "우리는 언제나 예수의 죽음을 우리 몸으로 경험하고 있으나 결국 드러나는 것은 예수의 생명이 우리 몸 안에 살고 있다는 사실이다."(고후

4:10) 생명을 창조하시는 하나님에 대한 신뢰 속에서 우리는 "죽음이 더 이상 있지 않는"(계 21:4) 영원한 삶을 기다린다. "죽음을 삼키고서 승리를 얻었다." (고전 15:54) 몸의 부활에 대한 소망은 신체적 삶과 감각적 경험을 멸시하고 비속화(卑俗化) 시키도록 하지 않고 오히려 이것들을 깊이 인정하고 비참하게 된 몸에게 그것의 가장 높은 영광을 부여한다. 바울은 현재의 삶과 죽은 자의 부활의 관계를 씨앗의 상으로 표현하고 있다. "썩을 것으로 심는데, 썩지 않을 것으로 살아난다. 비천한 것으로 심는데, 영광스러운 것으로 살아난다. 자연의 몸으로 심는데, 신령한 몸으로 살아난다."(고전 15:42-44) 영원한 생명이란 영혼과 몸을 가진 전체로서의 인간을 가리킨다. 죽은 자의 부활은 모든 사물과 상황의 우주적 새 창조에 대한 시작이다. 예수님은 부활한 사람이 천사와 같을 것으로 말한다. "장가가는 일도 없고 시집가는 일도 없다. 이들은 천사와 같아서 죽는 일도 없다." (눅 20:35-6).

*

　　개혁신학의 전통 아래 있는 기독교는 인간을 몸과 영의 통일성으로 취급하며 영이나 몸으로 분리하지 않고 통일된 전체(a unified whole)로서 취급한다. 기독교적인 전체주의(christian wholism)는 인간에게 있는 감정의 정서적인(the emotional-affective), 신체의 감각적인 것(Bodily sensual), 지성적 이성적인 것(the intellectual-rational)을 하나의 인간 인격 안에 통합한다. 기독교는 그리하여 영의 실재나 실체성을 거부하는 포스트모더니즘의 견해를 거부하며 몸의 실재와 의미성을 거부하는 신령주의나 신비주의를 거부한다.

　　기독교는 신체성의 종교이다. 기독교는 몸을 하나님이 주신 창조의 선물이며 하나님의 영광을 드러내는 기관으로 본다. 그리고 몸은 단지 나의 기관임을 넘어서서 전체로서의 인간인 나의 몸이다. 나의 인격과 몸은 분리될 수 없다. 그리고 기독교는 몸의 부활을 믿는다. 그리고 기독교는 영의 종교이다. 기독교는 영의 중생과 하나님의 성령과의 영원한 친교를 믿는다. 기독교는 부활의 종교이다. 영과 몸이 최후심판 때 다시 결합하는 새 창조를 믿는다. 신체성에 있는 인간은 죽음 속에 있는 존재로서 창조된 것이 아니라 하나님의 계명 안에서 영원한 삶을 향유하도록 창조되었다. 인간은 타락 후에 죽음에의 존재가 되었다. 그러나 하나님은 인간에게 그리스도의 십자가의 대속의 죽음과 부활을 통해서 죽음을 거쳐 이루어지는 부활과 영생에 대한 약속을 주셨다. 죽음은 그리스도의 십자가의 대속과 부활을 통해서 극복되었다. 몸의 부활과 구원 가운데 있는 영원한 삶의 소망은 그리스도 안에서 하나님을 향한 현대 인간의 소망이다.

chapter 11

기(氣)와 성령
– 기 사상에 대한 신학적 해석

기(氣) 사상은 기를 만물의 구성요소, 생체 에너지, 일기(一氣) 내지 원기(元氣)–생명의 근원으로 보아 물활론(物活論)적 성격을 지니고 있다. 그러나 성령은 하나님의 영으로서 물질에 현존해 있으나 그것과 구별되는 초월적 성격을 지니고 있다. 기(氣)의 내재성과 초월성은 기의 물질적인 성격과 동시에 만물의 원리적인 성격을 동시에 지칭하고 있다. 이러한 기(氣)의 성격은 성령의 내재와 초월의 성격과 유사하다고 하겠다. 그러나 기(氣) 사상은 물활론적, 신화론적 자연주의 사고에 기인하고 있다.

생명의 근원으로서 기(氣)는 우주 만물의 원리이다. 기란 현상계에서의 존재 또는 활력의 원천이며, 물질, 생명, 의식의 삼계(三界)를 성립시키는 바탕이다. 이러한 도(道) 내지 일기(一氣)로서의 기(氣)는 성령과 유사한 측면이 있다. 요한복음은 만물을 창조한 로고스에 대하여 말하고 있으며 창조 시에 하나님의 영은 수면 위에 운행하였다고 말하고 있다. 하나님은 생명의 영인 성령의 능력으로 만물을 창조하시고 생명을 주신 것이다. 생명의 능력으로서 성령은 만물의 출생과 번식과 생명과정의 보존하시고, 지탱하신다.

　저자는 기(氣) 사상이 말하는 기를 기독교에서 말하는 성령과 상관시켜 설명 해석하고자 한다. 성경이 증언하는 성령은 인격적인 하나님의 영으로서 창조와 보존의 영이시다. 성령은 물질이 아니라 창조의 영으로서 모든 생명을 창조하시고 그 생명을 보존하시고 이 우주 만물을 유지하시는 역할을 하고 있다.[1] 그는 단지 에너지만이 아니라 인격자로서 인간과 교통하시는 하나님이시다. 그래서 성령은 만물에 내재하나 동시에 만물에 초월하신다. 이러한 성령은 물활론적 사상을 비판하고 모든 자연주의적 사고를 부정하고 유신론적 창조론적 사고에 입각해 있다.

*

1. 기(氣)와 성령(聖靈)

(1) 만물의 구성요소와 성령

　기(氣)는 천지 만물을 구성하는 기본 물질이자 활동하는 물질이다. 동양의학에서 극한의 미립자에서 최대의 단백질 이온까지를 기(氣)라고 말하고 있다.[2] 활동적인 정미(精微) 물질로서의 기(氣)는 이온(ion, 원자)이라는 아주 자유로운 물질로 간주된다. 그러나 기(氣)는 원자 같은 불연속체가 아니라 연속체이다.[3] 서양의학에서는 이온의 기능을 유형(有形)적인 상태로 국한 시키는 데 반해서 동양의학은 무형(無形)적인 기능까지도 포함한다.[4] 기(氣) 사상은 기(氣)를 물질과 동시에 작용(作用; 활동)으로 본다.[5] 신체란 그 가장 작은 물질단위인 기(氣)가 모여 한 덩어리로서의 통일체로 특정하게 완성된 기(氣)의 복합체이다.

성경에 의하면 기(氣)에 상응하는 성경적 언어인 성령(聖靈)은 물질이 아니다. 기(氣) 철학에서의 기(氣)는 기본물질이자 활동하는 물질로서 물활론(物活論)의 성격을 갖는다. 『화남자』에서는 "하늘이 기(氣)를 토하고" 토출(吐出)되어 나온 기(氣)가 바람이 되고 비가 되고 이슬이 되고 서리가 되거나 벼락이 되어 땅으로 내려진다. 땅은 저들 각양 각색의 기(氣)를 받아들여서 각종 현상을 일으킨다. 하늘의 리듬에 잘 순응하여 땅의 연출이 이루어진다. 이것이 사철의 순행, 계절의 변화이다.[6] 그러나 성령은 만물에 현재하는 창조자요 섭리자이신 하나님의 영이며, 자연현상인 물질과 동일시 되지 않고 내재적으로 초월한다.

히브리어에서 루아흐(רוח, ruah)는 신체와 영혼, 인간과 자연 안에 있는 태풍, 폭풍의 힘이다. 구약성서에서 루아흐라는 단어는 380번 나타난다. 그 가운데 27구절은 야훼의 루아흐(רוח)에 대하여 말한다. 이 단어의 의미는 너무나 다양하다. 본래 루아흐는 강한 바람에 대한 의성어(lautmalendes Schallwort)였다[7]. 강한 바람으로서의 루아흐는 물질이 아니라, 물질을 초월한 초자연이다. 강한 바람이란 어디까지나 의성어(擬聲語)에 불과하다. 그것은 죽은 것에 반하여 무언가 살아있는 것, 경직되어 있는 것에 반하여 무언가 움직이는 것을 뜻하였다. 하나님에게 적용할 때 강한 바람은 그 무엇도 저항할 수 없는 창조자의 힘, 하나님의 멸망시키는 진노와 살리는 은혜의 활동을 나타내는 비유(比喩)가 된다. 구약에서의 영은 "삶의 힘"[8]이다. 삶의 힘으로서의 하나님의 영은 물질이 아니라 물질을 움직이는 힘이다. 하나님의 영은 창조와 보조의 영(靈)으로서 창조의 생명물질에 내재하면서 그것과 동일시되지 않고 그것을 초월해 있다. 그러므로 루아흐는 물활론을 배제하고 있으며 오히려 물질을 지배하고 그것에 생기와 능력을 부여하는 생명의 에너지이다.

(2) 생체 에너지와 생명의 영

기 사상에서는 기(氣)가 기능하는 동안에 어떤 효과가 발생하는데 이 때에 활성화 되는 에너지가 있다. 이것은 한 개체라는 생명체의 생체 에너지일 수 있고 우주 자연이라는 거대한 생명체의 생체 에너지로도 간주될 수 있다. 기(氣)의 의학이라고 불리우는 중국 전통의학에서는 기(氣)란 생명의 근원으로서 인간의 오관으로 포착되는 존재, 또는 에너지로서 현실적으로 실재하는 것이었다.[9] 숙달된 한(漢)의사에게는 기와 경락(經絡: 몸 안에 있는 기의 통로)은 뚜렷하게 포착되며, 포착되지 않으면 안되었다.

생체 에너지로서의 기와 유사한 개념으로서 구약은 인간의 영혼을 네페쉬(שֶׁפֶנ)라고 부르고 있다. 네페쉬의 뜻은 숨 내지 호흡이다. 숨은 곧 생명을 대변한다. "숨이 있다"는 표현은 살아있다는 뜻이다. 창세기 1장 30절의 "또 땅의 모든 짐승과 하늘의 모든 새와 생명이 있어 땅에 기는 모든 것에게는" 에서 "생명이 있어"(הָיַּח שֶׁפֶנ)는 직역하면 "생명의 숨이 있어"라고 번역할 수 있다.[10] 열왕기상 17절 21절, 22절에서 아이의 네페쉬가 그 몸으로 돌아오고 소생하였다고 하는데 이때에 네페쉬는 숨으로 해석할 수 있다. 왜냐하면 17절에 그의 호흡이 끊어졌음을 말하고 있으므로, 숨이 다시 돌아와서 그 몸이 소생한 것으로 볼 수 있다.[11]

숨은 생명과 직접 연관된다. 네페쉬는 생명으로 자주 사용되고 있다.[12] 레위기 17장 11절이 그 대표적인 경우이다. "육체의 생명(שֶׁפֶנ)은 피에 있음이라. 내가 이 피를 너희에게 주어 단에 뿌려 너희의 생명을 위하여 속하게 하였나니 생명이 피에 있으므로 피가 죄를 속하느니라." 구약성서는 생명의 생동성은 공기의 호흡에 있다고 본다. 루아흐(חַוּר)는 하나님의 영에서 나온 것으로 인간과 동물 속에 있는 생명의 숨과 생명의 힘을 뜻한다.[13] 성경에서 말하는 이러한 생명의 숨과 힘이라는 의미에서 네페쉬는 기 사상이 말하는 생체 에너지로서의 기(氣)와 상응관계를 지니고 있다.

신약은 기(氣)를 프뉴마(πνεῦμα, pneuma)로 표현하고 있다. 프뉴마는 외적 측면인 몸(σαρκὸς)과 대조되고 있다(고후 7:1, 롬 8:10). 프뉴마는 죽음 이후의 존재하는 실체로도 묘사된다.[14] 죽은 성도들은 "온전케 된 의인의 영들(πνεύμασὶ)"로 표현되며(히 12:23), 예수님과 스데반은 그들이 운명할 때에 "영"(πνεῦμα)을 하나님께 의탁하였다(눅 23:46, 행 7:59). 죽은 후에 예수님은 "옥에 있는 영들(πνεύμασὶ)에게" 복음을 전파하였다(벧전 3:19). 신약에서 말하고 있는 인간의 영은 죽어서 귀신이 되는 혼(魂)이 아니라 하나님 앞에서 책임적인 존재로서의 인격적인 실재를 말하고 있다. 이 영은 하나님의 형상으로 지음을 받은 인격성을 지니고 있다. 이것은 기(氣)에 의하여 생성된 것이 아니라 하나님에 의하여 지음을 받았다. 그래서 구약은 하나님이 흙으로 사람을 지으시고 생기(נִשְׁמַת חַיִּים)를 그 코에 불어 넣으시니 사람이 생령(נֶפֶשׁ חַיָּה)이 되었다(창 2:7)고 말하고 있다. 신약은 이러한 구약이 말하는 하나님의 형상을 지닌 인간의 모습이 죄에 의하여 깨어졌으며 성령으로 중생되어야 할 것을 말하고 있다.

(3) 일기(一氣) 내지 원기(元氣): 생명의 근원과 성령

현상의 변화를 일으키는 가장 근원적인 실재가 바로 기(氣)다. 이때의 기는 일기(一氣) 내지 원기(元氣)이다. 일기(一氣) 내지 원기(元氣)는 "원리로서의 기"로서 만물생성의 사변적이고 추상적인 원리이다. 우주자연에 가득 차있는 자연의 기(氣)가 응집과 확산 운동을 되풀이하면 우주와 만물의 생성, 변화, 소멸의 현상이 일어난다. 예컨데, 하늘의 기와 땅의 기의 교감에 의해서 풍(風), 한(寒), 서(署), 습(濕), 조(燥), 화(火)의 여섯 가지 기후현상과 이들의 변화와 관련된 질서가 생겨나고, 더 나아가 천지만물이 생성되었다.[15] 기는 생명의 근원이다. 생명체는 기가 취합(聚合)하여 된 것이다. 그 가운데서의 순수(純粹)정미(精微)한 기, 정기(精氣)가 몸 안으로 끝임없이 유동(流動)하고 순환함으로써 생체의 기능이 가동되고 생명이 유지된다. 자연계의 만물의 생성, 변화, 소멸은 결국 기의 동정(動靜)이외 다른 것이 아니다.

하늘이 하는 기의 운행에는 크고 작은 잡다한 주기(週期)가 있다. 이러한 주기의 기축을 이루고 원리가 되는 것이 음양(陰陽) 오행(五行)이며 십간(十干:갑(甲), 을(乙), 병(丙), 정(丁), 무(戊), 기(己), 경(庚), 신(辛), 임(壬), 계(癸)), 십이지(十二支): (자(子), 축(丑), 인(寅), 묘(卯), 진(辰), 사(巳), 오(午), 미(未), 신(申), 유(酉), 술(戌), 해(亥))이다.[16]

이 기(氣)에 상응하는 개념으로서 구약의 루아흐(רוּחַ, ruah)가 있다. 루아흐는 자연의 바람을 말하는 경우가 많다(113회). 하나님에게 사용되는 경우(136회)에도 그것이 하나님이 사용하시는 바람인지 하나님의 신인지 구분이 모호할 때가 많다.[17] "주의 콧김(코의 바람, רוּחַ)에 물이 쌓이되 파도가 언덕같이 일어나고 큰 물이 바다 가운데 엉기니이다."(출 15:8) "나의 영(רוּחַ)이 영원히 사람과 함께 하지 아니하리니 이는 그들이 육신이 됨이니라."(창 6:3) 여기서 말하는 하나님의 영은 창조의 영으로서 만물을 창조하시는 만물의 근원이요 생명의 영이다. 루아흐와 야훼의 말씀(dabar Jahweh)은 연결되어 있다.[18] 루아흐는 하나님의 음성의 숨으로 파악된다. 예언자들은 초기에 야훼의 루아흐를 통하여 부르심을 받는 반면, 후기에는 야훼의 말씀으로 부르심을 받는다. 숨과 음성의 통일성이 하나님의 창조적 활동에 적용될 때 모든 사물은 하나님의 영과 말씀을 통하여 생성된다. "여호와의 말씀으로 하늘이 지음이되었으며, 그 만상을 그의 입 기운(루아흐)로 이루었도다."(시 33:6) 하나님의 루아흐는 인간 존재의 깊이에까지 도달하는 하나님의 활동하는 현재의 사건을 말한다. 시편 기자는 다음같이 말하고 있다. "내가 주의 영을 떠나 어디로 가며 주의 앞에서 어디로 피하리이까 … 하나님이여 나를 살피사, 내 마음을 아시며 나를 시험하사 내 뜻을 아옵소서. 내게 무슨 악한 행위가 있나 보시고 나를 영원한 길로 인도하소서"(시 139:7-24).

이러한 창조와 섭리의 영으로서 루아흐는 기(氣) 사상이 말하는 만물의 실재로서의 기(氣)와는 본질적으로 다르다. 루아흐는 창조의 영으로서 만물과 동일시 되지 않고 만물에 내재하나 초월한다. 그러나 기 사상에 의하면 자연계의 만물의 생성, 변화, 소멸은 결국 기(氣)의 동정(動靜)이며 동시에 만물의 근원이다. 이것은 창조사상이 배제된 기(氣)일원론적 세계관에 입각하고 있다. 위에 인용된 시편에 의하면 기(氣)란 하나님의 창조의 입김에 불과하다. 그러므로 시편 기자는 만물이 하나님 입의 루아흐에 의하여 만들어졌다고 말한다. 하나님의 영은 만물에 편재하시다. 이런 면에서는 기(氣)와 비슷한다. 그러나 하나님의 영은 만물에 동시에 초월해 계시고 그것을 주관하신다.

(4) 기(氣)의 내재성과 초월성과 성령

기(氣)라는 실재는 현상 내에 시간과 공간 내에 존재한다. 일단 우리가 기를 시간과 공간 내에, 현상계 내에 위치시키고 난 다음에도, 기(氣)는 그럼에도 불구하고 우리의 일상적인 감각에 포착되지 않는 어떤 것이다. 기(氣)가 시공간 안에 실재하면서도 일상적인 감각에 포착되지 않는 것이다. 이것은 기가 지니고 있는 물질적인 성질이 아닌 초자연적인 영적 성질이다. 이러한 기는 시원(始源)으로서 도(道)와 동일시된다.[19] 이것은 기(氣)일원론(一元論)이다. "기(氣)는 변화 유행하여 멈추는 일이 없이 생생하게 활동한다. 때문에 이것을 도(道)라고 한다"(맹자자의소증, 孟子字義疏證)[20] 이 도는 물질적인 것이 아니며 따라서 일상적인 감각에 포착되지 않는다. 정이천(程伊川)으로부터 주자(朱子)에게로 계승된 송학의 주류인 이기(理氣)이원론(二元論)에서도 기의 변화의 내재적 원

리로서 이(理)의 존재는 감각에 포착되지 않는다.[21]

성령은 물질에 가운데 현존하나 물질이 아니며 영적 존재이며 물질에 내재하면서 초월해 있다. "하나님은 절대적 영이다. 그러나 이와 동시에 성령은 놀라운 방법으로 이 세계에 대하여 가까이 계실 뿐 아니라 이 세계 안에 현존하며 어떤 의미에서 그 속에 내재한다. 그는 안으로부터 이 세계에 삼투하며 생동시킨다. … 이렇게 영만이 인간과 세계에게 그의 초월이 조금도 다치거나 변화되는 일 없이 내재적일 수 있다."[22] 존 웨슬리(John Wesley)에 의하면 모든 것들 안에서 하나님을 인식하며 하나님 안에서 모든 것을 인식할 수 있는 가능성은 하나님의 영이 창조의 능력과 삶의 원천이기 때문이다.[23] 어거스틴은 "내가 내 자신에 대해서보다 당신은 나에게 더 내적입니다."(Interior intimo meo), 칼빈은 성령을 "삶의 원천"(fons vitae)이라고 불렀다. "모든 것 안에서 하나님(영)을 경험한다는 것은 이 모든 것 안에서 내재하는 초월을 전제한다." "이 모든 사물 안에 있는 내재적 초월은 유한한 것 안에 있는 무한한 것, 시간적인 것 안에 있는 영원한 것, 지나가는 것 안에 있는 지나가지 아니하는 것을 경험하는 것이다."[24]

내재적 초월이라는 면에서 기와 성령은 유사하나 기(氣)는 지연적 힘이요 성령은 인격이라는 점에서 다르다. 성령은 만물에 내재하며 만물을 초월하고 형성한다는 점에서 도(道)내지 일기(一氣)라는 기와 유사하다. 그리고 기의 내적 원리로서 이(理)를 말하는 것은 요한복음이 말하는 창조의 원리로서의 로고스사상과 유사하다. 그러나 이(理)가 기(氣)의 내적 원리로서 인격이 아닌데 반해서 요한복음의 로고스(ὁ λόγος)는 성육신 하신 하나님의 말씀인 예수 그리스도요 인격이심을 말하고 있다. 그리고 로고스는 신성에서는 같으나 위격에서는 성부와는 다르다. 그리고 성령은 무에서 만물을 창조했으며 인격적인 창조주 하나님의 제 삼의 위격이라는 점에서 기(氣)와는 다르다.

2. 기(氣)의 우주론과 성경의 우주론

　기(氣) 사상에 의하면 "세계가 형성되기에 앞서서 기가 혼돈 상태로 존재하고 있다. 이윽고 음양의 기가 갈라져서 하늘과 땅이 형성되었다."[25] 이것은 "하늘이 기를 토하고, 땅이 그 기를 품어 만물, 만상이 일어난다"는 것이 중국의 전통적인 우주생성론이다.[26] 여기서 천지는 상대적이고 상보적인 상하(上下) 대칭관계로 인식되고 있다.[27]

　『노자』는 만물의 생성을 다음같이 보고 있다. 도(道)에서 하나인 기(氣)가 나오고, 그 하나인 기가 다시 둘로 나뉘어져 음(陰)과 양(陽)이 생기고 그 둘인 음과 양이 서로 조화됨으로써 세 번째인 화합체(和合體)가 생기고, 이 세 번째의 화합체에서 다시 만물이 나오게 된다. 기(氣)는 그 자체가 볼 수 없는 것이며, 형태를 갖추는 것도 아니지만, 형이상의 도(道)와는 존재의 차원을 달리하는 형이하의 존재이다.[28] 『노자』 40장에는 "천하 만물은 유(有)에서 나오고, 유는 무(無)에서 나온다." 여기서 무는 도(道), 유는 일(一) 내지 일기(一氣)와 같다.

　그러나 『여씨춘추』(呂氏春秋)나 『회남자』(淮南子)에서는 일(一)이 도(道)와 동일시되고 있다. 『여씨춘추』에 다음같이 쓰여있다. "일자(一者)는 가장 존귀하다. 그 근원도 알 수 없고 그 조짐도 알 수 없다. 그 시작도 모르고, 그 끝도 모르지만, 이 일을 근본으로 하고 있다." 그리고 『여씨춘추』에는 태일(太一)이라는 단어가 가끔 사용되고 있다. "태일(太一)은 양의(兩儀: 음양, 천지)를 낳고, 양의는 음양을 낸다. 음양은 변화하여 혹은 상(上)이 되고 혹은 하(下)가 되며 합하여 장(章)(만물)을 이룬다. … 굳이 지극히 정미(精微)하다. 굳이 이름을 부여 태일이라고 한다".[29] 여기서 태일이란 도(道) 바로 그것이다, 태일이 형이하(下)의 근원적인 일기(一氣)인 일(一)을 만물생성론에서 도와 동일시하게 되면 형이상, 하의 구분이 붕괴된다. 그리하여 일기(一氣)를 만물의 시원(始原)으로 세우는 기 일원론적 세계관이 등장한다.

성경은 유신론적 일원론을 말하고 있다.[30] 유신론적 일원론에서 기(氣)란 하나님의 창조의 영에 불과하다. 창조의 영은 삼위일체의 삼위 되시는 성령 하나님의 창조사역에 관계한다. 하나님은 그의 창조물 가운데 영으로 임재하시나 동시에 창조물을 유지하고 보존하는 근거로서 그것을 초월하고 있다. 그러므로 유신론적 일원론은 기(氣) 일원론처럼 범신론을 말하지 않는다. 오히려 범신론을 비판한다. 하나님은 영으로서 물질인 만물을 무에서 유로 창조하신 주권자이시다. 창조주는 도(道)나 태일(太一)과 동일시되지 않는다. 창조자는 인격자요 무한한 지성을 가지신 분으로서 도나 태일처럼 만물의 시원(始原)으로서의 원리로 환원될 수 없는 분이시기 때문이다. 이사야에 나타난 하나님의 말씀은 다음과 같다. "누가 손바닥으로 바다의 물을 헤아렸으며, 뼘으로 하늘을 쟀으며 땅의 티끌을 되에 담아 보았으며, 접시 저울로 산들을, 막대 저울로 언덕들을 달아보았으랴. 누가 여호와의 영을 지도하였으며, 그의 모사가 되어 그를 가르쳤으랴"(사 40:12) "그의 앞에는 모든 열방이 아무 것도 아니라 그는 그들을 없는 것 같이, 빈 것같이 여기시느니라"(사 40:17).

3. 기(氣)의 인간론과 성경의 인간론

기(氣)철학에 의하면 인간이라는 유기체는 하늘의 요소와 땅의 요소가 결합하여 이루어져 있다. 혼(魂)은 인간의 하늘에 속한 부분으로서 인간이 죽으면 하늘로 올라가는 것이며 땅에 속한 부분인 백(魄)은 인간이 죽으면 땅으로 내려간다. 귀(鬼)는 인간이 죽어서 땅으로 되돌아 가는 부분이며, 신(神)은 인간의 기가 위로 발양하여 만물의 정(精)을 이루는 것이다. 혼과 백, 귀와 신 모두가 하늘과 땅 안에서 한 기가 작용하는 양면에 불과한 것이다. 그리하여 기 철학은 서양의 마음과 신체의 이원론에서 처럼 이분법적으로 범주화하지 않는다.[31] 기의 인간론은 혼과 백의 두 요소를 말하면서도 두 요소는 각기 땅과 만물로 되돌아가서 합일되는 범신론적 세계관을 가지고 있다.

그러나 기독교적 세계관은 영과 몸의 이원론을 말하는 점에서는 기 철학과 공통성을 지니나 인간은 혼만이 아니라 영을 지니고 있다고 말하고 있다. 혼이 인간의 정신작용이라면 영은 이것을 넘어서서 인간이 하나님과 교통하는 보다 깊은 차원의 정신능력을 말한다. 그러나 이것은 삼분설(영-영혼-몸)을 말하는 것이 아니라 인간을 영과 몸으로 나누는 이분설(영-몸)을 지지하고 있다.[32] 그리고 기독교는 인간의 영은 죽어서 "만물의 정(精)"을 이루지 않고 하나님 앞에 선다는 점을 가르친다, "예수께서 이르시되 내가 진실로 네게 이르노니 오늘 네가 나와 함께 낙원에 있으리라"(눅 23:43). "만일 땅에 있는 우리의 장막 집이 무너지면 하나님께서 지으신 집 곧 손으로 지은 것이 아니요, 하늘에 있는 영원한 집이 우리에게 있는 줄 아느니라 참으로 과연 우리가 여기 있어 탄식하며 하늘로부터 오는 처소로 덧입기를 간절히 사모하노라"(고후 5:1-2).

4. 기(氣) 일원론적 세계관과 기독교적 세계관

기(氣) 일원론은 모든 것을 기로 귀결시킨다. 현실세계의 모든 존재물은 기로 이루어진다. 기(氣)는 존재물을 구성하는 구극(究極)극미(極微)의 원자적인 요소이다. 물질, 생명, 마음의 삼계(三界)는 모두 기(氣)의 소행이외 다른 것이 아니다.[33] 고대 중국인들은 만물이 극미의 어떤 것으로 이루어지고, 모든 것은 이 근원적인 어떤 것의 활동으로 귀착된다고 보았다. 이 극미의 것이면서 근원적인 어떤 것이 기(氣)라고 불렀다.[34] 그리하여 만물은 기의 활동으로 이루어지고 기로 귀착된다. 기(氣)의 차원에서 사물을 볼 때는 물심(物心)의 구별, 심신(心身)의 간격이 사라져 버린다. 모든 것이 원래 하나라는 기(氣) 일원론적 세계관이 생겨난다.

　이처럼 만물을 기(氣)의 이합집산으로 보는 기일원론적 세계관은 범신론적 세계관이다. 기(氣) 사상에 의하면 인간의 신체는 기(氣)로 가득 차 있으며, 기가 부족하거나 균형이 무너지면 병이 된다고 하였다. 인간 신체의 기(氣)는 천지 간에 가득 차 있는 기(氣)와 같다고 본다.[35] 우주에 가득차 있는 기(氣)가 응집확산을 되풀이 하면서 끊임없이 유동함으로써 만물과 만사(萬事)의 생성, 변화, 소멸이 일어난다. 기는 다양한 분화의 측면(천기(天氣), 지기(地氣), 풍기(風氣), 한기(寒氣), 살기(殺氣), 혈기(血氣), 장기(臟氣, 壯氣), 정기(精氣, 正氣), 사기(士氣, 邪氣), 신기(神氣), 민기(民氣), 화기(和氣, 火氣) 등)이 있으나 동시에 미분화, 통합의 측면도 있다. 그것이 바로 일기(一氣) 내지 원기(元氣)이다.[36] 원기(元氣)는 우주 생성이 있어서 근원적이고 통합된 일기(一氣)이다. 이러한 범신론적 세계관에서 천인(天人) 상관(相關)의 인식에 바탕을 둔 하늘(자연)과 사람의 감응(感應)현상이 나온다. 이것이 천인합일(天人合一) 사상이다.[37] 『중용』(中庸)은 다음 같이 말한다. "하늘이 명령하여 사람이 이어 받은 것을 타고난 본성이라고 한다. 이 본성에 따르는 것을 사람으로서 마땅히 걸어가야 할 길, 곧 도(道)라고 한다."『춘추 번로』는 하늘과 인간의 동류상동(同類相動)에 대하여 말한다. "하늘에는 음양이 있고 사람에게도 음양(陰陽)이 있다. 천지의 음양이 일어나면 사람의 음기(陰氣)도 이에 따라 일어난다. 사람의 음기가 일어나면, 하늘의 음기도 기꺼이 그에 응하여 일어나야 한다. 그 도(道)는 하나이다."[38]

　천인합일 사상은 인간이 하늘, 즉 자연의 이치에 순응한다는 점에서는 한편으로는 창조신학적인 관점에서 자연과 역사와 인간에게 주어진 하나님의 뜻을 따른다는 긍정적인 측면이 있다. 천인합일 사상은 다른 편으로는 인간과 하늘의 기(氣)를 동류(同類)로 보면서 물이 습지에 흐르고, 불이 마른 나무에 붙고, 자석이 쇠를 끌어 당기듯이, 자연과 하늘의 상동 감응(相動 感應)을 주장하면서 인간을 신격화하는 인신(人神)사상의 구도 속에 있다. 이러한 기 사상의 관점은 인간과 자연이나 하늘이 동류인 것이 아니라 질적으로 다르며 하나님의 아들 그리스도의 십자가의 구속을 믿음으로써 인간은 구원받아야 한다는 기독교의 구속론적 종말론적인 관점과는 전혀 다르다.

기독교 세계관은 인격적이고 찬양을 받으실 창조자 하나님께 모든 것을 귀결시킨다. 바울은 말한다. "만물이 주에게서 나오고 주로 말미암고 만물이 주에게로 돌아감이라. 그에게 영광이 세세에 있을지어다. 아멘"(롬 11:36). 기독교 세계관은 하나님의 절대주권을 말하고 있다. 시편 기자는 자연에 대한 하나님의 통치를 노래한다. "여호와께서 다스리시나니 땅은 즐거워하며 허다한 섬은 기뻐할지어다. 구름과 흑암이 그를 둘렀고 의와 공평이 그의 보좌의 기초로다. 불이 그 앞에서 나와 사방의 대적들을 불사르시는도다. 그의 번개가 세계를 비추니 땅이 보고 떨었도다. 산들이 여호와의 앞, 곧 온 땅의 주 앞에서 밀랍같이 녹았도다. 하늘이 그의 의를 선포하니 모든 백성이 그 영광을 보았도다"(시 97:1-6). "여호와여 주는 온 땅 위에 지존하시고 모든 신들보다 위에 계시니이다"(시 96:9). 성경은 우주와 자연의 순환이 기(氣)의 이합집산으로 되는 것이 아니라 하나님의 창조적인 통치에 의하여 이루어진다고 말하고 있다. 여호와는 동양사상이 말하는 우상 신들 위에 뛰어난 신이시다. 그래서 시편 기자는 노래한다. "조각 신상을 섬기며 허무한 것으로 자긍하는 자는 다 수치를 당할 것이라. 너희 신들아 여호와께 경배할지어다"(시 97:7).

시편 기자는 자연현상을 움직이시는 창조자의 구체적인 행사를 노래하고 있다. "여호와 하나님이여 주는 광대하시며 존귀와 권위를 입으셨나이다. 주께서 옷을 입음같이 빛을 입으시며 하늘을 휘장 같이 치시며, 물에 자기 누각의 들보를 얹으시며 구름으로 자기 수레를 삼으시고 바람 날개로 다니시며, 바람으로 자기 사자를 삼으시고 화염으로 자기 사역자를 삼으시며 땅의 기초를 두사 영원히 요동치 않게 하셨나이다"(시 104:1-5). 시편 기자는 땅의 기초를 정하고 바다 물의 경계를 정하고 골짜기에서 샘이 솟아나게 하시고 가축을 위한 각종 초목이 자라나게 하는 것이 기(氣)의 행사가 아니라 창조자 하나님의 오묘한 창조섭리라는 것을 노래한다. "여호와여 주의 하신 일이 어찌 그리 많은지요. 주께서 지혜로 저희를 지으셨으니 주의 부요가 땅에 가득하니이다"(시 104:24). 시편 기자는 이러한 자연에 나타나는 창조의 사역에 하나님이 그의 창조의 영을 보내어 그 일을 하신다는 것을 말하고 있다. "주께서 낯을 숨기신즉 그들이 떨고 주께서 저희 호흡을 취하신즉 그들이 죽어 먼지로 돌아가나이다. 주의 영을 보내어 그들을 창조하사 지면을 새롭게 하시나이다"(시 104:29-30). 하나님의 창조의 영은 자연과 만물의 보존을 주관한다. 하나님이 영을, 그 호흡을 거두어 가면 생명은 관계성을 상실하고 이 세상의 삶은 먼지로 돌아간다. 여기서 숨을 내쉼, 하나님의 영(ruah elohim)을 내보냄은 결합, 형태, 생명을 준다(지혜서, 1:7). 루아흐를 거두어 가는 것은 죽음과 해체로 인도한다. 영이 하나님에 의하여 도로 취해지면, 영은 자신에게 머물고 혼돈은 혼돈으로 머문다.[39] 기(氣)란 하나님이 보내시는 창조의 영을 해석하는 자연주의적 언어라고 말할 수 있다.

기(氣) 일원론은 범신론적 세계관에 기반하여 천인(天人) 상관(相關)의 인식에 바탕을 둔 하늘(자연)과 사람의 감응(感應)현상을 말한다. 이에 반해서, 기독교 세계관은 하나님과 인간 사이의 무한한 질적 차이와 비대칭적인 관계를 말하고 있다.[40] 하나님은 영을 도로 취하고 얼굴을 돌리실 수 있지만, 사람은 하나님의 의지없이 영의 활동을 작동시킬 능력이 없다. "누가 여호와의 신을 지도하였으며, 그의 모사가 되어 가르쳤는가"(시 40:13). "내가 주의 영을 떠나 어디로 가며, 주의 얼굴 앞에서 어디로 피하리이까"(시 139:7). 이 구절은 피조물에 대한 하나님의 보살핌의 관계성과 하나님의 영에의 참여를 통한 피조물적 삶의 연관성의 엮음을 강조하고 있다.[41] 창조주 하나님에 대한 인간 피조물의 근본적인 의존성과 불가도피성을 말하고 있다.

5. 기(氣) 사상과 현대물리학

기 사상은 만물을 해부하거나 쪼개지 않고 전일적으로 파악한다는 점에 있어서 원자와 소립자를 개체적으로 보지 않고 전체의 장에서 상호관계 속에서 보는 현대의 양자물리학과 연결된다. 이러한 연결점은 다음과 같다.

첫째, 현대 물리학은 자연계에는 기본적인 4가지 물리적 힘이 있다고 밝혀냈다. 그것은 전자기력, 약력, 강력, 중력이다. 전자기력은 전기를 띤 입자들의 운동과 빛의 원인이 되는 힘이다. 약력은 방사능 붕괴에 관계된 약한 핵력이다. 강력은 원자핵 내부의 중성자와 양성자를 묶어주는 강한 핵력이다, 중력은 질량간의 원거리 인력을 일으키는 힘이다.[42] 양자물리학에 의하면 진공이란 가상 입자의 쌍들이 생성되자마자 즉시 소멸되는 움직임으로 가득찬 곳이다.[43] 이러한 네 가지 기본적인 힘은 기 사상의 기(氣)를 물리학적으로 설명해준다고 볼 수 있다.

둘째, 양자 물리학의 물질이론은 기(氣) 사상을 물리학적으로 잘 설명해준다. 양자이론은 물질 그 자체가 근본적이 아니라는 사실을 밝혀내었다. 양자이론에 의하면 물질의 기본요소는 원자가 아니라 장(場)과 에너지다. 원자는 고정되어 있는 물질이 아니다. 그것은 장(fields) 가운데서 이동하며 진동하는 에너지일 뿐이다. 폴킹혼(John Polkinghorne)은 물질의 근본요소를 "에너지 패턴"(energy pattern)이라고 하였다. 원자가 진동하는 장은 물질의 속성이라기보다는 정신적 속성을 갖고 있다. 그것은 물질이 아니라 일종의 비물질적인 잠재태(潛在態) 혹은 위치 에너지로 설명된다.[44] 양자이론에 의하여 "미립자 개념이 더욱 추상화 되었고," "눈에 보이지 않지만 개체적이고 딱딱한 물질 대신에 새로운 에너지의 양자들이 최종 구성인자가 되었다."[45] 이러한 물질의 이해로서의 장의 모델은 기 사상의 기와 상당히 근접해 있다. 여기서 장(場)이란 장소가 아니라 이동하며 진동하는 에너지의 흐름을 말하기 때문이다. 이것은 기 사상이 말하는 힘, 즉 에너지라고 말할 수 있다.

셋째, 현대물리학은 입자(粒子)를 고정된 물질로 보지 않고 끊임없이 움직이는 에너지로 본다. 입자들이란 서로 얽혀 있는 장 내의 부분적인 교란이다. 원자는 개개 입자들의 조합이 아니다. 원자 내에서 각 부분은 이미 독자성이 없다. 원자 내 궤도 전자들은 독립적인 실재가 아니라 원자라는 계(係)의 한 상태일뿐이다. 입자들은 개체 하나의 내재적 모습 보다는 관계들(relationships)로 이해되고 있다. 그리하여 독립적이면서 표면상 관계가 있는 입자들을 대신하여 서로 얽혀 있는 장과 통일된 전체성이 자연의 중요한 이미지가 된다.[46] 이러한 입자 이해도 기 사상을 물리적으로 이해하는 데 도움이 된다.

넷째, 이러한 입자들은 고립되어 있는 것이 아니라 전체의 장(場) 안에서 이해되는 것도 기 사상의 설명과 합치한다. 원자 내의 전자는 분리시킬 수 있는 실체가 아니라 전체 원자의 상태에서 고려되어야 한다. 헬륨 원자의 경우 양자 물리학 이전의 모델에서는 헬륨은 핵과 그 주위를 도는 두개의 전자로 그려졌다. 원자의 구성요소들은 따로 떼어서 생각할 수 있었고, 원자의 구성요소의 운동도 분석할 수 있었다. 그러나 양자 이론에서 헬륨원자는 구분될 수 없는 부분들로 된 하나의 전체적인 모습 그 자체이다. 원자의 특성은 하나의 전체로만 파악된다. 그것은 낱낱이 분리된 부분들을 지배하는 법칙과 관련이 없는 전체(계(系)의 법칙)로만 파악된다. "원자 내 궤도 전자들은 독립적인 실체가 아니라 원자라는 계의 한 상태로 파악된다."[47] 그리하여 모든 사건의 통일성과 상호연관성을 지적한다.[48]

폴킹혼은 한 사건으로부터 발생된 두 입자는 하나의 전체적인 파동함수로 기술되어야 한다고 본다. "양자 상태는 한 때 상호작용을 하던 시스템 관계의 놀라운 통합을 보여주는데, 관계이후 그 시스템이 아무리 멀리 분리되어도 깨지지 않는다."[49] 양자 물리학은 결정론과 사실주의를 뛰어 넘고 환원주의를 거부하면서 전일주의(wholism)로 나아간다.[50] 여기서 양자물리학이 말하는 양자란 기(氣) 사상에서 말하는 기(氣)를 지시하는 것으로 볼 수 있다.

다섯째, 물리학자 데이빗 봄(David Bohm)은 물리학과 동양의 신비주의 간의 유사성을 조심스레이 설명하였다. 그는 정신과 물질은 하나의 근원적인 질서에 대한 두가지 투영으로 본다. 물질과 정신은 하나의 심원한 실재에 대한 두 가지 표현으로 서로 분리되어 있지 않고 연관되어 있다고 보았다. 기(氣) 사상은 명상 가운데서 완전한 전체의 모습을 직접 체험한다. 기(氣)로 형성된 삼라만상이란 정신과 물질로 분리되어 있지 않고 기(氣)라는 근원적인 존재 안에서 통일되어 있다고 보는 것이다. 기(氣) 사상은 그러므로 정신과 물질의 통일성을 강조하는 것이다. 이것이 전통적 서구사상의 분석적이고 해부적 사고와 차이가 있다. 그런데 양자 물리학에서는 더 이상 소립자(素粒子)라는 물질이 입자로서 쪼개어지지 않고, 끊임없는 생성과 소멸 가운데서 운동하고 있다고 보고 있다. 이것은 만물의 원천인 기(氣)를 양자물리학적으로 설명하고 있다. 봄(Bohm)은 분화되지 않으며 시간을 초월한 전체 속에 자신을 몰입함으로써 삶의 단절과 자기 중심을 극복할 수 있다고 말한다.[51] 봄은 오늘날 현대 서구에 있어서 개인적 삶의 분열과 원자화에 대한 해결책이란 분리된 자아의 합일로 보고, 여기에 동양적인 종교가 궁극적인 일원론을 제시해 준다고 본다. 그리고 여기에 오늘날 분열과 갈등의 위기 속에 있는 서구의 과학기술 사상이 오히려 양자물리학이 밝히고 있는 소립자 현상의 근원적인 혼동현상에서 그 해결책을 찾을 수 있다고 본다.[52]

6. 기(氣) 사상과 뉴에이지 사상

동양고전적 사상인 기(氣) 사상은 오늘날 요가나 뉴에이지 사상 등으로 해석되고 있다. 기 사상은 범신론적이기 하나 종교적인 색채가 강하지 않는 반면, 뉴에이지 사상은 기독교에 침투하여 여러 가지 종교적인 갈등을 야기하고 있다.

뉴에이지 사상은 의식의 변화를 통한 새 인간(New Man)과 새 세대(New Age)의 도래를 예견하고 있다. 이를 위해 뉴에이지 사상은 다양한 동양종교에서 유래한 비의(秘儀)적 방법을 동원하고 있다.[53] 뉴에이지 사상은 힌두교의 요가와 명상 등의 비의적 방법을 통하여 인간 속에 있는 우주의 에너지를 일깨워 우주의식과 합일된 해탈을 추구한다.[54] 뉴에이지 사상은 심령술, 즉 영매와의 영적 교류에 의해 인간이 아닌 영들과의 접촉을 시도하고 있다.

뉴에이지 사상은 명상의 초월상태에서 투모(Tumo)술, 축지법, 텔레파시 등을 통하여 초인적인 능력을 발휘한다. 뉴에이지 사상은 자기최면을 통하여 잠재된 자의식을 일깨우고 자기 속에 있는 참된 자아, 곧 신의 본질을 지닌 자신을 발견하고자 한다. 이것이 마인드 컨트롤(mind control)이다. 뉴에이지 사상은 마음의 조정에 의하여 생리의 변화를 마음대로 조절하고자 한다. 이것이 바이오 피드백(bio-feedback)이다. 그리하여 뉴에이지 사상은 영적 개발을 위하여 명상 및 요가 수행에 바이오 피드백을 활용한다. 바이오 피드백은 새 마음과 새 시대를 열어준다고 본다.[55]

뉴에이지 사상은 만물은 하나요, 만물은 신이요, 인간은 신이라는 힌두교의 사상을 근간으로 하고 있다. 이에 불교적 요소를 가미하여 모든 인간이 계급적 특권과 상관없이 해탈할 수 있다고 본다. 뉴에이지 사상은 비교(秘敎)주의를 받아들인다. 뉴에이지 사상은 기호(記號)나 초능력이나 자동기록을 통하여 진리를 신비적으로 전수받고자 한다. 뉴에이지 사상은 예수의 영과는 전혀 다른 영의 가르침에 기초하며 그리고 기독교 성경과는 전혀 다른 비교(秘敎) 사상에 근거하고 있다.

　뉴에이지 사상은 "하나님이 곧 세계요 우주," "모든 것은 영이요 의식" 이라는 영 내지 의식일원론이다. 이들은 "모든 것이 하나"라는 전일(全一)적 사상을 주장한다.[56] 이 우주에서 존재하는 것은 우주적 보편적 영이다. 우주적 영이 주기적 순환 과정 속에서 객관상태로 나타난 것이 현실세계이다. 우리 인간은 잠재된 신(神)의식을 일깨워 우주적 영과 합일을 이루어야 한다고 본다.

　뉴에이지 사상이 주장하는 의식일원론은 고전적 기(氣) 사상이 주장하는 기일원론과 사상적인 구조에 있어서 다를 것이 없다. 단지, 고전적 기(氣) 사상은 명상적이고 세계관적 철학에 가깝다. 이에 반해서 뉴에이지 사상은 인간의 의식변화를 통한 우주와의 합일, 신격화를 적극적으로 추구하고 있다. 그리하여 기독교의 칭의구원에 대하여 자력구원을 추구하는 등 적극적인 대안종교(alternative religion)로 나타나고 있는 점이 다르다고 할 수 있다.

*

　기(氣)의 인간론은 인간을 혼(魂)과 백(魄)으로 보는 점에서는 성경이 보는 영과 신체의 이원론과의 공통점이 있다. 그러나 기(氣)의 인간론은 혼은 죽어서 귀신이 되고 만물의 정기로 되돌아간다는 점에서 범신론적 구도 속에 있다. 이에 반해서 성경의 인간론은 영과 혼이 기(氣)에 의하여 된 것이 아니라 하나님의 창조로 보며 인간은 죽어서 귀신이 되는 것이 아니라 하나님의 심판 앞에 선다는 유신론적 일원론의 구도 속에 있다.

　생체 에너지로서의 기(氣)는 성령과 매우 유사한 성격을 가지고 있다. 성령은 생명의 영으로서 우리의 몸을 지탱하는 능력이 되신다. 그러나 성령은 단지 에너지만은 아니다. 성령은 인격이시다. 그는 능력이시나 동시에 인격이기 때문에 물질적 현상이 아니다. 만물의 구성요소로서의 기(氣)는 성령과는 다르다. 물질은 기(氣)의 이합집산(離合集散)에 의한 것이 아니라 하나님이 창조의 말씀으로 무에서 창조하신 것이다.

기(氣)의 우주론은 기(氣)중심의 범신론적 세계관을 말하며 이것은 유신론적 세계관과는 다르다. 기(氣)의 우주론은 우주가 기의 이합집산(離合集散)에 의하여 이루어진 것으로 보나, 성경(聖經)은 우주가 인격적인 창조자의 의지에 의하여 창조함을 받은 창조물이라고 이해한다. 기(氣)도 하나님의 창조물일 뿐이다. 기(氣)의 우주론은 기(氣)를 자연적인 물질 내지 원리로 보나 성경은 이것이 하나님의 창조물이라고 본다. 성령은 인격적인 존재로서 무인격적인 자연적인 원리인 기(氣)와 다르다.

성경은 유신론적 일원론을 말하지 기(氣) 일원론을 말하지 않는다. 기(氣)도 하나님 영의 절대적인 생명의 능력에 복종할 뿐이다. 성령은 오히려 유신론적 일원론의 구도 안에서 만물을 구성하는 영내지 혼과 물질의 이원적 요소를 말하고 있다. 인간에게는 영과 신체, 동물에게는 혼과 육, 식물이나 만물에게는 생체 에너지와 물질이라는 이원적 요소가 있음을 말하고 있다. 이러한 영과 혼이나 물질은 기(氣)와 동일시할 수 없다. 영과 물질은 다르다.

결론적으로 기(氣)란 생명의 원천인 성령이 우주와 자연과 인간과 미세한 물질에 미치는 창조의 섭리와 보존 사역을 단지 자연주의적으로 해석하는 단면에 불과하다고 말할 수 있다. 따라서 기(氣) 사상은 우주와 역사와 인간의 창조자와 심판자인 인격적인 하나님의 관점에서 보는 기독교 세계관에 의하여 교정을 받을 때 우주와 인간과 자연에 대한 더욱 풍부한 해석에 도달할 수 있다.

chapter 12
인문학의 위기와 기독교

문명의 이기와 기술의 실용성이 삶의 중요가치로 부각되는 첨단기술의 시대에서 인문학은 다시 한번 그 실용성에 있어서 문제를 제기받으면서 그 위상을 재고받기에 이르고 있다. 그것은 정보의 혁명과 더불어 다가온 인터넷 소비의 시대는 첨단적인 생산과 소비의 기술을 발전시키면서 기술과 실용이 중시되는 풍조를 낳고 있다.

2006년 10월 15일 고려대 문과대 교수들의 '인문학 선언문'에 이어, 전국 80여 대학의 인문대 학장들이 인문학의 위상 추락을 우려하고 대책 마련을 촉구하는 성명서를 발표했다. 1996년에도 전국 국공립대 인문대 학장들이 '인문학 제주(濟州) 선언'이 있었고, 2001년에도 전국 인문대 협의회가 '2001 인문학 위기'를 선언하였다. 문학, 철학, 역사, 언어 영역의 학과들이 전공하려는 학생들의 부족으로 폐과(2003년 경원대가 철학과 폐지 등 전국적으로 최근 3년 동안에 철학과 12개나 폐과, 대구 가톨릭대는 철학과, 불문과, 독문과, 이탈리아학과 등에 대해 2007년부터 신입생 중단 등)의 위기에 처해 있다. 현재 대학 내에서 문학, 역사, 철학, 종교 과목은 수강생의 부족으로 과목이 축소되거나 폐강되는 사태가 발생하고 있다. 문과대 졸업생들은 취업률이 저조하여 학위 취득자들도 직장을 잡기 어려운 현실이다. 경상계열이나 공대 계열, 정보학 계열 졸업생들은 좋은 직장을 잡을 수 있다. 따라서 이 인문학이 고사하는 위기를 맞고 있는 것이다. 인문학의 위기는 최근 사회적 관심사가 됐지만 물론 어제 오늘 비롯된 문제는 아니다.

*

1. 위기의 유래: 지식정보 사회에서 실용주의를 따라가는 대학행정

(1) 실용주의의 지배

인문학의 위기는 실용주의(pragmatism)가 지배하는 사회의 풍조에서 비롯되었다. 이 풍조란 인문학은 순수학문이라 하여 학문적 성과에 충실한 것만으로 본분을 다하는 것일 수 없다느니, 실용적이지 못한 학문은 학문으로서의 가치가 없다고 여기는 통념이다. 그러나 진리 추구와 자기 성찰이 본업인 '인문학'에서 '위기'란 것은 애초에 없다. 본래 인문학이란 진리 추구와 인간성의 도야를 닦는데서 시작된 것이지 실용주의의 동기에 지배되는 것이 아니기 때문이다. 위기란 인문학과 이에 종사하는 교수들과 전공하는 학생들이 심리적으로 느끼는 위기이다. 인문학의 위기란 실용주의가 우리 사회에 들어오면서 졸업해 봐야 취업도 힘들고 학위 따 봐야 자리 잡기 힘드니 학생들이 수강과 전공을 피한 데서 비롯된 것이다. 실상은 인문학의 위기가 아니라 실용주의에 지배되는 우리 사회의 정신적 위기다. 서점가에 소설이나 시 대신 '부자 되기' 책들이 휩쓸고 있는 것은 '믿을 것은 돈뿐'이라는 실용주의가 지배하는 오늘날 사회의 증후군을 보여 주는 것이다. 한국사회는 순수 이념의 시대를 넘어

실용주의 시대로 접어든 지 오래다. 이것은 단지 인문학이나 이에 종사하는 자들의 위기만이 아니라 순수한 진리의 담론을 멀리하고 실용주의만을 추구하는 우리사회의 정신적 공허의 위기이다.

(2) 깊이 차원의 상실

이러한 현대인의 피상성을 가리켜 독일계 종교철학자 폴 틸리히(Paul Tillich)는 "깊이의 상실"(loss of the depth)이라고 불렀다. 현대인은 세속도시의 무명성과 기동성이라는 문명 구조 속에서 물량적이고 피상적인 것만을 추구하고, 삶의 궁극적 의미, 즉 삶의 의미와 목적과 가치에 대한 질문을 상실하고 있다. 미국의 종교철학자인 폴 틸리히는 벌써 근 반세기전 1958년 토요일 《저녁우편》지에 실린 그의 에세이 "잃어버린 차원"(The Lost Dimension)에서 다음같이 피력하였다. "서구인들의 현대의 상황의 결정적인 요소는 깊이차원의 상실이다. '깊이 차원' 이란 공간적인 은유이다. 이것이 인간의 정신적 삶에 적용되어, 이것을 잃어버렸다고 말한다면 그것은 무엇을 의미하는가? 그것은 인간이 그의 삶의 의미에 대한 질문, 그가 어디서 왔으며 어디로 가며, 출생과 죽음 사이의 짧은 기간 동안 무엇을 하며, 무엇을 창조해야만 하는가에 대한 질문의 해답을 상실한 것을 의미한다."[1]

어떻게 하여 깊이의 차원이 상실되었는가? 틸리히는 상실의 이유를 물량위주의 사고방식과 물질주의의 세계관에서 발견한다. "인간이 깊이의 차원을 상실한 것은 오히려 세계와 자기 자신에 대한 그의 관계에 놓여 있다. 그의 삶은 더 이상 깊이의 차원이 아니라 지평적 차원에서 수행된다. '더 많이', '더 크게' 그리고 '더 좋게' 라는 표현방식들이 이 방향의 증세를 나타낸다."[2] 양적 팽창만을 추구하는 삶의 방식은 질적인 의미와 내용과 목적과 가치에 대한 질문은 놓치기 때문이다.

(3) 지식이 단지 정보로 전락

오늘날 정보사회 속에서 지식이란 인간성의 도야와 인격도야를 위한 것이기 보다는 하나의 정보로 전락하여 버렸다. 본래 지식이란 인간성을 개발하는 것이 주 목적이었는데, 기계기술이 발전하고 실용적인 도구성을 추구하면서 지식이 하나의 현실적인 사용을 위한 방편으로 전락하게된 것이다. 본래 동양의 사서삼경이란 기술을 가르쳐 주는 것이 아니라 우주의 이치와 이에 상응하는 인간의 도리를 깨우쳐 주는 심성(心性)학이다. 그래서 동양은 서양의 기술보다는 도(道)를 아는 마음을 가졌던 것이다. 그런데 과학기술의 발전과 더불어 인간 사회가 발전되면서 과학기술이 물질적 풍요를 가져오자 정신적 가치를 추구하는 학문을 경시되기에 이르렀다.

오늘날 서점의 베스트셀러 목록엔 오로지 '성공을 위한 몇 가지 법칙' '몇 년 안에 몇 억 모으기' 같은 출세나 재테크 관련 서적들뿐이다. 어학 교재도 빠뜨리면 안 된다. 또 감자탕집이 잘된다 싶으면 동네방네 감자탕집 밖에 눈에 안 띈다. 영어마을이 인기라니까 지자체마다 비슷한 걸 만들어 중복 투자가 우려된다는 뉴스도 전혀 놀라울 게 없다.

인문학의 위기는 우리 사회의 이런 과학기술의 실용주의에 지배됨이 그 원인이자 결과다. 사회가 가벼이 실용가치와 물질만 좇다 보니 오직 학문하는 즐거움에 매진하는 마음이 있을 리 없다. 그렇다 보니 기초 학문의 바탕이 없어 사회는 더 가벼워지는 악순환을 거듭하고 있다.

현대사회는 피상적임을 느끼지도 못하는 증후군에 걸려 있다. 그야말로 '에펠탑 효과'(Eiffel Tower Effect)다. 에펠탑이 처음 세워질 때 파리 시민들은 칠을 위해 페인트만 50톤이 필요한 철골 괴물이 고운 파리(Paris)에 어울리지 않는다고 생각했다. 하지만 지금은 에펠탑 없는 파리는 상상할 수도 없을 정도가 됐다. 그처럼 자주 보는 것만으로 호감이 증가하는 현상을 에펠탑 효과라고 한다. 이처럼 우리사회는 실용주의에 길들어 스스로 표면화되고 피상적이 됨을 느끼지 못하는 증후군에 빠져 있다.

(4) 고전학의 쇠퇴

인문학의 위기란 대학의 상업화가 이유라고 한다. 하지만 우리사회의 한(漢)학자에 의하면 인문학 위기의 주범은 인문학 내부에 있다. 이미 100년 전 한자(漢字)가 가버리면서 시작된 우리 인문학의 죽음이 더 일차적인 문제라는 것이다. 근대화 100년간 우리는 분파된 서양학문에 매달렸다. 그 결과 원래 하나인 학문은 갈기갈기 찢어졌고, 어떤 원전도 맨눈으로 알 수 없게 됐다. 나와 세계에 대한 문답 보고인 퇴계, 고봉의 사단칠정(四端七情) 논쟁이나 추사체(秋史體)의 조형과 내용을 직독(直讀) 직해(直解)로 간파할 수 없는 것보다 더 큰 인문학의 불행은 없다. 더욱이 예술품을 번역으로 이해한다는 것은 오페라를 보는 대신 줄거리를 읽는 것과 마찬가지다. 한자가 가 버리면서 우리의 한문으로 쓰여지고 읽혀지는 고전학이 가버린 것이다.

동양 고전의 상실만이 아니라 서양 고전의 상실도 마찬가지다. 어거스틴의 『고백론』 및 『하나님의 도성』이나 토마스의 『신학대전』이나 단테의 『신곡』, 『실낙원』 및 『복낙원』이나 존 번연의 『천로역정』 등 고전을 원전으로 읽고 그 깊은 맛을 아는 것이 실용주의에 의하여 사라져 버린 것이다.

오늘날 해체주의자들(deconstructivists)은 고전이라는 경전을 해체시키고 그것을 텍스트로 대치시키고 있다. 텍스트에는 "고정되어 있는" "현실적 중심이 없다". 텍스트 안에서는 어떤 고정된 중심이 없다. "중심의 부재는 주체의 부재, 저자의 부재이다."[3] 그러므로 "텍스트 바깥은 없다."[4] 책을 텍스트로 볼 때 모든 중심은 사라진다. 여백이나 간격이 중요시된다. 여기서 오히려 텍스트를 읽는다. 여기서 텍스트는 폐쇄된 체계가 아니라 여백과 간격에 따라서 그 의미가 균열된다. 텍스트의 의미는 고정불변하지 않고 항상 개방적 상태로 남아있다. 문학 텍스트는 오직 독자의 마음 속에 다양한 의미 작용의 유희를 유발시키는 흔적만을 남길 뿐이다. 그리하여 텍스트는 짜집기가 되어 버리고 저자가 없고 독자가 있으며, 독자는 짜집기를 통해서 언제나 저자가 된다고 본다.[5] 이러한 고전의 해체도 지식의 상대주의를 초래하고 인문학의 자기 부정으로 나아갔다.

(5) 인문학자들의 자기안주성

그러나 인문학은 위기를 단지 사회의 실용주의 탓으로만 돌려서는 않된다. 위기에는 인문학자들의 자기 안주성, 현실의 요구를 무시하고 자기의 사변에만 안주하는 데 있다는 것 역시 부인할 수 없다.

한국의 경우 우선 인문학자들은 과학기술에 대해 아예 관심을 갖지 않을 뿐만 아니라 오히려 과학기술을 노골적으로 경시하는 풍조가 만연돼 있다. 게다가 몇몇 학제간 연구는 대학과 교육당국의 뒷받침이 미흡해 시늉만 하는 형국이다. 가령 인지과학은 서울대 등 몇몇 대학에 협동과정이 설립돼 있으나 크게 활성화되지 못한 상태이다. 복잡경제학은 삼성경제연구소가 중심에 서고, 대학교수들이 동참하는 모양새를 갖추고 있어 주객이 바뀐 느낌을 지울 수 없다. 진화심리학은 아직 씨앗조차 뿌리지 못한 실정이며 인문학자들은 여전히 사회생물학의 구닥다리 이론에 매달려 있다. 인문학의 위기 탈출은 학제간의 연구에서 그 방향을 찾을 수 있다. 학제간의 연구를 통해서 인문학은 단지 사변적인 영역에 머물지 않고 다른 학문이나 실용적인 학문과의 대화를 함으로

써 새로운 탈출구를 찾을 수 있다. 과학기술이 현대인의 삶에 끼치는 영향을
감안해볼 때 이처럼 학제간 연구가 부실한 국내 여건에서 인문학의 위기는 필
연인 것 같다.

2. 인문학의 중요성

(1) 학문의 원천

인문학과 자연철학은 우리 인류가 애써 이룩한 현대 문명의 소중한 두 기둥
이다. 인문학의 연구 대상인 우리 인간은 자연을 떠나서는 존재할 수 없다. 그
리고 자연철학의 연구 대상인 자연은 인간을 빼고는 아무런 의미를 찾을 수 없
는 것이 분명하다. 결국 인간을 대상으로 하는 인문학과 자연을 대상으로 하
는 자연철학은 서로 의지할 수밖에 없는 입장이다.

자연철학이 중세를 넘어서면서 실질적 성과를 거두게 되면서 실증과학의
성격으로 변모하였다. 그리하여 자연과학은 그 뿌리였던 인문학과 갈라서기
시작했던 것이다. 이것은 지극히 역설적이면서 불행한 일이었다. 근대과학의
극단적인 기계론적이고 환원주의적 사고방식이 그 직접적 원인이었다고 볼
수 있다.

전체는 부분으로 나누어 이해할 수 있고, 모든 것이 명백한 자연법칙에 따
라 예정돼 있다는 자연과학의 환원주의적 사고(reductionistic thinking)은 자유
의지를 가진 인간을 대상으로 하는 인문학자들에게는 결코 받아들일 수 없는
결론이었다. 그렇게 시작된 인문학과 자연과학의 단절은 끊임없이 심화되어
이제는 돌이키기 어려운 반목(反目)의 수준에 이르렀다고 할 수 있다. 이것이

현대에 이르기까지의 상황이었다.

그런 두 문화가 포스트모던 시대에 들어와 이제 그동안의 단절을 넘어 다시 화합의 길로 들어서고 있다. 적어도 자연과학의 입장에서는 그렇다는 주장이다. 자연과학의 첨단에서 등장하는 '제3의 문화'가 바로 그런 근거다. 누구나 알고 있듯 오늘날의 자연과학은 과거 인문학의 한 분야였던 '자연철학' (philosophy of nature)에서 비롯된 것이다. 인간이 존재하는 삶의 터전인 자연을 통해 우리 자신을 더욱 분명하게 알고 싶었던 욕망에서 시작된 것이 바로 자연철학이다.

(2) 인간성의 도야

인문학은 단순히 자연을 관찰하는 데 그치지 않고 인간의 심성과 인간성을 개발하는 것을 중요한 목적으로 삼는다. 과학기술이 문제를 일으키는 것이 아니라 과학기술을 사용하는 인간이 문제를 일으키기 때문이다. 인문학으로 자기를 제대로 개발한 자들은 화광동진(和光同塵)한다. '교만하게 지식을 내세우지 않고 겸손하게 세상에 어울린다'는 말이다. 세속 속에 있지만 그에 어울리지 않고 묵묵히 자기 일을 하는 진실로 하는 화이부동(和而不同)의 모습이다

인간성이 도야(陶冶)되지 않고 과학기술만 발전하면 오늘날 상업화되고 있는 각종 유전자 공학처럼 인간을 위한 기술이 아니라 인간성을 파괴하는 과학기술이 될 수도 있다. 이러한 고삐풀린 유전공학은 인간 유전자를 임의적으로 조작시키고 심지어는 개체복제까지도 감행할 위험성을 내포하고 있다.[6] 그것은 또한 핵기술과 같이 마피아의 손에 들어가게 될 때 인류를 파괴하는 살생무기로 변하는 것이다.

(3) 현대 기술사회에 반항하는 미국 버지니아 공대의 총기난사사건

인간성이란 무엇인가라는 질문은 인문학의 가장 중요한 질문이다. 오늘날 지식이 범람하는 지식 홍수의 시대에 오히려 인간성은 고갈되고 있다. 인문학의 위기란 단지 한국사회의 문제만은 아니다. 미국사회를 비롯하여 오늘날 산업화에 의하여 첨단 기술문명이 발전하여 실용주의가 지배하는 지구촌의 문제이다. 2007년 4월 16일 미국 버지니아 공대(Virginia Tech)에서 영문학을 전공하는 4학년생. 한인 교포 학생, 조승희(Seung-Hui Cho)가 자신을 포함하여 강의실에 들어가 총기를 난사하여 33명을 숨지게 하였다. 이것은 미국역사상 최악의 총기난사 사건(deadliest U.S. shooting rampage)으로 인간의 잔인성, 즉 마성(魔性)의 단면을 보여주고 있다. 그가 전공한 영문학이라는 인문학 자체가 인간성의 도야에 도움이 되지 못했다는 것이다.

범인이 팔에 붉은 글씨로 새겼고, 노트에서도 발견되었다는 '이스마엘 액스'(Ismail Ax)는 그가 이슬람으로 개종한 것이 아닌가하는 추측을 하게 한다. '이스마엘 액스'는 이슬람 교도의 조상인 이스마일을 의미한다. 범인의 시구 중 "나는 어제 태어나 오늘 죽는다"는 부분이 있다. 알카에다가 대량학살의 명분으로 내세운 '이스마엘 형벌'(신의 처형)을 말한다. '이스마엘 액스'는 그가 팔레스타인 운동가 바르구티의 사주를 받았다는 증거라는 해석도 있다.[7] 그는 정신이상의 병력이 있었다.

그는 이차 총격사건 전에 미국 사회를 향하여 증오와 복수를 협박하는 선언문(intimidating manifesto)과 영상물을 언론사(NBC TV)에 보내었다. 그는 다음 같이 그의 증오를 표출하고 있다. "때가 왔고, 난 감행했다. 그래야만 했다." "벤츠나 금목걸이로도 만족하지 않았다. 속물들아, 당신들의 모든 환락도 충분치 않았다. 당신들은 모든 것을 갖고 있었는 데도…" 전문가들은 조승희의 이러한 표현들은 과대망상이며 정신착란에 빠진 것으로 진단하고 있다. "당신들이 네게 이런 짓을 하게 했다."(You caused me to do this!) "당신들이 빈 라덴 처럼 내 인생에 9·11테러"[8] 라는 그의 말과 행동은 반사회적 편집증이다. 그는 자기만의 세계에 빠져 불만, 외로움, 좌절, 복수심을 쌓다 사회와 체제 탓으로 폭발하는 망상적 정신병에 걸린 것이다.

조승희는 부유한 미국사회를 적대시하고 방종과 쾌락주의를 비난하면서 "모세처럼 이끌고 예수처럼 죽는다."고 말했다.[9] 그의 예수상은 성경적인 대속의 사랑의 주보다는 억압체제의 박해받아 희생된 순교자이다. 그는 15명의 생명이 희생된 1999년 컬럼바인 고교 난사 사건(Columbine high school massacre)의 두 주범 에릭(Eric)과 딜란(Dylan)을 "예수와 같은 순교자(martyr)"로 표현했다. 그러나 조승희의 예수상은 체제에 의하여 희생된 순교자만이 부각되어 있고, 예수가 보여준 사랑과 용서와 화해의 정신을 망각하고 있다. 예수는 원수를 죽이지 않고 원수들을 대속하기 위하여 죽어갔고 저들의 죄를 용서해달라고 간구하면서 죽어갔던 것이다. "예수께서 이르시되 아버지, 저들을 사하여 주옵소서. 자기들이 하는 것을 알지못함이니이다 하시더라"(눅 23:34). 예수는 당시 유대종교의 지도자들과 로마의 식민정부에 대하여 증오하지 않았다. 저들에 대하여 무력봉기를 하지 않았다. 저들이 체포하는 대로 순수히 응하여 십자가에 처형되면서 저들이 모르고 한 것이니 용서해달라고 기도하며 죽었고 그의 피로 세상을 대속한 것이다. 이것이 예수께서 보여주신 사랑과 희생의 정신이요, 십자가 정신이다.

조승희의 사건은 정말 불쌍하고 슬픈 일이 아닐 수 없다. 사람을 죽이는 건 총이나, 총을 사용하는 것은 사람이다. 사람이 문제이기 때문에 인간성에 대한 질문이 야기되지 않을 수 없다. 여기서 우리는 두 한국계 이민자를 생각할 수 있다. 조승희와는 달리 혼혈흑인으로서 미식축구의 영웅이 되어 미국사회

안에 한국인의 자부심을 심어준 한국계 미국인 하인스 워드이다. 그는 의정부에서 한국여성과 흑인 미(美)병사 사이에 태어나 어른 시절 미국으로 건너가 인종편견을 극복하고 아메리칸드림을 이룬 젊은이다. 그는 자식을 위하여 재혼을 하지 않고 뒷바라지 해 준 어머니에 대한 효성이 지극한 자식의 모습도 보여주었다. 이런 면에서 워드는 미국인이라기 보다는 한국인의 가족관을 가지고 있었다. 하인스 워드는 미국인들 뿐 아니라 한국인들에게 인종차별의 벽을 깨고 팀웍(teamwork)과 헌신(commitment)을 가르쳐 주었다. 여기서 우리는 환경이 영향을 주나 결정적인 것이 아니라 인간의 반응, 즉 인간성이 결정적이라는 사실을 알 수 있다. 여기에 인문학의 과제가 있다.

이 총기 난사(campus massacre) 사건은 규모가 작을 뿐 미국사회에서 자주 일어나는 사건이었다. 1996년 미국 오스틴의 텍사스대 건축과 학생 찰스 휘트먼이 이 대학 시계탑 건물 28층 전망대에 올라가 점심시간 한가롭게 눕거나 거닐던 학생들에게 조준사격하였다. 그는 전망대에 올라간 두명의 경찰관에게 사살되기까지 14명을 죽이고 31명을 부상시켰다. 휘트만의 사회적 적개심은 그의 아버지에게서 기인한다. 그의 아버지는 못배웠지만 자수성가했으며, 어머니를 때리고 학대했으나 아들을 엄하게 다스렸다. 그러하여 그는 아버지에 대한 경멸과 증오, 경쟁심에 뒤틀린 채 자랐던 것이다.[10]

18년 동안 과학기술자들에게 우편물 폭탄을 보냈던 '유나바머'(UnABomber)의 범인 카진스키(Kaczynsky)는 수학천재로 전직 버클리대의 교수로 자신의 테러가 "현대 기술문명에 대한 경고"라고 주장했었다. 그는 1995년 7월 미국 《뉴욕 타임스》와 《워싱턴 포스트》에 "산업사회와 그 미래"란 제목의 선언문을 보냈다. 그는 이 글에서 "인간의 자유를 파괴하려는 세계의 모든 정부와 엘리트들에 의해 조종되고 있는 부패한 산업기술사회를 전복시켜야 한다"[11]며 자신의 범행을 합리화했다.

이것은 물질적으로 가장 풍요한 국가인 미국사회가 앓고 있는 정신적 빈곤을 드러내주는 증후이다. 오늘날 미국 대학생의 절반이 심각한 우울증을 경험하고 있다고 한다. 지난 2005년 발간된 "정신병자들의 대학"이라는 저술에서 하버드대학 정신건강연구소장인 카디슨 박사는 전체 미국 대학생의 약 절반이 대학재학시절 심한 우울증 증세를 호소하고 10명 중 1명은 심각한 자살 충동을 갖는다는 연구결과를 발표하였다.[12] 이러한 미국 최악의 총기사건은 인간성이란 단지 지식을 쌓는 데서 윤택해지는 것이 아니라 인간성 자체가 변화를 받아야 한다는 것을 시사해주고 있다. 세계정신의학회 회장 후안 메시취는 이번 사건에 대하여 다음같이 피력한다. "정신 건강 없는 진정한 건강은 없다. 미국 정부는 정신 건강에 대한 투자가 너무 부족하다. 의사들의 책임도 있다. 특정 질병이나 진단, 기술적인 문제에만 집착해 병만 보는 의사가 돼서는 안 된다. 의학의 본질(사람을 돕는 것)에 충실한 진료가 필요하다. 특히 정신의학은 그렇다."[13] 개인의 삶은 가정, 학교, 지역사회, 일터 그리고 사이버 공간의 다섯 마당에서 소통과 나눔을 통해서 영위되고 있다. 그런데 소통과 나눔이 단절되면 침묵의 늪 속에 빠지게 되어 비극적인 사건을 일으키게 된다. 이번 사건은 단지 미국사회의 사건만이 아니라 한국을 포함하여 지구촌의 모든 사회가 안고 있는 병리현상이라고 할 수 있다.[14] 그러므로 조승희 사건은 이 다섯 마당에서의 인간의 소통과 나눔의 중요성을 새삼 일깨워 주고 있다. 단지 지식이나 기능의 교육이 아니라, 윤리와 책임을 자각하도록 하는 인성교육을 지향해야 한다. 여기에 인문학의 필요성이 제기된다. 그러나 인문학적 지식만이 인간성 치유를 해줄 수 있느냐에 한계가 있다. 여기에 종교적 차원이 요청된다. 성경은 이러한 진정한 인간성 인식과 회복은 창조주를 아는 데서 기인한다고 가르친다. 여기에 기독교 신앙의 역할이 있다.

미국언론과 시민들이 이번 미역사상 최대 총격 사건을 인종문제로 비화시키지 않고 빈번히 일어나는 총기사건의 일환으로 다루는 냉정함과 조승희를 미국의 사회일원으로 다루는 공정한 보도는 우리 한국사회와 시민들에게 시사하는 점이 있다. 미국인들은 조승희가 한국국적이지만 8세에 이민와서 미국에서 초·중·고교와 대학에서 미국식 교육을 받은 사람이기 때문에 이 사건을 미국 사회 속의 개인 정신질환(자아도취적 과시증과 사회증오증)으로 간주하여 다루고 있는 점은 이 문제를 집단적 감정적 차원에서 다루고 있는 한국사회와 한국인에게 시사하는 점이 적지 않다. 더욱이 2002년에 있었던 주한 미군이 군사훈련 도중 장갑차에 치어 숨지게 한 여중생 치사사건은 한국에서 비록 일부라 할찌라도 반미집회로 비화되고 미군철군 운동으로 번져나간 것을 생각하면 더욱 그렇다. 당시 사건은 의도적인 것이 아니라 지나가는 여중생을 미군이 보지 못하여 치인 업무상 과실치사사건이었다. 이에 대하여 일부 한국인들은 이것을 반미와 연결시켰고, 정치문제화시켰던 것이다. 그러나 이번 버지니아 공대 총기사건에서 의도적으로 무고한 생명이 32명이나 희생되었음도 불구하고 미국의 언론이나 시민들은 한국인 교포들에 대하여 보복하거나 인종차별적인 대응을 하지 않은 것이다. 이것을 보면 우리 한국인보다 미국인이 더 관용적이지 않나 자성해본다.

버지니아 공대가 희생자를 추모하는 기념비에 가해자인 조승희를 포함시키고 있는 것에 눈길이 간다. 이 대학 박정민(전자컴퓨터공학과) 교수는 "조씨가 희생자 33명 안에 포함된 것은 그 역시 버지니아 공대의 일원이며 이번 사건의 희생자이기 때문"이라며 "총장을 비롯해 학장 등도 e-메일을 보낼 때 희생자 33명으로 표현하면서 조군을 꼭 포함시키고 있다."고 말했다.[15] 32명의 무고한 목숨을 빼앗아 간 그를 가족으로 생각하고 있는 것은 죄와 인간을 구분하며, 인간성을 헤아리는 미국인의 관용적인 태도라고 생각이 된다. 거기다 추모석에 그가 저지른 끔찍한 만행보다 조승희라는 인간 속의 울분을 그렇게 알지 못한 것을 안타까워 하는 글이 있는 것도 눈에 띈다. 조씨에 대한 추모석에는 특히 "네가 그렇게 필사적으로 필요로 했던 도움을 받지 못했다는걸 알고 가슴이 아팠단다. 머지않아 너의 가족이 평온을 찾아 치유될 수 있기를 바란다. 하나님의 축복을(I feel bad in knowing that you did not get help that you so desperately needed. I hope in time that your family will find comfort and healing. God bless. Barvara)"라는 내용의 쪽지가 놓여 보는 이들의 가슴을 울리고 있다.[16] 인문학이 인간성을 존중하고 인간성을 연마하는 것이라면 그래도 총기난사가 일어나 33명의 목숨을 빼앗아간 미국 사회에 인간미가 있다는 것은 미국사회가 지녀온 정신적 보화요, 이것은 청교도 정신에서 기인한다고 생각된다.

3. 인문학 활성화의 대안: 현실성에 대한 모색

(1) 정신적 가치를 존중하는 풍토: 선진국을 향한 비전

오늘날 경제적으로 풍요해진 우리 한국이 지나간 가난했던 때를 잊어버리고 경제적으로 어려운 러시아를 우습게 보고 있다. 하지만 우리 한국 풍토에서는 러시아의 그리고리 페렐만 같은 이가 나오길 기대하기 어렵다. 세계 수학 7대 난제 중 하나라는 '푸앵카레의 추측'을 풀고서도 고액의 상금도, 미국 대학의 교수직도 마다하고 산에서 고사리나 꺾으며 산다는 천재 수학자의 우직함이 '괴짜'나 '외톨이'로밖에 보이지 않는 것이 바로 오늘날 정신적 가치를 존중하지 않는 우리 사회의 풍조이다.

인문학이 정신적 가치를 함양하는 기능을 다하기 위하여 교양으로서의 인문학을 개발하는 것도 필요하다. 교양신학, 교양철학, 교양역사, 교양문학, 교양언어학, 교양고전학 등을 개발하여 모든 사람들이 쉽게 이해할 수 있도록 하는 교재와 강좌의 개발이 필요하다. 이러한 다양한 교양과목을 개발함으로써

과학기술 시대에 사는 전문인들의 교양부족, 인간성 부족을 보충하는 역할을
해야 한다.

기독교는 현대인의 메마른 교양을 풍부하게 하는 엄청난 보고를 지니고 있
다. 그것은 구약과 신약성경이며, 유대교의 랍비 전통, 탈무드 전통이다. 지난
2,000년의 역사를 통하여 내려오면서 기독교는 서구 문명의 정신적 기반이 되
었다. 기독교는 무궁무진한 교양과 유신론 세계관을 현대인들에게 유산으로
제공해 준다.[17] 특히 종교개혁적 전통, 동방교회 전통, 로마 카톨릭 전통을 통
해서 기독교는 인간이 세상을 살아가는 지혜를 가르쳐 주는 것이다.

(2) 학제간의 연구(interdisciplinary studies)

최근에 인문학 위기의 타개책 중 하나로 흔히 인문학과 자연과학의 학제간
(學際間) 연구(interdisciplinary studies)가 강조되고 있다. 학제간 연구는 인문학
이 보다 높은 현실 적합성을 가지면서 자연과학과 함께 더 높은 수준의 발전을
이루는 데 도움을 준다. 2006년 고려대 문과대학 교수들이 발표한 '인문학 선
언'에도 "참신한 학제간 연구방법론의 개발에 소홀했다."는 자성의 목소리가
담겨 있다.

과학연구소장 이인식은 자연과학과 인문학의 학제간 연구의 구체적인 실
례를 다음같이 구체적으로 제시하고 있다. "인문학과 자연과학의 학제간 연
구로 인지과학, 진화심리학, 복잡성과학 등이 괄목할 만한 성과를 내고 있다.
인지과학은 컴퓨터의 정보처리 개념에 입각해 마음을 연구한다. 철학, 심리
학, 언어학, 인류학, 신경과학, 인공지능 등 여섯 개 학문이 뇌와 마음의 관계
를 밝혀내기 위해 공동 연구를 한다. 초기에는 인공지능이 연구를 주도했지만
마음의 작용을 설명하는 이론을 내놓지 못함에 따라 1980년대부터 신경과학

에 기대를 걸고 있다. 사회 생물학에 사망선고를 내린 진화심리학은 진화생물학과 인지심리학의 학제간 연구로서 마음이 진화의 산물이라고 전제한다. 마음의 주요한 특성들, 이를테면 언어, 폭력성, 짝짓기, 이타주의 등이 자연선택에 의한 적응의 산물임을 밝혀내는 연구결과가 쏟아져 나오고 있다. 복잡성과학은 물리학, 생물학, 경제학, 사회학, 컴퓨터과학의 세계적 학자들이 복잡적응계를 연구한다. 복잡적응계란 사람의 뇌나 생태계 같은 자연현상, 주식시장이나 세계경제 같은 사회현상처럼 단순한 구성요소가 수많은 방식으로 상호작용하면서 자발적으로 질서를 형성하는 체계이다. 요컨대 복잡성과학의 목표는 복잡적응계에서 질서가 창발하는 원리를 밝히는 데 있다. 복잡성과학 중에서 복잡계경제학, 인공생명, 네트워크과학이 각광을 받고 있다, 네트워크과학은 이 세상 모든 것들을 서로 연결된 네트워크로 간주하고 그 공통점을 탐구한다. 최근에는 뇌의 연구 성과를 인문학에 접목하는 신생분야가 관심을 끈다. 신경신학, 신경철학, 신경경제학이 흥미로운 이론을 내놓고 있기 때문이다. 그밖에 주목할 만한 학제간 연구로는 분자생물학으로 인류 기원을 추적하는 분자고고학, 수리물리학을 금융시장 분석에 적용하는 경제물리학, 인류학의 연구대상을 인간에서 사이보그로 확대하는 사이보그 인류학, 휴대전화 기술과 생활방식의 관계를 연구하는 이동사회학 등 한두 분야가 아니다."[18]

이러한 학제간 연구의 시행으로 인문학과 자연과학의 전통적인 경계가 허물어지고 있는 추세이다. 인지과학, 진화심리학, 복잡성과학 등이 괄목할 만한 성과를 내고 있다. 철학, 심리학, 언어학, 인류학, 신경과학, 인공지능 등 여섯 개 학문이 뇌와 마음의 관계를 밝혀내기 위해 공동 연구를 한다. 인공지능이 마음의 작용을 설명하는 이론을 내놓지 못한 것을 신경과학이 보완하고자 한다. 진화심리학은 진화생물학과 인지심리학의 학제간 연구로서 진화심리학은 사회생물학을 대체하고 있다. 복잡성과학은 물리학, 생물학, 경제학, 사회학, 컴퓨터과학의 학제간의 연구로서 복잡적응계를 연구한다. 복잡성과학 중에서 복잡계경제학, 인공생명, 네트워크과학이 각광을 받고 있다, 네트워크과학은 이 세상 모든 것들을 서로 연결된 네트워크로 간주하고 그 공통점을 탐구한다. 뇌의 연구 성과를 인문학에 접목하는 신생분야로는 신경신학, 신경철학, 신경경제학이 있다. 그리고 분자고고학, 경제물리학, 사이보그 인류학, 이동사회학 등이 학제간의 새로운 분야이다.

인문학은 학제간 연구를 통하여 자연과학 연구성과에 인문학을 접목시킬 수 있다. 그리하여 자연과학의 연구성과가 인간성을 위하여 봉사하도록 한다. 인문-자연과학 간의 학제간의 연구는 자연과학도 살고 인문학도 사는 상호공존하고 상호협력하는 분야이다. 최근 첨단기술과 인간성을 결합하는 이념으로 "하이터치"(high touch)라는 개념이 나왔다. 이것은 기술이 인간성에 편리하도록 사용하는 것이다. 이 개념은 기술의 중립성을 지양하고 인간성에 유용하고 편리하도록 사용하는 개념이다. 기술은 인간을 위하여 있는 것이지 인간이 기술을 위하여 있는 것이 아니기 때문이다. 존 나이스빗(John Naisbitt)은 1980년대에 "하이터치가 첨단기술 시대의 중요한 요소가 될 것"(High Touch will continue to remain a vital component of the High Tech age.)으로 내다 보았다.[19] 2005년 한국과학기술원(카이스트)에 문화기술 대학원이 설립됐다. 문화기술은 예술에 첨단기술을 접목시켜 문화상품의 부가가치를 높이는 기술이다. 이러한 접근방법이 다른 인문학 분야에도 시도된다면 과학기술을 인문학적 상상력 속에 녹여 현실적합성이 높은 연구활동을 전개하는 인문주의자들이 나타나 인문학 위기 타개에 일조하게 될 것임에 틀림없다.

(3) 캠브리지 대(大)의 인문학의 학제간 연구 현황

캠브리지 대학교의 '인문대학'(School of Arts and Humanities)은 고전학, 철학, 고고인류학, 건축 및 예술사학, 영문학, 현대중세언어학, 동양학 연구, 음악학, 신학 등의 주요 학과들 및 그 관련 학과들로 구성되어 있다. 그리고 학제간 연구체계와 교육교과과정을 탄탄하게 갖추고 있다. 뿐만 아니라 인문대학은 사회과학대학 및 자연과학대학이나 타 관련기관들과 학제간 연구체계와 교육교과과정을 지속적으로 교류, 접목, 확장시키고 있다. 캠브리지 대학 인문학이 학제간 연구와 교육교과과정을 위해 갖고 있는 세부지침들, 공통된 주요 특징은 다음과 같다.[20]

1) '트라이포스' (tripos): 학부과정에서 학제간 연구의 초석

캠브리지 대 인문대 학과들은 모두 '학제간 연구' 에 대해 그들 나름의 공통적인 지침과 독자적인 지침을 갖고 있다. 우선, 인문대학의 전 학과는 학부과정에서 '캠브리지 트라이포스' (Cambridge tripos)라 불리는 3년제 학위과정을 채택하고 있다. 그 공통된 특징은 각 학과의 이 학위과정이 놀라울만큼 한결같이 학제간 연구를 주된 기조로 내걸고 있고, 그 구체적인 지침을 학위과정의 교과과정에 구체적으로 반영하고 있나는 점이나.

캠브리지 대 인문대 학과들 가운데 학제간 연구를 그 교과과정에 가장 선명하게 반영하고 있는 학과는 건축 및 예술사학과, 고전학과 그리고 고고인류학과로 보인다. 가령 고고인류학과는 2학년 교과과정부터 아예 '학제간 연구 코스' (a multi-disciplinary course)를 명시하고, '고고학, 사회인류학 및 생물학적 인류학' (archaeology, social anthropology, and biological anthropology)을 학제간 연구의 필수적인 '세 연관 분야' (three connected disciplines)로 설정하고 있다.

2) '패컬티' 체계: 학제간 연구 체제의 중추

캠브리지 대 인문대는 몇몇 하위 '학과' (Department)들을 통합하여 재구성한 상위 '패컬티' (Faculty) 제도를 갖추고 있다. 이 '패컬티' 체계는 캠브리지

대 인문대가 지닌 가장 뚜렷한 구조상의 특징이다. 그럼에도 불구하고, 패컬티에 소속된 각 하위 학과들은 독립된 한 학과에 버금가는 규모와 체제를 갖추고 있다. 이러한 체제는 고고학과와 인류학과가 인문대학과 사회대학에 각기 소속되어 있는 한국의 일부 대학교의 체제와 현저히 다르다.

실례로, '건축 및 예술사 패컬티'(the Faculty of Arichitecture and History of Art)는 건축학과(the Department of Architecture)와 예술사학과(the Department of Art of History) 두 학과를 통합한 패컬티이다. 고고인류학과(the Faculty of Archaeology and Anthropology) 역시 마찬가지로 고고학과와 인류학과가 통합된 상위 패컬티이다. 수적으로 가장 많은 하위학과들을 거느리고 있는 것은 고전학 패컬티(the Faculty of Classics)인데, 그 하위에는 고대철학(ancient philosophy), 고전문학(literatures), 고전어(ancient language), 고대사(ancient history), 고고학(archeology)의 무려 다섯 개 학과가 단일 패컬티 체계 안에 소속되어 있다.

실례로, '고전학 패컬티'에 속한 고대과학 분야는 '과학사 및 과학철학 학과'와, 또 '고전학 패컬티'에 속한 고고학 분야는 '고고인류학 패컬티'에 속한 고고학과와 함께 학제간 연구를 하도록 아예 교과과정이 이중으로 마련되어 있다. 이것은 고고학이 두 패컬티의 장점을 고루 이용할 수 있다는 점에서 보면 효과적인 학제간 연구 체제라고 할 수 있다. 이와 비교하면, 한국에서는 거의 대부분의 대학이 학제간의 연구체제를 제대로 갖추고 있지 못하다고 할 수 있다. 실례로, '한국 종교사' 내지 '중국 선교사' 내지 '기독교 철학' '기독교 예술'에 관한 학위논문을 쓰고자 하는 학생은 고충이 많다. 기독교학과, 사학과, 철학과가 제도적으로 인문대에 소속되어 있기는 하나 교과과정에 있어서 학제간의 연계성이 없이 따로 따로 운영되고 있기 때문이다.

이러한 캠브리지 대의 패컬티 체제가 학제간 연구에서 가질 수 있는 또 다른 장점은 교수연구진이 그 공동연구를 한 패컬티 내부에서 공동의 기금, 자원, 시설, 인력 및 세부 프로그램을 가지고 효과적으로 진행할 수 있다는 점이다. 가령, 현재 고전학 패컬티에서 주최하고 있는 '기원전 1세기 희랍로마 철학 프로젝트' 는 다섯 학과를 거느린 고전학 패컬티에서 추진됨으로써 기원전 1세기의 고대철학 뿐 아니라, 고대사, 고대건축학(가령 로마도서관의 구조), 고전문화와 고전어 등 동일 프로젝트 안에서 다양한 전문가들의 연구토론 및 상호교류를 효과적으로 이루어냄으로써 단기간 안에 최대한의 연구 성과를 노리고 있다.

3) 패컬티 도서관: 학제간 연구의 견인차

캠브리지 대의 인문대는 패컬티(faculty) 체계를 바탕으로 각 패컬티가 연구 및 교수에 불가결한 패컬티 도서관, 박물관 및 제반 시설을 공동으로 소유 운영하고 있다. 캠브리지 대학교는 세분화된 각 학과들이 모두 자체 도서관과 여타 시설을 독자적으로 소유 운영하고 있지는 않다. 대학교 도서관(University library)을 따로 두되, 여러 관련 학과들이 최소한 한 패컬티에 소속되어 이를 단위로 자체 패컬티 도서관(Faculty library)을 갖고 있다. 독일 대학의 경우 패컬티 도서관 시설 대신에 각 학과(철학과, 역사학과, 고전학과 등) 나름대로 도서관 시설과 세미나 시설이 되어 있다. 이것은 학제간 연구에 큰 도움을 주는 것은 아니나 그 만큼 학문이 세분화 되어 있다고는 말할 수 있다. 물론 모든 학과를 막라한 중앙 도서관이 있다. 중앙도서관은 학제간 연구를 위하여 도움을 주는 시설이라고 볼 수 있다.

캠브리지 대학교의 모든 패컬티들은 대학원 연구생들에게 소규모 연구실들을 수적으로 여럿 제공하는 대신에 그 재정을 아껴 이를 도서관 시설과 그 확충 등의 운영비로 최대한 충당한다. 또한 대학원 연구생들로 하여금 패컬티 도서관에서 함께 공동 연구를 하게 함으로써 그들 상호간의 폭넓은 토론과 교류를 도모하고자 한다.

그뿐 아니라, 패컬티들은 대학 일반 도서관과 패컬티 도서관들 사이에 이중 삼중으로 관련 도서들을 배치하고 컴퓨터 등 제반 시설을 충실하게 갖추고 있다. 패컬티들은 교수진과 연구학생들의 연구를 항상 지원하고 있다. 패컬티 도서관 체제는 캠브리지 대학교 특히 인문대학이 그 학제간 연구를 실행하는 데서 이미 수세대에 걸쳐 학제간 연구의 굳건한 견인차 노릇을 해왔다.

따라서 한국대학의 체계가 학제적으로 연결되고 상호협력적으로 연구할 수 있도록 하는 시스템의 연구와 실행이 요청된다. 이것은 단지 인문학의 위기 타개책의 일환만이 아니라, 오늘날 모든 분야가 융합되고 있는 퓨전시대(the age of fusion)에 학문이 본래의 모습으로 되돌아가기 위해서이다.

(4) "하이터치" 이념: 기계기술에 대한 인문학적 반성

미국의 미래학자 나이스비트 부부와 필립은 1999년의 저서『하이테크/하이터치』(*High Tech/High Touch*)에서 1982년에 제시된 "하이터치"에 대한 통찰을 다시 음미한다.[21] 저자들은 자연과학, 의학, 심리학, 교육학, 경영학, 신학에서의 12명 전문가들과의 인터뷰, 일간신문의 수천개 사설을 발췌함으로써 연구를 수행하였다. 저자들은 전위(前衛)에 있는 두 가지 전제를 말한다. "미국에서의 가장 거대한 시장이란 소비자 기술과 소비자 기술로부터의 도피이다."(The two biggest markets in the United States are consumer technology and escape from consumer technology). 저자들은 모든 사람들이 신문들, 휴대전화, 전자 메일, 음성 전화, 팩스 등으로 연결되어 있는 시대에 "첨단기술의 맥박을 체크"하고자 한다. 저자들은 이 저서에서 현대인 삶에서 기술의 진보와 그것이 가져오는 위험과 그것을 수용하고, 도피하려는 인간의 두 가지 본능을 연대

(年代) 순으로 기록하고 있다. 그리하여 미래의 청사진을 제시하고자 한다.

첨단기술사회에서 인간은 인격적이고, 인간적인 접촉(personal, human contact)을 갈망한다. 현대인들이 첨단기술에 의해 중독된 영역(Technologically Intoxicated Zone)에 살고 있다. 이 영역은 첨단기술의 스트레스의 폭격을 받은 명부(冥府, netherworld)이다. 그 현대인의 중독(中毒) 증상은 기계 기술을 두려워하면서, 숭배하며. 현실과 가짜를 혼동하며, 폭력을 정상으로 간주하는 것 등이다. 현대인의 삶은 "소격되어 있으며(distanced) 산란하다(distracted)."

현대인들은 기술중독에서 헤어 나오기 위하여 종교를 통한 의미의 추구, 자조(自助) 서적 사보기, 항울(抗鬱)제(prozac), 비아그라, 다른 보완제 복용 등을 시도한다. 현대인은 건강센터에서 자전거를 타면서 자연과의 접하는 연결(a tangential connection to nature)을 추구한다. 그러나 첨단기술의 과적(過積, technological overload)에서 빠져 나오는 데 유일한 해결책은 없다. 해결책이란 "점쟁이의 수정 구슬"(crystal ball)이 아니리 삶의 거울(mirror), 즉 지혜로서 제시된다.[22] 이 지혜란 컴퓨터와 텔레비전에서 플러그를 빼고, 휴대전화와 호출기를 끄고, 가족과 친구와 더 많은 시간을 보내는 것이다. 여기에 요청되는 것이 "하이터치"(high touch) 이념이다. 새로운 통찰이란 우리 삶의 지혜를 여는 길이다. 그것은 우리 삶에 첨단기술의 과적(過積)이 있는 만큼 인간성(humanness)이 왜소해진다는 사실을 반성하는 것이다.

패트리셔 애버딘(Patricia Aburdene)은 『2010 메가트렌드』(2010 Megatends)에서 다가오는 시대에 기술이란 "외면화된 의식"(consciousness externalized)이라고 규정한다. 그녀는 2010년 경에는 정보시대를 넘어서(beyond the Age of Information), 흥미로운 새로운 시대가 열릴 것으로 예견한다. 그것은 "깨어있는 자본주의의 부상"(the rise of conscious capitalism)이다.[23] 소비자가 지속적으로 새로운 요구를 하고 있기 때문에 창의적인 기업은 이에 맞추어야 한다.

기업은 의식혁명을 통해서 지속적인 개선(continuous innovation)을 해나가야
한다. 기업의 영혼(soul of enterprise)은 "창의성과 개선"(creativity and
innovation)이다. "기술주도된 경제의 영혼은 지속적인 개선이다."(the soul of
a technology-driven economy is continuous innovation.) 인간 의식 없이 기업이
나 기술에 발전이 없다. 애버딘은 의식이란 인간성을 생동적이게 하는 정신의
빛(the gleam of Spirit that animates humanity)이라고 본다. 기술전문가가 복잡
한 문제를 차분하게 명상하면서, 수시간 동안 끝까지 침잠한다면, 그는 의식
의 영역, 현재에 거한다고 본다. 의식은 창조성의 일차적 요소이며, 마음보다
도 더 높은 지성을 제시한다. 의식이 우리 마음의 기능을 인도하다면 결과는
찬란할 것이다. 기업의 이러한 기술개선은 인간에게 친숙한 방향으로 나아가
며, 인간성에 가장 호의적으로 정위될 것이다. 현대인은 기술의 물질적 기적
과 우리 인간성의 영적 요구와 균형을 이루는 것을 배워야(learn to balance the
material wonders of technology with the spiritual demands of our human nature)
한다. 애버딘이 다가오는 2010년을 향한 시대의 중요한 추세로서 예견하는 것
은 기계기술사회에서 할 수 있는 인문학적 지성의 과제이기도 하다. 첨단기술
은 따라서 하이터치로 나아간다. 여기서 인문학적 사고와 기술적 사고는 서로
만난다.

톰 스티븐스(Tom Stevens)는 "하이테크와 하이터치의 역설"(The High-Tech
High-Touch Paradox)을 피력하고 있다.[24] 우리는 "첨단기술을 많이 수용할수
록, 더 많이 인간 사이의 상호작용(human interaction)을 배려할 필요"가 있다.
첨단기술의 오용과 중독이 일어나는 것은 사실이다. 그러나 첨단기술은 일을
쉽게 하고 더욱 생산적이도록 하고, 인간으로 하여금 더욱 행복하고 건강하게
살도록 한다. 그래서 첨단기술은 인간이 더욱 성취된 삶을 살도록 하기 위한
수단으로 압도적으로 받아들여지고 있다. 그런데 "첨단기술이 많이 수용될수
록 인간 간의 상호작용이 더 많이 배려되어야 한다"는 사실은 훨씬 주목받지

못하고 있다. 현대인에게 필요한 것은 인간의 미래가 첨단기술의 발전보다는 "하이터치 능력"(high touch competency)에 의하여 형성되도록 하는 것이다. "하이터치 능력"이란 인간이 첨단 기술과 어떻게 살 것인가에 대한 사려깊은 토의를 하고 이해하는 능력이다. 다가오는 사회는 "하이터치 능력"이 조직의 한 부분이 되도록 해야 한다. 스티븐슨은 "다가오는 수십 년간은 첨단기술과 하이터치라는 조직이 기업의 성장에 가장 많이 공헌할 것이다."(It is organizations that are both high-tech and high touch that will most contribute to economic growth in the coming decades.)라고 말한다. 여기에 인문학적 사고가 요청된다.

(5) 인간의 궁극적 관심 추구: 인문학의 질문

인문학은 교양, 전공 분야 연구, 학제적 연구에서 끝나지 않는다. 인문학은 결국 인간의 궁극적 질문과 연계되어야 한다. 인간과 관련이 없는 학문이란 사실 인간의 의미를 질문하고 대답하는 데 아무런 도움이 될 수 없다. 그러한 학문은 물질문명의 풍요는 가져다 줄지 모르나 인간성을 삭막하게 한다. 인문학은 궁극적으로는 인간의 궁극적 관심에 질문해야 한다. 이것이 바로 인문학의 과제이다.

종교철학자 틸리히는 현대인이 자기 삶의 의미를 발견하기 위하여 가져야 할 관심이란 상대적 관심이 아니라 "궁극적 관심"(ultimate concern)이라고 표현하였다. 이 용어는 궁극적 심각성, 곧 무제약적 심각성을 뜻한다. 이 용어는 "심각하게 취급한다"는 뜻이다. 이 용어는 반성적 의지적 과정이 그의 심각성을 낳는 것만이 아니라 하나의 존재론적 사건을 말한다. "심각성이 이 모든 것보다 앞서 찾아왔고 그를 떠나지 않는 것"[25]을 말한다. 틸리히는 이것을 두 가지로 해석한다. 하나는 과학주의, 공산주의, 민주주의, 자유주의 등 삶의 이념이다. 인간이 그것의 바탕 위에서 그의 삶에 의미를 발견할 수 있는 이념들을 말한다. 다른 하나는 선교적 상황(the missionary situation), 또는 회심(conversion)의 경험에 속하는 것이다. 이것은 자기가 자라난 바탕과는 다른, 곧 밖으로부터 다가오는 현상이다. 이것은 지성적 타입의 회심의 경험이다. 그래서 틸리히는 "붙잡힌다"(grasped)라는 용어를 사용한다. 궁극적 관심이란 극적인 실존의 신비로운 경험에 붙잡히게 되는 것을 의미한다.[26] 궁극적 관심에는 두 가지 측면이 있다. 하나는 주관적인 측면과 객관적인 측면이다. 주관적 측면이란 궁극적으로 관심된 상태이며, 객관적 측면이란 궁극적 관심의 대상이다.[27] 틸리히는 여기서 "우상숭배"(idolatry)를 비판하고 있다. 우상숭배란 "궁극적 관심이 될 수 없는 것, 유한함에도 불구하고 궁극적인 것인양 예배되는 것"이다.[28] 틸리히는 궁극적 관심이란 "신을 초월한 신 내지 존재의 궁극적 근거"[29]라고 본다.

인문학은 이러한 궁극적 관심을 각성하는 것이다. 그러므로 인문학은 단순히 학문적 사실의 반성에서 그치는 것이 아니라 인간실존의 궁극적인 의미차원으로 나아가야 한다. 여기서 인문학은 그것이 어학이나 문학이나 예술이든, 역사든지 간에 종교와 신학의 질문으로 나아가게 된다.

4. 기독교의 관점: 인간성 도야는 하나님 아는 데서 시작

(1) 인간에 대한 지식과 하나님 지식은 상관관계적

기독교적 관점이란 기독교적 세계관에서 사물을 보고 이 세상을 해석하는 방식이다. 기독교 세계관이란 성경에 계시된 삼위일체 하나님 중심으로 이 세상을 이해하는 것을 말한다. 기독교적 세계관은 결단코 인간성을 무시하거나

간과하지 않는다. 성경의 하나님은 인간을 그의 형상으로 창조하신 자이시기 때문이다. 창세기는 인간을 하나님의 형상으로 창조했다고 인간의 존엄성을 말하고 있으며, 시편 기자는 이것을 시로 노래하고 있다. "사람이 무엇이기에 주께서 그를 생각하시며, 인자가 무엇이기에 주께서 그를 돌보시나이까. 그를 하나님보다 조금 못하게 하시고 영화와 존귀로 관을 씌우셨나이다. 주의 손으로 만드신 것을 다스리게 하시고 만물을 그의 발 아래 두셨으니…"(시 8:4-6). 그러므로 시편 8장은 휴머니즘의 대헌장(the great charter of humanism)이라고 하기도 한다. 인간의 존엄성 사상은 바로 구약의 창조사상과 시편의 인간주의 사상에서 나왔다.

기독교적 관점에 의하면 인간성에 대한 진정한 관심이란 하나님을 아는 데서 발견된다. 여호와를 아는 것이 지식과 지혜의 근본이라고 잠언은 말하고 있다. "여호와를 경외하는 것이 지식의 근본이거늘 미련한 자는 지혜와 훈계를 멸시하느니라"(잠 1:7). 인간이 갖는 지식과 지혜의 워처은 하나님에 대한 지식에 근거하고 있다. 왜냐하면 하나님은 인간의 창조자이시기 때문이다. 인간성에 대한 질문은 그러므로 하나님에 대한 질문을 떠나서 대답될 수 없다. 칼빈은 그의 『기독교 강요』에서 인간을 알기 위해서는 창조자 하나님을 알아야 한다고 말하고 있다. "누구든지 먼저 하나님의 성품을 깊이 생각하고 그 다음에 자기 본성을 고찰하지 않고는 자기에 대한 참다운 지식에 도달할 수 없는 것이 명백하다."[30] "우리의 무지, 공허, 빈곤, 유약, 타락, 부패 등은 참된 지혜와 굳은 힘과 완전한 선과 흠없는 의를 주 안에만 발견할 수 있다."[31]

오늘날 기술주의와 물질주의에 지배되는 사고는 기술과 물질의 의미와 목적에 대한 진지한 질문에서 멀어지고 있다. 인문학은 물질적인 사용이나 효용성을 질문하기보다는 가치와 의미와 목적을 질문한다. 인문학의 한 분야인 고전은 이 세계와 인간의 기원과 의미와 목적에 대한 질문을 하면서 궁극적으로는 하나님에 대한 질문으로 나아간다. 기원과 의미와 목적에 대한 질문은 종교적인 질문으로 나아갈 수 밖에 없다.

(2) 유신론적 유형과 무신론적 유형

종교적인 질문이 모두 유신론적으로 나아가는 것은 아니다. 무신론적으로도 나아간다.

여기에 인간의 지성에서 출발하는 종교적 질문의 한계가 있다. 인문학자들 가운데서 무신론적 인문학자는 스피노자(Spinoza)나 니체(F. Nietzsche)가 대표적 인물 가운데 하나이다. 스피노자는 예민한 지성을 지닌 유대인으로 중세의 지성인이었다. 그는 이성주의자로서 만물이 사유하고 만물의 진행은 합리적이라고 보았다. 스피노자는 유대교적인 초월적인 인격신을 거부하고 만물이 바로 신이요, 신이 곧 만물의 과정이라고 보았다. 그리하여 그는 범신론(pantheism)에 빠졌다. 니체는 신의 죽음을 선언하고 기독교적 가치체계 위에 세워진 유럽 문명의 해체를 선언했다. 이것은 유럽의 허무주의를 초래한다고 선언하였다.[32] 스피노자나 니체가 주장한 무신론적 인문학은 자연주의 내지 범신주의로 귀결하기 때문에 허무주의로 떨어진다.

이에 반해서 파스칼(Rene Pascal)이나 키에르케고르(Soeren Kierkegaard)는 유신론적 인문학을 주장하였다. 17세기 프랑스의 지성인 파스칼은 인간은 "무한에 비추어 보면 무와 같고, 우에 비추어 보면 전부라고 할 수 있는" "무와 전체의 중간"[33] 존재라고 보았다. 그는 유한과 무한, 짐승과 천사의 중간에 위치한 "인간존재의 불균형"을 말한다. 그리고 인간을 자기 존재의 비참함을 자각하는 "생각하는 갈대"(thinking reed)라고 묘사한다. 이런 의미에서 파스칼은 인간은 우주의 힘보다 우월할 수 있는 근거를 지니고 있다고 보았다. 파스칼은 인간은 미미하고 우연한 존재로서 불확신성과 불신앙에 빠져 있다. 그래서 인간은 스스로의 내면으로부터 무한하고 영원한 질서 속에 계시는 하나님에게로 나아갈 수 없다. 그리고 스스로는 창조의 질서 속에 자신을 드러내시는 하나님의 섭리에 대하여 도무지 알 수 없다고 보았다. 인간의 비참을 자각하는 사유의 능력은 오직 유한성을 각성하는 사유에 의해서만 가능하다. 인간의 비참과 유한성의 극복은 하나님의 은총에 귀의하게 됨으로써만 가능하다. 파스칼에게 이처럼 은총 속에서 드러난 하나님은 철학자나 과학자의 하나님이 아니라 신앙의 하나님, 즉 아브라함, 이삭과 야곱의 하나님이었다. 따라서 파스칼은 어거스틴주의의 영향을 받았고 그 유산을 후대에 남기고 있다. 파스칼의 사상은 기독교 실존주의 사상이며 그의 수상집 『팡세』는 이러한 그의 사상을 잘 보여주고 있다.

19세기의 지성인 키에르케고르는 기독교 신앙이란 제도적 교회에 귀의하는 것이 아니라 주체성을 찾는 것이라고 보았다. 그는 기독교 신앙을 그의 삶 전체에서 그의 실존의 과제로 보았다. 신앙은 '전 생애를 위한 과제'다. 신앙의 '두려움과 떨림'은 '믿음의 선한 싸움을 싸우고 신앙을 지키는' 신자의 삶이 마지막 순간까지 계속된다. 신자는 삶의 매 순간에 신앙의 두려움과 떨림을 가진다. 왜냐하면 그는 매 순간 하나님 앞에서(coram deo) 존재하기 때문이다. 키에르케고르가 언급한 것처럼 기독교인이 된다는 사실은 자기가 여태까지 지녀온 자기중심이거나 세상중심의 세계관을 떠나서 그리스도와 하나님 중심의 세계관을 수납하는 것을 의미한다.[34]

키에르케고르는 당시 시대의 세 가지 병리현상을 분석한다. 그것은 "구경꾼들, 군중, 국가교회"[35]이다. 신앙이란 이 세 가지 시대적 병리현상에서 탈출하여 자신의 내면성의 세계로 되돌아 가는 것이다. 이 집단 현상에서 탈출하여 인간은 신 앞에서 단독자로 서야 한다. 단독자는 신과의 관계를 이미 소유한 것처럼 안심할 것 아니라 끊임없는 실존의 결단 속에서 매 순간 추구하여야 한다. 이러한 신에게 나아가는 길은 확실한 길이 아니라 불확실한 길이요 모험의 길이다.[36] 이러한 길에서 단독자는 희망이나 기대를 하기 보다는 오히려 절망에 빠진다. 신앙의 대상은 결단코 확실성을 보장하는 것이 아니다. 그러나 키에르케고르는 신앙의 비약(spring of faith)을 말한다. 이 신앙의 비약은 역사적으로 확실한 것을 행하지 않고 불확실한 것을 향하여 나아간다. 이러한 신앙의 비약은 그 대상이 불확실하므로 "절망적인 비약"(desperate spring)이다. 그리고 신의 존재는 객관적으로 확신할 수 없고 내면적 열정에 의 입각한다. 이러한 실존을 "역설적인 실존"이다.

(3) 기독교는 진정한 인문주의

전도서 기자, 솔로몬은 인생의 허무함을 노래한다. "헛되고 헛되며, 헛되고 헛되니 모든 것이 헛되도다"(전 1:2). 그러나 그는 허무를 말함에도 불구하고 허무주의에 떨어지지 않고 유신론적으로 허무를 극복한다. "일의 결국을 다 들었으니 하나님을 경외하고 그의 명령들을 지킬지어다. 이것이 모든 사람의 본분이니라. 하나님은 모든 행위와 모든 은밀한 일을 선악 간에 심판하시리라"(전 12:13-14). 전도서 기자는 기독교적 인문주의를 제창하고 있다. 인생의 의미에 관하여 논하고 그것은 하나님 앞에서만 그 의미와 목적을 가질 수 있다는 것을 말한다.

종교개혁 당시의 에라스무스(Erasmus)와 칼빈 등은 인간의 자유의지에 관해서는 의견차이는 있었으나 둘다 기독교적 인문주의자들이었다. 에라스무스는 라틴문체에 관한 저술들과 격언 및 대화록 모음집, 세네카 등 고전 작가들의 저술을 편집하여 기독교 신학의 인문학적 배경을 마련해주었다. 그는 인간 학문과 신성한 계시, 자연과 은총의 종합에 관하여 통전적 인식을 시도하였고 그것을 "기독교 철학"(philosophia christiana)이라고 불렀다.[37]

칼빈 역시 프랑스의 종교개혁자로서 인문주의 정신이 탁월한 사람이었다. 그는 르네상스의 인문주의를 다음같이 긍정적으로 수용하였다. 첫째, 인간에 대한 관심과 탐구정신을 수용하였다. 둘째, 희랍과 로마의 고전을 수용하고 탐구하였다. 셋째, 타당성과 설득력을 가지지 못한 권위나 무모한 사변을 거부하고 고전이라는 텍스트를 존중하였다. 넷째, 권위에 맹종하지 않고 독립적이고 실제적이며, 합리적인 정신태도를 가지고자 하였다.[38] 칼빈은 이러한 인문주의 전통을 수용하였기 때문에 과격한 종교개혁이 아니라 중도적이고 합리적인 종교개혁을 시도하였다. 그는 성경이라는 하나님이 특별계시를 주장함에도 불구하고 일반은총을 인정하였고, 교황주의의 제도적 교회를 비판하고 비가시적 신령한 교회를 주장함에도 불구하고 가시적 교회를 인정하였고, 교회라는 하나님의 영적 정부를 주장하였음에도 불구하고 국가라는 하나님의 세상정부를 인정하였던 것이다.

오늘날에도 기독교 사상가들은 "진정한 인문학은 하나님을 아는 데서 기인한다."고 말한다. 천주교 유신론 사상가인 자크 마리땡(Jacque Maritain)과 같은 사상가, 그리고 가브리엘 마르셀 같은 사상가는 하나님을 아는 기독교 사상이야말로 진정한 인문주의로 인도한다고 고백하였다. 토마스주의자인 마리땡은 "기독교야말로 진정한 휴머니즘"이라고 보았다. 마르셀(Gabriel Marcel) 역시 유신론적 신앙은 인간으로 하여금 "초월의 경험"으로 인도하고 희망의 경험을 하도록 한다고 하였다.[39] 참으로 모든 지식의 근원되시는 하나님을 제대로 알 때 인문학은 그 본래의 길로 나아갈 수 있다.

*

인문학의 위기란 인문학의 새로운 기회이다. 기계기술이 발전하고 사회에 실용주의가 만연할수록 인문학의 중요성은 그만큼 더 절실해지는 것이다. 기술이나 물질이나 모든 것이 인간에게 봉사하기 위하여 있기 때문이다. 기술과 문명의 의미와 목적이 질문되는 한 인문학의 중요성을 결단코 감소되거나 경시될 수 없다. 기술과 문명을 사용하는 자가 인간이기 때문에 인간성에 대한 진지한 질문 없이는 그 기술과 문명의 이기는 무용지물이 되기 때문이다.

인문학의 위기 시대는 기독교의 기회일 수 있다. 포스트모던 사조의 해체주의는 진리와 가치의 객관적 실재가 있지 않고, 선과 악의 기준이 애매모호하거나 아예 실재하지 않는다고 하면서 심각한 허무주의나 회의주의로 나가고 있다. 이러한 포스트모던주의를 향하여 하나님을 아는 인문학은 객관적인 진리와 가치의 기준을 인정할 수 있다. 왜냐하면 진리와 가치의 기준이며, 선과 악의 기준이신 하나님이 살아계신다는 사실을 믿기 때문이다. 성경은 여호와를 아는 것이 지혜와 지식의 근본이라고 말한다. 그리고 성경은 진리와 가치가 인간을 떠나서 객관적으로 존재하며, 선과 악도 인간을 떠나서 독립적으로 존재한다고 말한다. 그러므로 기독교 신앙의 보고는 인문학적 사유에 초월자인 하나님을 아는 지혜와 지식의 정신을 불어넣어 줄 수 있다.

chapter 13
현대사회와 교회의 정체성

현대사회는 고도로 발달된 과학기술에 의하여 산업사회에서 후기산업사회로 옮아가고 있다. 후기산업사회는 컴퓨터에 의하여 주도되는 사회이기 때문에 정보화 사회(information society)라고도 한다. 이러한 사회 속에서 과학 기술과 문화의 충격이 너무나도 크기 때문에 교회는 정체성의 위기에 직면하게 된다. 디지털 체계가 사회 각 구석으로 스며들어가는 대중문화의 물결 속에서 전통적인 종교가 영향력을 상실하게 되는 위기를 맞는 것은 사실이다. 독일계 미국 종교철학자 폴 틸리히(Paul Tillich)는 이러한 현대사회는 대중문화의 물결에 휩싸여서 인생과 세계의 깊이의 차원(Dimension der Tiefe)을 상실한 시대(verlorene Generation)라고 진단하고 있다.[1] 저자는 여기서 대중사회의 특성을 진단하고 여기서 비롯되는 교회의 정체성의 위기를 진단하고 그 처방을 제시하고자 한다.

*

1. 현대사회의 특성

현대사회는 기본적으로 세 개의 매체에 의하여 운영되고 있다. 독일의 사회철학자 하버마스(Jürgen Habermas)는 세 개의 매체란 "화폐나 시장, 행정력이나 관료제, 그리고 의사소통-규범-가치"[2]이며 현대사회는 이 "세 가지 매체의 연대"에 의하여 이루어진다고 보고 있다.

(1) 정보화 시대

후기산업사회는 뉴미디어와 전자 기술로 특징지어진다. 때문에 후기산업사회를 하드웨어적인 측면을 강조하여 정보화시대라고 부른다. 새로운 미디어는 정보의 전 지구적 소통을 촉진한다. 그러나 파편화 현상을 가져온다. TV 채널과 인터넷의 확산은 쟁점에 한정된 채 고립된 의사소통의 공동체를 증폭시킨다.

미국 MIT 대학의 교수 니토라스 네그로폰테는 그의 저서 『디지털이다』(*Being Digital*)에서 "이제 세상은 아톰(물질)이 지배하던 시대에서 비트(최소정보단위)의 세계로 변화하고 있다고" 선언했다. 그는 "미래는 디지털 기술을 기초로 한 컴퓨터 네트워크에 의해 시간과 공간의 제약이 좁아지고 국가 간 국경의 의미가 희미해져 문화의 교류가 활발해질 것"이라고 예측하고 있다.[3]

멀티미디어는 모든 것이 디지털화 되었을 때 나타난다. 디지털화 되기 전에는 오디오, 비디오, TV, PC같은 미디어들이 얽히고 섥혀 있는 것이 '비트' (bit)이다. 물체의 기본 단위인 원자와 달리 0과 1로 대표되는 '비트' 는 크기도 형태도 없는 기본단위이다. 멀티미디어는 이 '비트' 를 서로 조화시키는 작업이다. 이러한 멀티미디어의 물결 너머에는 인간화(personalized)라는 명제가 있다. 이 '비트' 가 디지털 시대를 주도한다.[4] 디지털 시대에 '비트' 는 지구촌 법이 되고 있다. 인터넷 확산은 세계적 사회현상이 되고 있다.

(2) 후기산업 시대

17세기의 과학기술 혁명 그리고 18세기의 사회정치 혁명(미국 독립과 프랑스 혁명)으로 부터 19세기 산업혁명(영국)이 나왔다. 1차산업혁명은 19세기 일어났고 2차세계대전 후 2차산업 혁명이 야기되었다. 1차산업혁명이 인간의 근육작업을 기계와 기계화로 대체했다면 2차산업혁명은 인간의 두뇌작업을 컴퓨터와 텔레콤(Telekommunikation)으로 대체하고 있다. 정보화 사회에서 권력은 정보의 지배에 의하여 결정된다.

현대화는 프랑수아 료타르(F. Loytard)가 말하는 것처럼 지식의 관점에서 보면 사회의 정보화이다. 정보사회의 특징은 "언어의 보편화와 보편적 언어를 통한 전체화" 이다.[5] 그리하여 전자화, 소형화, 디지털화, 그리고 소프트웨어를 통한 점단산업의 발선으로 인하여 옛날에는 환상적으로 나타나던 인류의 이상사회가 실현되고 있는 것처럼 보인다. 그리하여 후기산업사회가 도래했다. 산업사회가 제조업 중심사회라고 한다면 후기산업사회는 통신, 보건, 교육, 연구, 정보 분야의 서비스를 중심으로 산업생산을 한다.

후기산업사회에 대한 분석은 이미 다니엘 벨(Daniel Bell), 프랑수아 료타르 등에 의하여 이루어졌다. 이 사회에서는 다니엘 벨이 말한 바 같이 전 사회 구조의 변천이 야기된다.[6] 산업에서는 서비스업이 제조업보다 증가한다. 서비스업이란 거래, 수송, 건강, 교육, 교양, 연구와 경영 등의 3차산업을 말하며 제조업이란 1차산업인 농업과 2차산업인 생산업을 말한다. 기술에는 이론적 지식과 새 지성적 기술의 중심화가 설정된다. 사회구조에서는 새 기술적 엘리트의 발생과 제품생산사회로부터 정보와 지식사회로의 이행이다.

그러나 이러한 후기산업사회의 도래는 많은 부정적 측면을 가지고 왔다. 기계기술의 진보와 더불어 인간존엄적인 시대가 자동적으로 도래할 것이라는 너무 낙관적인 기대들은 실망을 자아내고 있다. 살인적인 공격과 파괴충동은 인간에게 여전히 남아 있다. 이전의 적대감의 해소에는 새로운 적대감이 뒤따르고 있다. 소련연방의 해체와 더불어 세계는 평화공존으로 나아가기보다는 새로운 민족주의와 인종주의의 충동으로 내전이 끊어지지 않고 있다. 그리고 2001년 이슬람 근본주의자들에 의한 9·11테러는 21세기를 테러와의 전쟁으로 시작하도록 하였다. 아프카니스탄 전쟁과 이라크 전쟁은 미국의 군사적 점령 이래 4년이 지나도 아직도 끝나지 않고 있으며, 시민전쟁으로 번지고 있다.

더 큰 생태학적 재난이 가능하다. 그러나 동시에 인류의 살아남음을 보장할 수 있는 개선타개(Innovationsdurchbrueche)도 가능하다. 군비절감이 개선되어야 한다. 군비확충 대신에 인력과 장비를 시민적 과제로 돌리는 군비절감이다. 생태기술이 개선되어야 한다. 쓰레기더미 대신에 재활용 과정과 환경보존적인 장치가 요구된다. 에너지 저장기술이 개선되어야 한다. 화석연료의 소비 대신에 태양열 기술이다. 핵융합의 개선이다. 핵분열 대신에 핵융합 기술의 개선이 요청된다. 신(新)소재의 발명이다. 환경 파괴적인 소재 대신에 환경친화적인 소재의 발명이 요청된다. 생산의 개선(Produktinnovation)과 더불어 사회개선(Sozialinnovation)이 병행되어야 한다. 예컨대, 그것은 동반자적 구조, 교육, 사업, 정치에 있어서 노령인구를 능동적으로 통합시키는 새로운 형식들이다.

(3) 탈이데올로기 시대

이러한 정보의 대량제공과 사회의 다원화와 지식화는 지식과 가치의 상대화를 촉진시켰다. 기존의 규범이 해체되고 자아가 해체되고 기존 관료적 사회에 대한 비판이 제기된다.

1989년 사회주의권 몰락은 아무도 예상할 수 없었던 세계사의 지각변동이었다. 일본계 미국인학자 프란시스 후쿠야마(Francis Fukuyama)가 1989년 그의 저서 『역사의 종언』(The End of History)에서 사회주의의 몰락을 선언해서 논의를 일으켰다. 후쿠야마는 인류역사를 자유민주주의의 실현을 향한 일관된 전진으로 해석한다. "냉전시대의 종말과 함께 이념전개로서의 역사는 자유민주주의의 승리로 끝났다."[7] 이러한 후쿠야마의 주장은 마르크스와는 달리 자유주의 이념을 역사의 최후 이념으로 주장한 점에 있어서 헤겔 우파(右派)에 속한다. 그러나 우리가 구체적인 역사의 과정을 분석한다면 마르크스이념의 쇠퇴와 종언을 말할 수는 있지만 자유주의 이념의 완전한 승리라고 말할 수는 없다.

차라리 수렴(收斂)이론(convergence theory)이 더 적절한 견해가 아닐까? 수렴이론이란 정치적으로는 국민이 지도자를 자유비밀투표에 의하여 선출하는 자유민주주의이며, 경제적으로는 독점자본기업의 횡포를 규제하고 부한 계층으로부터 세금을 많이 거두어 가난한 계층에게 나누는 정의로운 분배정책이다. 이 정책은 서구 유럽의 국가 체제에서는 어느 정도 사회제도화 되었고 미국에서도 이러한 정책이 흑인이나 극빈계층을 위한 복지정책(welfare policy)으로 부분적으로 실시되고 있다. 21세기 들어와 중국은 사회주의 헌법 안에 시장경제체제를 용인하고 있으며, 정치적으로는 장쩌민 체제가 퇴진하고 후진타오 체제가 들어서는 등 세대교체가 순조롭게 이루어지고 있다. 중국은 WTO(세계무역기구)에 가입하고 2008년에는 북경 올림픽을 개최하는 등 탈이데올로기 시대가 전개되고 있다.

(4) 고도 소비시대

후기산업사회는 과학기술에 의한 다품종 소량생산을 지향한다. 산업사회의 소품종 대량생산에서 탈피하여 이제 소비자는 자기의 개성에 맞는 물품을 요구한다. 그리하여 각 산지에서 출하되는 다양한 물자와 상품의 풍족 가운데 소비자는 왕으로 대접받는다. 홈쇼핑(home shopping)이 이루어지는 고도의 소비시대이다. 쇼핑문화는 현대인의 삶의 중요한 방식이다. 새로운 모델이 쉴 새 없이 나오고 소비자의 구미에 맞도록 쉴 새 없이 새로운 모델로 대체해야 하는 마케팅 시대(marketing era)이다. 인터넷에 의한 홈쇼핑(e-shopping)은 마케팅을 시간과 공간을 초월하여 언제 어디서든지 가능케 하고 있다. 이러한 홈쇼핑은 택배 등 첨단 배달시스템을 통하여 더욱 효율화 되고 있다.

21세기는 매스티지(Masstige)의 시대로도 특징지어진다. 매스티지는 대중(Mass)과 명품(Prestige Product)을 합성한 신조어이다. 대중이 구입하고 사용하는 명품이라는 뜻이다. 2004년 미국의 경제 잡지 《하버드 비즈니스 리뷰》(Harvard Business Review)가 매스티지라는 용어를 처음으로 소개했다. "21세기에 들어와 웰빙-절약과 함께 중산층 소비자들의 소비심리로 자리잡았다."[8] 과거에도 존재했던 매스티지가 주목을 받게 된 것은 웰빙 열풍과 합리적인 소비패션에 영향을 받은 것으로 전문가들은 분석한다. 저가 제품을 구입할 경우 구입당시에는 적은 지출이 매력적이지만 막상 제품을 사용하다보면 제품의 수명이 짧아 추가지출이 필요하게 된다. 그래서 저가 제품 구입이 알뜰 소비라고 할 수 없고, 저가제품을 자주 구입하게 되면 그만큼 재원이 낭비되고 에너지 소모도 크다. 그래서 웰빙족들은 저가품을 구입하지 않는다. 그래서 이들 중산층을 중심으로 매스티지 소비패턴이 급속하게 번지고 있다.

매스티지를 소비하는 경향을 지닌 소비자들은 매스티지족이라고 부른다. 매스티지는 대량으로 생산되기 때문에 명품보다 가격이 낮은 게 특징이다. 그러나 품질의 경우 명품에 버금가기 때문에 제품 구매 후 품질에 대한 만족이 해당 제품에 대한 자부심으로 이어지기도 한다. 매스티지 소비가 점차 늘면서 백화점에는 아예 매스티지촌이 생기기도 했다. 명품을 생산하는 회사들도 매스티지를 표방하는 회사로 이미지 변신을 시도하거나, 매스티지를 생산하는 제2의 브랜드를 만들기도 한다. 매스티지 소비 패턴은 의류, 화장품, 가방 등에서 가장 먼저 나타났다. '빈폴', '폴로', '해지스' 등 대표적인 매스티지 의류생산업체들이 두각을 나타내며 매스티지족을 흡수한다. 매스티지족은 비슷한 종류의 브랜드를 소유하고 있는 사람들로서 서로 동질감을 느낀다. 이들 브랜드는 '깔끔함' '지식' 등의 이미지를 풍기며 소유자들 사이에 연대감을 조성한다.[9] 매스티지 소비패턴은 식품, 스포츠용품, 음식점, 자동차 제품 등으로 점차 확산되고 있다.

(5) 향락주의 시대

각종 향락주의적 가치의 실현이 일반화 된다. 산업사회에는 사회적 규범을 존중하여 자아실현을 위한다는 명분 아래 억압되어 왔던 본능적인 충동들이 자연스럽게 표현된다. 향락주의적 가치실현은 산업사회의 대량생산과 대량소비에 의하여 충족되었다. 그러나 후기산업사회에서는 이러한 향락주의적 가치는 고도의 선택성을 가지게 된다. 직장에서 주5일 근무제와 더불어 삶의 질과 여가를 만끽하는 레저(leisure)의 시대가 열렸다. 각종 정보에 의한 상세한 메뉴가 제공된다. 그것은 각종 여행정보와 오락정보와 놀이정보들이다. 각종 여행전문사들의 출현, 자가용, 렌트카, 고속전철, 지하철 등을 통한 편리한 대중교통시설, 초음속 비행기 개발 등에 의하여 레저시대의 인프라가 잘 갖추어지고 있다.

(6) 다원화 시대

후기현대는 과학주의의 붕괴로 법칙적 일반화를 부인하고, 근대적 합리주의 붕괴로 보편적 합리성을 거부한다. 후기현대는 과학, 철학, 사상, 문화, 예술. 가치, 정치제도, 경제제도, 사회제도, 심지어 종교에 있어서도 개별성과 특수성 및 다양성을 용인하는 다원주의를 표방한다. 보편적인 과학이 선험적으로 존재하는 것이 아니라 새로운 패러다임으로 세계를 해석하는 과학사만이 존재한다. 보편적인 철학이나 인식론이 있는 것이 아니라 각 철학자들의 가치와 기호에 따라 선택한 철학이 상호영향을 주고받으면서 존재할 뿐이다.

다원주의는 20세기 초에 등장한 "역사적 상대주의"(historischer Relativismus)와 "지식사회학"(Wissenssoziologie)의 영향을 받으면서 이론적 정당화를 부여받았다. "역사적 상대주의"란 역사 속에 있는 모든 것은 그 시대의 제약을 받기 때문에 절대화 될 수 없다는 것이다. "지식사회학"이란 모든 지식이란 역사적 처소에 매어 있다는 것이다. 그러므로 인간이 각 시대마다 각 개인과 집단이 갖는 가치, 문화, 예술, 철학, 사상, 종교 등은 보편적 타당성을 가진 것이 아니라 상대성과 개별성만을 가지고 있다는 것이다.

20세기 후반에 와서 다원주의는 긍정적으로는 정치적인 분야에서 이념적 절대화에 고착된 공산주의적 전체주의를 붕괴시켰다. 문화적 영역에서 다원주의는 모든 문화는 서구 백인 문화의 관점이 아니라, 그 현지문화의 관점에서 보아야 한다는 문화상대주의를 형성하는 데 공헌하였다.[10] 다원주의는 부정적으로는 모든 종교는 궁극적으로는 같은 신을 고백하고 있기 때문에 각기 구원에 이르는 다른 길이 불과하다는 종교다원주의의 출현에 영향을 미쳤다.

(7) 종교재생의 시대

20세기 초 중반까지 전통적인 종교가 쇠퇴하고 무신론 내지 탈종교화가 점차 가속화 되었다. 마르크스, 니체, 프로이드는 "종교의 소멸"(extinction of religion)을 주창했다. 하비 콕스(Harvey Cox)는 1965년의 저서 『세속도시』(The Secular City)에서 기계기술의 도시(technopolis)인 세속도시(secular city)를 "종교가 없는 도시"(av city of no religion at all)라고 규정했다. 이미 1960년대 미국에서는 해밀턴, 밴 부랜, 알타이저 등 사신론 신학자들을 중심으로 사신론 논쟁이 일어났다. 그러나 20세기 후반에서 서서히 열린 후기산업사회에서는 이들이 예언한 대로 종교의 소멸은 일어나지 않았다.

이 때 신자유주의 신학자인 폴 틸리히는 종교가 상실된 시대에서 역설적으로 존재에 대한 용기를 충동케 하는 종교의 재생(revival of religion)을 말하였다.[11] 그리하여 20세기 후반기에 일어난 것은 종교의 소멸이 아니라 독일의 루터교 신학자 칼 하인츠 라쵸(Carl Heinz Ratschow)가 말하는 바 같이 각종 이데올로기, 이상향주의, UFO 종교, 마약운동, 과학기술 신격화 운동 등 세속적 종교운동이 일어났다. 그리고 각종 점성술, 점, 미신, 뉴에이지 운동이 전통종교의 자리에 들어서고 있다.[12] 존 나이스비트와 패트리셔 애버딘은 『메가트랜드 2000』(Megatrends 2000)의 9장 "세 번째 천년왕국의 종교부흥"이라는 제목 아래 "세 번째 천년왕국의 길목에서 전 세계적 다종파주의의 부활이라는 확연한 조짐"에 관하여 진단하고 있다. 그리고 "뉴에이지 운동, 정통교리운동, 오순절 운동, 고대 예언운동의 동시적 출현"을 언급하고 있다.[13]

1960년대 종교 없는 세속시대의 현상을 선언한 하비 콕스는 근 30년 후인 1995년에 『하늘에서 내리는 불』(Fire from Heaven)이란 저서를 냈다. 그는 여기서 "21세기 종교와 성령운동"에 관하여 다루고 있다. 그는 이 저서에서 성령운동의 역동적인 원초적 영성을 설명하고 있다. 성령운동은 100년 전 미국 로스앤젤레스 애주사 스트리트의 한 작은 흑인 교회에서 미미하게 시작되었다. 특히 지난 20년 동안 폭발적으로 성장해서 뉴욕, 멕스코시티, 리우데자네이루, 서울에 이르기까지 전 세계 대도시에서 4억 1,000만 명의 신도를 거느리고 있다. 20세기 말 성령운동은 가장 지배적인 기독교 예배형태가 되었다고 그는 피력하고 있다. 그리하여 콕스는 그의 저서에서 30년 전의 '세속도시'에서의 그의 견해가 오류였음을 인정하고 그의 종교소멸론을 수정하고 있다.[14] 콕스는 21세기에는 오순절 영성이 폭발적으로 야기함으로써 종교의 재형성이 이루어지고 있다고 말하고 있다.

(8) 환경의 시대

2005년 밀레니엄 생태계평가위원회는 세계 95개국 과학자 1,360명의 연구 내용에 근거해 작성한 환경 보고서에서 "지난 50년간 지구 생태계에 일어난 변화는 인류 역사상 그 어느 시기보다도 속도가 빠르고 정도가 심각하다."라고 지적하였다. 지난 50년 동안 인류의 활동으로 인해 이미 지구상 생태계의 약 3분의 2가 손상되거나 고갈됐다. 이 보고서에 따르면 인구 증가와 함께 인간의 활동으로 인해 생명체의 기반이 되는 생태계의 60%가 오염되거나 과잉 자원 개발됐다.[15] 유엔 정부간 기후변화위원회(IPCC)는 2007년 4월 6일 기후변화가 인간과 동식물에 어떤 영향을 미칠지를 방대하게 집대성한 보고서를 발표했다. 보고서는 지금 같은 온난화 추세가 지속되면 수억 명의 사람들이 물 부족의 영향을 받을 것이며, 전세계 동식물의 30%가 금세기 내 멸종 위기에 놓일 것으로 내다봤다. 또 기온 상승에 따른 해충창궐과 질병확산, 가뭄·홍수 등 자연재해 빈발과 저개발국의 식량부족·영양실조 등 현상이 심화될 것으로 우려했다.[16]

자연환경이 인간의 과도한 개발로 인하여 황폐화되고 있다. 인간이 자연과 환경을 수탈한 만큼 자연은 이제 인간을 위협하고 복수를 하고 있다. 지구온난화, 오존층파괴, 기상변화, 지구사막화, 희귀종 멸종 등이 야기되고 있다. 여기서 지구차원의 정의 문제에 부딪친다. 지구의 개발에는 "환경친화적"(environment-friendly)이고 "유지가능한 발전"(sustainable development)이라는 개념이 요구된다. 이들 위하여 금욕주의적 윤리가 요청된다. 금욕주의 윤리(ascetic ethic)란 인간이 생산과 소비를 무한정 추구하는 것이 아니라 요구에 제한을 가하며 생산과 개발과 소비를 절제하고 억제하는 것을 말한다. 지구와 자원은 무한한 것이 아니라 유한하며 제한적이기 때문에 후대를 위하여 생산과 개발을 억제해야 한다. 그러므로 근대사회의 이상이었던 인구증가와 경제 성장 제일주의 패턴은 후기 산업사회에서는 억제되어야 한다. 무한한 자원이 용과 무한한 진보 개념은 한계에 직면하게 되었다. 지구의 자원은 유한하며 사용을 제한하지 않으면 고갈될 것이다. 세계내적 금욕주의(innerweltliche Askese)의 태도가 요구된다.

(9) 여성의 시대

현대의 여성운동은 서구에서 가장 강력한 사회운동이다. 여성운동은 비록 여성 해방운동일지라도 다른 사회운동과 비교할 때 순수하게 비폭력적이다. 성에 따른 관계를 변화시키면서 사회의 가장 기초적인 제도, 즉 가족과 사회화 에 큰 영향을 미친다. 또 가족으로부터 사회전반으로 여성적인 가치를 옮겨간 다. 여성운동은 여성을 억압함으로써 은밀한 방식으로 사회적 불의가 작용하 고 있음을 발견히고 있다. 독일의 시회철학지 히버미스는 다음같이 말한다. "루소와 칸트, 헤겔을 거쳐 자유주의와 마르크스주의에 이르기까지 철저하게 남성 위주의 생각이 유지되었다. 우리는 여기서 남녀평등은 한 쪽을 다른 쪽 에 일치시킨다는 뜻에서 평등이 아니라는 점을 명심해야 한다. 그것은 서로의 차이를 존중하는 것이며 서로가 다르다는 점을 존중하는 것이다." [15]

여성운동은 여권 신장운동으로 전개되고 있다. 이러한 추세는 정보사회라 는 지식이 중심이 되는 새로운 사회에서 더욱더 박차를 가하고 있다. 정보사 회는 더 이상 근육의 힘을 필요로 하는 사회가 아니라 지성과 감성을 활용하는 네트워크 사회이다. 이러한 사회에서 여성의 신체적 조건은 남성보다도 더 사 무적이며 지식과 정보를 요구하는 사회의 직업에 적합하다고 볼 수 있다. 그 러므로 여성의 직업참여의 기회는 더욱더 늘어나며 여성의 능력도 남성과 대 등한 수준에서 발휘될 수 있도록 한다. 그 대표적인 예가 세계 골프계에 진출한 박세리, 김미현, 박지은, 강수연 등 한국여성들이며, 미국에서는 '토크쇼의 프리마돈나'로 불리는 오프라 윈프리이다. 흑인 여성인 윈프리는 "가장 저명한 브랜드 가치를 지니고 있는 영향력 있는 저명인사"이다. 그녀는 "꿈을 이뤄주는 신화 같은 엔터테이너"로 평가받고 있으며, '엔젤 네트워크'(Angel Network)를 통해서 왕성한 자선활동도 펼치고 있다.[16]

이러한 정보사회는 또한 레저와 오락을 중요시하는 서비스산업이 중요 산업으로 발전하는 사회이다. 때문에 여성들의 능력발휘와 직업의 참여의 폭은 남성보다 더 많아진다고 볼 수 있다. 서비스 산업은 근대의 제조업처럼 근력(筋力)을 사용하는 직업이 아니다. 때문에 감성과 화합을 중요시하는 여성들의 역할은 남성들보다 더 많은 기회를 맞이하고 있다.

2. 교회의 정체성 위기

(1) 세속 대중문화 물결 속에서 위기

현대 정보화 시대는 컴퓨터 장치에 의한 가상현실(simulation)의 세계를 연출하고 있다. 날로 가속화되고 있는 전자 기술과 컴퓨터 기술을 힘입은 멀티미디어와 전자통신에 의한 가상현실, 사이버스페이스(cyberspace)의 세계는 종래의 실재감각을 근본적으로 흔들고 있다. 특히 인터넷에 중독된 청소년들은 가상 세계와 실재 세계 사이의 혼란 속에서 구체적인 삶의 감각을 상실하고 있다.

현대 기독교 신자들은 일주일에 한 번 교회에서 예배를 드리나, 대중 매체는 매일 그리고 매 시간 우리들에게 눈과 귀를 통하여 새로운 유행과 정보를 전달하면서 우리들의 정신을 세속적으로 세뇌시키고 있다. 현대인은 정보와 문화의 홍수 속에서 살고 있으며 현대인은 이러한 정보의 물결에 떠내려가고 있다. 사이버 교회가 생겨나면서 주일날 지역교회당에서의 예배 대신에 인터넷 예배를 보고 있다. 여기서 구체적인 지역교회는 사이버교회로 대체되며, 주5일 근무제와 함께 주말이 늘어나면서 지역교회당에서의 예배보다는 편의 위주의 사이버 예배와 설교에 참여하는 신자들이 늘어나고 있다.

(2) 전통 종교의 쇠퇴 위기

현대 정보화 사회에 있어서 사람들은 100년 전보다 물질적으로 풍요해졌으나 사람들의 내면은 더 심각하게 황폐해지고 있다. 인간은 역사를 살아오면서 온갖 욕망과 증오와 또는 죽음과 폭력의 충동을 항상 마음 속에 잉태하고 있다. 이러한 폭력과 증오의 감정이 행동으로 나타나지 않도록 억제해 주는 안전벨트의 역할을 해 준 것이 전통적인 종교요 가족이요 이데올로기였다. 산업사회에서 전통종교는 그 힘을 상실하고 후기 산업사회에서 가족제도와 이데올로기는 그 힘을 상실하고 있다. 이러한 가운데 전통종교는 영성의 쇠퇴로 인해 인간 속에 있는 악의 충동을 억누를 힘을 상실하고 있다. 세계화(글로벌리제이션, globalization)라는 새 물결에도 불구하고 앞으로 세계는 무질서와 분열의 시대로 들어가고 있는 것 같다.

2000년대에 들어와 미국에서는 전통교회와 결별을 선언하고 새 시대에 맞는 교회형태를 천명하는 '이머징교회'(Emerging Chruch)가 생겨나고 있다.[17] 이 신흥교회는 전통교회가 젊은 층을 중심으로 한 교인수의 감소를 경험하고 있으며, 더구나 성직자 수에 있어서도 갈수록 줄어드는 위기 상황을 목격하면서 출현한 것이다. 지역사회에 빛과 소금의 역할을 감당하지 못하는 교회, 젊은 세대의 상상력을 주도하지 못하고 기성세대의 가치관에 머물러 있는 교회는 더 이상 포스트모더니즘이 주도하는 현대에 기독교의 모델이 될 수 없다는 위기감에서 나온 것이다. 이머징교회(emergent church)는 포스트모던 사람들, 특히 교회 밖에 있는 사람들(the unchurched)에게 접근하려고 한다. 그래서 포스트모던 형태에 맞도록 신념, 기준과 방법을 재형성하고자 한다. 그래서 포스트모던 삶을 즐기는 유형적이고(tangible) 시간적 변화에 영향을 미치는 노력을 변호한다. 여기에 즐겨 참여하는 젊은이들은 저들의 개인체험에서 나온 이야기(narrative)를 선호하고, 명제적 설교보다는 성서적 이야기를 좋아한다. 이들은 멀티미디어나 인터넷 같은 새로운 기술을 자주 사용한다. 이 운동의 선호자들은 발전적이고 비중심화된 성격(developing and decentralized nature)을 강조하기 위하여 새로운 방법을 "대화"(conversation)라고 부른다. 이들은 역사적 기독교 안에서 발견되는 교의학적 선포보다는 열린 대화에 대한 신뢰와 다양성의 수용한다. 그래서 이들은 성경과 최소한 도덕적 기준에 모순되는 다양한 신념으로 갖기에 이른다. 이머징교회는 성장침체를 타개하기 위해 만들어진 인위적인 교회로서 흑인신학, 해방신학, 세속화신학 등 오늘날에서 유행하는 일종의 상황신학에 근거한 교회의 형태라는 비판적 평가도 받고 있다.[18] 그러므로 복음주의 신학자들은 이러한 신흥교회 운동이 자유주의 신학과 연결되어서 비정통주의, 상대주의, 도덕폐기주의(antinomianism), 보편주의 그리고 혼합주의로 나아간다고 비판한다.

(3) 사이비 은사와 열광적 성령 운동 속에서 위기

기독교 안에서 각종 사이비 은사 운동이 일어나고 있다. 은사가 받게 하는 자에 의하여 조작된다는 것이다. 더욱이 방언운동이 그러하다. 방언을 배우게 한다. 각종 신유 은사도 모방하여 인간적인 사업으로 행해진다. 고린도 교회에 주어진 은사가 이제는 하나의 종교적 사업이 되어버린다. 문제를 가진 자들이 도시 안에 있는 자그마한 기도원에서 기도를 받으면서 하나님의 예언을 기다린다. 예언과 점이 여기서는 구분이 없게 된다. 이러한 사이비 은사운동은 열광적 성령 운동 속에서 야기된다.

독일의 선교신학자 코흐(Kurt Koch)는 이러한 사례를 그가 다녀간 이 방면에 연구와 상담의 결과로서 펴낸 저서 『그리스도와 사단 사이』(Between Christ and Satan)에서 말해주고 있다.[19] 어떤 여성이 불가사의(不可思議)한 지각의 은 사를 받았다. 그녀는 언제 어떤 사고가 터질지를 미리 알았다. 또한 어디 가면 채소를 제일 싸게 살 수 있는지 등의 아주 유용한 정보를 미리 알아 맞췄다. 그 러나 이것은 미혹의 영으로부터 온 것이 밝혀지게 되었다. 더욱이 은사 중에 방언과 초자연적인 지식은 귀신들린 자들 가운데서도 나타나고 있다.[20]

(4) 자유주의 신학의 도전

독일의 여성 신학자 쬘레(Dorothee Soelle)는 그녀의 저서 『하나님 사유』 (Gott Denken)에서 유신론의 종말(the end of theism)을 선언한다. 쬘레는 도스 토예프스키와 꺄뮤 등 현대의 항의무신론(protestatheism)의 입장을 수용하고 있다. 쬘레는 현실적 경험 가운데서 현대인은 하나님 부재(the absence of God) 의 경험을 하고 있다고 지적한다. 유신론의 종말 또는 유신론적 신의 종말은 하나님을 삶의 실천과 관련하여 말할 수 있도록 한다.

쬘레는 정통신학이 "하나님의 절대적 초월성을 고집함으로써" "정통신학의 하나님은 화석화 되었고 객체화된 물신으로 도착되어 버렸다."고 주장한다.[21] 전통적 하나님은 "가부장적인 신"이다. 이러한 남성적인 신은 "남성적 권력의 지의 투영"이라고 본다.[22] 그러므로 전통적 유신론의 종말을 선언한다. 쬘레 는 여기서 신을 말하는 데 해방신학의 패러다임을 사용한다. 그래야만 "가부 장적인 사고를 극복할 수 있다"는 것이다. 쬘레는 하나님을 "남성 하나님이라 고 하는 대신에 여신이라고 할 수 있으며", 그리고 "생명의 힘"이라고 부르고 자 제안한다.[23] 이 생명의 힘은 우리 존재가 거기에 의존해 있으며 또한 그 생 명도 우리 인간에게 의존하고 있다는 상호의존성을 행동을 보여줄 때 가능하 다고 주장한다.

그러나 쬘레에 있어서 하나님의 초월성은 인간에 대한 상호의존성의 관계에 있는 생명의 힘으로 해석되어 버린다. 이러한 신이 과연 인격적인 신인가라는 질문이 야기된다. 그리하여 하나님의 주권성은 해방적인 이데올로기의 힘으로 변모되어 버리는 위험성에 봉착한다.

(5) 종교다원주의의 도전

종교다원주의자들은 각 종교의 독특성을 부정하는 것 없이 각 종교의 진리성을 인정하여 각 종교 신앙을 결합하고 있는 궁극자에 대한 비전을 제공함으로써 영적 자유를 누리고자 한다.[24] 종교다원주의자들은 "기독교 또는 성경적 진리라 할지라도 종교적 진리에 대한 독점을 한다는 관념이란 열광적이고 불합리한 종교적 광신주의다."(Rosemary Radford Ruether)[25]라고 선언한다. 종교다원주의는 신학적 루비콘(theological Rubicon)을 건너는 세 가지 다리에 관하여 말한다.

첫째는 역사적 문화적 다리(historico-cultural bridge), 즉 상대성(relativity)이다. 각 종교와 그 경전은 인간의 특별한 문화적 관점으로부터 나온 인간 상상력의 산물(creations of the human imagination)(Gordon Kaufmann)이라는 것이다.[26] 그러므로 기독교 신학은 절대적이고 최종적 진리에 대한 권리주장을 포기해야 한다는 것이다.

둘째는 신학적-신비적 다리(theological-mysterical bridge), 즉 신비(mystery)이다. 모든 종교에는 우리의 지각을 넘어서 있는 초월자에 대한 어떤 체험이 있다. 우리의 신학이란 신에 대한 우리의 지성적 상(our intellectual image)에 불과하다. 신에 관한 우리의 상(像)을 절대화하는 것은 우상숭배라고 본다(Wilfred Cantwell Smith).[27] 우상숭배란 오로지 하나의 길, 하나의 규범, 하나의 진리가 있다고 주장하는 것이다(Tom Driver).[28]

셋째는 윤리적 실천적 다리(ethico-practical bridge), 즉 정의(justice)이다. 가

난한 자와 소외된 자에 대한 우선적 선택은 종교 간의 대화의 필연성과 우선적인 목적을 요구한다(Paul Knitter). 세계적인 해방운동은 세계적인 종교 간의 대화를 요구한다.[29] 종교들을 판단할 수 있는 유일한 기준이란 교리나 신비가 아니라 윤리다. 다시 말하면, 인간 복지를 증진하는 데 그들의 기여도이다.

종교다원주의자들은 "신중심적 모델"(theocentric model)을 제시하고 있다. 그리하여 바르트 이래 주장된 그리스도중심 신학의 종교 배타주의를 극복하고 라아너(Karl Rahner)의 기독론적 보편주의까지 넘어서고 있다. 이러한 종교다원주의는 힉(John Hick)과 니터(Paul Knitter)에 의하여 서구신학의 자유주의 종교신학운동으로 체계적으로 전개되고 있다.

힉은 기독교 내지 예수 그리스도가 종교적 헌신의 중심이라고 믿는 전통적 종교관에 대해 "코페르니커스적 혁명"(Copernican revolution)을 선언했다. 그는 모든 종교적 신념과 실천의 중심에는 "하나의 신적 실재"(one divine reality)가 있다고 본다. 힉은 모든 주요 종교들은 이 실재에 대해 역사적으로 문화적으로 제약된 인간의 반응이라는 종교다원주의를 주장했다.[30]

니터는 예수의 선교와 인격은 본래 왕국중심적이거나 신중심적이었다고 주장한다. 그런데 초대교회에 이르러 교회의 메시지는 예수를 하나님의 아들로 보는 기독론의 진화론적 변형이 이루어졌다고 본다. 그는 "신중심적 기독론"(theocentric christology)을 주장하면서 기독론적 언어를 "사랑언어"(love language)로서 해석해야 할 것을 주장한다. 그리하여 하나님의 구원과 신비가 예수에게만 제한되어 있지 않고 다른 자에게도 열려 있다고 주장한다.[31]

다가오는 21세기에는 이러한 종교다원주의가 기독교 신학계와 교계에 더욱 큰 영향을 미치게 될 것이다. 그리하여 범종교적 영성이 지배하게 될 것이다.

(6) 포스트모더니즘의 도전

포스트모더니즘은 좁은 의미에서 현대의 철학문화 비판의 한 극단적 흐름인 해체주의를 말하고, 넓은 의미에서는 20세기 중반 이래로 모더니즘을 비판하고 극복하고자 하는 시대적 흐름을 말한다. 포스트모던 정신은 데카르트 이후 서구문명의 동력이 되어 왔던 계몽주의적이고 인본주의적 과학기술주의를 비판한다. 이러한 과학기술주의가 서구의 정신적 전통에서 비롯된다고 보는 자들은 서구 전통을 해체해야 한다고 주장한다. 여기에 속하는 사상가들이 데리다. 료타르와 푸코이다. 이들의 해체사상은 좁은 의미에서 "포스트모더니즘"이라고 말할 수 있다.

이러한 포스트모더니즘은 신의 죽음, 자아의 상실, 역사의 종말, 책의 닫음을 주장한다.[32] 서구 사상과 가치 체계의 기반인 신의 죽음을 선언함으로써 신이 창조한 신의 형상으로서 인간 자아가 사라진다. 역사는 아무런 목적이나 의미를 가지고 있지 않다. 그리고 고전이나 경전이란 더 이상 설득력을 가지지 않는다. 여기서 성경은 더 이상 권위적인 경전이 아니다.

(7) 뉴에이지 운동의 도전

뉴에이지 운동(New Age movement)은 서구사상에 동양적 비교(秘敎)주의 사상을 혼합시키고 이에 점성학까지 동원하는 신비적 혼합주의이다. 뉴에이지 운동은 의식의 변화를 통한 새 인간(New Man)과 새 세대(New Age)의 도래를 선언하고 있다. 이를 위해 뉴에이지 운동은 다양한 동양적 종교에서 유래한 비의(秘儀)적 방법을 동원하고 있다.[33] 이것은 다음과 같이 특징화 된다.

첫째, 힌두교적 요가와 명상이다. 뉴에이지 운동은 이러한 비의적 방법을 통하여 인간 속에 있는 우주의 에너지를 일깨워 우주의식과 합일된 해탈을 추구한다.[34] 둘째, 심령술이다. 이 운동은 영매(靈媒), 마녀, 마법사, 주술가의 도움을 빌어 인간의 다른 면(보다 높은 수준의 자아)과 말하고 영들과 대화하고 그들의 힘을 빌린다.[35] 셋째, 자동 기록(Automatic Writing)이다. 자동 기록이란 고대의 경전들과 그들의 수호신의 가르침이다. 염파(念波)라는 텔레파시에 의하여 그 비의(秘義)를 깨닫고자 한다. 그래서 복음서에 나타난 예수상과 인간관과 구원관을 영지주의적이고 범신론적으로 왜곡하고 있다.[36] 넷째, 신비한 초능력이다. 뉴에이지 운동은 명상의 초월상태에서 초능력을 행사한다. 투모(Tumo)술, 장거리를 고속으로 달리는 축지법, 텔레파시 등을 통하여 초인적인 능력을 발휘한다. 다섯째, 마인드 컨트롤(Mind Control)이다. 뉴에이지 운동은 자기최면을 통하여 잠재된 자의식을 일깨우고 자기 속에 있는 참된 자아, 곧 신의 본질을 지닌 자신을 발견하고자 한다. 여기서 뉴에이지 운동은 인신화(人神化, deification)를 추구한다. 여섯째, 바이오 피드백(bio-feedback)이다. 뉴에이지 운동은 마음의 조절에 의하여 생리의 변화를 마음대로 조절하고자 한다. 일곱째, 마약치료와 사용이다. 뉴에이지 운동은 이러한 자의식을 변화시키고 새로운 자아를 개방시키는 데 환각제(LSD)등 마약을 사용한다.

이상 열거한 일곱 가지의 비의(秘儀)적 방법들은 서로 분리된 것이 아니라 서로 결합되어 인간 신(人間 神, man-god)이 되고자 하는 인간의식의 혁명을 위하여 사용되어진다. 21세기에는 이러한 뉴에이지 운동이 한층 더 큰 세력으로 나타나 혼합주의적 영성을 형성할 것이다.

(8) 시한부 및 세속적 종말론의 도전

21세기는 역사의 어느 시기보다도 종말론에 대한 논의가 한층 고조될 시기이다. 지난 1990년대 초 한국사회에는 '다미선교회'가 주장하는 시한부 재림론 때문에 교회뿐만 아니라 사회적으로 큰 문제가 야기된 바 있다. 그것은

1992년 10월 28일 12시에 공포의 왕, 예수 그리스도가 재림한다는 주장이었다. 이러한 사이비 신비주의 종말론이 득세하여 신자들의 신앙을 오도시켰다. 1996년 1월 12일 '세계종말복음선교회' 소속 신자 12명이 제주도에서 오는 5-6월 중 재림이 있을 것이라는 전단을 나눠주며 활동을 재개했다. 이러한 시한부 종말론은 모두 허위로 드러났다. 시한부(時限附) 종말론자들은 세계적으로 3가지 유형으로 나타나고 있다.[37]

첫째, 공격형은 지난 해 3월 일본 도쿄 지하철에 독가스를 살포한 '옴진리교'와 같은 해 미국 오클라호마시에서 폭탄테러를 감행한 '미시간 민병대', 미국 와이오밍 주 옐로스톤(Yellowstone) 국립공원 내에 수십 개의 지하대피소를 마련, 7년분의 식량과 무기를 저장하고 있는 '우주 및 승리교회' 등이다.

이들은 교주에 의한 철저한 세뇌교육과 집단생활을 통해 타락한 사회전체가 공격의 대상이 된다. 이들은 타락한 세상을 자신들이 바로 잡아야 한다고 생각하기 때문에 정부의 통제를 인정하지 않는다.

둘째, 자해형은 사회에 적응하지 못하고 배타적인 모습을 보이며 공격보다는 집단자살을 택한다. 대표적인 예가 1978년 남미 가이아나에서 914명이 집단 자살한 '인민사원사건'이다. 당시 교주 짐 존스는 인권유린여부를 조사하러 온 미국 상원의원 조사단원 3명을 살해한 후 신도들을 신앙촌 공장에 모이도록 하여 강제로 독극물을 마시도록 강요하여, 집단 자살극을 벌였다. 1993년 미국 텍사스의 다윗파는 더욱 잔혹한 분신자살극을 벌였다. 교주 데이비드 코레시는 불법 무기 단속에 나선 공권력에 51일간이나 저항하다 스스로 불을 질러 자살했다. 이 때 희생된 86명 중에는 어린이가 24명이나 포함돼 있었다. 1994년 알프스 산록의 농가에서 '태양사원' 교도들 48명이 불에 탄 시체로 발굴되었다. 이들은 주레라는 교주를 재림예수로 추종했고 교주와 함께 자살하는 것을 구원으로 받아들인 것으로 보인다. 한국에서도 오대양신자들의 집단 자살로 한국사회를 떠들썩하게 했다.

셋째는 잠복형이다. 이들은 대부분 종말이 언제 올 것이지 계시를 통해 알게 된다면서 그날이 오기를 손꼽아 기다리는 자들이다. 한국의 다미선교회 강림교회, 디베라선교회 등이 이 유형에 속한다. 현재 세계적으로 불안 풍조를 확산시키고 있는 시한부 종말론자들은 2,000여 단체에 이르고 있으며 한국에도 50여 단체에 이르고 있다.

이와 더불어 세속적 종말론도 유행하고 있다. 민중신학, 해방신학 내지 종교다원론에 영향을 받은 종말론은 기독교가 전파하는 하나님의 나라가 예수 그리스도의 재림으로 우주적으로 초월적으로 임하지 않는다고 본다. 이들 종말론은 하나님 나라란 억압받는 자들의 해방된 계급 없는 사회 내지 하나의 세계종교의 실현 속에서 이루어지는 인류의 종교적 인간성에 기초한 사회라고 왜곡하고 있다. 또한 과학기술주의는 하나님의 나라가 과학기술의 이상향 속에서 이루어질 것으로 착각하고 있다. 이러한 과학기술주의는 정체불명의 비행접시에 의한 지구의 구원을 바라는 UFO종교와 결합하기도 하고, 2003년 인간 복제성공을 선언한 라엘리안들(raelians)의 사이비종교와도 결합하기도 한다. 이들은 "2만 5,000년 전 외계인들이 비행접시를 타고 지구로 날아와 유전자 조작을 통해 최초 인간을 만들었다."고 주장하는 교주 라엘의 주장을 믿으며, "생명복제를 통해서 영생을 꿈꾸고" 있는 자들이다.[38]

3. 교회의 정체성 보존을 위한 과제

(1) 성령의 교통 속에서 개혁주의 영성의 각성과 개발

개혁주의적 영성은 다음같이 특징지어진다. 하나님의 말씀인 성경과 성령의 감동에 입각한 영성을 개발해야 한다. 개혁주의적 영성은 다음 세 가지의 세계관을 지닌 공동체에 속한다.

첫째, 하나님의 절대주권에 입각한 세계관을 지닌 공동체이다. 개혁주의적 영성은 하나님을 이 우주와 역사의 창조주요 섭리자로서 받아들인다. 하나님은 그의 절대주권적인 의지와 목적을 가지시고, 무에서 우주와 인간을 창조하셨다. 하나님의 절대주권은 카이퍼가 피력한 바 같이 우주에서 뿐만 아니라 우리 삶의 모든 영역 속에서 수행된다.[39] 하나님은 초월적이시며, 내재적인 존재이시다.

둘째, 유신론적 일원론의 세계관을 지닌 공동체이다. 성경은 물질과 정신의 이원론을 말하지 않는다. 이 세계는 신과 동일하지도 않고 신에 대해 대립하여 존재하지도 않는다. 이 세계는 하나님으로부터 창조된 우연적 존재이요 동시에 하나님의 주권적 섭리에 의해 상태를 지탱할 수 있는 의존적 존재이다. 그러므로 성경적 유신론적 일원론은 물질이나 정신의 자율성을 인정하지 않는다.

셋째, 구속사적인 세계관을 지닌 공동체이다. 우주와 역사는 그 본래적인 상태에 있지 않다. 그 본래적인 상태는 선한 상태였다. 현재의 우주와 세계는 원초적인 선한 상태에서 타락된 것이다. 세계사의 진행은 이 하나님의 구속의 경륜을 성취하기 위하여 진행하는 것이다. 보편적인 역사는 그 자체가 목적인 것이 아니라 그리스도의 구속을 이루기 위한 수단에 불과하다. 이 타락된 우주와 역사는 오로지 하나님의 메시아 예수 그리스도에 의하여 구속된다.

개혁주의 영성은 성령의 공동체에 속한다. 초대교회는 성령의 공동체였다. 초대교회는 사도들의 가르침을 받으며 서로 교제하며 기도하기를 전혀 힘썼다(행 2:42). "사람마다 두려워하는데 사도들로 인하여 기사와 표적이 많이 나타났다"(행 2:43). "하나님을 찬미하였다"(행 2:47 상). 성령의 공동체로서 초대교회는 칭의의 공동체요 성화의 공동체였다. 그것은 과부와 고아, 소외된 자를 영접하는 구제의 공동체였고 인격의 공동체였다. 성령의 열매를 추구하는 사랑과 화평의 공동체였다. 다가오는 하나님 나라를 대망하는 공동체였다.

(2) 하나님 말씀에 정초

오늘날 상대주의(relativism)와 복수주의(pluralism)에 의하여 권위와 경전은 도전받고 있다.[40] 해체적 포스트모더니즘은 권위와 경전을 부정함으로써 극심한 가치와 인식의 무정부 상황에 빠지고 있다. 그러므로 세계개혁교회연맹 (WARC, World Alliance of Reformed Churches)은 포스트모더니즘의 사조가 성경전통에 위배된다고 입장을 표명했다.

세계개혁교회연맹은 모든 사조가 나름대로의 권리가 있고 또 절대를 주장하는 시대가 끝난 것은 사실이나 성경문화가 포스트모더니즘의 문화와 반대되는 것이 명백하다고 표명한다. 포스트모더니즘이 우리 시대의 딜레마에 대한 응답이며 사람들을 획일화하고 억눌렀던 지난 시대의 구도에 대한 문제 제기이긴 하다. 그러나 삶과 죽음, 선과 악, 사랑과 증오 등 양극 대결은 여전히 지속되고 있다. 그래서 세계개혁교회연맹은 진리추구, 신의 탐구는 포기할 수 없는 사항(事項)이라고 밝히고 있다.[41]

독단적인 권위와 인위적인 경전은 비판되고 다시 음미되어야 한다. 그러나 권위와 경전 자체가 부정될 때 인간의 사고와 행동은 그 방향을 상실하고 허무주의에 빠지게 된다. 다가오는 21세기에서 기독교 신앙과 신학의 정체성 확보는 기독교 경전인 성경이 하나님 말씀이라는 사실에 대한 재발견에서 가능하다.[42]

(3) 올바른 신학과 교회론의 정립

최근 영국 성공회 교리위원회가 내놓은 천국과 지옥에 대한 해석은 현대교회와 신학의 왜곡성을 지시해주고 있다. 이 해석은 지옥이란 "벗어날 수 없는 영원한 고통과 징벌의 불구덩이"가 아니라 "신이 함께 하지 않는 총체적 부정과 무의 상태"로 본다. 영국 성공회가 새 해석을 내놓게 된 이유는 "가학적으로 표현된 기존의 지옥관이 많은 사람들에게 지워지지 않는 심리적 상흔을 남겼고 신은 학대를 즐기는 괴물이라는 인상을 주었기 때문"이라고 한다.[43] 영국 성공회 교리위원회가 시도하는 이러한 현대적 인본적 사고에 영합하는 성경 해석은 기독교의 메시지의 본질을 변질시키고 하나님의 초월적 계시의 주권적 말씀을 부정하고 있다.

성경에서 말하는 지옥의 불구덩이나 고통이라는 표현이 단지 상징으로 해석되어진다면 천국의 기쁨이나 열락도 상징으로 해석되어야 한다. 그렇다면 성경이 우리에게 말하는 천국이나 지옥이란 개념자체가 단지 종교적 상징이나 철학적 부정이나 무의 상태 내지 철학적 긍정이나 불교적 열반(涅槃)이라는 상태를 드러내는 데 그치는 것이 된다. 그래서 그것의 형이상학적 실재는 부정되며 영생과 영벌의 주재자인 신(神)도 부정될 것이다. 이러한 성경해석은 해체주의에 영향을 받은 기독교 경전의 해체주의적 해석에 영향을 받고 있는 것이다.

우리는 오늘날 개신교를 시작하게 한 종교개혁적 성경해석과 교리의 원천으로 되돌아가야 할 것이다. 그것은 성경을 시대와 문화를 넘어서 말씀하시는 하나님의 주권적 계시의 말씀으로 이해하는 것이다. 그럴 때 우리는 비록 성경이 문화적 상황 속에서 말하기는 하지만 그것을 통해서 하시는 영원한 영의 말씀을 경청할 수 있게 된다.

(4) 개혁주의 원리의 실천

종교개혁의 4대 원리는 "오직 믿음", "오직 성경", "오직 은혜", "오직 그리스도"이다. 이러한 4대 원리는 틸리히가 해석한 바 같이 "유한한 것의 절대화에 대한 부정"이다. 이것은 동시에 신적인 것의 대상화에 대한 부정이다. 어떤 장소나 시간이나 교리나 규범의 신격화를 비판한다. 이것이 바로 개혁주의 원리(das protestantische Prinzip)이다.[44] 중세교회가 유한한 교회를 절대화하여 신격화한 데 대하여 종교개혁자들은 이러한 "유한한 것은 무한한 것을 파악할 수 없다."(finitum non capax infiniti)고 주장한 것이다.

오늘날 교회는 과학기술주의에 대하여 이러한 개혁주의 원리에 입각한 예언적 메시지를 선포해야 한다. 현대의 과학기술주의가 인본주의적 메시아주의의 형태를 취하고 있기 때문이다. 과학기술주의는 인간을 돕는 수단과 도구이지, 인간의 메시아는 될 수 없는 것이다. 그러나 과학기술주의는 유전자 공학을 통해서 인간 수정란의 복제에 성공함으로써 스스로 "기술조작의 선악과"를 따먹으려고 하고 있다. 여기서 개혁교회가 선포하는 개혁주의 원리는 과학기술의 자기 한계를 설정하는 메시지이다.

이 개혁주의 원리는 개혁교회의 자기 갱신의 원리다. 교회는 하나님 왕국에 대한 도상의 존재이며 하나님 왕국에 대한 증언자이지 그 자체가 왕국 그 자체는 아니라는 것이다. 교회는 따라서 역사 속에서 교권적 위계질서에 안주하지 않고 메시아적 소망 안에서 다가오는 하나님 왕국을 선취하고 예기하는 사명을 다해야 한다. 여기서 "개혁교회는 항상 개혁되는 교회이다."(ecclesia reformata ecclesia semper reformanda).[45]

(5) 생태계에 대한 청지기 사명을 다하는 교회

생태계에 대한 새로운 이해가 요청된다. 데카르트 이래로 현대사상은 자연 생태계를 인간 노동의 대상이요 정복의 대상으로만 간주하여 왔다. 그리하여 자연 생태계가 훼손되고 파괴되었다. 이것의 복구를 위해서는 생태학적 사고가 요청된다.

생태학적 사고는 자연과 세계를 하나님의 창조로서 이해한다.[46] 자연은 전체와 부분이 서로 불가분적 관계를 지니고 있는, 살아있는 유기체이다. 그 자체의 결정론적 법칙에 의해 필연적으로 움직이는 무의식의 기계가 아니다. 인간과 자연은 구분되나 인간은 자연에 대한 관리자로서 창조주 앞에서 책임을 지고 있다. 인간과 자연의 구분에는 하나님의 초월적인 간섭이 있다. 이 우주는 열린 체계(open system)로서 인과율의 제일성(齊一性) 속에서 운행된다.[47] 자연은 하나님의 영광을 위하여 지음을 받았으므로 가치중립적이 아니라 가치담지적(value-ladening)이다. 그러므로 세속주의적 자연관이 거부된다. 기독교적 생태학적 사고는 다음같이 특징지어진다.

첫째, 관계적(connected)이다. 창세기 기사에 의하면 우주 안에 있는 것은 분리되거나 고립된 것이 아니라 서로 연결되어 있다. 오늘날의 여성환경론에 의하면 관계는 여성과 함께 태어나며 여성으로부터 비롯된다. 인간은 관계적 사고로써 타자에 대하여 배려(care)한다. 관계는 창조의 질서이다. 하나님의 창조는 모든 것이 연결되어 있으며 독립적이거나 고립되어 있지 않다. 인간은 창조의 주인이 아니라 창조의 청지기로서 지음을 받았다. 인간은 자연의 주인이 아니라 정원사(gardener)이다. 하나님은 인간을 그가 지으신 창조의 정원사로 동산에 데려다 놓으셨다.

둘째, 타자중심적(heterogenic)이다. 인간은 관계의 총화 속에서 존재할 수 있다. 인간은 창조 속에서 홀로 존재하지 않고 창조물과의 관계 속에서만 존재한다. 인간은 열매를 먹고, 밭을 경작하여야 한다. 그래야만 인간은 살아갈 수 있다. 인간은 그 존재에 있어서 환경에 관계한다. 환경과의 관계를 떠나서 인간은 존재할 수 없다. 환경과의 관계 속에서 인간은 비로소 존재한다. 때문에 인간은 현대적인 자기중심적이 아니라 타자지향적(other-oriented)인 사고를 가져야 한다. 인간은 실존(existence, existere)이라는 어원에서 나타나는 것처럼 탈중심적 존재(eccentricity)다.

인간은 하나님과의 관계의 존재요 다른 인간과 다른 사물로서 이루어진 세계를 향한 존재이다. 인간은 다른 사람들과의 탈중심적 관계(eccentric relationship)를 맺음으로써만 진정한 존재가 될 수 있다. 타자와의 관계로서 인간의 몸은 중요하다. 구체적인 몸은 타자와 자연과의 관계를 맺는다. 몸과 관련된 정신만이 타자와 자연과의 진정한 의사소통을 할 수 있다.

(6) 세속 문화 속으로 침투해 들어가는 교회

기독교 문화가 세속 문화가 만날 때 기독교 문화는 세속 문화에 그 정신을 부여하고 세속 문화는 기독교 정신이 표현되는 그 형식을 띤다. 서양문화나 동양문화에서 종교가 각 문화와 만날 때 종교는 항상 그 문화의 실체가 되었고 문화는 그 종교의 표현형식이 되었다. 기독교 문화란 기독교가 그 복음의 정신을 예민하게 가지고 있을 때 비로소 정체성을 가진다.

기독교와 문화란 일치관계나 배타관계에 있지 않고 변혁적 관계 (transfomational relationship)에 있다.[48] 싱경직 개혁주의 사싱은 역사와 문화에 대한 변혁적인 책임을 창조하고 있다. 하나님의 왕국이란 단지 초월적으로 다가오지 않고 인간의 역사 참여와 변혁적 행동을 통하여 이루어진다.[49] 여기서 변혁이란 뉴에이지 사상이 주장하는 바 잠재되어 있는 신적 본질을 드러내기 위한 내면적 의식의 개혁이 아니라 하나님의 말씀과 성령의 역사에 의한 부패되고 자율성(autonomy)을 지향하는 인간 존재의 실존적 변혁이다. 변혁이란 인간 존재의 타율성을 말하지 않는다. 타율성(heteronomy)이란 인간을 법이나 제도에 의한 외면적 강제력에 의한 복종을 강요하는 것이다. 변혁이란 인간 존재의 신율성(theonomy)을 말한다. 인간존재가 하나님 말씀에 의하여 변혁되는 것이다. 그리하여, 인간 존재가 내면적 중심에서 하나님의 뜻을 이행하는 것이다.

(7) 공동체성을 회복하는 교회

초대교회는 구원받은 성도들의 인격공동체였다. 초대교회는 "사도의 가르침을 받아 서로 교제하며 떡을 떼며 기도하기를 전혀 힘썼다"(행 2:42). "믿는 사람이 함께 있어서 모든 물건을 서로 통용하고 또 재산과 소유를 팔아 각 사람의 필요에 따라 나눠주고, 날마다 마음을 같이 하여 성전에 모이기를 힘쓰고 집에서 떡을 떼며 기쁨과 순전한 마음으로 음식을 먹었다"(행 2:44-46). 오늘날 교회는 너무 제도화되고 형식화 되지는 않았는가? 그리하여 이 인격공동체의 정신을 상실하고 있지는 않은가?

오늘날의 인격공동체란 이 세상의 소자(小子), 즉 가난한 자, 소외된 자, 행려병자, 돈 없어 치료 못 받는 자, 장애자, 고아와 과부, 나그네, 범죄자들의 친구가 되고 이들의 안식처가 되는 교회이다. 이러한 교회는 높은 곳으로 나아가는 단체가 아니라, 낮은 곳을 향하여 내려가는 공동체이다. 헌금을 받아 창고에 쌓아두고 본당, 교육관, 기도원, 묘지를 차례로 증축해나가는 교회가 아니라, 사회의 불우한 자들을 향하여 섬기고 이들에게 나누어 주는 교회이다.

하늘을 버리고 땅의 행복을 얻거나, 하늘을 얻기 위해 땅을 버리는 것이 아니라, 양자를 세속에 계시는 그리스도 안에서 연결하는 교회이다. 이것은 진정한 공동체 정신으로 연결된다. 이웃을 섬기고 이웃과 더불어 함께 사는 정신이 공동체성이다. 설교를 할 뿐 아니라 그 말씀에 입각해서 사는 겸허한 교회, 소외된 자들의 신음 소리를 들을 수 있는 귀와 눈을 가진 교회이다. 그리고 섬기고(디아코니아), 교제를 나누는(코이노니아) 교회이다. 섬김과 나눔의 삶을 사는 교회이다. 시대와 현상의 아픔을 감싸주고 함께 울고 웃는 교회이다.

(8) 현대의 과학기술에 대한 가치관 제시

미래학자 패트리셔 애버딘(Patricia Aburdene)은 2005년 『메가트렌드 2010년』(*Megatrends 2010*)에서 존 나이스비트(John Naisbitt)와 공동 저술한 『메가트렌드 2000』(*Megatrends 2000*)인 1990년대 예측서를 보완하고 있다. 메가트렌드는 10년 이상 우리 삶을 형성하는 크고 중요한 방향성을 말한다. 그녀는 우리의 미래가 어떻게 바뀔지를 보여주는 새로운 메가트렌드 7가지를 제시하고 있다.[52] 새로운 트렌드 7가지는 다음과 같다.

첫째, 영성(The Power of Spirituality)의 발견이다. 영성은 마음의 평화, 명상, 웰빙, 기도, 관계의 중시, 삶의 목적, 미션과 같은 것이다. 영성의 발견은 종교, 명상, 요가 등으로 시도된다. 애버딘은 혼이 있는 경영을 위한 조언으로 다음 5가지를 제시한다. ① 혼을 담기 위한 시간을 가져라, ② 가능하면 빨리 사적인 관계를 형성하라. 진실된 의사를 전달하라, ③ 신뢰하라, ④ 당신의 동료를 지원하라, ⑤ 광채를 발하게 하라. 비교하지 말라.

둘째, 새로운 자본주의의 탄생(The Dawn of Conscious Capitalism)이다. 새로운 자본주의는 이해관계자와 주주를 존중하는 자유 기업체제를 재창조한다. 깨어있는 자본주의란 삼중의 기본선(Triple Bottom Line), 즉 기업의 경제적, 사회적, 환경적(영적) 활동을 역동화시킨다.

셋째, 중간계층의 부상(Leading from the Middle Management)이다. 중간계층은 평범한 관리자의 가치, 영향력 및 도덕적 권위를 중요시한다. 새로운 리더십이란 화려한 스포트라이트에서 떨어져 묵묵히 자신과 동료, 기업을 위해 옳은 일을 겸손하고 헌신적인 리더십이다. 그리고 마음속의 용(龍) 두 마리(상명하달과 변명)를 없애는 리더십이다. 동료와 그 외의 사람들이 리더에게 부여한 존경, 신뢰, 감탄, 인기 등 비공식적인 권한을 가진 리더십이다.

넷째, 영혼이 있는 기업(Spirituality in Business)의 승리이다. 직원들의 종교 네트워크가 필요하다. 혼이 있는 경영, 하이테크(고도의 기술), 하이터치 경영,

혼이 있는 직장(직장을 신성화하기)을 만들어야 한다.

다섯째, 가치를 추구하는 소비자(The Values-Driven Consumer)이다. 소비자들은 긍정적인 가치가 있는 브랜드를 선호한다. 그러므로 친환경적인 건축, 자연식품과 유기농 식품, 하이브리드 차량 등이 선호된다. 브랜드는 기업이 대표하는 것이 무엇인지를 상징하는 무형자산으로 직원, 투자자, 공급자 그리고 깨어있는 소비자가 기업에 대해 말하는 핵심이다. 영적 브랜드(Sole Brand)는 직원과 소비자가 기업에 기대하는 12가지 핵심가치가 있다. 그것은 동정심, 겸손, 정의, 용기, 존경, 인간성, 권한부여, 성실, 전체론, 폭넓은 상품, 책임감, 탁월함이다.

여섯째, 2010 메가트렌드를 이끄는 테크닉이다. 깨달음을 얻기위한 방법(The Wave of Conscious Solutions)으로 요가, 명상, 용서 프로젝트 등이 도입된다. 이것은 가슴의 방법(Heart Method)으로서 몸과 마음과 영성간의 연결을 간소화 한다. 이 방법은 심장이 부드럽게 규칙적으로 박동할 때 사람들이 더 잘 생각하고 성과도 뛰어나다.

일곱째, 사회 책임 투자(The Socially Responsible Investment Boom)의 시대이다. 2010년은 친환경적인 제품을 선호하고 깨어있는 자본가들이 가치를 두는 곳에 돈을 투자하는 시대이다. 21세기 포트폴리오란 '지역사회 투자를 확대하라. 친환경 투자를 확대하라. 대기업에 요구하고 포섭하며 우리의 힘을 활용하라.' 이다.

에버딘은 결론으로 "깨어있는 자본주의의 부상"(the rise of conscious capitaism)을 예견한다. 그것은 자본주의의 도덕적 변형(moral transformation of capitalism)이다.[53] 자본주의의 도덕적 변형은 이타주의가 아니라 "깨우친 이기심"이라는 지혜에 기반한다. 이 지혜란 다음과 같다. 하나, 기업들이 달성해야 할 목표는 지혜와 깨달음, 영성으로 가득찬 인적 자산의 힘을 인식하는 것이다. 둘, 여러분이 원하는 변화 그 자체가 되어라. 그리고 희망을 가져라. 셋,

무엇을 해야 할 것인가? 바로 여기에서, 지금 이 순간에 여러분의 진실을 지키고, 여러분의 가치에 따라 행동하라. 그리고 여러분 주위의 사람들을 보듬어 안아라. 열정, 용기, 겸손, 공포, 전율, 헌신, 동료애, 기쁨을 가지고 안아라.

『메가트렌드 2010년』에서 애버딘이 제시하는 7가지의 새로운 트렌드는 교회와 신학이 개혁신앙의 관점에서 일반은총의 영역에서 요청되며, 참고할 수 있는 통찰로 보여진다. 단지 개혁신앙의 관점에서 인간이 스스로의 힘으로 "자본주의의 도덕적 변형"을 수행할 수 있을지는 의문이 되지 않을 수 없다. "자본주의의 도덕적 변형"을 하는 데 개혁신앙은 동력이 될 수 있을 것이다. 자본주의 정신은 물질이 아니라 개신교 윤리에서 나왔다고 막스 베버(Max Weber)는 그의 『프로테스탄트 윤리와 자본주의 정신』에서 피력하였다.[54] 다시 말하면, 자본주의 정신은 돈이라는 물질주의에서 나온 것이 아니라 금욕을 실천하고, 저축하고, 하나님의 영광이라는 삶의 목적을 설정하는 합리성을 가진 개신교 윤리에서 나왔다는 것이디. 개신교 신앙의 핵신이라고 할 수 있는 개혁신앙은 자기중심이 아니라 하나님 중심이며, 이웃을 향하여 열리고 봉사하는 삶의 태도를 제시한다. 개혁신앙은 "깨우친 이기심"이 아니라 이타주의를 역설한다. 이타주의는 계산하는 공리적 사랑이 아니라 이웃을 내 몸 같이 사랑하고, 자기를 주고 희생하는 아가페적 태도를 요청한다.

교회와 신학은 다가오는 21세기의 새로운 과학기술적 문화적 정황과 대화해야 한다. 교회와 신학은 인간과 사회와 역사에 대한 새로운 상황을 향하여 열리며 상황의 소리를 들어야 한다. 교회와 신학은 오늘날 구체적인 삶의 정황 속에 그리스도의 성육신을 구현해야 한다. 그리스도가 인간의 몸을 입으시고 인간의 문화 안으로 들어오신 것 같이 교회와 신학은 오늘날의 문제 상황을 경청해야 한다. 자연과 환경과 종말에 대한 새로운 인식이 요청된다.
과학기술의 신학의 정립이 요청된다. 생물학적 혁명(biological revolution)에 대한 신학적 해석이 요청된다. 이미 현실로 다가온 인간 복제(human cloning) 시도에 대한 금지윤리를 제시해야 한다. 여기서 신학은 해석학적 신학 (hermeneutic theology)이 되어야 한다. 신학의 과제는 의미의 새로운 창조가 아니라 의미의 새로운 발견이요 새로운 적용이다. 의미란 인간의 것이 아니라 하나님의 것이다. 인간은 단지 이것을 발견한다. 하나님의 말씀을 새로운 역사적 정황 속에서 읽을 때 우리는 진리의 새로운 차원을 발견한다.

(9) 올바른 종말론 사상 확립

개혁신학은 메시아적 종말론적인 영성(messianic eschatological spirituality)을 계발해야 할 것이 요청된다. 개인과 역사의 진정한 구속은 과학기술의 이상향이 아니라 메시아적으로 종말론적으로 성취되기 때문이다. 과학기술은 인간 복제시도처럼 인간으로 하여금 더욱더 빠져 나올 수 없는 인간의 신격화의 함정에 빠져 들어가게 하고 있다. 하나님의 아들 그리스도의 재림에 의하여 세계와 역사의 진정한 종말이 성취된다. 그러므로 이러한 기독교적인 종말론은 인간 스스로 신격화 되고 우주와 합일한다고 주장하는 뉴에이지 사상을 단호하게 거부한다. 과학기술 이상향에 대한 대안으로 종말론적 사고 (eschatological thinking)가 활성화 되어야 한다.

개혁주의적 영성은 성경적 종말론을 제시해야 한다. 종말론은 신학의 말미에 달라붙는 하나의 부록이 아니다. 개혁주의적 영성은 철저히 종말론적이어야 한다.[55] 성경적 종말론이란 곧 다가올 예수그리스도의 메시아적 재림과 더불어 이루어질 천년왕국과 하나님이 인간의 장막에 거하시고 인간의 세계와 자연을 완전히 새롭게 하시므로 창조하실 새 하늘과 새 땅에 대한 내용이다.

*

현대사회 속에서 교회는 성령의 공동체가 되어야 한다. 세속의 영으로 지배되고 있는 이 사회 속에서 교회는 하나님의 성령으로 충만한 교회가 되어야 한다. 성령의 교통과 교제 속에서 항상 새로운 영적 힘으로써 이 세속을 일깨워야 한다.

말씀의 공동체가 되어야 한다. 각종 이데올로기와 지식과 정보의 과잉 속에서 방향감각을 상실하고 있는 세상에서 하나님 말씀으로 날마다 새로운 비전과 지식을 받아야 한다. 그리하여 이 사회를 향하여 이 시대를 향한 하나님의 말씀을 들려주어야 한다.

인격공동체가 되어야 한다. 개인-과 집단 이기주의로 인하여 공동체가 깨어지고 있는 이 사회 속에서 진정한 공동체의 모델이 되어야 한다. 그리고 높은 곳이 아니라 낮은 곳을 향하여 나아가야 한다. 크고 권력 있고 부한 자의 친구가 아니라 가난하고 소외되고 헐벗은 자들의 친구가 되고 그들의 안식처가 되어야 한다.

교회는 세속의 방주가 되어야 한다. 무신론으로 달려가고 자기 신격화로 달려가면서 해체주의와 허무주의로 나아가는 이 세속을 구원하는 구원의 방주가 되어야 한다. 역사의 의미와 구원은 이 세속에 있는 것이 아니라 이 세속 저편에 동시에 세속 한가운데 초월적으로 계시는 역사와 우주의 알파와 오메가가 되시는 하나님께만 있기 때문이다. 사도 요한은 계시록에서 "새 하늘과 새 땅"의 비전을 제시하고 있다. 하나님만이 "만물을 새롭게 하신다.", "처음 하늘과 처음 땅이 없어졌고 바다도 다시 있지 않더라"(계 21:1). "하나님의 장막이 사람들과 함께 있으매 하나님이 그들과 함께 계시리니 그들은 하나님의 백성이 되고 하나님은 친히 그들과 함께 계셔서 모든 눈물을 그 눈에서 닦아 주시니 다시는 사망이 없고 애통하는 것이나 곡하는 것이나 아픈 것이 다시 있지 아니하리니 처음 것들이 다 지나갔음이러라"(계 21:3-4).

　다가오는 하나님의 메시아적 오심만이 이 세상을 구원할 수 있다. 그만이 이 세상을 새롭게 하실 수 있다. 하나님의 오심만이 오늘날 지구촌이 당면하고 있는 인종의 갈등, 빈부의 갈등, 에이즈 등 질병의 고통, 지구촌의 전쟁과 테러, 사회적 범죄와 죽음의 문제를 해결하실 수 있기 때문이다. 그리고 영생을 주실 수 있기 때문이다.

주

chapter 1   21세기 첨단문명과 개혁신앙
　　　　　　　－ 문명의 이기(利器)성, 병리현상 및 그 치유

1) Jeremy Rifkin, *The Age of Access. The New Culture of Hypercapitalism*; 『소유의 종말』, 이희재 역, 민음사; 서평: 박준식, "소유의 시대 가고 접속의 시대 온다", 《조선일보》, 2001년 5월 26일, 43면.

2) Jeremy Rifkin, *The Biotech Century*, 1998, 전영택, 전병기 옮김, 『바이오테크 시대』, 민음사, 1999.

3) Michio Kaku, *Visions: How science will revolutionize the 21st Century*, 1997, 김승옥, 윤석왕 옮김, 『비전 2003』, 작가정신, pp. 35–37.

4) "인터넷이 교회 대체할까", 《국민일보》 2001년 5월 23일 16면, 그리고 Phil Zariskie, "I once was lost, but now I'm wired", "Searching for God?", 《Time》June 4, 2001, p. 81.

5) 상동.

6) Phil Zariskie, "I once was lost, but now I'm wired.", "Searching for God?", 《Time》, June 4, 2001, pp. 80–81.

7) Alvin Toffler and Heidi Toffler, *Revolutionary Wealth*, 『부의 미래』, 청림출판

사, 2006, pp. 225~227.

8) 이웅상, "배아줄기세포연구, 무엇이 문제인가"《국민일보》2005년 6월 22일 34면. 장도곤, "배아줄기세포연구와 윤리적 대안"『성경과 신학』, 제38권, 도서출판 영성, 2005, p. 330.

9) "20년 혼수상태에서도 9·11테러 사실 알아" 서울=연합뉴스, 2005년 8월 5일: "미국에서 교통사고로 20년 동안 혼수상태에 빠졌다 깨어난 여성이 혼수상태 중 발생한 9·11테러 사건 등 주변에서 일어난 일들을 듣고 이해하고 있었던 것으로 보인다고 CBS 뉴스 인터넷판이 4일 보도했다. 캔자스 주 허친슨 출신 새러 스캔틀린은 1984년 9월 도로를 건너다가 음주운전자의 차에 치여 뇌에 심각한 손상을 입고 혼수상태에 빠졌다. 그 후 20년 동안 스캔틀린은 병상에 누운 채 꼼짝 않고 있었고, 부모와 주변 사람들은 스캔틀린이 세상일을 전혀 의식 못하는 식물인간이나 다름없다고 생각했다. 그러나 올 2월 스캔틀린의 부모는 갑자기 딸이 말을 하기 시작한다는 소식을 접하고 깜짝 놀랐다. 혼수상태인 딸과 다시 이야기할 수 있으리라고는 전혀 상상하지 못했기 때문이다. 더 놀라운 것은 새러는 혼수상태 속에서 주변에서 일어나는 일을 전부 관찰하고, 듣고, 이해하고 있었던 것." (조선닷컴, http://www.chosun.com/international/news/200508/200508050126.html) ; "식물인간 아내 소생, 한 남자의 사랑이 기적을!" 서울=연합뉴스, 2005년 4월 6일 : "식물인간 상태로 있다 튜브 제거 후 숨진 샤이보씨 사건과는 달리 식물인간 상태의 아내를 남편이 2년 동안 극진히 돌봐 극적으로 소생시킨 사실이 알려져 훈훈한 감동을 주고 있다." (조선닷컴, http://www.chosun.com/national/news/200504/200504060130.html)

10) 제러미 리프킨, 『소유의 종말』, 민음사; 서평, "나는 접속한다. 고로 존재한다",《중앙일보》2001년 5월 26일, 33면.

11) Erich Fromm, *To Have Or To Be*, 최혁순 역, 『소유냐 존재냐』, 범우사, 1999.

12) "새로운 자본주의 키워드는 '접속'",《국민일보》, 2001년 5월 29일, 22면.

13) 이형용, 『디지털시대의 휴머니즘』, 2000, p. 80.

14) David Shenk, *Data Smog*, Harper San Francisco: Harper. 1997;『데이터 스모

그』, 정태석, 유홍림 옮김, 민음사, 2000.

15) Alvin Offler and Heidi Toffler, *Revolutionary Wealth*, 2006, 김중웅, 역, 『부의 미래』, 청림출판사, 2006, pp.168-173, 신조어 obsoledge(쓸모없는 지식, 무용한 지식)는 obsolete(쓸모없는)와 knowledge(지식)의 합성어.

16) "풀빵 찍듯하는 학교 국가 경제 망칩니다" 세계적 미래학자 앨빈 토플러 단독 인터뷰, chosun.com, 입력 : 2006.12.15 21:59 / 수정 : 2006.12.16 05:30.

17) 김영한, "사이버 문화와 개혁신앙", 『사이버 문화와 기독교 문화전략』, 쿰란 출판사, 1999, pp. 22-23.

18) "숨막히는 지구 생활 … 시민운동으로 치유가능", 《조선일보》 2001년 12월 15일, 9면.

19) "생명공학 발달의 장단점을 알아보자", "생명공학 vs 생명윤리", 《중앙일보》 2001년 5월 29일, 21면.

20) "유전자검사 효용 논란", 《조선일보》 2001년 5월 31일, 27면.

21) 미국 보스턴 대학이 제시한 유전적 프라이버시 보호법(안)은 유전자 샘플 제조공장의 권리를 다음같이 규정하고 있다. ① DNA 샘플을 수집하고 분석하는 사람을 결정한다. ② DNA 샘플이 분석될 수 있는 목적을 결정한다. ③ 유전자 분석으로 예상되는 정보가 무엇인지에 대해 알고 있다. ④ DNA 샘플 폐기 명령을 할 수 있다. ⑤ 사후(死後)에 타인이 DNA 샘플을 폐기할 수 있도록 권한을 위임할 수 있다. ⑥ DNA 샘플이 상업적 또는 연구 목적으로 사용되는 것을 거부할 수 있다. ⑦ DNA 샘플의 유전적 분석 정보에 대한 기록의 사본을 얻을 수 있다. 《조선일보》 (2001년 5월 31일, 27면).

22) "가타카" (Gattaca, 1997) (다른 제목 : The Eighth Day), 감독 : 앤드류 니콜, 출연 : 에단 호크(빈센트 프리맨), 우마 서먼(아이린 카시니). 이 영화는 인간의 영혼에 유전자는 없다고 주장한다.

23) '나와 똑 같은 나… 누가 진짜 나?', 《국민일보》 2001년 3월 16일, 19면.

24) 상동.

25) "생명시작과 끝은 '신의 영역'", 《국민일보》 2001년 4월 13일, 3면.

26) http://www.hospitallaw.or.kr/medical%20ethics—our%20com.

27) Nigel M. de S. Cameron, "생명윤리: 기독교적 히포크라테스 정신의 황혼", in: D. A. Carson & John D. Woodbridge(ed.), *God and Culture*, 1993, 박희석 옮김, 『하나님과 문화』, 크리스챤 다이제스트, 2001, pp.493-526; Ulrich, *Sterbehilfe. Tötung auf Verlangung?* Wuppertal: R. Brockhaus, 1988, pp.206-207.

28) Nigel M. de Cameron, "생명윤리: 기독교적 히포크라테스 정신의 황혼" p. 504.

29) Christoph Schwöbel, "The Heritage of the Reformation —A Promise for the Future?" 숭실대학교 기독교학대학원 한경직 강좌, 2007년 4월 2일 자료집, p. 17.

30) 제러미 리프킨, 『소유의 종말』, 민음사, 서평, "나는 접속한다. 고로 존재한다", 《중앙일보》 2001년 5월 26일, 33면.

31) Jeremy Rifkin, *The Age of Access.* The New Culture of Hypercapitalism, 『소유의 종말』, 이희재 역, 민음사, 서평: 박준식, 소유의 시대 가고 접속의 온다. 《조선일보》 2001년 5월 26일, 43면.

32) "생명의 시작과 끝은 신의 영역", 《국민일보》 2001년 4월 13일, 3면.

33) 김은혜, 『생명신학과 기독교문화, 생명, 문화, 영성』, 쿰란출판사, 2006, p.40.

34) 김영한, "종교다원주의와 그리스도의 유일성", 『21세기와 개혁신학 제2권: 포스트모더니즘과 개혁신학』, 한국장로교 출판사, 1998, p. 65.

35) 한국 천주교 주교단, "인간 배아복제 연구 허용을 개탄하면서", (www.cbck.or.kr)《조선일보》, 2007년 4월 2일, 35면.

36) 리처드 르원틴, 『DNA 독트린』, 김동광 역, 궁리, 2001년.

37) 조환규, "DNA도 이데올로기에 이용되나", 《조선일보》 2001년 3월 10일, 33면.

38) 김영한, "21세기 생명공학과 기독교 윤리", 『21세기 생명문화와 기독교』, 쿰란출판사, 2000, pp. 22-26.

39) 마크 테일러, "오늘의 신학은 문화 속에 숨은 종교성 밝혀야", 《조선일보》, 2001년

1월 8일, 9면.

40) Mark C. Taylor, Erring. *A Postmodern A/theology*(The University of Chicago Press, Chicago and London, 1984), 이에 대한 비판적 해석, 김영한, "해체신학과 개혁신학," in: 21세기와 개혁신학 제2권, 1998, pp.223-276.

41) R, Rorty, *Redemptive Truth, Literary Culture and Moral Philosophy*, 『구원적 진리, 문학문화, 그리고 도덕 철학』, 서울 아카넷 2001. 그리고 "이젠 문학 문화의 시대 … 창조적 삶 살아야", 세계적 철학자 리처드 로티 내한 강연, 《국민일보》 2001년 6월 12일, 22면.

42) K. Löwith, *Heidegger*, Denker in dürftiger Zeit, Frankfurt, 1953.

43) 김영한, 『개혁신학이란 무엇인가?』 서울: IVP,1994, I. John Hesselink, On Being Reformed. Distinctive Characteristics and Common Misunderstandings, Ann Arbor, Michigan: Servan Books, 1983, pp. 93-112.

chapter 2   문명의 충돌과 문명의 공존

1) Samuel P. Huntington, *The Clash of Civilizations and the Remaking of World Order*, 1996, 이희재 역, 『문명의 충돌』, 김영사, 1997.

2) 상게서, p. 52-57.

3) 상게서, 345ff.3 상동.

4) 《조선일보》, 인터뷰, 2001년 10월 31일, 9면.

5) 전호진, "미국의 친이스라엘 정책과 세대주의 신학이 기독교에 미치는 영향", 2006년 6월 5일, 한국복음주의 협의회 월례발표회 자료집, pp. 5-13.

6) Fransisco Fukuyama, *America at the Crossroads: Democracy, Power and the Neoconservativ Legacy* (New Haven: Yale University Press, 2006), pp. 12-15.

7) Samuel P. Huntington, 상게서, p. 20.

8) 상게서, p. 342.

9) 상동.

10) 상게서, p. 350.

11) 상게서, p. 343.

12) 상게서, p. 429.

13) 상게서, p. 410.

14) 상게서, p. 442.

15) 파스칼 보니파스, "중동문제 해결사는 미 아닌 EU가 될 것", 《조선일보》, 2007년 1월 3일 17면.

16) 전호진, 고용수, 박종화, 김영한, "미국 친이스라엘 정책에 대한 신학적 평가", 한국복음주의협의회 2006년 6월 조찬기도회 및 발표회, 자료, pp. 5-27.

17) Samuel P. Huntington, 상게서, 342하, 399하.

18) Harald Müller, *Das Zusammenleben der Kulturen*, Frankfurt: Fischer Taschenbuch Verlag, 1998, 이영희 역, 『문명의 공존』, 푸른숲, 1999, pp. 15-41.

19) 상게서, p. 48.

20) 상게서, p. 31.

21) 상게서, p. 20.

22) 상게서, p. 21.

23) 상게서, p. 22.

24) 상게서, p. 312.

25) 상게서, p. 272.

26) 상게서, p. 278.

27) 상게서, pp. 289-310.

28) 상게서, p. 317.

29) 조선닷컴, (이철민 기자 chulmin@chosun.com) 입력: 2003년 12월 26일.

30) 한국닷컴, (이영섭 기자 mailto:younglee@hk.co.kr).

31) Gershom Gorenberg, *The End of Days: Fundamentalism and the Struggle for the Temple Mount* (New York: The Free Press, 2000), 7 ff, 전호진, 상게

서, p. 9.

32) 상동.

33) Tariq Ali, *The Clash of Fundamentalisms*, 정철수 역,『근본주의의 충돌』, 미토, 2003, 김호기, 근본주의 충돌에 대한 서평,《조선일보》, 2003년 3월 22일 3면.

34) 전호진, "미국의 친이스라엘 정책과 세대주의 신학이 기독교에 미치는 영향", 한국복음주의협의회, 6월 조찬기도회 및 발표회 자료집, 2006년 6월 5일, 강변교회.

35) 전호진,『문명 충돌 시대의 선교』(서울: CLC, 2003), p. 25이하

36) Jan Jongeneel, "The West in the End Times", Missions & Missionaries, 106(Decmeber 2001): 5.

37) François-Marie Arouet de Voltaire, *Traité sur la tolérance*, 1763 – Treatise on Toleration 송기형, 임미경 옮김,『관용론』, 한길사, 2001, pp. 147-150.

38) J. v. Stackelberg, "Voltaire", in: Die Religion in Geschichte und Gegenwart, dritte Auflage, 1963, Tübingen: J. C. B. Mohr (Paul Siebeck), pp. 1488-1490.

39) "이 · 팔 문제 해결 안 되면 서구 · 이슬람 '문명 충돌' 못 피해", 에드가 모랭,《조선일보》, 2003년 4월 23일, 6면.

40) 상동.

41) 상동.

42) 상동.

43) George Newlands, "Kenosis", in: Alan Richardson & John Bowden, *A New Dictionary of Christian Theology*, SCM Press, 2002, p. 316.

44) "생명 파괴 공격 더 이상 없어야",《기독신문》, 2005년 7월 13일, 23면.

45) "종교간 협력으로 테러리즘 극복",《기독신문》, 2005년 7월 13일. 23면.

46) 김영한, "진정한 종교대화의 전제, 예수 그리스도의 유일성",《월간 목회》, 2005년 10월, pp. 80-88.

47) 함태경, "타종교와의 공존," in:《국민일보》, 2005년 8월 1일, 33면.

48) 김영한, "레비나스의 타자 해석학", 해석학 연구, 2006년 가을, pp. 1-24.

chapter 3   이슬람과 기독교, 교리적 차이

1) Samuel Huntington, *The Clash of Civilizations*, 1996, 『문명의 충돌』, 1997년 김 영사 번역 출판.

2) "모슬렘 13억 … 최근 50년간 500% 급성장", 《국민일보》 2003년 3월 25일, 29면.

3) Emanuel Kellerhals, *Der Islam. Geschichte, Lehre, Wesen*, Gütersloh 1981, p. 71.

4) Abd al–Masih, *Dialogue with Muslim*, 이동주 역, 『무슬림과의 대화』, 기독교문 서선교회 2001, p. 146.

5) Abd al–Masih, *Dialogue with Muslim*, 이동주 역, 『무슬림과의 대화』 (부록) 이 슬람교의 교리문답, 하나님의 경전, p. 225.

6) Quran, Sura 7:158–159 "이들은 이들이 지니고 있는 모세오경과 복음에서 명시된 움미, 사도, 그리고 예언자를 따르는 자들이니라"(수라 7:158). 이슬람교도들은 "움 미"(ummi)을 전혀 읽거나 쓸 줄 모르는 문맹을 뜻하는 것으로 마호메트 자신을 상 징하는 것으로 본다.

7) Emanuel Kellerhals, *Der Islam. Geschichte, Lehre, Wesen*, Gütersloh 1981, p. 82

8) 공일주, 『중동의 기독교와 이슬람』, 서울: 예영커뮤니케이션, p. 122.

9) H. A. R. Gibb, *Islam: A Historical Survey*, 이희수, 최준식 역, 서울:도서출판 주 류성, 1997, p. 49.

10) Abd al–Masih, *Dialogue with Muslim*, 이동주 역, pp. 170–171.

11) Hans Küng, Josef van Ess, *Christentum und Weltreligionen, Islam*, Güterloh 1991, p. 34.

12) Anis A. Shorrosh, *Islam Revealed: A Christian Arab's View of Islam* (Neshville: Thomas Nelson Publishers, 1988), p. 150.

13) Quran, Sura 57:27, 한국어 번역은 『성 꾸란, 의미의 한국어 번역』(파하드 국왕 꾸 란 출판청)을 사용하였으나 명칭은 교리적인 차이를 분명히 하고 뜻을 명료히 위

해 저자의 의도에 따라서 "하나님" 그리고 "주님" 대신 "알라", 그리고 예수를 "이
샤"라고 하였음.

14) Sura 5:46–47.

15) Sura 5:48.

16) Sura 5:68.

17) Abd al-Masih, *Dialogue with Muslim*, 이동주 역, p. 164.

18) Emanuel Kellerhals, *Der Islam. Geschichte, Lehre, Wesen*, Gütersloh 1981,
    p. 79.

19) Sura 10:94.

20) Sura 16:43.

21) Sura 3:67; 37:107.

22) Emanuel Kellerhals, *Der Islam. Geschichte, Lehre, Wesen*, Gütersloh 1981,
    p. 79.

23) Sura 3:22; 4:47.

24) Sura 5:16.

25) Sura 2:169.

26) Sura 4:48; 5:16. 45.

27) Emanuel Kellerhals, *Der Islam. Geschichte, Lehre, Wesen*, Gütersloh 1981,
    p. 80.

28) Norman Geisler & Abdul Saleeb, *Answering Islam: The Crescent in Light of
    the Cross*, (Grand Rapids: Baker Books), p. 215.

29) Abd al-Masih, *Dialogue with Muslim*, 이동주 역, p. 166.

30) Sura 96, 그리고 Emanuel Kellerhals, *Der Islam, Geschichte, Lehre, Wesen*,
    3. Auflage, 1981, pp. 26–28.

31) Abd al-Masih, *Dialogue with Muslim*, 이동주 역, p. 140.

32) K. Hoppenworth, *Islam contra Christentum gestern und heute*, Bad-
    Liebenzell 1976, p. 17 f.

33) 이슬람 연구소, 『이슬람의 이상과 현실』, 예영커뮤니케이션, 1996, pp. 74-75.

34) Sura 97:1-5, Abd al-Masih, *Dialogue with Muslim*, p. 141.

35) Sura 2:97-98, 그리고 66:4, Abd al-Masih, *Dialogue with Muslim*, p. 141.

36) Abd al-Masih, *Dialogue with Muslim*, p. 141.

37) Emanuel Kellerhals, *Der Islam. Geschichte, Lehre, Wesen*, Gütersloh 1981, p. 82.

38) Sura 2:97-98; 5:73.

39) Hans Küng, Josef van Ess, *Christentum und Weltreligionen, Islam*, Gütersloh 1991, p. 111.

40) Sura 4:171.

41) Sura 4:171.

42) Sura 112:1-4.

43) Hans Küng, Josef van Ess, *Christentum und Weltreligionen, Islam*, Gütersloh 1991, p. 111.

44) Emanuel Kellerhals, *Der Islam. Geschichte, Lehre, Wesen*, Gütersloh 1981, p. 73.

45) Ibid., p. 86.

46) Ibid., p. 73.

47) 최영길, 『성 꾸란, 의미의 한국어 번역』, 서울: 이슬람 국제 출판국, 2. 하나님의 지침서.

48) Sura 6:39.

49) Sura 4:88.

50) Hans Küng, Josef van Ess, Christentum und Weltreligionen, Islam, Gütersloh 1991, p. 110.

51) Ibid., p. 111.

52) Emanuel Kellerhals, *Der Islam. Geschichte, Lehre, Wesen*, Gütersloh 1981, p. 76.

53) Ibid, p. 86.

54) Ibid, p. 93.

55) Ibid, p. 94.

56) Ibid.

57) 『성 꾸란, 의미의 한국어 번역』, 서울: 이슬람 국제 출판국, 2. 하나님의 지침서.

58) Ibid.

59) Sura 86:6.

60) Sura 30:30.

61) Sura 15:28.

62) Sura 7:13.

63) A. Guillaume, *Islam*, London: Penguim Books, 1990, p. 65.

64) Sura 3:45.

65) Sura 3:47.

66) Sura 5:119−120.

67) Sura 21:91; 66:12.

68) Sura 3:59.

69) Sura 21:91; 66:12, Abd al−Masih, *Dialogue with Muslim*, 이동주 역, p. 49.

70) Sura 5:75.

71) Sura 3:59−60.

72) Sura 4:171.

73) Sura 21:91; 66:12.

74) Abd al−Masih, *Dialogue with Muslim*, 이동주 역, p. 47.

75) Sura 61:6 그리고 Emanuel Kellerhals, *Der Islam. Geschichte, Lehre, Wesen*, Gütersloh 1981, p. 85.

76) Abd al−Masih, *Dialogue with Muslim*, 이동주 역, p. 53.

77) Sura 3:55; 4:158, 5:116−118, Abd al−Masih, *Dialogue with Muslim*, 이동주 역, pp. 63−64.

78) Abd al-Masih, *Dialogue with Muslim*, 이동주 역, p. 64.

79) Emanuel Kellerhals, *Der Islam. Geschichte, Lehre, Wesen*, Gütersloh 1981, p. 90.

80) Sura 4:159, Abd al-Masih, *Dialogue with Muslim*, 이동주 역, p. 65.

81) Sura 43:61, Abd al-Masih, *Dialogue with Muslim*, 이동주 역, p. 66.

82) Emanuel Kellerhals, *Der Islam. Geschichte, Lehre, Wesen*, Gütersloh 1981, p. 91.

83) Sura 37:49-50.

84) Sura 44:51-55, 52:20, 55:72-76, 56:28-37.

85) Abd al-Masih, *Dialogue with Muslim*, 『무슬림과의 대화』, 이동주 역, p. 47.

86) Emanuel Kellerhals, *Der Islam. Geschichte, Lehre, Wesen*, Gütersloh 1981, p. 86.

87) Abd al-Masih, *Dialogue with Muslim*, 『무슬림과의 대화』, 이동주 역, p. 66-67.

88) Sura 2:97-98, 그리고 Hans Küng, Josef van Ess, *Christentum unfd Weltreligionen, Islam*, p. 150.

89) Sura 26:193, Abd al-Masih, *Dialogue with Muslim*, 『무슬림과의 대화』, 이동주 역, p. 79.

90) Sura 61:6.

91) Sura 4:157.

92) Sura 4:158.

93) Sura 4:157.

94) Sura 6:154.

95) Sura 11:114.

96) Sura 29:9.

97) Abd al-Masih, *Dialogue with Muslim*, 『무슬림과의 대화』, 이동주 역, p. 214.

98) Abd al-Masih, *Dialogue with Muslim*, 『무슬림과의 대화』, 이동주 역, p. 101.

99) Sura 5:45.

100) Sura 11:114-5.

101) Sura 7:161.

102) Sura 2:277.

103) Sura 3:169, 195.

104) 전재옥, "무슬림 여성, 어제와 오늘", 『무슬림 여성』, 예영커뮤니케이션 1997, p. 30.

chapter 4   기독교와 이슬람, 문명의 공존

1) Lesslie Newbigin, *The Gospel in the Pluralistic Society*, Grand Rapids: Eerdmans, 1989, 『다원사회 속에서의 복음』, 허성식 역, IVP, p. 201.

2) Geoffrey Parrinder, ed. *World Religions: From Ancient History to the Present* (New York: Facts On File Publications), 1971, pp. 464-465.

3) Sura 106:1-5.

4) 이광호, 『세계선교의 새로운 과제들』, 예영커뮤니케이션, 1998, p. 158, 163.

5) 이광호, 『이슬람과 한국의 민간신앙』, 울산대학교 출판부, 1998, pp. 85-86.

6) 서정길 편저, 『하디스』, 한국 이슬람교 중앙연합회, 1978, p. 52.

7) 안명준, "알라의 유일신 개념의 태동과 알라 개념에 나타난 문제점", 『기독교와 이슬람』, 상게서, p. 110.

8) 이광호, "무함마드의 종교에 관한 소고", 『기독교와 이슬람』, 한국 개혁신학회 논문 발표회 자료집 2002년 4월, p. 97.

9) 이규철, "이슬람의 기원과 이해", 중동지역학 총론.

10) Norman Anderson, *The World's Religions* (Leicester: IVP), 1991, p. 95.

11) 이광호, 상게서, p. 94.

12) Sura 2:107, 13:40, 16:102.

13) Norman Geisler & Abdul Saleeb, *Answering Islam: The Crescent in Light of*

the Cross (Grand Rapids: Baker Books), pp. 98-99.

14) Anis A. Shorrosh, *Islam Revealed: A Christian Arab's View of Islam*, p. 159.

15) 안명준, "알라의 유일신 개념의 태동과 알라 개념에 나타난 문제점", 『기독교와 이슬람』, 한국 개혁신학회 제12회 심포지엄 자료집, 2002년 4월, p. 113.

16) Abd al-Masih, *Dialogue with Muslim*, 『무슬림과의 대화』, 이동주 역, 서울: 기독교문서선교회, 2001, p. 194.

17) Sura 2:65-66; 5:60; 7:163-166.

18) Sura 5:82.

19) Sura 5:82.

20) Sura 9:29.

21) Sura 5:82.

22) Sura 9:29.

23) "리비아가 가는 길, 북한이 가는 길", 《조선일보》 사설, 2006년 5월 17일, 35면.

24) "중동민주화 최대위협, 이슬람 근본주의" 《미래한국》, 2005년 6월 11일, 7면.

25) 상동.

26) Mehmet Ozay, *Islamic Identity and Development: Studies of the Islamic Periphery* (London: Routledge, 1990), p. 37.

27) "낙후된 땅 아랍 세계, 개인자유 속박, … 성차별 … 지식빈곤 … 3대 결핍", 《조선일보》, 2002년 7월 9일, p. 15.

28) "권력·부 왕실이 독차지", 《조선일보》, 2002년 8월 20일, 13면.

29) "종교박해 1위국 사우디 복음화 험난하다", 《국민일보》, 2002년 4월 29일, 18면.

30) "이슬람선교를 위한 해법", 《국민일보》, 2002년 8월 6일, 29면.

31) The Economist, 6. July, 2002, 《조선일보》, "낙후된 아랍세계", 2002년 7월 9일, 15면.

32) 세예드 모함마드 하타미, 『문명과의 대화』, 이희수 옮김, 지식여행, 2002.

33) 버나드 루이스, 『무엇이 잘못되었나』, 서정민 옮김, 나무와 숲, 2002. 《조선일보》, "서구와 이슬람 세계의 갈등 어떻게 풀 것인가", 2002년 9월 7일, 3면.

34) 윌리엄 번스타인, 『부의 탄생』, 김현구 옮김, 시아출판사, 2005년 3월, 《조선일보》, "법치라야 부자나라 된다", 2005년 3월 26일 D1.

35) Bernard Louis, *What Went Wrong?*, Oxford University Press 2002, 이상돈, "이슬람의 실패"(해외서평), 《조선일보》, 2002년 3월 16일, 47면.

36) Sura 2:191–193; 4:89; 8:39; 9:5.

37) Sura 22:77–78.

38) Sura 2:116.

39) Sura 3:28; 4:89; 8:72–73; 60:1.

40) Sura 9:29.

41) "중동 기독인 전체 인구의 8%, 일상화된 차별 '신앙 가시밭길'", 《국민일보》, 2003년 3월 25일, 29면.

42) Sura 2:62; 5:69; 22:17.

43) 전재옥, "한국의 무슬림 공동체에 대한 선교신학적 접근", 『아시아의 무슬림 공동체』, 예영커뮤니케이션, 1998, p. 14.

44) Sura 2:154; 3:157–158, 161–171, 193–195, 4:24; 47:4–6.

45) 전호진, 『이슬람 종교인가? 이데올로기인가?』, SFC출판부, 2002, p. 271.

46) Abd al–Masih, *Dialogue with Muslim*, 이동주 역, p. 216.

47) "레바논, 극단주의자 죽음 놓고 엇갈린 주장", 《크리스챤 뉴스위크》, 2005년 7월 23일 10면.

48) Steven Emersion, *American Jihad. The Terroists Living Among Us.* 2002.

49) "과격 이슬람 거점은 미국에 있다", 《조선일보》, 2002년 5월 25일, 55면.

50) Lesslie Newbigin, *The Gospel in a Pluralistic Society*, Grand Rapids: Eerdmans, 1989, 『다원사회 속에서의 복음』, 허성식 역, IVP, p. 201.

51) Lesslie Newbigin, 상게서, p. 201.

52) 세예드 모함마드 하타미, 『문명과의 대화』, 이희수 옮김, 지식여행, 2002.

53) "세계화와 윤리 전망", 정재식 보스턴대 석좌 교수, 《조선일보》, 2002년 4월 24일, 21면.

54) 전호진, 『이슬람 종교인가? 이데올로기인가?』, SFC출판부, 2002, p. 147-168.

55) "언어를 배워라 그리고 신뢰하라", 《국민일보》, 2002년 7월 30일, 29면.

56) 방한 인터뷰 판넨베르그 교수, "성경, 코란 상호이해가 기독교 이슬람 화해 첫걸음", 《조선일보》, 2001년 11월 6일, 19면.

57) 상동.

58) Laura Blumenfeld, Revenge. A Story of Hope, 2002, "아버지를 쏜 팔 청년에 내가 한 복수는 용서였다", 《조선일보》, 2002년 4월 12일, 9면.

59) "영국인이 될 수 없던 그들에겐 종교가 전부였다", 《조선일보》, 2005년 8월 2일, 13면.

60) 유해석, "이슬람 성장할수록 테러 위협 높아진다" 《기독교연합신문》, 2005. 7. 17. 12면.

61) 전호진, 『이슬람 종교인가? 이데올로기인가?』, SFC출판부, 2002, p. 284.

62) Harald Müller, *Das Zusammenleben der Kulturen*, Frankfurt: Fischer Taschenbuch Verlag, 1998, 이영희 역, 『문명의 공존』, 푸른숲, 1999.

chapter 5   기독교시각에서 본 이라크 전쟁

1) "교계, 이라크전 해석 다양", 《크리스천 투데이》, 2003년 3월 26일, 1면, "해외교회가 바라본 미국-이라크 전쟁", 《기독교연합신문》, 2003년 4월 6일, p. 11.

2) 독일 루터교회의 중요문서인 "아우그스부르그 신앙고백"(Augsburg Konfession) 16조항은 "그리스도인들이 악을 범하는 자들을 처벌하기 위하여 통치자들과 심판자들로서 무기를 사용하여 정의로운 전쟁을 수행하는 것은 적법하다"고 기술하고 있다. 이 문서는 방어적인 성격을 지니지 않은 어떤 전쟁도 정당화 될 수 없는 것으로 본다. 그리하여 다음 여섯 가지 조건을 제시했다. 첫째, 전쟁은 불가피한 경우에만 허용된다. 전쟁의 불가피성을 결정하는 데는 적법한 권위가 있어야 한다. 둘째, 전쟁의 분명한 원인이 있어야 한다. 무기사용을 정당화 할 수 있는 분명한 원인이

있어야 한다. 그리고 무기사용은 큰 악을 제거하는 작은 악이 되어야 한다. 셋째, 전쟁 수행은 그것이 방어하고 보호하려는 선한 목적을 실현하기 위한 수단이 되어야 한다. 전쟁의 수행과 결과(엄청난 살상, 민간인의 고통, 생명상실 등)가 전쟁이 극복하고 제거하려는 고통과 피해보다 더 큰 고통과 피해를 초래해서는 안 된다. 넷째, 전쟁은 마지막 수단으로 채택되어야 한다. 갈등을 해결하기 위한 모든 외교적 노력이 실패한 경우에만 채택되어야 한다. 다섯째, 전쟁은 예측할 수 있는 시간 안에 끝날 수 있다는 계산에서 수행되어야 한다. 여섯째, 전쟁의 결과는 전쟁이 초래한 재난보다 훨씬 더 좋은 상태가 되어야 한다. (Peter Beyerhaus, "War and Peace in Christian Perspective", Address delivered at KEF Meeting in Seoul, 14th April 2003, 6, 김명혁 역, "기독교관점에서 본 전쟁과 평화", 2003년 4월 14일, 강변교회 강연집, 11).

3) "새로운 제국. 이라크 전쟁을 통해 완전히 달라진 미국 그 심장부엔 신보수주의가 있다", 《조선일보》 주말 매거진, 2003년 4월 18일, 1면.

4) Peter Beyerhaus, "War and Peace in Christian Perspective", Address delivered at KEF Meeting in Seoul, 14th April 2003, 6, 김명혁 역, "기독교관점에서 본 전쟁과 평화", 2003년 4월 14일, 강변교회 강연집, p. 14.

5) 김성, "성경으로 보는 이라크 지역의 역사, 아시리아, 바벨론 등 구약의 주무대", 《기독교연합신문》, 2003년 4월 6일, p. 11.

6) "해외교회가 바라본 미국-이라크 전쟁", 《기독교연합신문》, 2003년 4월 6일, 11면. "중동선교의 미래, 어떻게 될 것인가", 《크리스천 투데이》, 2003년 3월 26일, 7면.

7) 김성, "성경으로 보는 이라크 지역의 역사, 아시리아, 바벨론 등 구약의 주무대", 《기독교연합신문》, 2003년 4월 6일, p. 11.

8) "해외교회가 바라본 미국-이라크 전쟁", 《기독교연합신문》, 2003년 4월 6일, p. 11.

9) 유해석, "이슬람 성장 할수록 테러 위협 높아진다", 《기독교연합신문》, 2005. 7. 17. 12면.

10) 상동.

11) "영국인이 될 수 없던 그들에겐 종교가 전부였다", 《조선일보》, 2005년 8월 2일, A

13면.

12) 세계정신의학회 회장 후안 메시춰, "조승희, 영혼에 구멍이 나… 폭력적 충동 가둬 둘 뚜껑 열린 것", 《조선일보》, 2007년 4월 23일 A33면.

13) "영국인이 될 수 없던 그들에겐 종교가 전부였다", 《조선일보》, 2005년 8월 2일, A13면.

14) 유해석, "이슬람 성장할수록 테러 위협 높아진다," 《기독교연합신문》, 2005년 7월 17일, 12면.

chapter 6   기독교 문화와 영성

1) Lucien Legrand, *The Bible on Culture*, Belonging or Dissenting, Maryknoll, New York , 2000, XVii.

2) Ibid., Xii—XVii.

3) Ibid., Xiii.

4) L. J. Luzbetak, *The Church and Cultures* (Maryknoll, N.Y.:Orbis Books 1988), David J. Bosch, *Transforming Mission: Paradigm Shifts in Theology of Mission* (Maryknoll, N.Y.:Orbis Books 1991).

5) M. Noth, *The Old Testament World* (London: Adam & Charles Black, 1966), p. 226.

6) Lucien Legrand, *The Bible on Culture*, Belonging or Dissenting, Maryknoll, New York , 2000, pp. 9—10.

7) Ibid., p. 11.

8) Ibid., p. 15.

9) Ibid., p. 169.

10) Ibid., pp. 169—170.

11) Ibid., p. 170.

12) Ibid., p. 172.

13) Ibid., p. 174.

14) Ibid., p. 175.

chapter 7 보편 윤리와 기독교 문화

1) Lesslie Newbigin, *The Gospel in a Pluralistic Society*, Grand Rapids: Eerdmans, 1989, 『다원주의 사회에서의 복음』, 허성식 옮김, IVP, p. 144.

2) Alasdair MacIntyre, *Whose Justice, Which Rationality?* 1988, chapter 18-19.

3) H. Thielicke, *Theologische Ethik I, Prinzipienlehre*, Tübingen 1981, p. 187.

4) 상동.

5) 상게서, p. 188.

6) 상게서, p. 242.

7) 상게서, p. 9.

8) 상게서, p. 12.

9) H. Thielicke, *Theologische Ethik III*, viii-ix.

10) Nag-Heoung Lim, *Ethische Relevanz neutestmentlicher Grundaussagen bei Werner Elert*, Helmut Thielicke und Trutz Rendtorff, Theorie und Forschung Bd. 430, Theologie Bd., 29, Regensburg 1996, p. 107.

11) H. Thielicke, *Theologische Ethik I*, 75, (205).

12) 상게서, p. 76.

13) 상게서, p. 78.

14) Martin Honecker, *Einführung in die Theologische Ethik. Grundlagen und Grundbegriffe*, Berlin/New York, 1990, p. 13.

15) Ebd., p. 74.

16) 세계개혁교회연맹 편, 『정의, 평화, 창조질서의 보전』, WARC 서울대회 보고서,

대한기독교서회, 1989, p. 51.

17) 『정의, 평화, 창조질서의 보전』, p. 51.

18) Nicholas Wolterstorff, *Until Justice and Peace Embrace*, Grand Rapids: Eerdmans, 1987, p. 70.

19) Jürgen Moltmann, *Gerechtigkeit schafft Zukunft. Friedenspolitik und Schöpfungsethik in einer bedrohten Welt.* Muenchen: Kaiser, 1989, p. 56.

chapter 8   예수 문화와 개혁신앙

1) Samuel P. Huntington, *The Clash of Civilizations and the Remaking of World Order*, 1996, 이희재 역, 『문명의 충돌』, 김영사, 1997.

2) Prescription Against Heretics, Vii; Apology, XLVi, 재인용: Richard Niebuhr, *Christ and Culture*, 김재준 역, 대한기독교서회, 1980, p. 61.

3) Lucien Legrand, *The Bible on Culture*, Orbis: Maryknoll, New York, 2000, p. 6-12.

4) Ibid.

5) 김영한, 『하이데거에서 리꾀르까지』, 박영사, 2003, 전정판, p. 259.

6) "교회내 문화적 이질감 극복 위해 노력"(기독교문화기획사운영실태 2), 《기독교연합신문》, 1996년 9월 8일, 16면.

7) "98년 기독교사대회", 《빛과 소금》, 1998년 7월호, p. 130.

8) 한춘기, "교사와 기독교철학," 푸른향기 http://blog.daum.net/jubarakigs/1342249, 2007.01.09 16:03.

9) 상동.

10) 최인식, 『예수와 문화』. 서울: 예영커뮤니케이션, 2006, p. 286.

11) H. N. Bialik and Y. H. Ravnitzky(ed.), *The Book of Legends Sefer Ha-Aggadah: Legends from the Talmud and Midrash* (New York: Schokcen,

1992), 최인식, 상게서, p. 281.

12) H. N. Bialik, "Halacha and Aggada", in: Modern Jewish Thought: A Source Reader, ed., N. N. Glatzer (New York: Schocken, 1977), pp. 56-61, 최인식, 상게서, p. 282.

13) John Corbett, "The Pharisaic Revolution and Jesus as Embodied Torah", Studies in Religion/ Sciences Religieuses 15(1986): 375-391, 최인식, 상게서, p. 289.

14) 김영한, "문화선교의 신학적 기초와 실천방향," 2007년 4월 17일 문화선교 컨퍼런스 (강북 제일교회) 자료집.

chapter 9 　교회의 사회봉사의 신학적 근거

1) Karl- Fritz Daiber, *Diakonie und Kirchliche Identität. Studien zur diakonischen Praxis in der Volkskirche*, Hannover, 1988, p. 15 황금봉 역, 교회의 정체성과 교회봉사, 한국장로교출판사.

2) 김영한, "개혁신학의 구원과 섬김(사회봉사)론", 『21세기와 개혁신학 III』, 한국장로교출판사, 1998, p. 262.

3) Theodor Schober, *Diakonisches Werk*, in: Staatslexikon, Bd.2, Freiburg 1986 p. 39. Karl Firtz Daiber, op. cit., p. 212.

4) 김영한, "개혁신학의 구원과 섬김(사회봉사)론", 『21세기와 개혁신학 III』, 한국장로교출판사, 1998, pp. 254-256.

5) Jürgen Moltmann, *Diakonie im Horizont des Reiches Gottes*, Neukirchen 1989, p. 25.

6) Paul Philippi, *Christuszentrische Diakonie*, 1975, p. 232.

7) Moltmann, *Diakonie in Horizont des Reiches Gottes*, "하나님 나라와 봉사의 신학" (번역), in: 사회봉사의 신학과 실천, 1992, p. 76.

8) Dieterich Bonhoeffer, *Widerstand und Ergebung.* München 1982, p. 261.

9) R. Weth, *Diakonie am Wendepunkt*, Evangelische Theologie 36, 1976, 263ff.

10) J. Moltmann, *Diakonie im Horizont des Reiches Gottes*, 상게서, p. 84.

11) Jürgen Moltmann, *Diakonie im Horizont des Reiches Gottes — Schritte zum Diakonentum aller Gläubigen*, Neukirchener Verlag des Erziehungsvereins Gmbh 2. Auflage, 1989, pp. 19–41.

12) J. Moltmann, *Diakonie im Horizont des Reiches Gottes*, 상게서, p. 86.

13) Paul Philippi, *Christuszentrische Diakonie*, Stuttgart 1975, p. 232.

14) 김영한, 『바르트에서 몰트만까지』, 2003년 3월 대한기독교서회, 수정증보판, "1장 칼 바르트 6. 바르트의 [교회 교의학], 8) 기독론적 보편유추적 사고방식: 인간, 세계와 역사의 독자성 상실"을 보라.

15) Karl— Fritz Daiber, *Diakonie und Kirchliche Identität. Studien zur diakonischen Praxis in der Volkskirche*, Hannover, 1988, 황금봉 역, 『교회의 정체성과 교회봉사』, 한국장로교출판사, p. 363.

16) 이삼열, "사회봉사의 신학과 실천과제", 사회봉사의 신학과 실천, 1992, 한울, p. 25.

17) 상동, p. 25.

18) Dieterich Bonhoeffer, *Sanctorum communio*, München 1954, pp. 93, 218f.

19) Karl Fritg Daiber, "교회봉사와 신학"(테제들), 상게서, p. 139. 여기서 "교회의 사회봉사가 본질적으로 교회로 이해되어야 하므로 부가되는 선교적 기능을 통하여 합법성을 얻을 필요가 없다고" 하는 다이버의 테제(상게서, p. 140)는 사회봉사와 복음 선포를 분리시킬 수 있는 위험성을 내포하고 있다. 사회봉사 그 자체가 교회의 본질적 기능이며 그 자체가 교회라고 할 때 우리는 사회봉사 그 자체를 말씀의 선포 그 자체와 분리시켜 말씀의 선포 없는 사회봉사만을 이해한다면 그것은 교회이해의 변형을 초래한다. 교회는 항상 말씀의 선포이며 성례전이며 성도의 교제이며 이러한 말씀이 선포되며 성례전이 집행되는 곳에 사회를 향한 봉사는 항상 실천된다.

20) 김한옥, 『기독교 사회봉사의 역사와 신학』, 부천: 실천신학 연구소, 2006, pp. 449-450

21) L. Berkhof, *Systematic Theology: The Doctrine of the Church and of the Means of Grace*, 신복윤 역, 성광문화사, p. 53.

22) 로널드 사이더, "복음주의-사회복지 통합시 구원 효과적"《크리스천투데이》, 2005년 8월 29일, 10면.

chapter 10　　몸, 죽음, 생명과 개혁신앙

1) H. W. Wolff, *Anthropologie des Alten Testaments*, Gütersloh 1973, 그리고 K. A. Bauer, *Leiblichkeit − das Ende aller Werke Gottes. Die Bedeutung der Leiblichkeit des Menschen bei Paulus*, Gütersloh 1971.

2) H. Fr. Kohlbrügge, Römer 7, BST 28, Neukirchen−Vlyuvn 1960.

3) J. Moltmann, *Der Geist des Lebens. Eine ganzheitliche Pneumatologie*, München: Chr. Kaiser, 1991, 번역판, p. 123.

4) Platon, Phaidon 64 c.

5) J. Moltmann, *Das Kommen Gottes. Christliche Eschatologie*, 『오시는 하나님』, p. 117.

6) E. Bloch, *Das Prinzip Hoffnung*, Frankfurt 1959, 1385 ff: Der Augenblick als Nicht−Da−Sein, Exterrialität zum Tod.

7) R. Descartes, Meditationen, PhB 21, 특히 6. Meditation, p. 17.

8) Ibid., p. 33.

9) Ibid., p. 37.

10) J. Moltmann, *Gott in der Schöpfung. Ökologische Schöpfungslehre*, München: Chr. Kaiser, 1985, 김균진 역, 『창조 안에 계신 하나님』, p. 307.

11) Ibid., p. 303.

12) Moltmann, 상게서, p. 289.

13) J. Moltmann, *Der Geist des Lebens. Eine ganzheitliche Pneumatologie*, München: Chr. Kaiser, 1991, 김균진 역, 『생명의 영』, 대한기독교서회, p. 131.

14) 상게서, p. 295.

15) 상게서, p. 305.

16) 상게서, p. 264.

17) 상게서, p. 285.

18) 상게서, p. 286.

19) E. Zinn, *Die Theologie des Friedrich Christoph Oetinger*, Gütersloh 1932, 118f.

20) Martin Luther, WA 2, 415, 14.

21) 김영한, "11장, 해체신학과 개혁신학", 『21세기와 개혁신학』, 제2권, 1998, 한국장로교출판사, 참조.

22) Moltmann, 상게서, p. 289.

23) A. Champdor, *Das ägyptische Totenbuch in Bild und Deutung*, bearb. u. hg. v. M. Lurker, einzig berecht, übertr. aus d. Franz. v. H. Flieβbach, Bern/München/Wien/ 1977, p. 151.

24) Bhagawadgita, II. 2. 0.

25) Platon, *Phaidon* (Werke griech. und dt. III, hg. V. G. Eigler), Darmstadt 1974, 80 e, 81 a.

26) M. Pohlenz, *Die Stoa. Geschichte einer geistigen Bewegung*, Göttingen, 2. Aufl. 1959, 151 ff.

27) J. G. Fichte, *Ausgewählte Werke I*, hg. von F. Medicus, Darmstadt 1962, p. 250.

28) E. Bloch, *Prinzip Hoffnung*, 1391.

29) Th. W. Adorno, *Negative Dialektik. Gesammelte Schriften VI*, Frankfurt 1966, p. 363.

30) Moltmann, 상게서, p. 322.

31) Moltmann, *Das Kommen Gottes. Christliche Eschatologie*, 김균진 역, 『오시는 하나님』, 대한기독교서회, p. 147.

32) Hans Küng, *Ewiges Leben?*, München 1982, 145 ff. 147.

33) Moltmann, *Das Kommen Gottes*, 번역본, p. 171.

34) O. Cullmann, *Unsterblichkeit der Seele oder Auferstehung der Toten*, Stuttgart 1962.

35) E. Jüngel, Tod, Stuttgart 1971, p. 145.

36) H. W. Wolff. *Anthropologie des Alten Testaments*, Gütersloh, 1973

37) Moltman, 상게서, p. 305.

38) M. Luther, WA2, 415. 14.

chapter 11 기(氣)와 성령
– 기 사상에 대한 신학적 해석

1) J. I. Packer, *Keep in Step with the Spirit*, Leicester: IVP, 1984; J. Moltmann, *Der Geist des Lebens. Eine ganzheitliche Pneumatologie*, Munchen: Chr. Kaiser Verlag, 1991, 김균진 역, 『생명의 영』, 대한기독교서회, 1992.

2) 정성택, 『동양의학과 대체의학』, p. 205 이하.

3) 마루야마 도시야끼, 박희준 역, 『기(氣)란 무엇인가, 논어에서 신과학까지』, 정신세계사, 1986, p. 27.

4) 한정선, "기철학적으로 본 신체의 생명현상", 《신학과 세계》, 통권 제40호, 2000년 6월, 감리교신학대학교 출판부, p. 355.

5) 마루야마 도시야끼, 상게서, p. 28.

6) 상게서, pp. 59-60.

7) Helen Schungel-Straumann, Ruah (Geist-, Lebenskraft) im Alten

Testament, in: Maria Kassel (Hg.), *Feministische Theologie. Perspektiven zur Orientierung*, Stuttgart, 2. Aufl. 1988, p. 61.

8) J. Moltmann, *Der Geist des Lebens. Eine ganzheitliche Pneumatologie*, Munchen: Chr. Kaiser, 1991, 김균진 역, 대한기독교서회, 1992, p. 64.

9) 마루아마 도시야끼, 상게서, p. 32.

10) Bruce K. Waltke, "בֶּפֶשׁ" in R.. L. Harris and Others ed. *Theological Wordbook of the OT* (Chicago: Moody, 1980), p. 732.

11) 한정건, "인간에 대한 성경적 이해 (בֶּפֶשׁ를 중심으로)", 몸, 죽음, 생명, 한국개혁신학회, 제11차 정기 학술심포지엄, 2001년 11월 3일, 자료집 3.

12) 한정건, 상게서, p. 6.

13) H. J. Kraus, *Systematische Theologie im Kontext biblischer Geschichte und Eschatologie*, Neukirchen–Vluyn 1983, p. 449.

14) Anthony A. Hoekema, 유호준 역, 『개혁신학의 인간론』, 기독교문서선교회, 1990, p. 355.

15) 장입문 주편, 김교빈 옮김, 『기의 철학』, 상권, 예문지, 1993년, p. 110

16) 마루야마 도시야끼, 상게서, pp. 60-65.

17) Hans Walter Wolff, Anthropologie des AT, 『구약성서의 인간학』, 문희석 역, 분도출판사, 1976, p. 68.

18) J. Moltmann, *Der Geist des Lebens.* p. 66.

19) 마루야마 도시야끼, 상게서, p. 57.

20) 상동.

21) 상게서, p. 58.

22) G. Greshake, *Gott in allen Dingen finden. Schöpfung und Gotteserfahrung*, Freiburg 1986, 44 ff.

23) John Wesley, Upon our Lord's Sermon on the Mount, Discourse III, I. II, 1742, in: Standard Sermons, hg. v. E. H. Sugden, London 5. Aufl. 1964, Nr. 23.

24) J. Moltmann, *Der Geist des Lebens. Eine ganzheitliche Pneumatologie*, München: Chr. Kaiser, 1991, 김균진 역, 대한 기독교서회, 1992, p. 59.

25) 마루아마 도시야끼, 상게서, p. 44.

26) 상게서, p. 46.

27) 상게서, p. 47.

28) 상게서, p. 55.

29) 상게서, p. 57.

30) Arthur Holmes, *Contour of the World*, Eerdmans, 1983, 이승구 역, 『기독교 세계관』, 엠마오, 1985.

31) 김용옥 · 최영애, 도올 논문집, pp. 34-37.

32) A. A. 후크마, 개혁주의 인간론, p. 337.

33) 마루아마 도시야끼, 상게서, p. 27.

34) 상게서, p. 28.

35) 상게서, p. 28.

36) 상게서, p. 29.

37) 상게서, pp. 83-85.

38) 상게서, p. 85.

39) O. H. Stock, Der Schöpfungsbericht der Priesterschrift. Studien zur literarkritischen und überlieferungsgeschichtlichen Problematik von Genesis 1:1-2:4a, 2. erw. Aufl., Vandenhoeck: Göttingen 1981, p. 256.

40) Michael Welker, *Gottes Geist: Theologie des Heiligen Geistes*, Neukirchener Vluyn 1992, 신준호 역, 대한기독교서회, 1995, p. 227.

41) Michael, Welker, 상게서, p. 229.

42) Ian G. Barbour, *When Science Meets Religion*, 2000, 이철우 역, 『과학이 종교를 만날 때』, 김영사, 2002, p. 78.

43) 상게서, p. 84.

44) 김균진, 『자연환경에 대한 기독교 신학의 이해』, 연세대출판부, 2006, p.

353.

45) E. H. Hooton, *The Ideas of Physics*, 1967, p. 144.

46) Diarmuid O'Murchin, *Quantum Theology: Spiritual Implication of the New Physics* (New York: Crossroads, 1997).

47) Ian G. Barbour, 상게서, p. 145.

48) 상게서, p. 149.

49) John Polkinghorne, *The Quantum World* (London: Penguin Books, 1986), p. 79, 80.

50) Menas Kafatos and Robert Nadeau, *The Conscious Universe: Part and Whole in Modern Physical Theory* (New York and Berlin: Springer Verlag, 1990); Ian G. Barbour, When Science Meets Religion, 2000, 이철우 역, 『과학이 종교를 만날 때』, 김영사, 2002, pp. 143-148.

51) David Bohm, *Wholeness and the Implicate Order* (Boston: Routledge and Kegan Paul, 1980), chap. 7; ________, "Religion as Wholeness and the Problem of Fragmentation", Zygon 20 (1985), pp. 124-133.

52) Ian G. Barbour, 상게서, p. 152.

53) Klaus Baanch/Kurt Rommel(Hg.), *Religiöse Strömmungen unserer Zeit. Eine Einführung und Orientierung*, Stuttgart: Quell, 1991, pp. 16-26.

54) Horst Afflerbach, *Die sanfte Umdeutung des Evangeliums. Eine biblische Analyse des Neuen Bewusstseins*, Wuppertal: Brockhaus, 1988, pp. 32-35.

55) Marilyn Ferguson, *The Brain Revolution*, Babara Brown, *New Mind, New Body: Bio-feedback: New Directions for the Mind*, New York: Harper and Row, 1974; David Rorvik, "The theta Experience", 《Saturday Review of the Sciences》, May, 1973, pp. 46-51.

56) Paul G. Hiebert, *Anthropological Reflections on Missiological Issues*, Baker Books, 1994, 김영동, 안영권 역, 『인류학적 접근을 통한 선교현장의 문화이해』, 죠이선교회출판부, p. 298.

chapter 12   인문학의 위기와 기독교

1) Paul Tillich, "Die Verlorene Diemnsion", in: Saturday Evening Post, 1958, Nr. 50, 그리고 "Die Verlorene Dimension. Not und Hoffnung unserer Zeit. Ein Stundenbuch, Furche-Verlag, Hamburg 1962, p. 8.

2) 상게서, 10.

3) J. Derrida, *L' Ecriture et la difference*, p. 421.

4) J. Derrida, *De la grammatologie*, p. 227.

5) 김영한, 『21세기와 개혁신학 제2권, 포스트모더니즘과 개혁신학』, 1998, p. 229.

6) 김영한, "배아줄기 세포와 연구와 기독교 생명윤리," 기독교교육정보, 제13집, 한국기독교교육정보학회, 2006년 4월, pp. 261-283.

7) 박은주, "오해는 총알보다 깊이 박힌다", 《조선일보》, 2007년 4월 19일, 35면.

8) 허용범 특파원, 이규현 기자, "당신들이 빈 라덴 처럼 내 인생에 9 · 11테러", 《조선일보》, 2007년 4월 20일 1면.

9) 이태훈 기자, "모세처럼 이끌고 예수처럼 죽는다 '과대망상'", 《조선일보》, 2007년 4월 20일, 3면.

10) 오태진, (만물상) "살인의 광기", 《조선일보》, 2007년 4월 20일, 34면.

11) 홍원상 기자, "오늘 '컬럼바인' 8주기 … 그때 살인범을 '순교자' 로 표현", 《조선일보》, 2007년 4월 20일, 4면.

12) 장일현 기자, "미 대학생 절반 심각한 우울증 경험", 《조선일보》, 2007년 4월 20일, 8면.

13) 세계정신의학회 회장 후안 메시취, "조승희, 영혼에 구멍이 나… 폭력적 충동 가뒤둘 뚜껑 열린 것," 《조선일보》, 2007년 4월 23일, A33면.

14) 권대봉, "버지니아 비극의 교훈," 《한국교직원 신문》, 2007년 4월 30일, 4면.

15) 조선닷컴, 연합뉴스 입력, "버지니아공대 동창들 추모 이어져, 학교측 '희생자 33명' …조씨 포함 눈길', 입력 : 2007년 4월 21일 11:48.

16) 조선닷컴, 연합뉴스 입력 "얼마나 도움이 필요했니…" '버지니아텍에 조승희 추모 석' : 2007년 4월 21일 13:30 / 수정 : 2007년 4월 21일 13:48.

17) 김영한, "기독교학이란 무엇인가?" 기독교저널, 숭실대학교 기독교학대학 원, 2006년 12월, p. 17.

18) 이인식, "과학으로 무장한 인문주의자를 기다리며", 조선닷컴, 2006년 10월 1일, http://www.chosun.com/editorials/news/200610/200610010349.html

19) John Naisbitt, *The Megatrends -Ten Directions Transforming lives*, chapter 2, 1982; Naisbitt & Aburdene, 『메가트렌드 2000』, 김홍기 역, 한국경제신문사, 1990, 12.

20) 이 부분은 블로그에 있는 "영국 캠브리지 대학 인문학의 학제간 연구 및 교육교과 과정 나의 캠브리지" 2006년 6월 10일 23:36, http://blog.naver.com /julepli63/ 25185740 글을 참고하였다. 저자는 1989-1990년 일 년 동안 영국 캠브리지대의 신학부 및 웨스트민스터대학(개혁교회 소속)에 일 년 방문학자의 신분으로 연구체류한 적이 있다. 그리하여 저자에게 친숙한 캠브리지대의 학제간의 연구시스템을 소개하는 것이 바람직하다고 생각되었다.

21) John Naisbitt with Nana Naisbitt and Douglas Philips, *High Tech/High Touch: Technology and Our Search for Meaning*, Broadway Books, 1999.

22) John T. Slania is a freelance writer and journalism professor in Chicago, Bookevew , http://www.bookpage.com/9910bp/nonfiction/high_tech.html.

23) Patricia Aburdene, *2010 Megatrends: The Rise of Conscious Capitalism*, 2005, 『메가트랜드 2010』, 윤여중 옮김, 청림출판사, 2006.

24) http://www.businessleader.com/bl/sep04/hightouch.htm, The High-Tech High-Touch Paradox by Tom Stevens.

25) D. M. Brown, *Ultimate Concern. Tillich in Dialogue*, 이계준 역, 『궁극적 관심』, 대한기독교서회, 1980, p. 21.

26) 상게서, pp. 22-23.

27) 상게서, pp. 25-26.

28) 상게서, p. 26.

29) 상게서, p. 28.

30) Calvin, Institutio, I.i.2.

31) Calvin, Institutio, I,i.1.

32) 김영한, 『기독교신앙개설, 현대지성인을 위한 기독교신앙입문』, 서울:형설출판사, 1995, p. 55.

33) Blaise Pascal, Penseé, über die Religionen, 7. Auflage, Heidelberg 1972, p. 72.

34) 김영한, 『21세기 세계관과 개혁신앙』, 예영커뮤니케이션, 2006, p. 17.

35) Perry Lefvre, *Man: Six Modern Interpretations*, 『현대의 인간이해』, 기독교사회, pp. 75-79.

36) S. Kierkegarrd, *Abschliessende unwissenschaftliche Nachschrift*, Gottsched, p. 278.

37) 오형국, 『칼뱅의 신학과 인문주의』, 한국학술정보, 2006, p. 67.

38) 상게서, p. 68.

39) 김형호, "가브리엘 마르셀의 구체철학과 여정의 형이상학," 인간 사랑, 1990, p. 321.

chapter 13 　현대사회와 교회의 정체성

1) Paul Tillich, "Die Verlorene Dimension", in: Saturday Evening Post, 1958, Nr. 50 in: Die Verlorene Dimension. Not und Hoffnung unserer Zeit. Ein Studienbuch, Furche Verlag, Hamburg 1962, S. 8 비교: 김영한, 『기독교신앙개설』, 완전개정판, 1995년 형설출판사, pp. 31-37.

2) "세계지성을 만나다① 독 철학자 위르겐 하버마스", 《조선일보》 신년특집, 1996년 1월 1일, 29면.

3) 『디지털이다』 저자 네그로폰테 교수 ─ LG 전자 구자홍 사장 특별대담, "컴퓨터 네트워크 국경 없앤다",《조선일보》, 1996년 1월 15일 9면.

4) "인터넷 확산은 세계적 사회현상",《조선일보》, 1996년 1월 16일 8면.

5) Lyotard, *Das postmoderne Wissen*, Ein Bericht, p. 30.

6) D. Bell, *The Coming of Post─Industrial Society. A Venture in Social Forecasting*, New York 1973, pp. 29─56, 374─376.

7) 프란시스 후쿠야마, 우리시대의 신고전『역사의 종언』,《한국일보》, 1996년 1월 15일 23면.

8) "매스티지, 지식 있는 중산층의 상징? 매스티지(Masstige) 시대" in: BI, Befrienders International, Vol. 166, September 2005, pp. 24─25.

9) Ibid., p. 25.

10) Paul G. Hiebert, *Anthropological Reflections on Missiological Issues*, Grand Rapids: Baker Books, 김영동 · 안영권 역,『인류학적 접근을 통한 선교현장의 문화이해』, 죠이선교회 출판부, 1997, p. 85.

11) Paul Tillich, "Die Verlorene Dimension", in: Saturday Evening Post, 1958, Nr. 50 in: Die Verlorene Dimension. Not und Hoffnung unserer Zeit. Ein Studienbuch, Furche Verlag, Hamburg 1962, S. 8 비교: 김영한,『기독교신앙개설』, 완전개정판, 1995년 형설출판사, pp. 31─37.

12) Naisbitt & Aburdene, *Megatrends 2000*, 김홍기 역,『메가트렌드 2000』, 한국경제신문사, 1990, pp. 313─347.

13) J. Naisbitt & Aburdene, *Megatrend 2000*, pp. 330─347.

14) Harvey Cox, *Fire from Heaven. The Rise of Pentecostal Spirituality and the Reshaping of Religion in the Twenty─first Century*. 1995, 유지황 역,『영성. 음악, 여성』, 도서출판 동연, 1996, p. 19.

15) 이자연 기자, "밀레니엄좆 '지난 50년의 환경' 보고서", 조선닷컴, 입력 : 2005.03.31 19:28 53' / 수정 : 2005.04.01 04:57.

16) 강경희 파리 특파원, 남승우 기자, "지구상 동식물 30% 금세기 내 멸종 위기",《조

선일보》, 2007년 4월 7일 1면

17) "세계지성을 만나다① 독 철학자 위르겐 하버마스", 《조선일보》 신년특집, 1996년 1월 1일, 29면.

18) "토크쇼의 프리마돈나로 불리는 오프라 윈프리, 그 이름의 파워" in: BI, Befrienders International, Vol. 166, September 2005, p. 5-7.

19) "미국에서 떠오른 신흥교회: 이머징교회(Emerging Chruch)," 《기독교연합신문》, 2005년 9월 4일 7면.

20) 상동.

21) Kurt Koch, *Between God and Satan*, M. Harper, Spiritual Warfare, Plainfield, New jersey, 1970, 윤종석 역, 『그리스도인의 영적 전투』, 두란노, p. 116.

22) Michael Green, *I Believe in Satans's Downfall*, Grand Rapids, Michigan, 오성춘 역, 『나는 사탄의 멸망을 믿는다』, 장로회신학대학교 출판부, 1994, p. 184.

23) Dorothee Soelle, *Gott Denken. Einführung in die Theologie.* Kreuz Verlag Stuttgart, 1990. 서광선 역, 『현대신학의 패러다임』, 한국신학연구소, p. 253.

24) 상게서, p. 259.

25) 상게서, p. 260.

26) Stanley J. Samartha, *Courage for Dialogue* (Marknoll, N.Y. : Orbis Books, 1981), p.98.

27) 상게서, p. 141.

28) The Myth of Christian Uniqueness, p.8, 12, 13.

29) 상게서, pp. 56-57.

30) 상게서, p. 216.

31) 상게서, p. 180.

32) John Hick, *God has Many Names*, Philadelphia: Westminster Press, 1982.

33) Paul Knitter, *No Other Name? A Critical Survey of Christian Attitudes Toward the World Religions*, Marknoll, N.Y.: Orbis 1985.

34) Mark C. Taylor, Erring, *A Postmodern A/theology.*, The University of Chicago Press, Chicago and London, 1984, p. 13 비교: 김영한, "해체신학과 개혁신학", 《성경과 신학》, 제18권, 1995년 10월 , 한국복음주의 신학회, pp. 224-234.

35) Klaus Baanch, Kurt Rommel(Hg.), *Religiöese Stroemmungen unserer Zeit. Eine Einführung und Orientierung*, Stuttgart:Quell, 1991, pp. 16-26.

36) Horst Afflerbach, *Die sanfte Umdeutung des Evangeliums. Eine biblische Analyse des Neuen Bewusstseins*, Wuppertal:Brockhaus,1988, pp. 32-35.

37) Aldous Huxley, *Doors of Perception*, p.140, *Dancing in the Light*, pp. 334-335 ; Lilly, *Center of the Cyclone*, p.39.

38) David Spangler, *Reflections on the Christ*, 1981, *Relationship and Identity*, 1978, *The Law of Manifestation*, 1983, Forres, Scotland:Findhorn Publication.

39) "시한부 종말론 어떻게 분류되나", 《국민일보》, 1996년 1월 15일 13면.

40) "인류 파멸 자초하는 인간 복제 전면 금지돼야 한다", 《신앙세계》, 2003년 2월호, pp. 53-54.

41) Abraham Kuyper, *Lectures on Calvinism*, Eerdmans, 1898, 9th printing 1976, pp. 9-40.

42) Yung Han Kim, "Reformed Theology of Postmodern Society", in: *Christianity Facing the 21st Century*, Soong Sil University Press, 1990, p. 8-9.

43) "세계교회동향", 《기독교사상》, 1995년 10월, p. 277.

44) 김영한, "포스트모던 시대의 개혁신학", 《기독교 사상》, 1994년 1월, p. 134. George Lindebeck, *The Nature of Doctrine*, Religion and Theology in a Postliberal Age, The Westminster press, Philadelphia, 1984, pp. 113-124.

45) "천국만들기- 지옥만들기", 《한국일보》, 1996년 1월 15일 5면.

46) P. Tillich, Das protestantische Zeitalter, in: *Der Protestantismus*, S. 12 f. 17, 23 ff. Heinz Zahrnt, *Die Sache mit Gott.* Die protestantische Theologie im

20. Jahrhundert, S. 384.

47) 김영한, 『개혁신학이란 무엇인가?』. IVP, 1994, 머리말.

48) J. Moltmann, *Gott in der Schöpfung. Öekologische Schöpfungslehre.* Muenchen: Kaiser 1984, pp. 16-33.

49) J. Moltmann, "Schöpfung als offenes System", in: *Zukunft der Schöpfung,* München: Kaiser 1977, pp.123-139.

50) 김영한, 『한국기독교문화신학』, 성광문화사, 1995.

51) 김영한, 『한국기독교문화신학』, 성광문화사, 1992, 특히 "10장 후기 현대사회의 개혁신학", III. 문화신학으로서의 개혁신학, p. 282 이하.

52) Patricia Aburdene, *2010 Megatrends: The Rise of Conscious Capitalism,* 2005, 『메가트렌드 2010』, 윤여중 옮김, 청림출판사, 2006.

53) http://blog.naver.com/iam602/130005082596, Trend-watcher sees moral transformation of capitalism. Work & Money: "Interview / Patricia Aburdene" from the October 03, 2005 edition.

54) 막스 베버, 『프로테스탄트 윤리와 자본주의 정신』, 김상희 옮김, 풀빛, 2006.

55) J. Moltmann, *Theologie der Hoffnung. Untersuchungen zur Begründung und zu den Konsequenzen einer christlichen Eschatologie.* München: Kaiser, 1965, Vorwort.

참고문헌

Abd al-Masih. *Dialogue with Muslim*, 이동주 역, 『무슬림과의 대화』, 기독교문서선교회 2001.

A. Guillaume. *Islam*, London: Penguim Books, 1990.

Andreas Benz/Stephan Leimgruber, *Christen und Muslime*, Was sie verbindet, was sie unterscheidet, Munchen: Kosel Verlag, 2004

Anis A. Shorrosh. *Islam Revealed: A Christian Arab´s View of Islam* (Neshville: Thomas Nelson Publishers, 1988).

Anis A. Shorrosh. *Islam Revealed: A Christian Arab´s View of Islam*, 『성 꾸란, 의미의 한국어 번역』, 파하드 국왕 꾸란 출판청, 이슬람 역, 1417년.

Bernard Louis. *What Went Wrong?*, Oxford University Press 2002.

Charles R. Marsh. *Share Your Faith With A Mulim*, 이광호 역, 『무슬림 세계에 예수 그리스도를 심자』, 기독교문서선교회, 1985.

David Shenk. *Data Smog*, Harper San Francisco: Harper. 1997. 『데이터 스모그』, 정태석, 유홍림 옮김, 민음사, 2000.

EKD(hsg.), *Was jeder vomIslam wissen muss*, Gütersloh: Gütersloher Verlagshaus 6. uberarbeitete 2001

Emanuel Kellerhals. *Der Islam. Geschichte, Lehre*, Wesen, Gütersloh 1981.

Emanuel Kellerhals. *Der Islam. Geschichte Lehre Wesen*, Gütersloh 1978.

Fransisco Fukuyama, *America at the Crossroads: Democracy, Power and the Neoconservativ Legacy* (New Haven: Yale University Press, 2006).

Fran–ois-Marie Arouet de Voltaire, *Traite sur la tolerance*, 1763 - Treatise on Toleration,

송기형, 임미경 옮김, 『관용론』, 한길사, 2001.

Gershom Gorenberg, *The End of Days: Fundamentalism and the Struggle for the Temple Mount* (New York: The Free Press, 2000).

George Newlands, "Kenosis", in: Alan Richardson & John Bowden, A New Dictionary of Christian Theology, SCM Press, 2002, p. 316.

Geoffrey Parrinder. ed. *World Religions: From Ancient History to the Present* (New York: Facts On File Publications), 1971.

Harald Muller, *Das Zusammenleben der Kulturen*, Frankfurt: Fischer Taschenbuch Verlag, 1998, 이영희 역, 『문명의 공존』, 푸른숲.

H. A. R. Gibb. *Islam: A Historical Survey*, 이희수, 최준식 역, 서울: 도서출판 주류성, 1997.

Hans Küng, Josef van Ess. *Christentum und Weltreligionen, Islam*, Gütersloh 1991.

H. N. Bialik, "Halacha and Aggada", in: *Modern Jewish Thought: A Source Reader*, ed., N. N. Glatzer (New York: Schocken, 1977).

H. N. Bialik and Y. H. Ravnitzky(ed.), *The Book of Legends Sefer Ha-Aggadah: Legends from the Talmud and Midrash* (New York: Schokcen, 1992)

Hisham Kamel, *The Challenge of Islam in the Third Millennium*, Temple City 1999.

Hans Küng & Josef van Ess, *Christentum und Weltreligionen. Islam*, Gütersloh, 3. Auflage, 1991.

Jan Jongeneel, "The West in the End Times", Missions & Missionaries, 106(Decmeber 2001).

Jeremy Rifkin. *The Age of Access. The New Culture of Hypercapitalism*, 『소유의 종말』, 이희재 역, 민음사, 서평: 박준식, 소유의 시대 가고 접속의 온다. 《조선일보》, 2001년 5월 26일.

Jeremy Rifkin, *The Biotech Century*, 1998, 전영택, 전병기 옮김, 『바이오테크 시대』, 민음사, 1999.

John Corbett, "The Pharisaic Revolution and Jesus as Embodied Torah", Studies in Religion/ Sciences Religieuses 15(1986) Maryann Bird. "Dried Out", 《Time》 John Polkinghorne and Michael Welker, eds., *The end of the World and the ends of God: Science and Theology on Eschatology* (Harrisburg, Pennsylvania: Trinity Press International, 2000), 신준호 옮김, 『종말론에 관한 과학과 신학의 대화』, 서울: 대한기독교서회, 2002, May 14, 2001, pp. 50-53.

J. v. Stackelberg, "Voltaire", in: Die Religion in Geschichte und Gegenwart, dritte Auflage, 1963, Tübingen: J. C. B. Mohr (Paul Siebeck), 1488-1490.

K. Löwith, Heidegger. Denker in dürftiger Zeit, Frankfurt, 1953.

K. Hoppenworth. *Islam contra Christentum gestern und heute*, Bad-Liebenzell 1976.

Laura Blumenfeld. Revenge. *A Story of Hope*, 2002.

Lesslie Newbigin. *The Gospel in a Pluralistic Society*, Grand Rapids: Eerdmans, 1989, 『다원사회 속에서의 복음』, 허성식 역, IVP.

Michio Kaku. *Visions: How science will revolutionize the 21st Century*, 1997, 김승옥, 윤석왕 옮김, 『비전 2003』, 작가정신.

Norman Geisler & Abdul Saleeb. *Answering Islam: The Crescent in Light of the Cross*, (Grand Rapids: Baker Books).

Norman Anderson. *The World's Religions* (Leicester: IVP), 1991.

Norman Geisler & Abdul Saleeb. *Answering Islam: The Crescent in Light of the Cross*, (Grand Rapids: Baker Books).

Patricia Aburdene, *2010 Megatrends: The Rise of Conscious Capitalism*, 2005, 메가트랜드 2010, 윤여중 옮김, 청림출판사, 2006년

Paul G. Hiebert, *Anthropological Reflections on Missiological Issues*, Baker Books, 1994, 김영동, 안영권 역, 『인류학적 접근을 통한 선교현장의 문화이해』, 죠이선교회출판부.

Peter Beyerhaus, "War and Peace in Christian Perspective", Address delivered at KEF Meeting in Seoul, 14th April 2003, 6, 김명혁 역, "기독교관점에서 본 전쟁과 평화", 2003년 4월 14일, 강변교회 강연집, 11.

Phil Zariskie. "I once was lost, but now I'm wired", "Searching for God?", 《Time》, June 4, 2001.

R, Rorty. *Redemptive Truth, Literary Culture and Moral Philosophy*, 『구원적 진리, 문학문화, 그리고 도덕 철학』, 서울 아카넷 2001. 그리고 "이젠 문학 문화의 시대 … 창조적 삶 살아야", 세계적 철학자 리처드 로티 내한 강연, 《국민일보》, 2001년 6월 12일.

Samuel P. Huntington, *The Clash of Civilizations and the Remaking of World Order*, 1996, 이희재 역, 『문명의 충돌』, 김영사, 1997.

Siefreid Raeder, *Der Islam und das Christentum. Eine historische und theologische Einfuhrng*, Neukirchen_Vluyn, Neukirchener, 2001

Steven Emersion, *American Jihad. The Terroists Living Among Us*. 2002.

《The Economist》, 6. July, 2002.

Tariq Ali, *The Clash of Fundamentalisms*, 정철수 역,『근본주의의 충돌』, 미토, 2003.

Quran, Sura.

"과격 이슬람 거점은 미국에 있다",《조선일보》, 2002년 5월 25일, 55면.

개혁신학회 제12회 심포지엄 자료집, 2002년 4월, pp.104-118

"권력 · 부 왕실이 독차지",《조선일보》, 2002년 8월 20일, 13면.

공일주.『중동의 기독교와 이슬람』, 서울: 예영커뮤니케이션.

______.『아브라함의 종교 유대교ㅣ기독교ㅣ이슬람교』, 서울: 살림출판사, 2004

김영한. , "미국의 친이스라엘 정책과 세대주의 신학에 대한 소고", 2006년 6월 5일, 한국
　　　　복음주의 협의회 월례발표회, 자료집, pp. 22-27.

______. "레비나스의 타자 해석학," 해석학 연구, 2006년 가을, 1-24.

______. "배아줄기 세포와 연구와 기독교 생명윤리," 기독교교육정보, 제13집, 한국기독
　　　　교 교육정보학회, 2006년 4월, pp. 261-283.

______.『21세기 세계관과 개혁신앙』, 21세기 문화신학 시리즈 제1권, 예영커뮤니케이션
　　　　2006년.

______. "진정한 종교대화의 전제, 예수 그리스도의 유일성",《월간 목회》, 2005년 10월,
　　　　pp. 80-88.

______. "21세기 생명공학과 기독교 윤리",『21세기 생명문화와 기독교』, 쿰란출판사,
　　　　2000, pp. 22-6.

______.『21세기와 개혁신학 제2권』, 포스트모더니즘과 개혁신학, 1998.

______.『기독교신앙개설, 현대지성인을 위한 기독교신앙입문, 서울:형설출판사, 1995.

______. "종교다원주의와 그리스도의 유일성",『21세기와 개혁신학 제2권: 포스트모더니
　　　　즘과 개혁신학』, 한국장로교 출판사, 1998.

______. "사이버 문화와 개혁신앙",『사이버 문화와 기독교 문화전략』, 쿰란출판사,
　　　　1999.

김한옥.『기독교 사회봉사의 역사와 신학』, 부천:실천신학연구소, 2006.

김호기. 근본주의 충돌에 대한 서평,《조선일보》, 2003년 3월 22일 3면.

"낙후된 땅 아랍 세계, 개인자유 속박 … 성차별 … 지식빈곤 … 3대 결핍",《조선일보》,
　　　　2002년 7월 9일, 15면.

리처드 르원틴. 『DNA 독트린』, 김동광 역, 궁리, 2001년.

마크 테일러. "오늘의 신학은 문화 속에 숨은 종교성 밝혀야", 《조선일보》, 2001년 1월 8
　　　일, 9면.

______. "종교다원주의와 그리스도의 유일성", 『21세기와 개혁신학 제2권: 포스토모더니
　　　즘과 개혁신학』, 한국장로교출판사, 1998.

______. "사이버 문화와 개혁신앙", 『사이버 문화와 기독교 문화전략』, 쿰란출판사, 1999.

"무슬림 13억 … 최근 5년간 500% 급성장", 《국민일보》, 2003년 3월 25일, 29면.

박성래. 『레오 스트라우스 - 부활하는 네오콘의 대부』, 김영사. 2005

방한 인터뷰 판넨베르그 교수. "성경, 코란 상호이해가 기독교 이슬람 화해 첫걸음", 《조
　　　선일보》, 2001년 11월 6일, 19면.

버나드 루이스. 『무엇이 잘못되었나』, 서정민 옮김, 나무와 숲, 2002.

서정길 편저. 『하디스』, 한국 이슬람교 중앙연합회, 1978.

"서구와 이슬람 세계의 갈등 어떻게 풀 것인가", 《조선일보》, 2002년 9월 7일, 3면.

"생명공학 발달의 장단점을 알아보자", "생명공학 vs 생명윤리", 《중앙일보》, 2001년 5월
　　　29일, 21면.

세예드 모함마드 하타미. 『문명과의 대화』, 이희수 옮김, 지식여행, 2002.

"아버지를 쏜 팔 청년에 내가 한 복수는 용서였다", 《조선일보》, 2002년 4월 12일, 9면.

안명준. "알라의 유일신 개념의 태동과 알라 개념에 나타난 문제점", 기독교와 이슬람, 한
　　　국.

"언어를 배워라 그리고 신뢰하라", 《국민일보》, 2002년 7월 30일, 29면.

이광호. 『세계선교의 새로운 과제들』, 예영커뮤니케이션, 1998.

______. 『이슬람과 한국의 민간신앙』, 울산대학교 출판부, 1998.

______. "무함마드의 종교에 관한 소고", 『기독교와 이슬람』, 한국 개혁신학회 논문발표
　　　회 자료집 2002년 4월, pp. 88-101.

이규철. "이슬람의 기원과 이해", 중동지역학 총론

이상돈. "이슬람의 실패" (해외서평), 《조선일보》, 2002년 3월 16일, 47면.

이슬람 연구소. 『이슬람의 이상과 현실』, 예영커뮤니케이션, 1996.

이웅상. "배아줄기세포연구, 무엇이 문제인가", 《국민일보》, 2005년 6월 22일 34면.

장도곤. "배아줄기세포연구와 윤리적 대안" 《성경과 신학》, 제38권, 도서출판 영성, 2005,
　　　p. 330.

전재옥. "한국의 무슬림 공동체에 대한 선교신학적 접근", 『아시아의 무슬림 공동체』, 예
　　　영커뮤니케이션, 1998.

전재옥. "무슬림 여성, 어제와 오늘", 『무슬림 영성』, 예영커뮤니케이션, 1997.

전호진. 『문명충돌 시대의 선교』(서울: CLC, 2003), p. 25이하

______. "미국의 친이스라엘 정책과 세대주의 신학이 기독교에 미치는 영향", 2006년 6월 5일, 한국 복음주의 협의회 월례발표회, 자료집. pp. 5-13.

______. 이슬람. 『종교인가? 이데올로기인가?』 SFC, 2002.

정재식 보스턴대 석좌 교수, "세계화와 윤리 전망", 《조선일보》, 2002년 4월 24일, 21면.

"중동 기독인 전체인구의 8%, 일상화된 차별, '신앙 가시밭길'", 《국민일보》, 2003년 3월 25일, 29면.

조환규. "DNA도 이데올로기에 이용되나", 《조선일보》, 2001년 3월 10일, 33면.

"종교박해 1위국 사우디 복음화 험난하다", 《국민일보》, 2002년 4월 29일, 18면.

제러미 리프킨. 『소유의 종말』, 민음사, 서평, "나는 접속한다. 고로 존재한다", 《중앙일보》, 2001년 5월 26일, 33면.

조선닷컴, 이철민 기자 (chulmin@chosun.com) 입력: 2003. 12. 26 17:35 31'

최영길. 『성 꾸란, 의미의 한국어 번역』, 서울: 이슬람 국제 출판국, 2. 하나님의 지침서.

최인식. 『예수와 문화』, 서울: 예영커뮤니케이션, 2006.

판넨베르그 교수(방한 인터뷰), "성경, 코란 상호이해가 기독교 이슬람 화해 첫걸음", 《조선일보》, 2001년 11월 6일, 19면.

한국닷컴, 이영섭 기자 (mailto:younglee@hk.co.kr)

한국조직신학회 (엮음). 과학과 신학의 대화, 대한기독교서회, 2003.

한정선. "기철학적으로 본 신체의 생명현상", 《신학과 세계》, 통권 제40호, 2000년 6월, 감리교신학대학교 출판부.